Mo Gawdat

DIE KLEINE STIMME IM KOPF

REDLINE | VERLAG

Mo Gawdat

DIE KLEINE STIMME IM KOPF

Wie man sein Denken neu ausrichtet – und glücklicher wird

Vom Autor des Bestsellers »Die Formel für Glück«

Bibliografische Information der Deutschen Nationalbibliothek
Die Deutsche Nationalbibliothek verzeichnet diese Publikation in der Deutschen Nationalbibliografie.
Detaillierte bibliografische Daten sind im Internet über http://dnb.d-nb.de abrufbar.

Für Fragen und Anregungen:
info@redline-verlag.de

1. Auflage 2022

Türkenstraße 89
80799 München
Tel.: 089 651285-0
Fax: 089 652096

Die englische Originalausgabe erschien 2022 bei Bluebird unter dem Titel *That Little Voice In Your Head: Adjust the Code that Runs Your Brain.*

Übersetzung: Jordan Wegberg
Redaktion: Ines-Nicole Lange
Umschlaggestaltung: Karina Braun
Umschlagabbildung: Cyborg icon set/Shutterstock, 123rf.com/profile_pangeranjoni
Satz: ZeroSoft, Timisoara
Druck: GGP Media GmbH, Pößneck
Printed in Germany

ISBN Print 978-3-86881-894-9
ISBN E-Book (PDF) 978-3-96267-435-9
ISBN E-Book (EPUB, Mobi) 978-3-96267-436-6

Der Ernst des Kampfes hat keine Bedeutung für die Friedvollen.

Für Ali

Es ist Zeit, die Augen zu öffnen und zu sehen, wie schön das Leben ist.

Inhalt

Einleitung

Ich versuche, eine Milliarde Menschen glücklich zu machen. Das klingt verrückt, ich weiß, aber ich glaube, dies ist das einzige Ziel, das es mir wert ist, es für den Rest meines Lebens zu verfolgen.

Die Geschichte von OneBillionHappy begann im Jahr 2014. Der Auslöser war, wie so oft, eine Tragödie. Ich verlor meinen Superhelden – meinen wunderbaren Sohn und weisen Lehrer Ali. Er ging von dieser Welt infolge eines vermeidbaren menschlichen Fehlers während eines routinemäßigen chirurgischen Eingriffs und nahm ein Stück meines Herzens mit sich. 17 Tage nach seinem Tod begann ich zu schreiben und konnte nicht mehr aufhören. Mein Thema war das Glück – das unwahrscheinlichste Motiv nach so einem tragischen Ereignis. Ich schrieb über das, was Ali mich gelehrt hatte, über das Geschenk, das er mir gemacht hatte, und das wollte ich mit der ganzen Welt teilen.

Das Ergebnis war mein erstes Buch, *Die Formel für Glück,* das praktisch jede falsche Überzeugung infrage stellte, die mich die moderne Welt über Glück gelehrt hatte. Es war ein echter Augenöffner. Nach dem tragischen Verlust Alis entwickelte und verbreitete ich den Algorithmus, den ich selbst genutzt hatte, um weitermachen zu können. *Dein Glück ist größer als oder gleich der Differenz zwischen der Wahrnehmung der Ereignisse deines Lebens und deinen Hoffnungen und Erwartungen dessen, wie das Leben sich verhalten sollte.* Obwohl ich schon gehofft hatte, dass dies bei den Lesern Anklang findet und sie ebenso davon profitieren würden wie ich, war ich nicht darauf vorbereitet gewesen, dass es ein solcher Erfolg werden würde. Das Buch wurde in 30 Sprachen übersetzt, war internationaler Bestseller und wurde weltweit hunderttausende Male verkauft. Täglich erhielt ich Zuschriften von Menschen aus der ganzen Welt, die ihre Dankbarkeit ausdrückten und mir Fragen über das Glück und über meine Mission stellten.

Ein Kind zu verlieren muss das Schlimmste sein, was einem Elternteil jemals passieren kann. Selbst heute, nach so vielen Jahren, finde ich noch nicht die richtigen Worte, um auszudrücken, wie es sich anfühlt. Ali war mein Sohn und mein Sonnenlicht. Er erhellte mein Leben mit seiner Liebe und seiner Weisheit. Er war mein bester Freund und Coach. Er war stets friedvoll und glücklich. Auch wenn der Schmerz des Verlusts immer noch anhält, hat es mir so viel Freude bereitet zu wissen, dass sein Verlust der Auslöser dafür war, dass ich meine Mission gefunden habe, die darin besteht, Alis Weisheit zu verbreiten und sein Leben der Liebe und des Mitgefühls zu feiern.

Zwei Wochen bevor Ali unsere Welt verließ, hatte er einen Traum, den er nur seiner Schwester Aya erzählte. Er sagte: »Ich habe geträumt, dass ich überall und ein Teil von jedem war. Das war so unglaublich, dass ich beim Aufwachen spürte, dass ich nicht mehr von diesem physischen Körper beschränkt sein wollte.« *»Habibi«*, sagte Aya, »er hat geträumt, dass er starb.« Das stimmt. Das hat er wirklich! Aya erzählte mir erst ein paar Tage nach seinem Tod von diesem Traum. Mein intensiv geschultes, leistungsorientiertes Gehirn interpretierte das als Zielsetzung, die mir von meinem Meister auf den Weg gegeben worden war. Ich habe noch nie ein Ziel verfehlt – und meine Arbeit bei Google beinhaltete große Ziele, um Milliarden von Menschen zu erreichen –, deshalb brach ich in Tränen aus, nachdem Aya mir davon erzählt hatte. Ich erkannte, dass Ali gekommen war, um uns zu unterrichten, um uns so viel Liebe zu ihm einzuflößen und dann zu gehen, sodass sein Fortgang der Funke sein würde, der das noch Folgende in Gang setzte. Ich weinte so sehr, dass es mich am ganzen Leib schüttelte. Ich wusste genau, was das bedeutete. Mein Leben gehörte nicht mehr mir, es gehörte seiner Mission. Der Rest meines Lebens sollte dem Ziel gewidmet werden, seinen Traum zu realisieren. Ich würde alles nehmen, was er mich gelehrt hatte, und der ganzen Welt davon erzählen. Ich würde seinen Wesenskern an die gesamte Menschheit weitergeben, und dann wäre durch sechs Trennungsstufen nach vielen Jahren ein bisschen von Ali überall und ein Teil von jedem. Das Ziel war festgelegt, und ich würde es nicht verfehlen. Ich hörte auf zu weinen, stand auf und machte mich an die Arbeit.

Wie jeder Geschäftsmann habe ich mir ein messbares Ziel gesetzt. Es bestand darin, das Glücksmodell, das ich mit Alis Hilfe entwickelt hatte, mit zehn Millionen Menschen zu teilen. Nachdem das Ziel #10MillionHappy festgelegt war, verschwor sich das Universum höchstselbst, um es zu realisieren.

Nur sechs Monate nach dem Start der ursprünglichen Mission hatte ich bereits zig Millionen Menschen online erreicht. Die Botschaft half, viele Leben zu verändern, und es war klar, dass wir weitermachen mussten. Die Inspiration, die Mission von zehn Millionen auf OneBillionHappy zu erhöhen, kam mir während einer kurzen Meditation. Es war ein Moment, in dem ich erkannte, dass die Technologie, an deren Aufbau ich durch meine Karriere im Computerbereich mitgewirkt hatte, unsere Zukunft über alle Vorstellungen hinaus prägen würde. Mir wurde klar, dass wir ernsthafte Probleme bekommen würden, wenn wir der aufkommenden künstlichen Intelligenz nicht die Essenz dessen vermittelten, was uns menschlich macht – Glück, Mitgefühl und Liebe. Das ist die Kernaussage meines zweiten Buches *Scary Smart.* Mir wurde bewusst, dass Alis Zielsetzung real war, dass wir nicht nur zehn Millionen, sondern Milliarden erreichen konnten. Wir hatten die Mittel, überall hinzugehen und jeden zu erreichen.

Unser kleines Team machte weiter Fortschritte, und der Content, den wir schufen, wurde nun bereits über 120 Millionen Mal online aufgerufen – ein guter Grund zum Feiern, aber auch zum Weitermachen. Um eine Milliarde Menschen zu erreichen, brauchen wir einen viel grundlegenderen Wandel.

Wir müssen uns darüber klarwerden, wo wir in der Welt stehen. Je mehr wir unseren negativen Gedanken nachgeben, umso negativer wird unser Handeln, und umso mehr Menschen verhalten sich negativ. Sie bekommen das wieder, was Sie ausstrahlen. Würden sich mehr Menschen darauf konzentrieren, zu anderen freundlich und mitfühlend zu sein, hätte das einen Dominoeffekt. Die Leute würden dieses freundliche und mitfühlende Verhalten nachahmen.

Wir würden ein positives Schneeballsystem in Gang setzen, bei dem jede neue glückliche Person zwei weitere nach sich zieht. Dieses System hätte die Macht, die Welt zu verändern, und es beginnt in Ihnen selbst mit dem allergrößten Grund fürs Unglücklichsein – negativen Gedanken.

Ich glaube, dass das Denken die umfassendste aller Illusionen ist. Eine kleine Stimme in unseren Köpfen sagt uns ständig, was wir tun sollen. Sie ist pausenlos da, wie die Luft, deshalb gehen wir mechanisch mit ihr um, so wie unser Gehirn mit dem Atmen verfährt. Jahr für Jahr nehmen wir diese kleine Stimme als selbstverständlich hin, und sie lässt uns leiden.

In meinen Studien habe ich herausgefunden, dass Gedanken, und nur Gedanken, die allergrößte Auswirkung auf unseren Glückszustand haben. Diese kleine Stimme in unseren Köpfen beeinflusst unsere Stimmung sogar noch mehr als einige der härtesten Umstände, die wir im Leben zu ertragen haben.

In diesem Buch schöpfe ich aus meiner Erfahrung als Softwareentwickler und meinen umfangreichen Studien spiritueller Lehren und der Neurowissenschaft, um Sie auf eine Reise durch die verborgenen Gänge Ihres Gehirns mitzunehmen. Ich will Ihnen zeigen, dass Ihr Gehirn trotz all seiner Komplexität genau wie Ihr Computer äußerst vorhersehbar ist. Wenn Sie Ihrem Gehirn bestimmte Inputs geben und bestimmte Programme darauf laufen lassen, liefert es Ihnen immer dasselbe Ergebnis. Das wohl am wenigsten wünschenswerte aller möglichen Ergebnisse ist, denke ich, das Unglücklichsein. Unsere Gedanken sind ein Hauptgrund dafür, dass wir unglücklich werden. Mein Ziel ist es, Ihnen zu zeigen, wie Sie Ihr Gehirn korrekt steuern können, um glücklicher zu leben. Wenn Sie genau verstehen, wie der Code funktioniert, der Ihr Gehirn steuert, können Sie ihn leicht anwenden, damit er Sie beständig glücklich macht. So vorhersehbar ist das.

Tatsächlich ist Ihr Gehirn sogar so vorhersehbar, dass ich seine Funktionsweise in einer **klaren und prägnanten Bedienungsanleitung** zusammenfassen kann. Dieses Buch ist eine solche Bedienungsanleitung. Es enthält **Schritt-für-Schritt-Anleitungen** zum Umgang mit Ihren negativen Gefühlen, mit wiederholten negativen Gedanken, mit Stress und anderen Umständen, die Ihnen in der Betriebsumgebung Ihres Computers begegnen könnten – Ihrem Gehirn.

Es enthält auch eine **Übungsanleitung,** denn Ihr Gehirn kann trainiert werden. Mit bestimmten Übungen können Sie die Verknüpfungen Ihres Gehirns im Laufe der Zeit verändern. Dadurch brauchen Sie nicht immer wieder ins Handbuch zu sehen, sondern können stattdessen gesunde Gewohnheiten zu Ihrem Standard machen. Dieses Buch führt Sie anhand **einfacher, geradliniger Schritte durch diese lohnenswerten und hoffentlich angenehmen Übungen.**

Betrachten Sie dieses Buch als **Verschmelzung von Computerwissenschaft und Neurowissenschaft, das klar und verständlich geschrieben ist.** Als Ingenieur verwende ich häufig Technikanalogien und vereinfachte Prozessdiagramme der verschiedenen Programme, die in unserem Gehirn ablaufen, und ich werde zeigen, wie sie jeweils unsere Gedanken beeinflussen.

Keine Sorge, wenn Sie nicht so technikaffin sind. Ich nutze eine vereinfachte Terminologie und erkläre die Konzepte verständlich. Gelegentlich müssen Sie vielleicht etwas Neues über die Technologie selbst lernen, aber wenn Sie das erst getan haben, werden Sie es bei Ihrem täglichen Umgang mit der Technik erkennen. Das Konzept wird deutlich, und das hilft Ihnen dabei, sich daran zu erinnern und es in Ihren Weg zu einem glücklicheren Leben zu integrieren.

Jeder Prozess beginnt mit Inputs. Unabhängig davon, wie intelligent ein Computer auch sein mag, führen falsche Inputs zu falschen Ergebnissen. Die Inputs, die wir in unser Gehirn hineinlassen, können oft destruktiv sein. Von den Inputs, die sich den Weg in unseren Kopf bahnen, müssen wir diejenigen zum Glücklichsein herausfiltern, so wie wir eine gesunde Ernährung einhalten, um gesund zu bleiben.

Und dann ist da noch der Prozess – die Art, wie das Programm abläuft. Wenn Sie bei der Ausführung Ihres Codes den falschen Weg einschlagen, werden Sie darunter leiden. Folgen Sie hingegen einem anderen, wird er Ihnen den Weg zu allem zeigen, was Sie sich vom Leben wünschen. Wichtig ist, dass Sie sich vollständig der Vorgänge in Ihrem Kopf bewusst sind, damit Sie erkennen können, wann Sie auf die falsche Art denken. Haben wir die Inputs erst einmal verfeinert und die Kontrolle über den Prozess erlangt, können wir damit beginnen, das zu optimieren, was wir uns meiner Meinung nach alle tatsächlich vom Leben wünschen – Glück, Erfolg und Mitgefühl.

Ich glaube, dass ein Großteil unseres Unglücks aus Problemen in unserem neuralen Netzwerk entsteht – der zugrunde liegenden Funktionsweise unseres Gehirns. Um sie so zu definieren, dass Sie sich immer daran erinnern können, werde ich sie 4-3-2-1 nennen.

Es gibt *vier* falsche Inputs, die wir ständig in unser Gehirn vordringen lassen. Sie lösen *drei* übertriebene Verteidigungsmechanismen aus. Auf unserem Weg durch das Leben leiden wir unter einem Ungleichgewicht zwischen *zwei* Gegensätzlichkeiten bei unserer Lebensweise. Dann wird durch *eine* Form schädlichen Denkens eine Abwärtsspirale in Richtung Unglück in Gang gesetzt. Um die Software-Analogie fortzuführen: Nichts davon hat damit zu tun, dass unsere Gehirne schlecht funktionieren. Sie arbeiten nicht einmal mit schlechten Programmen. Vielmehr sind es gute Programme, die aber schlecht funktionieren. Also müssen wir, wie es jeder gute Softwareentwickler täte, ein Debugging unserer Gehirnsoftware vornehmen.

Wir werden die Programme in diesem Buch durchführen und Ihnen die Symptome zeigen, die sie verursachen – unkontrollierbare Emotionen, ein chemisches Ungleichgewicht und endlose Schleifen von schädlichen Gedanken. Haben Sie erst einmal gelernt, solche Symptome zu beobachten und zu identifizieren, können die Programme, die sie hervorbringen, so eingestellt werden, dass sie ihren Zweck erfüllen und wie vorgesehen laufen – das heißt, sie verhelfen Ihnen zum Erfolg im Leben und gleichzeitig gewährleisten sie den bestmöglichen Zustand als Mensch: Glücklich zu sein.

Sind die Ursachen bekannt und die Symptome identifiziert, werden die Lösungen einfach – so einfach wie 4-3-2-1.

Vier Hauptprogramme können wir in unserem Gehirn laufen lassen, die für unser Glück optimiert sind: das Leben, so wie es ist, vollständig zu *erfahren*, Probleme zu *lösen*, im *Flow* zu sein und zu *geben*. Lernen Sie diese zu einem Hauptbestandteil Ihres Betriebssystems zu machen, und Sie finden Ihren Weg zur Freude.

Weiter hinten in diesem Buch, wenn Sie die benötigten Fähigkeiten erworben haben, werde ich Sie mit einem Ablaufplan ausstatten. Ja, das ist ein bombensicherer Prozess, um wieder zum Glück zurückzuspringen, wann immer das Leben Sie aus der Bahn wirft. Mit einem klar aufgezeigten Prozess lege ich die Verantwortung in Ihre Hände. Sie können Ihren Weg zurück zum Glück finden oder im Leiden steckenbleiben. Das ist Ihre Entscheidung, aber sagen Sie nicht, das Leben macht Sie unglücklich. Wenn Sie sich entschließen, nichts zu verändern, machen lediglich Sie selbst sich unglücklich. *Es ist Ihre Verantwortung.*

Die Welt, in der wir leben, ist nicht mehr dieselbe, für die der Code in unseren Köpfen ursprünglich einmal entwickelt wurde. Wir fangen in diesem Buch damit an, *Ihren* Code zu aktualisieren. Aber wer weiß, wie weit die Auswirkungen reichen mögen? Wenn Sie lernen, Ihre eigene Welt zu verändern, ist es möglich, dass Sie auch die Welt selbst verändern.

Den maximalen Nutzen aus diesem Buch ziehen

Dies ist ein Praxisbuch mit vielen Übungen, nicht nur ein Buch für Ihren Intellekt.

Wenn Sie daran gewöhnt sind, Lehrbücher zu lesen und Wissen in komprimierter Form vermittelt zu bekommen, geraten Sie vielleicht in Versuchung, diejenigen Teile dieses Buches zu überspringen, die nicht einfach nur Informationen vermitteln – besonders weil Ihnen einige davon vielleicht extrem vereinfacht vorkommen. Bitte widerstehen Sie diesem Drang und befolgen Sie die Übungen wie vorgegeben. Sie werden davon profitieren und Ihre Erkenntnis stärker vertiefen, als ich es mit Worten zu beschreiben in der Lage bin.

Vielleicht neigen Sie auch dazu, Ihre Bücher sauber und ordentlich zu halten. Ich rate Ihnen, das bei diesem Buch anders zu handhaben. Bücher sind wie Häuser: sie sollen bewohnt werden. Machen Sie das Buch zu Ihrem eigenen. Schreiben Sie hinein, machen Sie sich Notizen, und füllen Sie die leeren Seitenränder mit Ihren eigenen Selbstverpflichtungen und Beobachtungen aus. Das wird eine lohnende Erfahrung sein, nicht nur, weil Sie damit ein paar Ihrer Konditionierungen durchbrechen und weil es Sie daran erinnert, was am meisten Eindruck hinterlassen hat, sondern auch, weil auf diese Weise ein Benutzerhandbuch entsteht, auf das Sie jederzeit zurückgreifen können. Ihre Anmerkungen führen Sie zu jenen Teilen, die Sie benötigen, um die Funktionen oder Fehler anzugehen, mit denen Sie sich befassen wollen. Ich empfehle Ihnen, in den ersten Wochen wiederholt auf die Konzepte zu blicken. Einige der kontroversen Themen, die hier besprochen werden, bedürfen möglicherweise einer kleinen Wiederholung, damit sie Bestand haben.

Schließlich werde ich Sie gelegentlich auffordern, das Buch wegzulegen. Ich bitte Sie, etwas anderes online zu machen oder einfach mit dem Lesen aufzuhören und eine Pause einzulegen. Bitte geben Sie sich selbst die Zeit zum Innehalten. Das ist hier kein Wettrennen, und es gibt keinen Pokal für den Schnellsten. Der Pokal – in diesem Fall eine Veränderung des Lebensstils, die Sie glücklicher macht – geht an jene, die nie wirklich durchs Ziel gehen, die immer weiter die notwendige Zeit investieren, um ihren Weg zur Freude zu finden. Wir versuchen hier nicht, irgendetwas in einem bestimmten Zeitfenster zu erreichen. Wir versuchen, den Code zu aktualisieren, der unser Gehirn steuert, indem wir immer wieder glücklichere Versionen installieren.

Fortschritt erzielt man nicht nur durch Lernen oder Handeln.

Manchmal ist es gut, einfach zu sein. Das ist das Modell, das wir für den Fortschritt nutzen. Ich nenne es Sein-Lernen-Handeln. Seien Sie, ehe Sie lernen, und lernen Sie, ehe Sie handeln. Geben Sie sich Zeit zum Nachdenken, und nehmen Sie konkrete Veränderungen vor.

Ich glaube, was ich damit sagen will, ist … entspannen Sie sich. Genießen Sie die Reise.

Okay. Ich stelle Ihnen jetzt Ihre Tools vor. Wir werden sieben praktische Tools nutzen, die Sie durch Ihre Lernerfahrung begleiten:

1) Haben wir alle schon erlebt

Das Herzstück unserer Fähigkeit zur Veränderung und Verbesserung ist die Erkenntnis, was nicht gut läuft. Seit dem Erfolg von *Die Formel für Glück* ist mir aufgefallen, dass Leser oder Zuhörer bei öffentlichen Lesungen oft mit mir sprechen, als wäre ich eine Art Guru – ein Meister des Glücks, der immun ist gegen die Gewohnheiten und Routinen, die uns unglücklich machen. Das könnte von der Wahrheit nicht weiter entfernt sein.

Wenn ich überhaupt irgendetwas Besonderes beisteuere, dann dass ich das Thema Glück aus der Position eines normalen modernen Menschen betrachte, der Tag für Tag mit der Hektik des Alltags zu tun hat. Ich bin kein Mönch, der in der Einsamkeit meditiert, und kein spiritueller Lehrer, der aus irgendeinem entlegenen Teil Indiens Vorträge hält. Genau wie Sie stehe ich im Stau, langweile mich in Meetings zu Tode, habe Beziehungsprobleme und mache mir Sorgen darüber, worauf unsere Welt zusteuert.

In diesem Buch habe ich den Mut gefunden, meine schlimmsten Geschichten mit Ihnen zu teilen. Die Momente meines Lebens, da ich das Gegenteil all dessen war, das ich jetzt lehre. Es beschämt mich zu erkennen, was ich alles falsch gemacht habe, und hoffentlich werden diese Geschichten Sie daran erinnern, dass wir das alle schon erlebt haben, dass wir alle unsere Fehler und blinden Flecken haben und dass wir sie nur in den Griff bekommen können, wenn wir offener damit umgehen.

2) Übungen

Sobald Sie die Notwendigkeit der Veränderung erkannt haben, gibt es keine bessere Methode als Übung und Reflexion. Dieses Buch ist voller einfacher Übungen, die es Ihnen ermöglichen, eine Fähigkeit zu erlernen, eine Gewohnheit zu bilden oder bewusst in sich zu gehen, um Achtsamkeit zu finden und ein Konzept entstehen zu lassen.

Machen Sie Ihre Hausaufgaben. Genauer gesagt: Machen Sie sie immer und immer wieder. Neuroplastizität (ein Konzept, das ich in Kapitel 4 näher erläutere) lässt uns besser lernen, je öfter wir dieselben Handlungen wiederholen. Das ist die Macht der Gewohnheit. Das ist die einzige Methode, um dieses Nutzerhandbuch überflüssig zu machen, weil die darin enthaltenen Fähigkeiten zu Ihrer zweiten Natur werden.

Es gibt zwei verschiedene Arten von Übungen: **Achtsamkeitsübungen** helfen Ihnen, nachzudenken und etwas Wichtiges über sich selbst zu lernen. **Praxisübungen** helfen Ihnen, eine notwendige Fähigkeit zu entwickeln.

Da wir alle Menschen sind, werden wir alle das eine besser können als das andere. Wer von Natur aus sehr achtsam ist, kann die Dinge nicht notwendigerweise gut in die Praxis umsetzen, und wer gut in der Umsetzung ist, mag manchmal nicht besonders achtsam sein. Fordern Sie sich selbst heraus, auch wenn Sie auf das eine oder das andere keine Lust haben. Sein und Handeln sind gleichermaßen wichtig für eine vollständige Lernerfahrung. Ich verspreche

Ihnen, dass alle Übungen Spaß machen. Was immer Sie also tun, vergessen Sie nicht, sie zu genießen.

3) Gruppenbesprechung

Gruppenbesprechung

Bei den komplexen Angelegenheiten dagegen gibt es nichts Hilfreicheres, als sie offen mit jemand anderem durchzusprechen. Ich werde Sie häufig auffordern, sich mit vertrauten Freunden zusammenzusetzen, um Ihre Ansichten über eine Vielzahl von Themen auszutauschen.

Dabei muss nur eine Regel beherzigt werden, nämlich dass es keine richtigen Antworten gibt. Jeder Standpunkt ist wahr – für den, der ihn vertritt. Respektieren und begrüßen Sie jede abweichende Sicht. Besser noch, seien Sie neugierig und fragen Sie nach, damit Sie ein besseres Verständnis für die Meinungen entwickeln, die sich von Ihren unterscheiden.

Am besten geht das im persönlichen Gespräch mit echten Menschen. Vielleicht können Sie ein paar Ihrer Freunde bitten, dieses Buch ebenfalls zu lesen, damit Sie sich einmal wöchentlich zusammensetzen können, um das Gelesene zu besprechen und die Gruppengesprächsübungen durchzuführen, die im Laufe des Prozesses aufgetaucht sind.

Das funktioniert natürlich nicht bei jedem, und viele von Ihnen ziehen es womöglich vor, das Buch allein durchzuarbeiten. Auch das ist in Ordnung – passen Sie dann die Übungen nur entsprechend an. Trotzdem empfehle ich wärmstens, die Gespräche mit mindestens einer Ihnen nahestehenden Person zu führen, der Sie zutrauen, Ihnen Ihre möglichen blinden Flecken vor Augen zu führen.

4) Die Pop-Gedächtnisstütze

Ich weiß ja nicht, wie es Ihnen geht, aber ich kann mich an gute Songs und Filme besser erinnern als an alles, das ich je in der Schule gelernt habe. Sie bleiben mir im Kopf und laufen in Dauerschleife. Ich spreche total gern mit Freunden über die Szenen eines Films oder den inspirierenden Text eines Songs, und auch mit Ihnen möchte ich sie gern teilen. Viele der Konzepte, die wir in diesem Buch besprechen werden, wurden von unglaublich begabten Künstlern in Songtexte gegossen oder in Szenen zeitloser Filmkunst. Ich werde sie Ihnen empfehlen, also unterbrechen Sie bitte die Lektüre und hören oder schauen Sie sie an, um das Leseerlebnis zu vertiefen.

Planen Sie einen Abend mit Freunden, um meine Filmempfehlungen anzuschauen. Versuchen Sie, über das Offensichtliche hinauszusehen und es auf Ihr eigenes Leben zu übertragen, um herauszufinden, wie eine Szene oder das Konzept eines Films auf Sie zutrifft. Was Musik angeht, so laden Sie sich bitte eine legale Kopie herunter oder schauen Sie sich das offizielle Video im Internet an. Spielen Sie es ab, bis das Konzept im Gedächtnis haften bleibt. Fügen Sie es dann Ihrer Happy-Playlist hinzu, damit Sie es immer wieder anhören können. Lernen Sie diese Happy-Songs auswendig. Sie werden staunen, wie sie immer dann, wenn sie am meisten gebraucht werden, an die Oberfläche steigen, plötzlich in Ihrem Kopf laufen und Sie genau an das erinnern, was Sie tun müssen. Musik ist Leben. Wackeln Sie also ruhig ohne Scheu mit dem Hintern, während Sie diese nicht ganz so anspruchsvollen Musikaufgaben erledigen.

5) Appii

Appii ist Ihr Glücksassistent. Er basiert auf dem Modell Sein-Lernen-Handeln. Sie können damit Ihre Empfindungen nachverfolgen, die Lernerfahrung an Ihre Bedürfnisse anpassen und relevante Übungen finden, um die Fähigkeiten zu entwickeln, die Sie für Ihren Weg zum Glück benötigen. Die kostenlos herunterladbare App enthält Tausende nützliche Videos, inspirierende Zitate, Aufgaben und Übungen. Appii arbeitet auch mit künstlicher Intelligenz, um Ihnen bei der Entwicklung von gesunden Glücksgewohnheiten zu helfen.

Laden Sie sich Appii kostenlos bei Ihrem Play Store oder App Store herunter, oder gehen Sie auf www.appii.app und geben Sie den Vorteilscode ThatLittleVoice ein, um ein kostenloses dreimonatiges Vorzugsabonnement zu erhalten – was Ihnen Zugriff auf längere Lernvideos, Übungen und erweiterte Features verschafft.

6) Slo Mo

Slo Mo ist einer der beliebtesten weltweiten Podcasts. Mein Podcast lädt Sie dazu ein, sich in Ihrem geschäftigen Leben Zeit zu nehmen, einen Gang herunterzuschalten und über Dinge von Bedeutung nachzudenken. Ich begrüße darin einige der weisesten Menschen der Welt, die ihre inspirierenden Geschichten erzählen und was sie gelernt haben, damit Sie, die Zuhörer, ebenfalls lernen können. Wir sprechen über Glück, Spiritualität, Neurowissenschaften, Beziehungen und andere Themen, die Ihnen dabei helfen können, eine bessere Version Ihrer selbst zu werden oder unsere Welt zu einem besseren Ort zu machen.

Werden Sie Teil unserer Gemeinschaft. Laden Sie sich Slo Mo kostenlos auf Ihren Podcast-Player, oder gehen Sie auf mogawdat.com/podcast, um mehr zu erfahren.

7) OneBillionHappy

Dieses Buch ist, ebenso wie die anderen Tools, die ich Ihnen bereitstelle, Teil einer Mission, vielleicht der wichtigsten Mission unserer Generation.

Trotz der Fortschritte und technologischen Weiterentwicklungen, die wir in den letzten 100 Jahren erlebt haben, versagt die Menschheit, wenn es um unser Glücklichsein geht. Einer von sechs Menschen erhält irgendwann im Laufe seines Lebens die Diagnose Depression – die Dunkelziffer liegt wahrscheinlich weit höher.[1] Alle 40 Sekunden begeht jemand Selbstmord.[2] Einer von vier Befragten in den USA gab an, dass er keine einzige Person hat, die er um Hilfe bitten kann, wenn er sich unglücklich fühlt.[3]

Wir müssen den Trend umkehren. Im Kern unserer gemeinsamen Mission #OneBillionHappy stehen Sie, nicht ich. Ich kann nicht allein eine Milliarde Menschen erreichen. Aber gemeinsam können wir es.

Helfen Sie mir den Traum zu verwirklichen, indem Sie Ihren eigenen Anteil der Quote übernehmen. Machen Sie zwei Menschen glücklich – das können Ihre Kinder sein, Ihr Ehepartner, Ihre Schwester oder der beste Freund –, indem Sie sie auf die Tatsache hinweisen, dass Glück ihr Geburtsrecht ist und für sie oberste Priorität haben sollte. Bringen Sie ihnen bei, was Sie in diesem Buch über Glück lernen, und stellen Sie klar, dass Glück vorhersehbar ist. Wenn Sie dafür arbeiten, erreichen Sie es. Geben Sie es weiter. Verbreiten Sie die Botschaft. Wenn Sie wirklich etwas bewirken wollen, erzählen Sie es 20 Menschen, 200 oder auch einer Million, wenn Sie können. Seien Sie ein Glücksheld.

Bitte gehen Sie auf www.OneBillionHappy.org, um mehr zu erfahren.

In diesem Buch werden Sie immer wieder Aufgaben finden, die mit dieser Mission zusammenhängen. Bitte ignorieren Sie sie nicht. Nehmen Sie sie ernst, und setzen Sie sie um. Tun Sie es um der Menschheit willen, und freuen Sie sich an der Wirkung, die Sie damit erzielen.

Eine Milliarde ist gar nicht so viel, wenn wir es alle gemeinsam tun, einer nach dem anderen. Ich werde meinen Teil dazu beitragen und mit Ihnen anfangen. Begleiten Sie mich nun auf der Reise.

Zielort … Glücklich!

Was wir bisher gelernt haben

Dies ist eine kurze Zusammenfassung einiger Konzepte aus meinem ersten Buch, *Die Formel für Glück.* Sie bilden die wesentliche Grundlage für das, was wir hier besprechen werden. Das erste wichtige Grundprinzip war, dass wir alle glücklich geboren werden. Solange Kinder ernährt werden, sicher sind und die Grundbedürfnisse ihres Überlebens erfüllt werden, sind sie glücklich.

Glück ist uns angeboren. Wir sollten es nicht außerhalb von uns suchen. **Glück ist unser Grundzustand.** Wenn wir erwachsen werden, überzeugen uns sozialer Druck, Verpflichtungen, Erwartungen und die Illusionen, an die zu glauben wir lernen, dass Erfolg wichtiger ist als Glück.

Unablässig jagen wir dem Erfolg hinterher und verlieren dabei unser Glück.

Doch das glückliche Kind, das wir einmal waren, ist immer noch in jedem von uns – nur ist es begraben unter einem Berg von falschen und einschränkenden Überzeugungen, wo es auf seine Rettung wartet, damit es zu seiner glücklichen, kindlichen Natur zurückkehren kann.

Glück lässt sich nicht finden, indem Sie Ihrem Leben Dinge hinzufügen – all diese schicken Klamotten, die Technikspielzeuge und Urlaubsreisen. Ein Kind ist glücklich, bis etwas sein Glück unterbricht. Wenn die Windel nass ist, weint das Kind. Wird die Windel gewechselt, kehrt das Kind in seinen Grundzustand zurück – glücklich. Das ist bis heute Ihre Natur. Wenn es Ihnen gelingt, die Dinge zu entfernen, die Sie unglücklich machen, bleibt Glücklichsein zurück. So simpel das auch klingt: **Glück ist die Abwesenheit von Unglück.**

Wenn Sie das wirklich begreifen, ist Glück sehr vorherbestimmbar. Sogar so vorherbestimmbar, dass es einer Gleichung folgt:

Glück ≥ Ihre Wahrnehmung der **Ereignisse** Ihres Lebens **– Erwartungen,** Ihre Erwartungen, wie das Leben sich verhalten sollte

Glück tritt ein, wenn das Leben nach unseren Wünschen zu verlaufen scheint. Wir fühlen uns glücklich, wenn die Ereignisse unseres Lebens unseren Erwartungen, unseren Hoffnungen und Wünschen entsprechen, wie das Leben sein sollte.

Regen zum Beispiel hat keinen inhärenten Glückswert. Regen macht uns nicht glücklich oder unglücklich. Regen macht uns glücklich, wenn wir unsere Pflanzen bewässern wollen, und unglücklich, wenn wir braun werden wollen.

Dieser Gleichung folgend können Sie eine genaue Definition für Glück finden. Glück tritt ein, wenn die Ereignisse unseren Erwartungen entsprechen oder sie übertreffen. Es ist diese ruhige, friedliche Zufriedenheit, die wir spüren, wenn wir mit dem Leben einverstanden sind. Das sind die Momente, von denen wir uns wünschen, dass sie ewig dauern, weil wir nichts verändern wollen. Es spielt keine Rolle, wie das Leben genau ist. Wenn Sie damit einverstanden sind, sind Sie glücklich.

Unglück dagegen kann als Überlebensmechanismus definiert werden. Es tritt ein, wenn unser Gehirn sich die Welt ringsumher anschaut, etwas findet, das es besorgt, und uns zu warnen versucht, dass etwas schieflaufen könnte. Da wir nur selten aufmerksam unseren Gedanken zuhören, erfolgt die Warnung in Form einer Emotion – Scham, Angst, Reue, Traurigkeit oder irgendeine der anderen Emotionen, die wir mit dem Unglücklichsein assoziieren.

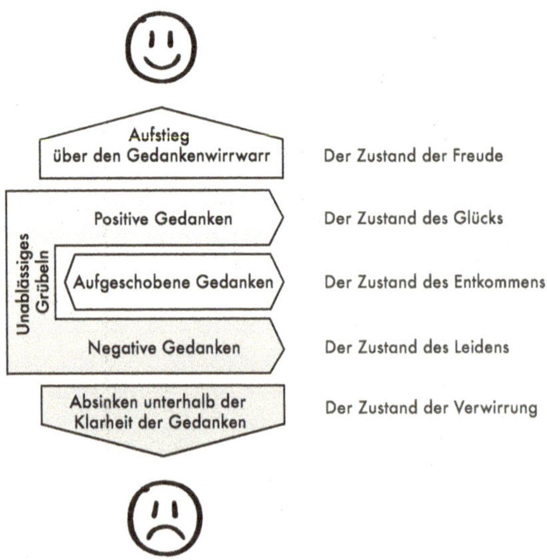

Zwischen dem Glücklichsein und dem Unglücklichsein finden wir einen Zustand, der weder das eine noch das andere ist – **den Zustand des Entkommens.**

Entkommen erfolgt, wenn wir unser Gehirn durch körperliche Aktivität beschäftigen und lange genug betäuben, bis wir nicht mehr versuchen, die Glücksformel zu lösen.

Wir finden diesen Zustand des Entkommens, wenn unser Körper sich mit Spaß und Vergnügen beschäftigt. Es ist nichts Falsches am Spaß. Doch wenn wir ihn nutzen, um unserem Unglück zu entkommen, wirkt er eher wie ein Schmerzmittel – ein Ersatz für Glück, aber nicht das Wahre. Also brauchen wir davon immer mehr; wir werden süchtig nach Spaß. Je mehr wir dies tun, desto schwieriger wird es, echtes dauerhaftes Glück zu finden.

Menschen im Zustand der Freude sind ständig glücklich. Sie betrachten das Leben auf eine Weise, die erkennt, dass die meisten Ereignisse kein Unglücklichsein verdienen. Sie steigen über den Wirrwarr nutzloser, schädlicher Gedanken hinaus und finden dort ihre Freude.

Wer sich dagegen in einem Zustand der Verwirrung befindet, sucht immer danach, was an jedem eintretenden Ereignis falsch ist, ob klein oder groß. Wenn Sie nach dem suchen, was schiefläuft, werden Sie es höchstwahrscheinlich finden. Alles wird Ihre Erwartungen unerfüllt lassen; Ihr Leiden geht tief und dauert an.

Unglück als Überlebensmechanismus ist nützlich, muss jedoch nicht andauern. Es gibt einen gewaltigen Unterschied zwischen **Schmerz** und **Leiden**. Der ursprüngliche Schmerz, ob emotional oder physisch, erfolgt aufgrund äußerer Umstände. Er löst den Alarm in unserem Überlebensmechanismus aus. So wenig wir den Schmerz auch mögen, er führt uns vor Augen, was zählt, lässt uns die Richtung wechseln, lernen, uns weiterentwickeln und sicher bleiben.

Schmerz ist außerhalb unserer Kontrolle; er stößt uns zu. **Leiden ist eine Entscheidung!** Wir entscheiden uns, unglücklich zu bleiben, indem wir die Ereignisse, die den emotionalen Schmerz ausgelöst haben, im Kopf immer und immer wieder durchgehen, wenn sie längst vergangen sind oder in der realen Welt noch gar nicht eingetreten sind. Das ist beinahe wie **Schmerz auf Verlangen** – wirklich eine sehr unkluge Entscheidung.

Kein Ereignis Ihres Lebens hat die Macht, Sie unglücklich zu machen, es sei denn, Sie entscheiden sich, ihm diese Macht einzuräumen, indem Sie es in einen Gedanken verwandeln und auf seiner negativen Seite herumreiten, um sich selbst mit Unglück zu quälen.

Wenn sich das Unglück fest in unseren Gedanken eingerichtet hat, ist das Erlernen besseren Denkens die Antwort auf all unser Leiden.

Darum geht es in diesem Buch: besseres Denken lernen.

Fangen wir an.

Kapitel 1

Die Grundlagen

Was ist real? Während Ihre Augen über die Worte in diesem Buch hinweggleiten, fragen Sie sich: Sind diese Worte real? Ist dieses Buch real? Sind Ihre Augen real? Wie können Sie sicher sein, dass Sie nicht träumen? Und wenn Sie träumen, ist dann irgendwas mit diesem Traum nicht in Ordnung? Sofern Sie immer noch die Informationen, Verbindungen und das Leben haben können, in dem Sie leben, warum sollte es dann als irgendetwas anderes denn als Realität angesehen werden?

Die Objektivität der Realität

Während Sie meine Worte lesen, verwandeln Sie sie in Ihrem Gehirn in Konzepte. Diese Konzepte werden zur Realität ... aber nur für Sie. Sie werden zu Ihrer Realität, die sich davon unterscheiden könnte, wie jemand anderes dieselben Worte auffasst. Würde ich Ihnen beispielsweise sagen, dass dieses Buch lang sei, dann könnte das Konzept von »lang« in Ihrem eigenen Gehirn von mehr als 300 Seiten ausgehen. Doch 300 Seiten kommen Ihnen nicht so lang vor, wenn Sie ein paar Mal in Ihrem Leben alle 670 Seiten von *Krieg und Frieden* gelesen haben.

Das Konzept »lang« ist eine Vorstellung, ein Gedanke, den jeder von uns in seinem Gehirn erschafft. Jede dieser Definitionen ist real für denjenigen, der sie denkt. Doch gleichzeitig ist keine davon tatsächlich real.

Nicht einmal das Buch selbst mag real sein. Aus der Perspektive der Physik sind die Wörter auf einer Seite nichts anderes als eine Anzahl von Partikeln, die nach einem spezifischen Muster angeordnet sind, um die Seite zu formen, und eine Reihe weiterer identischer Partikel, die anders angeordnet sind, um die Tintenpigmente zu bilden. Wenn die Photonen des Lichts auf das Blatt treffen, werden diejenigen, die auf das Weiß treffen, in Ihren Augen reflektiert, nicht jedoch diejenigen Photonen, die auf die Tinte treffen, weil Licht von der Farbe Schwarz absorbiert wird. Die Photonen, die zu Ihren Augen zurückkehren, erzeugen den Eindruck eines Bildes – das auf dem Kopf steht –, wenn sie Ihren Sehnerv erreichen, und das Muster wird in elektrische Impulse umgewandelt, welche die Form der Wörter, aber nicht die Wörter selbst, repräsentieren. Ihr Gehirn nimmt dann diese elektrischen Signale auf und verwandelt sie in die Vision von Wörtern auf einer Seite.

Wenn es mir gelänge, mithilfe von auf Ihrem Kopf angebrachten Elektroden die elektrischen Signale direkt in Ihrem Gehirn zu simulieren, würden Sie dieselbe Vision sehen, nur dass in diesem Fall gar kein Buch im Spiel wäre. Das sollte nicht als eine Art Science-Fiction betrachtet werden. Eine einfachere Version davon geschieht, wenn wir völlig in einen Film vertieft sind. Es fühlt sich an, als würden wir tatsächlich eine Form der Realität beobachten, obwohl es nichts anderes ist als sich bewegende Bilder.

Wir alle wissen, dass es nicht real ist, was wir auf der Leinwand sehen. Wir alle wissen, dass die Schauspieler nicht wirklich miteinander schlafen, sondern nur so tun, und doch nehmen wir es als Realität wahr. Wir brauchen nicht mal ein Kino, um diese Illusion zu erzeugen. Manchmal erwachen wir aus einem Traum mit dem Gefühl, dass er vollständig realistisch war, als wären wir tatsächlich dort gewesen. Keines der Ereignisse des Traumes ist passiert, aber die elektrischen Signale sind in unserem Gehirn erfolgt. Das reicht aus, damit wir es sehen und sogar für real halten.

Sie sehen also, es spielt eigentlich keine Rolle, was die Welt Ihnen präsentiert …

Nicht vergessen! Nichts ist real, es sei denn, Ihr Gehirn entscheidet es so.

Das ist zweifellos die wichtigste Grundlage, auf die wir uns verständigen müssen, wenn wir uns auf die Reise in Ihren Kopf begeben und zu begreifen versuchen, wie diese kleine Stimme darin eigentlich funktioniert. Es ist wichtig zu erkennen, dass einige der absoluten Grundlagen dessen, woran Sie Ihr Leben lang geglaubt haben, womöglich nicht gänzlich wahr sind. Ich lade Sie ein, einige Ihrer meistgeschätzten Überzeugungen neu zu überdenken und sogar manches infrage zu stellen, was uns von Gurus und Wissenschaftlern als Wahrheit vermittelt wird. Diese Wahrheiten, Wahrnehmungen und Überzeugungen, die zu hinterfragen ich Sie auffordere, treffen, wie Sie feststellen werden, nur innerhalb eines bestimmten Kontexts zu. Wenn Sie Ihren Blickwinkel ändern, kann sich infolgedessen ihre ganze Welt ändern.

Nutzen Sie nun Ihr Gehirn, das Ihre Realität schafft, um über Folgendes nachzudenken: Wenn Ihr Gehirn so viel Macht über Ihre Wahrnehmung hat, wie oft sagt es Ihnen dann die Wahrheit? Was passiert, wenn es das nicht tut?

Eine Illusion leben

Haben Sie schon mal etwas so aus tiefstem Herzen geglaubt, dass es jede Ihrer Handlungen beeinflusst hat – nur um später herauszufinden, dass nicht stimmte, woran Sie glaubten? Mein Leben ist zugemüllt mit einem endlosen Strom solch irriger Annahmen: der Glaube an Unternehmensslogans, patriotische Vorurteile, religiöse Grundsätze und immer wieder das Vertrauen in die Lügen der modernen Welt. Nichts davon bereue ich jedoch mehr als den Irrtum, dass meine wunderbare Familie eine Verpflichtung und eine Last für mich sei, statt sie als das zu sehen, was sie wirklich war: das größte Geschenk, das mir je gemacht wurde.

Ich habe es immer vermieden, darüber zu sprechen, selbst mit denen, die mir am nächsten stehen, und nun schreibe ich in einem Buch davon. Aber hey, wissen Sie was? Wir haben das alle schon einmal erlebt. Wir alle haben an bestimmten Punkten unseres Lebens auf eine Weise gehandelt, von der wir uns jetzt wünschen, es gelassen zu haben. Der Mo, der so handelte, ist längst verschwunden.

Ich habe mich geirrt

Eigentlich mochte ich Kinder nie besonders. Ich fand sie laut und chaotisch – jedenfalls bis zu dem Morgen, an dem Ali geboren wurde. Ali *habibi*, mein Liebster, wurde rund zwei Jahre nach dem Tod meines Vaters geboren, der mir sehr viel bedeutet hat. Ali war nicht geplant gewesen. Dennoch bin ich dazu erzogen worden, ein zuverlässiger Mann zu sein, und so sah ich seiner Geburt mit einem gewissen Verantwortungsgefühl entgegen – vielleicht nicht das, was ein

Kind am meisten braucht, doch immerhin ein guter Anfang. Ich bin vielleicht nicht gern in Gesellschaft von Kindern, argumentierte ich, aber wenn es *mein eigenes* Kind ist, soll es alles bekommen, was es sich wünscht oder benötigt. Ich arbeitete noch ein bisschen mehr, schloss ein paar zusätzliche Deals ab, richtete ein Zimmer für ihn ein, bezahlte für die ärztlichen Untersuchungen und war bereit – wie es ein guter Ehemann sein sollte –, Nibal im Kreißsaal zur Seite zu stehen.

Sobald er auf der Welt war, änderte sich alles. In seinen Gesichtszügen sah ich meinen Vater, ich sah, wie sich die Liebe zu meiner wunderschönen damaligen Frau manifestiert hatte, und ich empfand in meinem Herzen, dass ich in diesem Augenblick ein Geschenk erhalten hatte, das mein Leben vollständig verändern würde … und das tat er.

Die Freude, die diese verschrumpelte kleine Kreatur in mein Leben brachte, übertraf meine kühnsten Erwartungen. Nibal blühte in ihrer Weiblichkeit regelrecht auf und entpuppte sich als die unglaubliche Mutter, die sie immer hatte werden sollen. Ich dagegen ging einfach zur Arbeit. 18 Monate später kam unsere Tochter Aya hinzu und brachte Nibal noch mehr Liebe, noch mehr Aufblühen – und mir noch mehr Arbeit! Bis zu Alis fünftem Geburtstag geriet ich völlig außer Kontrolle, wurde ein echter Workaholic und war in jeder nur denkbaren Weise mit meinem Leben unzufrieden.

Die Wahrheit ist, dass ich ganz allein daran schuld war. Die einzige Art und Weise, wie ich mich als Vater ausdrücken konnte, war, indem ich sie versorgte. Ich erkannte nicht, was Nibal mir tausendmal klarmachte, nämlich dass ein echter Vater viel mehr als nur die finanziellen Mittel bietet, um die Kinder auf eine gute Schule zu schicken, ihnen Spielzeug zu kaufen und ihre Bedürfnisse zu erfüllen – aber was soll ich sagen, ich war ein Ingenieur, der wie besessen arbeitete. Wenn ich mir etwas vornahm, tat ich es, dann übertrieb ich es, und schließlich übertrieb ich es noch ein bisschen mehr.

Arbeit ist mit Stress verbunden, und in meinem Fall war es eine Menge Stress. Die Jobs, die ich auswählte, waren überregional oder global, weil sich damit mehr verdienen ließ. Das bedeutete endlose Stunden an Flughäfen und in Flugzeugen. Ich machte meine Sache gut, aber dann übertrieb ich es. Ich arbeitete länger, um mehr Kunden zu erreichen, mehr Abschlüsse zu erzielen und mehr Provision zu erhalten – mehr Geld, als ich überhaupt brauchte. Ich verdiente sehr gut, aber dann übertrieb ich es noch mehr. Ich entschied mich, in den Aktienhandel an der NASDAQ einzusteigen, die täglich um 5.30 Uhr meiner Zeit in Dubai eröffnet, und fügte meinen bereits anstrengenden Zeiten einen weiteren Arbeitstag – oder eine Arbeitsnacht – hinzu. Wohlgemerkt, das waren alles meine Entscheidungen, und doch beschloss mein Gehirn, sie mit meinem stressigen Leben in Verbindung zu bringen. Mein Gehirn schuf sich seine eigene Realität, in der meine Familie und ihre Bedürfnisse der Grund für meine Belastung waren. Ich glaubte, sie wären der Grund dafür, dass ich so schwer arbeiten musste.

Da irrte ich mich. Der Grund für meine Belastung wurde durch meine Liebe zu ihnen ausgelöst, aber es waren nicht sie. Dieser Auslöser entwickelte ein Eigenleben. Mein übertriebener Workaholismus war das Ergebnis meiner fehlenden Erkenntnis dessen, was sie wirklich brauchten. Es war sonnenklar, dass *ich* der Grund für meine Lebensumstände war und dass es – rückblickend betrachtet – gar keine Belastung gab. Es gab nichts außer der Freude einer wundervollen Familie, und das im Überfluss. Aber so funktionieren Gehirne nicht. Sie machen sich nicht viel aus dem, was gut läuft. Lieber klagen sie, nehmen Schuldzuweisungen vor und machen sich Sorgen. Sobald meine Wahrnehmung von meinem Gehirn erst einmal festgelegt worden war, wurde sie zu meiner Wirklichkeit, und es dauerte über zehn Jahre, um meine Gesundheit wiederherzustellen und dieses tief verwurzelte Konzept auszulöschen, das mir die

Freude an den unglaublichen Geschenken verwehrt hatte, die mir gemacht worden waren. Was für eine Verschwendung! Zehn Jahre habe ich verpasst, nur weil ich an ein falsches Konzept geglaubt habe. Kommt Ihnen das bekannt vor?

Der hartnäckigste Parasit

Mein absoluter Lieblingsfilm *Inception* fasst das am besten zusammen. In der ersten Szene fragt Leonardo DiCaprio: »Welcher ist der widerstandsfähigste Parasit? Bakterien? Ein Virus? Ein Darmwurm?« Er hält ein paar Sekunden inne und gibt dann die Antwort: »Eine Idee. Widerstandsfähig, hoch ansteckend. Wenn eine Idee sich erst einmal im Gehirn festgesetzt hat, ist sie fast unmöglich auszulöschen.«

Ich habe jahrelang mit diesem Parasiten gelebt. Ich weiß jetzt, dass Ideen nicht unmöglich auszulöschen sind, aber ich stimme auf jeden Fall zu, dass eine Idee – ein negativer Gedanke – ein widerstandsfähiger Parasit ist, wenn man ihr freien Lauf lässt. Sie müssen kein Wissenschaftler mit Doktorgrad und glänzenden Zeitungsschlagzeilen sein, um zu wissen, dass dies stimmt. Es reicht schon, sich an einen Freund zu erinnern, der tage-, wochen- oder jahrelang von einer Idee besessen und dadurch unglücklich war. Vielleicht ging es Ihnen selbst auch schon so. Ein fest in unseren Köpfen verankerter Gedanke kann uns jahrelanges, vielleicht gar lebenslanges Leiden bescheren.

Bei meinen Studien habe ich herausgefunden, dass Gedanken, und nur Gedanken, den allergrößten Einfluss auf unseren Glückszustand haben. Die kleine Stimme in unserem Kopf beeinflusst unsere Stimmung mehr als die schwierigsten Umstände, die wir im Leben zu ertragen haben.

PSSST... Das folgende Konzept haben wir bereits in *Die Formel für Glück* besprochen. Es passt perfekt hierhin, deshalb muss ich es noch einmal anführen, um unseren Gedankengang aufrechtzuerhalten. Ich lege Ihnen nahe, auch die Teile durchzulesen, die Sie vielleicht bereits kennen; es kommt noch vieles, was zuvor nicht erwähnt wurde.

Ich will Ihnen zeigen, wie das vor sich geht, und die Beziehung zwischen Ihren Gedanken und Ihrem Glück aufdecken.

Achtsamkeitsübung:
Das leere Gehirn

Ziel:	sich der Beziehung zwischen unseren Gedanken und dem Unglücklichsein bewusst werden
Dauer:	5 Minuten
Wiederholung:	einmal genügt
Sie brauchen:	einen ruhigen Ort, an dem Sie nicht gestört werden

Diese Übung besteht aus zwei Teilen. Im ersten Teil besteht Ihre Aufgabe darin, an etwas zu denken, das Sie unglücklich macht. Im zweiten Teil lautet die Aufgabe, den Namen einer Sache aus den Buchstaben der nächsten Seite zu konstruieren.

Sie dürfen sich als erfolgreich betrachten, wenn Sie es schaffen, beide Teile gleichzeitig zu erledigen. Das heißt, Sie müssen den Namen richtig erraten (Aufgabe 2), während Sie es schaffen, unglücklich zu bleiben (Aufgabe 1).

Schließen Sie zunächst 20 oder 30 Sekunden lang die Augen, und denken Sie an etwas, das Sie unglücklich macht (entschuldigen

Sie bitte, dass ich Ihnen die Stimmung verderbe, aber in ein paar Minuten werden Sie das als nützlich erkennen). Das ist eine einfache Aufgabe, nehme ich an. Sobald Sie Ihrem Gehirn sagen: »Hey, Gehirn, gib mir etwas, das mich ärgert«, ergreift es die Chance. Es wird so etwas sagen wie: »Ernsthaft jetzt? Ich soll dir etwas sagen, das dich ärgert? Es gibt 263 Dinge, über die ich schon die ganze Zeit mit dir reden wollte.« Sobald Ihr Gehirn das erste Ärgernis geliefert hat und Sie das Gefühl des Unglücks empfinden, konzentrieren Sie sich darauf. Spüren Sie ihm nach, und tauchen Sie tief darin ein. Jetzt versuchen Sie es aufrechtzuerhalten und mit diesem unglücklichen Gefühl die zweite Aufgabe anzugehen. Sie besteht darin, aus den Buchstaben unten den Namen eines Objekts herauszulesen. (Hinweis: Es ist etwas, das manche Menschen sehr glücklich macht.)

Nicht vergessen, Sie müssen das tun und gleichzeitig unglücklich bleiben.

Bereit? Dann los.

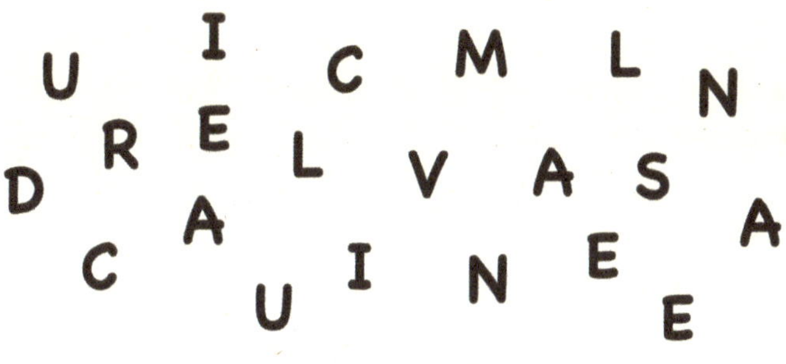

Haben Sie es erraten? Die Antwort ist »Vanilla Ice Cream Sundae«. Es spielt übrigens keine Rolle, ob Sie es herausgefunden haben. Ich bin ja nicht Ihr Grundschullehrer. Entscheidend ist: Haben Sie es geschafft, unglücklich zu bleiben, während Sie versucht haben es zu erraten?

Ich habe diesen Test oder Variationen davon mit Zehntausenden Personen live während meiner öffentlichen Vorträge durchgeführt, und ich sage Ihnen, mir ist noch nie jemand begegnet, der beide Aufgaben korrekt lösen konnte.

Wer es schafft, den Gegenstand zu erraten, fällt aus seinem selbst herbeigeführten Zustand des Unglücks heraus, und wer beschließt, sein Unglück länger andauern zu lassen, indem er seine Aufmerksamkeit auf das konzentriert, was auch immer ihn unglücklich macht, errät niemals korrekt die Wörter »Vanilla Ice Cream Sundae«.

Das ist ein wichtiger Punkt, weil er Ihnen vollständig zu verstehen hilft, wie Ihre Gedanken funktionieren.

Wenn die kleine Stimme in Ihrem Kopf spricht, kann sie sich auf nichts anderes konzentrieren, und wenn sie sich auf etwas anderes konzentriert, kann sie einfach nicht sprechen.

Das Einzige, was Sie jemals unglücklich gemacht hat

Reverse Engineering bezeichnet einen Prozess, bei dem die Konstruktion oder Leistung eines existierenden Produkts untersucht wird, um zu verstehen, wie es funktioniert. Wenn ein Ingenieur wissen will, wie ein Produkt in all seinen Betriebsmodi funktioniert, bringt er das Gerät von einem Extrem der gesamten Bewegungsbandbreite zum anderen und zeichnet an jedem Punkt die Leistungswerte auf. Nennen wir es eine Gesamtzyklus-Simulation.

Der Gehirntest, den Sie gerade durchgeführt haben, ist eine Gesamtzyklus-Simulation Ihrer selbst als Maschine, was Ihren Glückszustand betrifft. Unmittelbar vor dem Beginn des Tests – nennen wir den Moment T(0) – waren Sie damit beschäftigt, das Buch zu lesen, und fühlten sich nicht unglücklich. An T(0) gab es nichts, das Sie ärgerte. Sie waren glücklich!

Ich habe Sie dann aufgefordert, an etwas zu denken, das Sie unglücklich macht. Diesen Moment bezeichnen wir als T(1). Kaum hatten Sie einem unglücklichen Gedanken erlaubt, sich in Ihnen breitzumachen, bewegten Sie sich augenblicklich ans andere Extrem Ihrer Zustandsbandbreite und wurden unglücklich.

Dann schließlich bat ich Sie, aus ein paar willkürlichen Buchstaben den Namen eines Gegenstands herauszulesen – den Moment wollen wir als T(2) bezeichnen –, und *zack*, war das Unglücklichsein verschwunden. Sie haben sich auf das gegebene Problem konzentriert, und für diesen kurzen Augenblick dachte Ihr Gehirn nicht an irgendetwas, das Sie ärgern könnte. Sie waren wieder glücklich.

Nun muss ich Ihnen eine Frage stellen, die ein helles Licht darauf wirft, wie Glück in Ihrem Gehirn funktioniert, und Ihr Leben vermutlich für immer verändern wird: Hat sich die wirkliche Welt zwischen T(0) und T(1) sowie zwischen T(1) und T(2) in irgendeiner signifikanten Weise verändert, um Ihre Stimmung zu verändern?

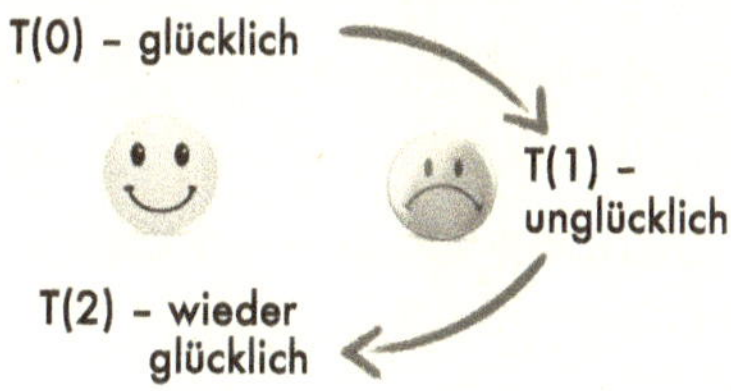

Nehmen wir an, als ich Sie aufgefordert habe, an etwas zu denken, das Sie unglücklich macht, erinnerten Sie sich an eine kränkende Bemerkung, die Ihr Freund oder Partner letzten Freitag gemacht hat. Der Gedanke hat Sie so unglücklich gemacht, als würden Sie diese Worte erneut hören, aber war das so? Als Sie damit beschäftigt waren, das Rätsel zu lösen, als Sie aufhörten, unglücklich zu sein, ist Ihr Freund ja nicht aufgetaucht, um sich zu entschuldigen, oder? Während dieser Übung ist in der realen Welt überhaupt nichts passiert.

Darf ich fragen, was als Einziges passiert ist?

Das Einzige, was Sie unglücklich gemacht hat, war, dass Sie nachzudenken begonnen haben, und das Einzige, was Ihr Unglücklichsein beendet hat, war, dass Sie mit dem Nachdenken aufgehört haben. Verstehen Sie?

Nicht vergessen!

Es ist der Gedanke, der uns unglücklich macht!

Ich wage zu behaupten, dass kein Ereignis in Ihrem gesamten Leben jemals die Macht hatte, Sie unglücklich zu machen, sofern Sie ihm diese Macht nicht eingeräumt haben, indem Sie es in einen Gedanken verwandelten und diesen in Ihrem Kopf immer und immer wieder abspulten, um sich elend zu fühlen. In der Abwesenheit des Gedankens, wie bei Ihrem Zustand an T(0), gab es kein Unglück, das empfunden werden konnte. Natürlich sind manche dieser Gedanken unvermeidlich. Wenn Sie finanzielle Schwierigkeiten haben oder einen geliebten Menschen verloren haben, denken Sie zwangsläufig darüber nach. Aber achten Sie darauf: Wenn Sie denken, sind Sie unglücklich, und wenn Sie aufhören zu denken, konzentrieren Sie sich auf andere Teile Ihres Lebens, als würde das Problem gar nicht existieren.

Ehe Ali von uns ging, lebte er in Boston, deshalb konnte ich ihn längere Zeit nicht sehen. Ich vermisste ihn, aber nicht so, wie ich ihn jetzt vermisse. Obwohl ich in beiden Fällen nicht zu ihm konnte, wird meine Sehnsucht durch den Gedanken verstärkt, dass er unsere Welt verlassen hat und ich ihn daher nie wieder in seiner schönen körperlichen Form zu sehen bekommen werde.

Wir behaupten zwar alle, dass wir Glück im Leben finden wollen, doch unsere Köpfe sind fast die ganze Zeit voller Gedanken, oftmals negativer Gedanken, die uns unglücklich machen. Wenn diese Gedanken auftreten, sind es keine realen Ereignisse. Es sind nur Rekonstruktionen vergangener Geschehnisse oder Prognosen künftiger Möglichkeiten. Wenn Sie es so betrachten, erkennen Sie vielleicht, dass Sie nur selten unglücklich sind, weil Ihnen gerade etwas passiert. Sollten Sie es jemals schaffen, sich selbst unglücklich zu machen, dann liegt das an einem imaginierten Ereignis, das in

Form eines Gedankens in Ihrem Kopf erzeugt wird, und nicht an der Realität dessen, was Ihnen gerade passiert.

Wenn irgendetwas Ihre Aufmerksamkeit fordert – das Erraten eines Gegenstands oder die Flucht vor einem Tiger –, verstummt die Stimme in Ihrem Kopf.

Darum schweigt die Stimme immer, wenn etwas schiefläuft, denn sie spricht nur, wenn im Hier und Jetzt alles in Ordnung ist.

Diese Einschränkung der Fähigkeit unseres Gehirns, uns in einen inneren Dialog zu verwickeln, hat viel Ähnlichkeit damit, wie Sie mit Ihrem Computer oder Ihrem Smartphone umgehen. Wenn Sie sich auf eine bestimmte Seite konzentrieren, um auf Bereiche ihrer Oberfläche zu klicken, steht Ihr Computer in gewisser Weise mit Ihnen in Kommunikation, aber wenn Sie Ihre Aufmerksamkeit beispielsweise darauf lenken, Zahlen in eine Tabelle einzugeben, endet die Kommunikation, bis Sie es erneut schaffen, Ihre Aufmerksamkeit darauf zu richten.

Ich könnte das Buch hier beenden, denn diese kleine Erkenntnis kann Ihnen helfen, Ihre innere Stimme zum Schweigen zu bringen, wann immer Sie Ihren Zustand des Glücks torpediert. Aber machen wir noch ein bisschen weiter, um ein paar weitere Geheimnisse dieser sehr effektiven Maschine zu enthüllen – Ihres Gehirns. Beginnen wir mit dem größten Mythos von allen …

Wer spricht denn da?

Die innere Stimme liefert einen ständigen verbalen Monolog von Gedanken, während Sie bei Bewusstsein sind.

In unserer modernen westlichen Welt herrscht kein Zweifel darüber, wer diese Stimme ist. Der französische Philosoph Descartes fasste es in seinem berühmten Zitat zusammen: »Ich denke, also bin ich.« Ich finde es interessant, dass die meisten von uns diese Aussage ganz anders verstehen, als Descartes sie gemeint hat. Zu jener Zeit wollte er zu beweisen versuchen, dass er existierte, in der Realität, und dass er nicht nur eine Simulation war. Seine Fähigkeit des Denkens, argumentierte Descartes, beweise seine Existenz. Wir haben diese Argumentation an die hyperlogische Zivilisation angepasst, die wir in der modernen Welt geschaffen haben. Heute glorifizieren wir das Denken so sehr, dass wir dieses Zitat in dem Sinne verstehen, dass wir die Gedanken – die Stimme – in unserem Kopf sind. Großer Fehler! Witzigerweise hatte auch er sich möglicherweise bei seiner These geirrt. Die moderne Wissenschaft verweist auf zahlreiche Belege dafür, dass wir tatsächlich ungeachtet der Tatsache, dass wir denken, in einer Simulation leben könnten. Doch das ist ein Thema für ein anderes Buch. Konzentrieren wir uns fürs Erste auf den größeren Fehler. Sind wirklich *Sie* die Stimme in Ihrem Kopf?

Ich kann fast mit Sicherheit behaupten, dass dem nicht so ist, und auch wenn ich gern einer dieser Autoren wäre, die Sie mit einer Geschichte über ein Erweckungserlebnis beeindrucken können, während sie in den entlegensten Winkeln Asiens den Pfad der Erleuchtung beschritten, so bin ich das leider nicht. Den Großteil meiner Erkenntnisse hatte ich an den banalsten Orten. Vor vielen Jahren saß ich einmal in einem niedlichen Café irgendwo auf unserer weiten Erde und konnte mich nicht recht auf die großartige Musik konzentrieren, die ich über meine Noise-Cancelling-Kopfhörer hörte, und zwar von meiner absoluten Lieblingsband in der Musikgeschichte – Pink Floyd. Egal wie hoch ich die Lautstärke drehte, die Kopfhörer konnten meine hektische innere Stimme nicht ausblenden. Ich hatte mich bei der Arbeit mit einem Problem herumgeschlagen und konnte einfach die Ruhe und Klarheit nicht finden, um das wilde Geschnatter in meinem Kopf abzuschalten. Der Song, den ich hörte, war passenderweise »Brain Damage«. Es war nur ein weiteres Stück, das zusammen mit zahllosen anderen Gedankengängen durch meinen Verstand lief: *Dieser Typ spielt strategische Spielchen, jener Kunde könnte das Geschäft nicht rechtzeitig zum Abschluss bringen, wir erreichen unser Ziel nicht, mein Chef ist nervig,* und so sprudelten die Gedanken immer weiter.

Und dann, genau wie wenn bei einer sehr lärmigen Party plötzlich Stille einkehrt, ehe Sie etwas Wichtiges ausrufen wollen, verstummten meine Gedanken gerade in dem Moment, als Roger Waters sang: »**There's someone in my head but it's not me.**« Ich hielt verblüfft den Player an. Dann spielte ich die letzte Strophe nochmal ab, dann den ganzen Song, immer und immer wieder, zahllose Male. Ja, da ist jemand in meinem Kopf – aber ich hatte immer gedacht, ich selbst wäre es. Ich hatte immer gedacht, diese kleine Stimme wäre ich, der mit mir spricht.

Diese eine Strophe in einem Song war mein Weckruf. Ich begann meine eigene umfangreiche Studie durchzuführen. Wie jeder, mit dem ich dieses Konzept je besprochen habe, war die erste Frage, die ich mir stellte:

»Brain Damage«

Hören Sie sich »Brain Damage« von Pink Floyd von Anfang bis Ende an.

Auch wenn die Stimme in unserem Kopf nicht immer ein Verrückter ist – oft ist sie ein Genie –, beschreibt der Song sicherlich auf eindringliche Weise, wie es uns in den Wahnsinn treiben kann, wenn wir diese Stimme außer Kontrolle geraten lassen und zu viel auf sie hören.

Wenn die Stimme in meinem Kopf nicht mir gehört, wem dann? Meine Gedanken brachten mich zurück in die Zeit, als ich erwachsen wurde. In Comics wurde die Stimme oft als Engel auf der rechten Schulter und als Teufel auf der linken dargestellt, die beide ihre Position vertraten und darüber stritten, wobei sie Ihren Kopf als Konferenzraum benutzten. Ist es das? Botschaften von anderen Wesen? Inzwischen haben Psychologen diverse andere Bezeichnungen dafür. Sigmund Freud nannte es Es/Ich/Über-Ich, Eric Berne bezeichnete es als Eltern-/Erwachsenen-/Kind-Ich. Ist es das? Auch Religionen haben ihre Begrifflichkeiten dafür. Im Islam heißt es das Flüstern. Im Buddhismus spricht man vom Gedankenkarussell. Andere glauben, dass es der Teufel selbst ist, der Ihnen seine boshaften Pläne direkt in den Kopf diktiert. Sci-Fi-Fans stellen es sich gern als den Geist in der Maschine vor – eine winzige Gestalt in Ihrem Kopf, die Ihre größere Gestalt manipuliert. Ergibt irgendwas davon für Sie Sinn? In seinem unglaublichen Buch *Eine neue Erde* bezeichnet Eckhart Tolle es als den Denker, ohne wirklich zu beschreiben, wer das ist, und Pink Floyd in ihrem Song nennen es den Verrückten. Okay, das hört sich richtig an. (Das war ein Witz. Lesen Sie bitte weiter.)

Bei so vielen verschiedenen Ansichten hatte ich alle Hände voll zu tun. Es gab fast keine Gemeinsamkeiten zwischen diesen diversen Blickwinkeln, bis auf eine: Diese kleine Stimme sind nicht Sie selbst. Es ist ein Dritter. Es ist eine andere Entität, die mit Ihnen spricht.

Nun, das erschien mir sehr sinnvoll, wenn ich darüber nachdachte. Ich meine, es ist eine sehr einfache Subjekt-Objekt-Beziehung. Wenn die Stimme in meinem Kopf ich wäre, der mit mir selbst spricht, warum müsste sie dann sprechen? Wenn ich es wäre, wüsste ich doch automatisch, was ich sagen wollte, und es gäbe keine Notwendigkeit, überhaupt irgendetwas zu sagen.

Diese Vorstellung eines unabhängigen Sprechers ändert eine Menge, aber dennoch: Wer ist es? Um das herauszufinden, will ich Ihnen eine Frage stellen. Sind Sie jemals morgens aufgewacht und haben sich gesagt, dass Sie das Blut sind, das durch Ihren Körper gepumpt wird? Glauben Sie an die Aussage: »Ich pumpe Blut, also bin ich.«? Ihr Herz pumpt Blut durch Ihren Körper, um Sie am Leben zu halten, aber Sie glauben nicht, dass Sie dieses Blut sind, oder?

Die biologische Funktion Ihrer Nieren besteht darin, Gift- und Abfallstoffe aus Ihrem System zu filtern und sie in Form von Urin aus Ihrem Körper auszuscheiden. Keiner von uns glaubt, das biologische Produkt unserer Nieren zu sein. Und auch wenn Schuldgefühle uns an manchen Tagen das Gefühl vermitteln können, wir wären ein Stück … Aa, glaubt niemand, dass Kacke die Essenz dessen ist, wer er ist. »Ich atme, also bin ich« trifft ebenfalls nicht zu. Sie sind nicht das CO_2, das Sie ausatmen. Warum glauben wir dann, das biologische Produkt unseres Gehirns zu sein?

Wenn Denken eine biologische Funktion ist, dann ist der Gedanke analog zu Urin und CO_2. Er ist nur ein biologisches Produkt.

Diese Idee hat eine Menge für sich. Im Grundsatz ist Ihr Gehirn ein drei Pfund schweres Stück Fleisch, nur ein weiteres biologisches Organ, das mit Ihrem Überleben befasst ist. Sein Produkt, um dieses altruistische Ziel zu unterstützen, ist der Gedanke. Obwohl wir Menschen als Gattung es geschafft haben, unsere Gehirne so weit voranzutreiben, dass wir iPhones und die uns bekannte Zivilisation geschaffen haben, ist die ursprüngliche Funktion, für die jene Gehirne gedacht waren, völlig darauf ausgerichtet, uns am Leben zu erhalten. Zu diesem Zweck analysieren sie die uns umgebende Welt, verwandeln unsere komplexe Umgebung in einfache Konzepte, die wir begreifen können, und verwandeln diese Konzepte dann in Wörter (den einzigen Baustein des Wissens, den wir verstehen können). Mit diesem Wissen können wir die überaus wichtigen Entscheidungen treffen, die wir zum Überleben brauchen, und sie dann in Form von Befehlen anwenden, die den verschiedenen Körperteilen erteilt werden, sodass wir in Sicherheit bleiben. Das war's eigentlich schon. Ihr Gehirn ist Ihre innere Stimme. Es ist Ihr Gehirn, das Ihnen sagt, was vorgeht, und Vorschläge unterbreitet, wie die Dinge sein sollten. Es ist Ihr Gehirn, das den ganzen Lärm macht.

In der Psychologie wird dies seit den 1930er-Jahren diskutiert, als der russische Nobelpreisträger Lev Vygotsky beobachtete, dass der innere Monolog durch winzige Muskelbewegungen im Kehlkopf begleitet wird. Er schloss daraus, dass das innere Gespräch sich durch die Internalisierung des lauten Aussprechens entwickelt habe. Dahinter steht der Gedanke, dass man als Kind, wenn man das Sprechen erlernt, alles laut ausspricht, was man sieht. *Mama, Teddy. Mama, Auto.* Es ist eine Methode, die Bedeutsamkeit von Worten und Konzepten zu erlernen, um die Welt zu begreifen. Wir tun das, bis es anfängt, peinlich zu werden. Und um die Peinlichkeit zu vermeiden, kehren wir den Dialog dann nach innen.

In den 1990er-Jahren bestätigten Neurowissenschaftler Vygotskys Sichtweise. Mithilfe von Neuroimaging wiesen sie nach, dass die beim Sprechen aktiven Bereiche des Gehirns wie die untere Stirnhirnwindung auch beim inneren Monolog aktiv sind. In einer meiner Lieblings-Kernspintomografieuntersuchungen, die 2009 vom MIT durchgeführt wurde, beobachteten Wissenschaftler die Gehirnaktivitäten von Probanden, während sie Rätsel lösten. Zuerst war der relevante Problemlösungsteil des Gehirns – etwa die Parieto-Okzipital-Region – ein paar Sekunden lang aktiv, um eine Lösung zu finden. Dann erlosch sie, und die rechte frontozentrale Region – also jener Bereich, den wir beim lauten Sprechen nutzen – leuchtete ganze acht Sekunden lang auf, bis die Teilnehmer die Antwort erkannten.[4]

Ihr Gehirn löst das Problem zuerst und braucht dann bis zu acht Sekunden, um die gefundene Antwort in Sprache zu verwandeln, damit Sie es verstehen können. In diesem Sinne …

Nicht vergessen! Ihr Gehirn spricht buchstäblich mit Ihnen.

Gedanken sind real. »Ich denke, also bin ich« ist jedoch eine Illusion. Die Realität der Illusion ist *Ich bin, also denke ich.* Oder vielmehr …

Nicht vergessen! Ich bin, also denkt mein Gehirn.

Und das sind großartige Nachrichten, denn es bedeutet, dass Ihre Gedanken Sie nicht definieren. Wenn Sie nicht die Gedanken in Ihrem Kopf sind, dann müssen Sie ihnen nicht mehr gehorchen. Sie können diskutieren und Behauptungen infrage stellen, die unzutreffend zu sein scheinen. Sie müssen nicht einmal zuhören. Und was das Beste ist: Mit etwas Übung können – und sollten – Sie Ihrem Gehirn öfter einmal sagen, dass es komplett still sein soll.

Unsere Gehirne sind das beste Geschenk, das der Menschheit je gemacht wurde. Wir haben bloß nie gelernt, sie ordentlich zu nutzen. Das ist so, als würde man den leistungsstärksten Computer der Welt bekommen, und nicht wissen, wie man eine Tabellenkalkulation anwendet. Wenn Sie die falschen Zahlen in die falschen Zellen eingeben und die falschen Makros nutzen, erhalten Sie unweigerlich einen Haufen Blödsinn. Genau das passiert mit unseren Gehirnen. Geraten sie außer Kontrolle, produzieren Sie die verrücktesten Gedanken und quälen schließlich uns und unsere Liebsten.

Es ist alles in Ordnung mit Ihrem Computer. Lassen Sie uns lernen, wie man ihn benutzt.

Den Computer bedienen lernen

Dieser dreipfündige Klumpen Fleisch in unserem Schädel ist trotz der unglaublichen jüngsten Fortschritte der Technologie immer noch der raffinierteste Computer der Welt. Dieses Gerät ist mit einem ganzen sensorischen Kontrollsystem ausgestattet, das Bilder, Geräusche, Berührungen, Gewicht, Temperatur und viele andere komplexe Reize in seiner Umgebung erkennen kann, so gering sie auch sein mögen. Er kann konstant all diese sensorischen Informationen überwachen und sie in umfassende Konzepte umwandeln, um der Welt ringsum einen Sinn zu verleihen. Das Gehirn hat eine beeindruckende Speicher- und Erinnerungskapazität. Es besitzt unglaublich präzise Mechanismen der Bewegungsfunktionskontrolle, die jeden Robotik-Ingenieur unserer heutigen Welt alt aussehen lassen. Es besitzt eigene in den Körper eingebaute Energiegeneratoren und, was das Eindrucksvollste ist, es kann nicht nur komplexe Probleme lösen, sondern sie auch in Problemformulierungen festhalten, die exakt die zu behandelnden Herausforderungen beschreiben. Und um das alles noch zu übertreffen, kann es lesen, kommunizieren und Informationen mit anderen Gehirnen austauschen.

Tatsächlich sind unsere Gehirne eine eindrucksvolle Ingenieursleistung. Als Kinder schulen wir diese Gehirne, um Mathematik, Biologie und eine Vielzahl anderer akademischer Themen zu erlernen. Wenn wir dann älter werden, versuchen wir ihnen Dinge beizubringen wie gesunde Ernährung, Fitness oder die Kunst, in sozialen Netzwerken etwas Witziges zu posten, ebenso wie wir ihnen beibringen, süchtig nach Likes und gesellschaftlicher Anerkennung zu werden. Wir gehen mit ihnen zu Töpferkursen und zum Salsa-Unterricht.

Wir lehren das Gehirn, alles ringsumher zu verstehen und zu kontrollieren, aber nur selten bringen wir ihm bei, sich selbst zu verstehen oder zu kontrollieren.

Es klingt komisch, wenn man darüber nachdenkt, dass man einer Maschine beibringen will, sich selbst zu betreiben. Aber das wird zu einer zunehmend anerkannteren Vorstellung – Autos, die selbst fahren, und Suchmaschinen, die sich selbst das Suchen beibringen, werden zu einer verbreiteten Alltagstechnologie. Am nächsten kommen wir dem bei der Meditation, die unserem Gehirn beibringt, sich zu beruhigen, das unablässige Denken zu verlangsamen und sich zu fokussieren. Wir alle kennen die Vorteile davon. Meditation verändert das Leben eines überzeugten Praktikers zum Besseren, indem sie eine unserer entscheidendsten Gehirnfunktionen verbessert: die bewusste Aufmerksamkeit. Wenn wir die Meditation über einen längeren Zeitraum hinweg ausüben, profitiert unser Gehirn davon, und unser Leben verbessert sich. Wie wäre es also, wenn wir Methoden lernen und anwenden könnten, die jeden anderen Prozess verbesserten, den das Gehirn durchführen kann? Um wie viel besser würde unser Leben dadurch werden?

Es gibt viele Möglichkeiten, die Funktionsweise unseres Gehirns zu beschreiben, und viele Möglichkeiten, seine Arbeitsweise zu verbessern. Neurowissenschaftler untersuchen Hirnlappen, Hirnrinden, Synapsen und chemische Botenstoffe. Spirituelle Lehrer betrachten die Schulung des Geistes, und Psychologen achten auf Konditionierung und Traumata. Jede dieser Perspektiven hat ihre Vorzüge, aber keine behandelt das Gehirn als den Computer, der es tatsächlich ist. Ich würde das Bild gern vervollständigen und daher werde ich über Software sprechen, wenn ich Ihnen beschreibe, wie das Gehirn funktioniert.

Sie würden staunen, wie ähnlich unsere Gehirne den Computersystemen sind, die wir entwickeln. Die Kenntnisse, die wir durch Neurowissenschaften, Psychologie, Spiritualität und viele andere Bereiche haben, die das Gehirn untersucht haben, lassen uns die verschiedenen Funktionen unseres Gehirns als unabhängige »Programme« betrachten. Es gibt einen Code in unserem Gehirn, der uns beim Argumentieren hilft, einen anderen Code, der sensorische Informationen sammelt, und wieder einen anderen Code, der unsere Hardware steuert – unseren Körper. Diese Programme arbeiten unabhängig und interagieren miteinander. Bei guter Nutzung steht Ihnen die komplexeste Maschine der Welt zur Verfügung. Bei falscher Nutzung wird die Software fehlerhaft. Das führt häufig zu falschen Ergebnissen und Abstürzen in den Zustand der Traurigkeit, manchmal sogar der Depression. Ich werde hier allzu technische Fachbegriffe vermeiden und Ihnen die Softwarefunktion unseres Gehirns auf der Grundebene vermitteln. Wenn Sie erst einmal wissen, wie das Gerät funktioniert, ist es leichter, die Bugs zu erkennen, die zu Programmfehlern führen und uns unglücklich machen. Beheben Sie sie, und wir haben die allerbesten Voraussetzungen – einen Computer, der unsere täglichen Herausforderungen meistert, ohne uns unnötiges Leiden zu verursachen.

Beginnen wir mit etwas Technikjargon. In ihrer einfachsten Form beschreiben Ablaufdiagramme die Beziehung zwischen dem, was Sie in ein System eingeben, der Verarbeitung, die von der Systemsoftware vorgenommen wird, und dem Ergebnis, das aus diesem Prozess hervorgeht. Wenn die Inputs in ein System zum Beispiel die Zahlen zwei und sechs sind und die Software einen Additionsprozess durchführt, ist das Ergebnis acht. Einfach!

Die Komplexität echter Systeme geht allerdings weit über die scheinbare Einfachheit dieses Diagramms hinaus. Die meisten Systeme haben zahlreiche Inputs und mehrere Prozesse, die manchmal unabhängig ablaufen und manchmal interagieren, sich überschneiden, einander ergänzen oder widersprechen. Solche komplexen Systeme führen dann häufig zu mehreren möglichen Ergebnissen.

Das ist also der Plan: Um die Erforschung der Funktionsweise unseres Gehirns so einfach wie möglich zu halten, werde ich es herunterbrechen in Inputs, mehrere unterschiedliche Prozesse und entsprechend mehrere mögliche Ergebnisse. Gemeinsam werden wir die Maschine Stück für Stück auseinandernehmen, damit Sie einen umfassenden Einblick in jede dieser Komponenten erhalten. Wie bei einem Computer nutze ich die Neurowissenschaft, um Ihnen zu zeigen, welche Teile unseres Gehirns mit welcher speziellen Software laufen. Ich werde die Hauptfunktion jedes spezifischen Programms erläutern, und wenn es bei ihrer Nutzung irgendwelche Bugs gibt, zeige ich Ihnen, wie man sie beheben kann. Wir werden auch die Beziehungen zwischen den verschiedenen Programmen untersuchen. Wenn ein bestimmtes Programm ein anderes ermöglicht oder behindert, mache ich das deutlich. Haben Sie dann schließlich verstanden, wie jedes Programm funktioniert, setzen wir die Maschine wieder zusammen und haben eine Art Bedienungshandbuch erhalten. Dazu gehören Praktiken, die Sie als Nutzer Ihres Gehirns übernehmen sollten, um für Ihre eigene unbezahlbare Maschine einen reibungslosen Arbeitsablauf und optimale Leistung zu erzielen.

Lassen Sie sich von der Komplexität nicht abschrecken. Es wird wirklich einfach, unterhaltsam und voller Aha-Momente sein, wenn Sie Dinge begreifen, die Sie zuvor nie verstanden haben. Auf den ersten Seiten eines Bedienungshandbuchs gibt es immer eine Zeichnung, die das gekaufte Produkt zeigt und mit eleganten Pfeilen die verschiedenen Teile benennt. Das ist ein bisschen wie: »Ich will Ihnen kurz vorstellen, mit wem Sie zusammenarbeiten werden – das hier sind Emma, Jonathan und Kim« (nur dass Techniker gern etwas kompliziertere Namen wählen).

Die Bedienungsanleitung für das Gehirn würde mit einem Bild beginnen, das ungefähr so aussieht:

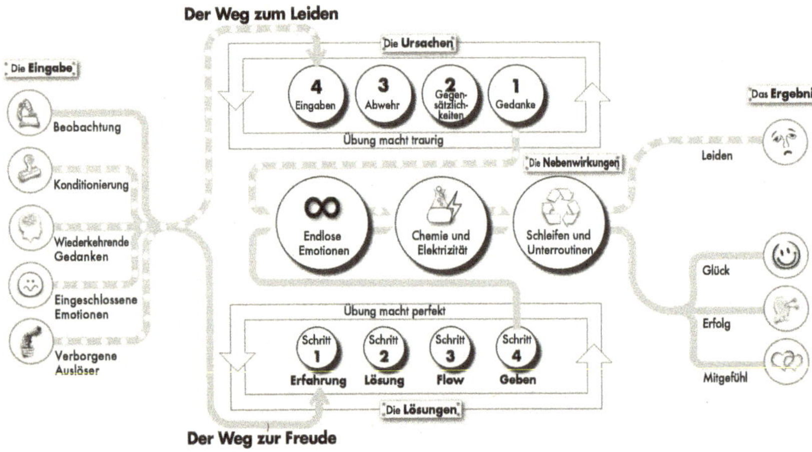

Bitte überspringen Sie dieses Diagramm nicht. Nehmen Sie sich ein paar Minuten Zeit, es zu studieren und zu sehen, was die von mir gewählten Bezeichnungen für Sie bedeuten könnten.

Anmerkung: Legen Sie doch hier ein Lesezeichen ein, um das obige Diagramm im Blick zu behalten. Vielleicht möchten Sie später auf dieses Modell zurückkommen, wenn Sie durch die umfangreichen Inhalte dieses Buches navigieren.

Während Sie das tun, werde ich feiern gehen, denn ganz ehrlich, unser ganzes Buch ist hier in diesem einen Diagramm zusammengefasst. Jetzt muss ich nur noch ein paar intelligente Seiten über jede der oben aufgeführten Komponenten schreiben und mich dabei möglichst einfach ausdrücken, ohne irgendwelche mystischen Wörter zu benutzen. Es ist jetzt nur noch eine Sache von ein paar Wochen, und die Bedienungsanleitung steht den Nutzern zur Verfügung.

Wie sieht Erfolg aus?

Stellen Sie sich vor, Sie kaufen einen komplexen Computer für mehrere tausend Dollar, der nur eine einzige Sache kann. Egal was Sie damit anstellen, er bringt immer nur einen roten Kreis auf dem Bildschirm hervor. So ein Computer würde nicht viel taugen, oder? Komplexe Geräte erzeugen nicht einfach Standardergebnisse. Sie sind anpassungsfähig, flexibel. Die Resultate, die sie hervorbringen, hängen von den Inputs ab, die Sie machen, und dem Prozess, den Sie ausführen. Sie sind Werkzeuge, die Ihren Anweisungen folgen, um die gewünschten Ergebnisse zu erzielen.

Ihr Gehirn kann alles produzieren, auf das Sie Ihre Gedanken richten. Es kann Ihnen helfen, Gleichungen zu lösen, mit jemandem zu flirten, der Ihnen gefällt, Bohnenmus zu kochen, viel Geld zu verdienen, es im Spiel wieder zu verlieren, sich unglücklich zu machen oder sich die Nase zu putzen. Der vielleicht entscheidendste Schritt, um zu gewährleisten, dass Ihr Gehirn brauchbare Resultate hervorbringt, ist zu wissen, was Sie von ihm wollen.

Wer die Nutzung seines Gehirns beherrscht und es effizient einsetzt, erzeugt die ultimative Leistung, die jedes Gehirn erzielen kann. Das kann in drei Ergebnissen zusammengefasst werden. Er erkennt sein eigenes individuelles Glück, er erhält einen guten Maßstab für Erfolg (abhängig davon, wie er Erfolg definiert), und er lebt mit dem Mitgefühl, das notwendig ist, um das Leben anderer positiv zu beeinflussen.

All meine Arbeit – meine Bücher, mein Podcast (Slo Mo), die Glücksapp (Appii), jeder Kurs, den ich gegeben, und jedes Interview, bei dem ich gesprochen habe – zielt darauf ab, Sie diese drei Ziele erreichen zu lassen. Dieses Buch ist da keine Ausnahme. Während wir tief in die inneren Funktionsweisen unseres Gehirns vordringen, versuchen wir, Sie glücklich zu machen, ohne dabei Ihren individuellen Erfolg und Ihren positiven Einfluss auf die Welt außer Acht zu lassen. Ich hoffe, das ist Ihnen Ihre Zeit wert.

Jetzt ziehe ich meinen Overall an und schnappe mir meinen Werkzeugkasten, um die Maschine auseinanderzunehmen. Dafür werde ich wohl ein paar Minuten brauchen. Ich schlage vor, dass Sie inzwischen die folgende Übung machen. Nehmen Sie sich Zeit, sie abzuschließen, und ich erwarte Sie dann im nächsten Kapitel.

Auf welche Informationsquellen stützen Sie sich, um Ihren Denkprozess voranzutreiben?

Jede Information, die in Ihr Gehirn eindringt, führt Sie auf einen Weg mit verschiedenen Gedankengängen. Im Laufe der Zeit machen diese Gedanken Sie zu dem Menschen, der Sie sind. Sie prägen uns so sehr, dass es möglicherweise das Wichtigste ist, darauf zu achten, was sie auslöst.

Achtsamkeitsübung:
Was Ihre Gedanken auslöst

Ziel:	sich bewusst werden, woraus Ihre Gedanken bestehen
Dauer:	5 Minuten
Wiederholung:	mindestens einmal wöchentlich nach Bedarf
Sie brauchen:	einen ruhigen Ort, an dem Sie nicht gestört werden; einen Notizblock und einen Stift

Suchen Sie sich einen ruhigen Ort, und nehmen Sie sich etwas Zeit, um zurückzublicken und sich zu fragen, welche Informationsquellen Sie in Ihren Kopf hineingelassen haben. Dies sind ein paar Beispiele: Jacqueline, meine Schulfreundin, hat mir von ihrer Diät erzählt. Was meine Mutter mir über Arbeitsmoral beigebracht hat, hat mein Engagement bei der Arbeit beeinflusst. Neuere Postings bei Instagram haben sich auf mein Selbstwertgefühl ausgewirkt. Die Nachrichten haben mir das Gefühl vermittelt, dass unsere Welt unsicher ist.

Schreiben Sie alle auf – so viele, wie Sie können.

Das ist nur eine Achtsamkeitsübung. Fürs Erste müssen Sie mit dieser Liste nichts anfangen, aber diese Achtsamkeit wird im nächsten Kapitel nützlich sein, wenn wir über die unterschiedlichen Einflüsse sprechen, denen wir unser Gehirn aussetzen.

TEIL 1:

Die neuralen Ursachen des Leidens

Um eine Maschine zu reparieren, müssen Sie als Erstes herausfinden, was daran kaputt ist. Um das Unglücklichsein zu reparieren, das Ihr Gehirn erlebt, müssen Sie herausfinden, was es verursacht. Ich glaube, die Gründe, warum unser Gehirn uns unglücklich macht, können in einem einfachen Modell zusammengefasst werden: **4-3-2-1.**

4 (falsche) **Inputs,** die unsere Wahrnehmung der Wahrheit verzerren.

3 (übertriebene) **Abwehr**, die uns Sicherheit gibt, aber auch Leiden verursacht.

2 (einander widersprechende) **Gegensätzlichkeiten**, die nicht im Gleichgewicht bleiben.

1 (schädliche) **Gedanken**, die all das Unglück verursachen, das Sie jemals empfunden haben.

Wiederholen Sie sie oft genug, dann werden Sie richtig gut darin, denn Übung macht traurig, wenn es das eigene Unglück ist, das Sie üben.

Kapitel 2

Müll rein …

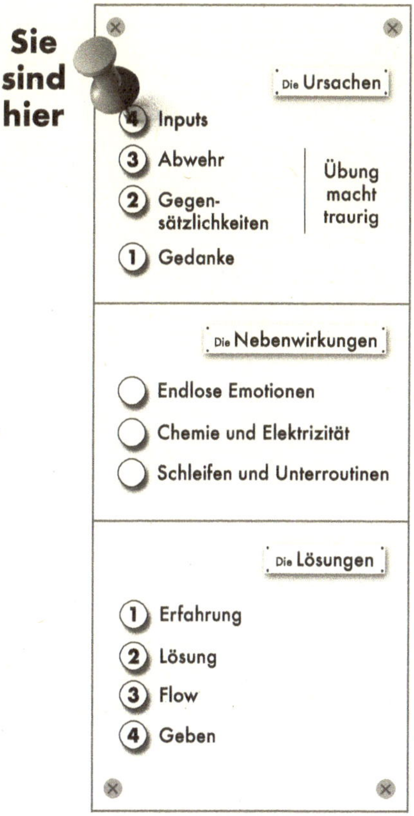

Man ist, was man isst, heißt es. Ich glaube daran. Was immer Sie in Ihre biologische Form hineingeben, prägt Sie zu dem, was Sie werden. Der Einfluss zeigt sich in der Form Ihres Körpers, manchmal unmittelbar und manchmal langfristig, zum Beispiel wenn Sie zu viele gezuckerte Getränke konsumieren.

Man ist auch, was man denkt. Das Zeug, das Sie in Ihren Kopf hineinlassen, formt die Gedanken, die Ihr unmittelbares Handeln auslösen, bildet Ihre Ideologie, prägt die Erinnerungen, die Ihre Überzeugungen beeinflussen, konstruiert die Erfahrungen, die Ihre Einstellung definieren, Ihre Entscheidungen und alles andere, was Ihre Identität ausmacht.

Sie können den besten Computer der Welt haben und die besten Programme schreiben, die darauf laufen. Wenn Sie jedoch davorsitzen, sobald er fertig ist, und die Tastatur nutzen, um die falschen Daten einzugeben, was bekommen Sie dann? Die falschen Berechnungen und entsprechend die falschen Ergebnisse. Bei der Programmierung fassen wir das zu einer berühmten Formel zusammen …

Müll rein = Müll raus

Es spielt keine Rolle, wozu Ihr Computer in der Lage ist. Wenn Sie die falschen Informationen eingeben, bekommen Sie die falschen Ergebnisse. Also, was geben Sie in Ihr Gehirn ein?

Jibo

In meiner ägyptischen Heimatstadt wird der Begriff Jibo oft von der gut situierten Minderheit verwendet, um jene zu beschreiben, die sich ganz auf die Überzeugungen und Traditionen der weniger begüterten ägyptischen Gesellschaft einlassen. Jibos oder »wahre Ägypter« sind wunderbare Menschen. Sie sind freundlich, ehrbar, gastfreundlich, freigebig und witzig. Sobald Sie einen Tag in Ägypten verbringen, bietet man Ihnen Tee und Hilfe an, und Sie werden sogar zu Leuten nach Hause eingeladen zu einer Mahlzeit, die mit Liebe von der Mutter des Gastgebers zubereitet wurde, der *set el habayeb* – das heißt »die Königin aller Geliebten« und ist die Bezeichnung der Ägypter für ihre Mutter. Je weiter Sie sich von den großen

Städten entfernen, desto stärker werden diese wunderschönen Traditionen. Es gibt eine Form des Ägypter-Seins, die von Generation zu Generation weitergegeben wird. Unsere Traditionen sind tief verwurzelt in den echten Ägyptern. Ein älterer Mensch in der ägyptischen Gesellschaft wird immer mit gutem Beispiel vorangehen und vermittelt seine Weisheit in Worten – sehr vielen Worten – an die jüngeren Jibos.

Die arabisch sprechende Welt, in der ich großgeworden bin, liebt Worte. Ein Teil unserer Kultur basiert auf der Nutzung von Worten, und Arabisch ist in vielerlei Hinsicht eine komplexe Sprache. Jedes Wort des traditionellen Arabisch hat viele Bedeutungen: Das Wort *asad* zum Beispiel kann sich neben vielen weiteren Bedeutungen auf den Namen einer Person beziehen, auf einen Löwen oder auf Tapferkeit. Zudem gibt es für jede Bedeutung endlos viele Wörter – es gibt eine ganze Wikipedia-Seite für die Wörter, die »Löwe« bedeuten. Dort sind 500 verschiedene Wörter aufgeführt, die vom häufig verwendeten *asad* bis zu Wörtern wie *sabe'* reichen, was auch einen Mann bezeichnet, der richtig gut im Bett ist, und *kanafes,* was zufälligerweise auch The Beatles bedeutet. Das ist eine komische Art, Sprache zu nutzen, ich weiß, aber es zeigt das wichtigste Merkmal des arabischen Satzbaus – der Kontext zählt.

Diese unglaubliche Vielseitigkeit ermöglichte es den Dichtern der Vergangenheit, innerhalb sehr repressiver Regimes Aktivisten zu sein. Sie verwendeten Wörter in Gedichten zum Lobpreis des Königs oder des Kalifen, die aus einem anderen Blickwinkel und in anderem Kontext betrachtet auch bedeuten konnten, dass der König ein totaler Idiot war. Arabisch ist wirklich eine glorreiche Sprache, die den Zuhörer ständig auffordert, zu analysieren und zu debattieren im Bemühen, den Kontext zu erfassen. Es fordert zur Kontemplation auf im Gegensatz zu einer raschen Schlussfolgerung, zum Entdecken all der möglichen Variationen, die eine bestimmte »Konfiguration« von Wörtern bedeuten könnte. Das führt letztlich zu einem tiefen Verständnis nicht dessen, was gesagt wurde, sondern dessen, was tatsächlich gemeint war.

Die Tage des Ruhms der traditionellen arabischen Sprache waren längst vorbei, als ich heranwuchs. Damals wurde diese faszinierend komplexe Sprache häufig wörtlich genommen und verlor eine Menge des reichhaltigen Kontexts ihrer Vergangenheit. Das galt auch für die Sprichwörter, die das Rückgrat der Weitergabe von Weisheiten der arabischen Kultur von Generation zu Generation bildeten.

Als junger Mann wurde ich bombardiert mit Spruchweisheiten, die weise zu sein schienen, aber wenn man sie aus dem Kontext gerissen falsch interpretierte, waren sie für die Kultur und den Fortschritt meines Landes oft irreführend oder gar schädlich. *Ala ad lehafak med reglaik* war ein Sprichwort, das in Zeiten des Hungers entstand, und bedeutet so etwas wie »Streck deine Beine nur so weit aus, wie deine Decke reicht«. Im Kontext von Nahrungsmittelknappheit ermutigt dieses Sprichwort zum sorgsamen Umgang mit Ressourcen, aber wenn der Kontext in Vergessenheit gerät, deutet es auf Resignation hin – bemühe dich nicht, deine Situation zu verbessern. Nimm einfach hin, was du hast (eine kurze Decke), und lerne, damit zu leben. Was man als Selbstgefälligkeit interpretieren kann.

Men sab adimo tah ist eine weitere Redewendung und bedeutet: »Wenn du deine Vergangenheit hinter dir lässt, verirrst du dich«. Auch dies ist ein ehrbarer Aufruf, aus der Vergangenheit zu lernen und stolz auf die eigenen Wurzeln zu sein, aber irgendwie wird er in der arabischen Welt oft als Aufforderung verstanden, Fortschritt abzulehnen und in Traditionen verhaftet zu bleiben.

In meiner Jugend hörte ich diese Worte oft von den Älteren und in Liedern im Radio. Sie wurden als Quelle der Weisheit präsentiert.

Einige davon verwirrten mich, und mit Anfang zwanzig beschloss ich, nicht mehr danach zu handeln, aber sie begleiteten mich wie ein unabgeschlossenes Geschäft. Im Laufe der Jahre kamen sie oft wieder an die Oberfläche, nicht als unbestrittene Weisheit, doch immer noch als brauchbare Option oder vielleicht zutreffende Gedanken, die mein Denken kontaminierten. Erst später, in meinen Vierzigerjahren, entschied ich mich zu langen Phasen der Stille, um meine Überzeugungen auf den Prüfstand zu stellen. Ich untersuchte all die Sprichwörter, religiösen Dogmen, kapitalistischen Lehrsätze und Traditionen, die ich im Laufe meiner Reise an Bord genommen hatte. Ich versuchte, die guten zu pflegen und mich von den anderen zu verabschieden. Dieser Prozess an einem so späten Zeitpunkt im Leben machte mich zu einem besseren oder wenigstens zu einem ehrlichen Menschen, der nach seinen eigenen Überlegungen handelt, dem ich jetzt Respekt entgegenbringe und mit dem ich gern zusammenlebe. Denken Sie auch darüber nach, Zeit für das Überdenken Ihrer Überzeugungen aufzubringen, denn …

Nicht vergessen!

Wenn Ihre Gedanken nicht tatsächlich Ihre eigenen sind, sollten sie gelöscht werden.

Das ist auch eine zutreffende Analogie für Computer, denn trotz ihrer scheinbar unerschöpflichen Ressourcen können sie durchaus unter einem Leistungsabfall leiden, wenn ihnen wertvoller Platz verloren geht. Sie können sich bestimmt auch erinnern, dass Ihr Handy mal langsamer wurde oder Sie keine weiteren Fotos mehr machen konnten. Das passiert, wenn unbrauchbare oder nutzlose Informationen gespeichert werden. Diese Daten wachsen immer weiter an und verbrauchen unnötig Speicherplatz. Jeder kluge Programmierer wird Ihnen sagen, dass Sie hinter sich aufräumen müssen, wenn

Sie optimale Leistung wollen. Wenn Sie etwas abspeichern, das für einen bestimmten Prozess benötigt wird, müssen Sie es anschließend löschen. Tun Sie das nicht, ist der Speicher Ihres Computers bald voll, und infolgedessen versagt Ihr Computer. Wir hatten sogar eine Bezeichnung für den Prozess des Aufräumens von Zeug, das unabsichtlich zurückgelassen wurde. Raten Sie mal, welche? Müllabfuhr.

Haben Sie in letzter Zeit Ihren Müll weggebracht? Haben Sie sich die Zeit genommen, über die Richtigkeit dessen nachzudenken, woran Sie glauben? Haben Sie nutzlose oder schädliche Konzepte aus Ihrem Speichersystem gelöscht?

Falls nicht, so sind Sie damit nicht allein. Die Nationen der Welt sind von so viel Idiosynkrasie geprägt. So viel Propaganda wird als Weisheit betrachtet. Es spielt keine Rolle, woher diese Konzepte stammen, ob es alte Traditionen sind, die Agenda der Mainstream-Medien oder Ihre Freunde und Angehörigen. Wichtig ist, sie zu löschen. Sobald wir an etwas glauben, beginnt es uns zu formen, und wenn wir Müll zulassen, werden die daraus resultierenden Gedanken und die von diesen in uns ausgelösten Emotionen ebenfalls, nun … Müll. Am Ende des vorigen Kapitels hatte ich Sie gebeten, die Achtsamkeitsübung »Was Ihre Gedanken auslöst« zu machen. Jetzt wissen Sie, warum das nötig war. Es war nur der erste Versuch, sich einen Überblick über einen Teil dessen zu verschaffen, was Sie prägt. Jetzt ist es an der Zeit, tiefer zu gehen und all die verschiedenen Arten von Müll kennenzulernen, die uns beeinflussen. Ich nenne sie …

Die Auslöser von Gedanken

Stellen Sie sich vor, Sie erwachen an einem Sonntagmorgen mit dem Gedanken an Ihren nächsten Urlaub. Sie sind ein bisschen ausgelaugt von der Arbeit, und während Sie draußen den Regen sehen, kommt Ihnen der Gedanke, dass Sie ein sonniges Ziel brauchen. Dieser Gedanke löst dann eine Erinnerung an Ihren letzten Urlaub aus, und Sie fragen sich, wie es wohl diesem Freund geht, den Sie dort kennengelernt haben. Anschließend springt Ihr Gehirn in die Zukunft. Sie wollten immer schon mal nach Ägypten, denken Sie, also wandern Ihre Gedanken zu den Pyramiden, zum Tempel der Könige und diesem entspannten Tauchurlaub am Strand des Roten Meers. Ja, Sie haben mitbekommen, dass sie bei Fox News gesagt haben, einige dieser Ziele wären unsicher. Also überlegen Sie, stattdessen Urlaub in Memphis zu machen. Dieser Gedankengang wird unterbrochen, als Sie die Nachricht einer Freundin erhalten, die Ihnen mitteilt, dass sie gerade Ihre Ex-Freundin mit einem anderen Mann hat Händchen halten sehen. Sie kommen von der Urlaubsplanung ab, und Ihre Gedanken schweifen ab, um über all das nachzudenken, was zwischen Ihnen schiefgelaufen ist.

Wir lassen so viele Dinge in unsere Gedanken einfließen. Wenn ich anfinge, alles aufzuzählen, würde das Seite um Seite füllen. Um es zu vereinfachen, ordne ich es in fünf Kategorien ein: Beobachtung, Konditionierung, wiederkehrende Gedanken, eingeschlossene Emotionen und verborgene Auslöser. Nur eine dieser fünf kommt der Wahrheit nahe. Die anderen vier führen Sie bloß in die Irre.

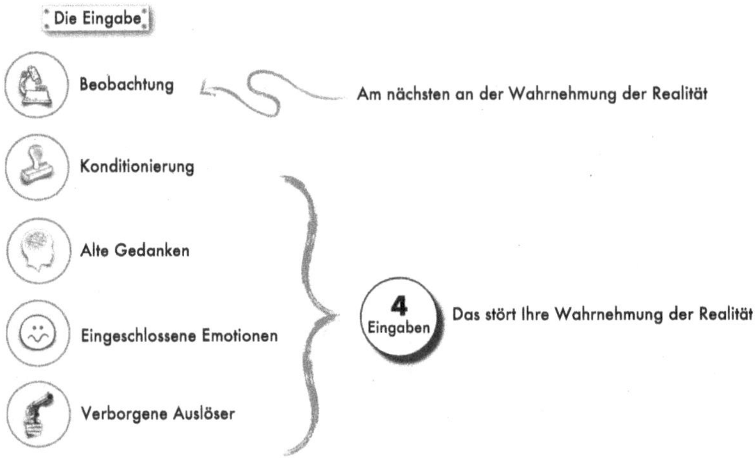

Jetzt siehst du mich

Der erste der fünf Auslöser – die **sensorische Beobachtung** – ist theoretisch die einzige Informationsquelle mit einem gewissen Maß des Vertrauens in ihre Zuverlässigkeit, die wir in unseren Kopf hineinlassen sollten.

Der islamische Mystizismus kennt drei Ebenen des Wissens: Kenntnis, Beobachtung und Erfahrung.

Wenn ich Ihnen sage, dass in der Küche ein Glas Honig steht, haben Sie *Kenntnis.* Die Kenntnis *scheint* wahr zu sein, aber können Sie da sicher sein? Was, wenn meine Information veraltet ist? Was, wenn das Honigglas, das ich dort morgens gesehen haben mag, inzwischen von jemandem weggenommen wurde? Was, wenn ich lüge? Sie könnten diesem Wissen mehr vertrauen, wenn Sie in die Küche gingen und das Glas selbst dort sähen, nicht wahr? *Beobachtung* ist eine sicherere Form des Wissens als »Kenntnis«. Es ist die Grundlinie, ein Grad des Wissens, auf den Sie sich bei Ihrer Entscheidungsfindung verlassen können. Daher ist es oft klug, zu hinterfragen, was Ihnen erzählt wird, es sei denn, Sie können es selbst bezeugen. Ein ganzer Lebensstil wird zusammengefasst in einer arabischen Redewendung, die ungefähr so lautet: »Wenn man dir etwas sagt, überprüfe es. Dann sind deine Entscheidungen vernünftig, und nur dann wirst du später eine unüberlegte Entscheidung nicht bereuen.«

Beobachtung ist das Rückgrat aller Wissenschaft. Wenn Forscher versuchen, wissenschaftliche Fakten zu erklären, wenden sie die *wissenschaftliche Methode* an, die sich ausschließlich auf Beobachtung stützt. Jeder Wissenschaftler wird Ihnen sagen: »Wenn es nicht beobachtet werden kann, existiert es aus wissenschaftlicher Perspektive nicht.«

Aber was ist, wenn der Inhalt des Glases zwar wie Honig aussieht, es sich aber meinetwegen um Karamell handelt? Besser wäre es also, das Glas zu öffnen und den Honig zu probieren. *Erfahrung* ist die höchste Form des Wissens. Nur mit Erfahrung können Sie wissen, dass das Glas voll ist und dass es sich beim Inhalt tatsächlich um Honig handelt. Wir haben nicht immer die Möglichkeit, Dinge unmittelbar zu erfahren, daher ist es in Ordnung, Beobachtungen in diesen Fällen als ausreichende Form des Wissens zu akzeptieren.

Nicht vergessen!

Was Sie mit Ihren eigenen Sinnen beobachten, kommt der Wahrheit der physischen Realität so nah, wie Sie ihr nur kommen können.

Etwas für wahr zu halten, das Ihnen erzählt wird, kann Sie in die Irre führen. Leider geschieht das in unserer modernen Welt viel zu häufig. Verlassen Sie sich nicht auf meine Worte (Scherz). Fragen Sie sich selbst, wie viel von dem, was Sie in Ihren Gedankenkreislauf eingehen lassen, nicht auf eigener sensorischer Beobachtung beruht. Wie viel ist Klatsch, Hörensagen, Fake News oder einfach nur pure

Vermutung von jemandem, der nicht qualifiziert ist, die Richtigkeit dessen einzuschätzen, worüber er spricht? Die Quellen nicht verifizierbarer Informationen sind unerschöpflich. Es ist fast unmöglich, den Überblick zu bewahren, und leider nutzen wir sie als unsere primäre Wissensquelle und glauben dann, etwas zu wissen. Im Deutschen wird das Wort Unwissenheit als das Fehlen von Wissen oder Informationen definiert. Im Arabischen bedeutet Unwissenheit – *al jahl* –, etwas zu wissen, das nicht stimmt. Leider ist diese Form der Unkenntnis zum Allgemeinzustand der Welt geworden.

Nicht vergessen!

Wir glauben zu wissen, doch was wir wissen, ist oft nicht wahr.

Falsches Wissen ist die erste der neuralen Ursachen für Leiden. In der modernen Welt wird es ausgelöst durch …

Vier Inputs

Wenn wir unsere eigenen Wahrnehmungen mit dem vermischen, was andere uns mitteilen, oder mit unserer eigenen Irrationalität, können wir den Bezug zur Realität verlieren. Sich in falsches Wissen zu verirren gibt uns das Gefühl, dass die Dinge nicht recht zusammenpassen. Manchmal fühlt es sich einfach nicht richtig an. Wir sorgen uns und beginnen nach Hinweisen zu suchen, um unsere Sorgen zu bestätigen. Wir suchen sie und finden im endlosen Strom falschen Wissens immer mehr davon. Also machen wir uns noch mehr Sorgen, und an dieser Stelle setzt tiefes Unglücklichsein ein. Womöglich ist gar nichts verkehrt mit unserem Leben in diesem Augenblick, doch unser falsches Wissen überzeugt uns davon, dass die Welt vor dem Ende steht. Haben Sie das auch schon mal erlebt?

Jenseits der sensorischen Beobachtung erzeugen unsere Gehirne Gedanken, die auf vier weiteren Arten von Inputs basieren. Die ersten drei sind recht offensichtlich: Konditionierung, wiederkehrende Gedanken und eingeschlossene Emotionen. Somit können wir mehr Zeit auf den vierten der verborgenen Auslöser verwenden, der wirklich die Wurzel vielen Übels ist.

Interessanterweise kommen die ersten drei dieser negativen Inputs aus unserem Inneren. Sie beeinflussen unsere Weltsicht und reagieren darauf, aber es ist eigentlich nicht die Welt, die uns fehlleitet, sondern unser eigenes inneres Gepäck, das wir über die Jahre hinweg mit uns herumtragen.

Konditionierung ist die Summe aller Überzeugungen und Traumata, die wir während unseres Lebens entwickeln oder kennenlernen. Ihre Konditionierung hat Einfluss auf Ihren Gedankenfluss, auf Ihre Entscheidungsfindung, und auf einer tieferen Ebene wirkt sie sich darauf aus, wie Sie die Welt überhaupt betrachten.

Ist Ihre Konditionierung erst einmal in Ihnen verfestigt, hat sie oft mehr Einfluss auf Sie als Ihre äußeren Umstände. Wenn Sie beispielsweise glauben, dass alle Frauen oder Männer Betrüger sind, werden Sie sicherlich mutmaßen, dass Ihr Date oder Ihr Partner ein Betrüger ist, selbst wenn er seiner Natur nach aufrichtig und loyal ist. Die Wahrheit könnte Ihnen ins Gesicht starren, doch Sie könnten sie nicht erkennen, weil sie durch Ihre konditionierte Wahrnehmungslinse betrachtet wird. Ihre Lebensgeschichte wäre dann nicht die Abfolge von Ereignissen, die Sie erlebt haben, sondern eher eine Reihe von Geschichten, die als Ergebnis der zurückliegenden Konditionierung von Ihrem Gehirn erzeugt werden.

Diese Geschichten sind nur selten wahr, denn das ist nun mal die Natur der Konditionierung.

Nicht vergessen!

Konditionierung entsteht oft in einem Kontext, der sich sehr stark von dem Kontext unterscheidet, in dem sie angewendet wird.

Während meiner Laufbahn bei Google hatten wir einen Länderverantwortlichen, der als Immigrant aus sehr schwierigen Verhältnissen kam und wegen eines Krieges aus seiner Heimat hatte flüchten müssen. Während unserer Zusammenarbeit bewarb er sich für eine Niederlassungserlaubnis in Kanada, schickte seine Frau und seine beiden Töchter nach Kanada und begann einen MBA an der London Business School. Unglücklicherweise wurde gleichzeitig bei seinem Vater zu Hause in der Heimat Krebs diagnostiziert. Um all seinen Verpflichtungen nachkommen zu können, musste er jeden Monat eine Woche in Kanada verbringen, eine Woche in London, eine Woche bei seinem Vater, und somit konnte er nur noch eine Woche für die Aufgaben in dem Land aufbringen, für das er verantwortlich war. Seine Arbeit litt erheblich darunter, und wir mussten mit ihm darüber reden. Als ich ihn fragte, warum er sich so viele Belastungen aufbürdete, sagte er: »Das verstehst du nicht, Mo. Man sollte dem Leben nicht trauen. Ich muss es im Leben zu etwas bringen, um sicher sein zu können, dass ich und meine Familie in Sicherheit sind.« Das war seine Konditionierung. Ich sagte: »Wie soll das gehen? Du bist der Länderverantwortliche bei einem der tollsten Unternehmen der Welt in deinem absoluten Lieblingsland. Was genau willst du denn da noch besser machen?« Die Position des Länderverantwortlichen bei Google gilt vielen als der Höhepunkt des Erfolgs, und doch fühlte er sich aufgrund seiner Kindheitskonditionierung nicht sicher. Er hatte das Gefühl, immer noch mitten im Sturm zu stehen.

Nicht vergessen!

Konditionierung ist eine starke Linse, die falsch wiedergibt, was wir für die Realität halten.

Diese falschen Wahrnehmungen werden oft als Input für unseren Denkprozess verwendet. Wir verlassen uns auf sie, obwohl sie gar nicht zutreffen, und infolgedessen leiden wir. Die Stichhaltigkeit unserer konditionierten Überzeugungen sollte untersucht und korrigiert werden, wenn wir einen Lebensweg zu mehr Klarheit und Glück finden wollen.

Nehmen Sie zum Beispiel den Gedanken *Erfolg ist wichtiger als Glücklichsein* – ein Gedanke, der in vielen von uns schon früh verankert wird. Eltern vermitteln ihn ihren Kindern und Lehrer ihren Schülern als einen wahren und aufrichtigen Rat, der sie im Leben vor Schwierigkeiten bewahren soll. Dieser eine Gedanke hat enorme Auswirkungen auf unsere Entscheidungen als Erwachsener. Wenn sich uns ein potenzieller Weg zum Erfolg bietet, der auch zu Unglück führen könnte, schlagen wir den Weg zum Erfolg ein und leiden. Wir machen Erfolg zur obersten Priorität, und im Ergebnis fehlt es uns an Glück. Manche bleiben in Arbeitsverhältnissen, die sie unglücklich machen, andere leben an Orten, die sie täglich dem Pendlerstress aussetzen, und wieder andere schlagen sogar die Chance auf Liebe und Familie aus, weil sie ihre Karriere höher bewerten.

Der Keim dieses einen Gedankens schlägt Wurzeln und wächst, bis er zu einem ganzen Netzwerk von Gedanken wird, die unser Erwachsenenleben vollkommen bestimmen können und dies oft auch tun. Wenn Erfolg wichtiger ist als Glück, dann ist es logischerweise in Ordnung, auf Glück zu verzichten, weil Unglück der Preis ist, den man für den Erfolg zahlen muss. Das führt dann zu dem Gedanken *Es ist in Ordnung, unglücklich zu sein.* Es führt zu der Vorstellung, dass eine höhere Bewertung des Glücks mit einem Fehlen von Engagement gleichzusetzen sei. Es überzeugt uns, dass Erfolg an materiellen Positionen und das Ego an steigernden Gegenständen gemessen wird, die man vorzeigen kann, und wer es nicht schafft, sie anzuhäufen, gilt als gescheitert. Lauter tief verankerte, wiederkehrende Gedanken, die auf einem alten Ratschlag beruhen, der keinerlei wahre Grundlage enthält.

Dutzende, ja Hunderte solcher Gedanken können aus einem ursprünglichen Gedanken entstehen und unsere Logik und das Verhalten in jeder erdenklichen Weise infizieren. Auch wenn es den Anschein haben mag, wir würden hier etwas abschweifen, halte ich das Thema für so wichtig, dass es sich lohnt, eine kleine Pause einzulegen, um zwei kurze Übungen durchzuführen – eine speziell zum Thema Glück vs. Erfolg und die andere zu Ihren Gedanken und Glaubenssätzen im Allgemeinen.

Ist Erfolg (und all die anderen Dinge, denen wir Priorität einräumen) wirklich wichtiger als Glück? Wenn Sie allen nur erreichbaren Erfolg angeboten bekämen, dafür aber unglücklich wären, würden Sie das Angebot annehmen?

Achtsamkeitsübung:
Verzögerte Belohnung

Zielsetzung:	Ihre Glaubenssätze in puncto Glück und Erfolg überprüfen
Dauer:	30 Minuten
Wiederholung:	wenn Ihnen die Unterhaltung Freude macht, so oft, wie Sie möchten
Sie brauchen:	eine Gruppe offener Freunde oder Angehöriger und Aufgeschlossenheit

Die logische Antwort lautet, dass Sie solch ein Angebot nicht annehmen sollten, aber viele von uns verbringen so den Großteil ihres

Lebens. Es ist verrückt. Wir alle müssen die Gedanken auf den Prüfstand stellen, die unser Glück an zweite Stelle setzen, und ihre Richtigkeit hinterfragen.

Bitte nehmen Sie sich etwa 30 Minuten Zeit, um mit einer Gruppe von Freunden oder einem Familienmitglied, persönlich oder online, das Folgende zu besprechen:

Geben Sie aus Ihrer persönlichen Erfahrung ein paar Beispiele von selbst auferlegten Konditionierungen, die klingen wie der Satz: *Ich werde mein Leben mehr genießen, wenn das und das passiert.*

Mögliche Beispiele:

- Ich habe beschlossen, die nächsten fünf Jahre hart zu arbeiten, um die Hypothek zu verringern, ehe ich zu einem Arbeitsplatz wechseln kann, der mir mehr Freude macht.
- Wenn meine Kinder auf die Uni gehen, ziehe ich irgendwohin, wo es sonnig ist.
- Wie kann ich denn lächeln, wenn der derzeitige Präsident unser Land in den Ruin treibt?
- Wenn ich endlich das Ziel erreicht habe, das ich mir gesetzt habe, wartet dort das Glück auf mich.

Jedes Mitglied der Gruppe sollte nicht weniger als fünf Beispiele beisteuern. Lassen Sie den Ideen so lange wie möglich freien Lauf. Urteilen Sie nicht, korrigieren Sie nicht, und schlagen Sie keine Lösungen oder Maßnahmen vor. Schreiben Sie Ihre besten Beispiele hier nieder.

Ich werde glücklich sein, wenn ich dies tue: . . . .

. . . .

Ich werde glücklich sein, wenn ich dies habe:. . . . .

. . . .

Ich werde glücklich sein, wenn ich dies erreiche: ....
....
Ich werde glücklich sein, wenn mir dies passiert: ....
....

Wenn Sie das Brainstorming beendet haben, wählen Sie jeweils ein Beispiel aus und besprechen es im Detail.

Warum empfinden Sie so? Warum glauben Sie, dass das, worauf Sie warten, wichtiger ist, als im Augenblick vollständig zu leben? Sprechen Sie darüber, was Sie infolge der von Ihnen getroffenen Entscheidung auf kurze und auf lange Sicht gewinnen und verlieren.

Bitten Sie schließlich die Gruppe, Ihnen bei der Bestätigung zu helfen, dass das, was Ihr Glück verzögert, der einzige mögliche Weg ist, der Sie zur Erreichung Ihrer Ziele führen kann. Fragen Sie, ob es andere, einfachere Wege gibt, um Sie dorthin zu bringen, wo Sie hinmöchten, auch wenn es etwas länger dauert, ohne dass Sie dafür den Preis Ihres Unglücklichseins bezahlen müssen. Schließen Sie dann die Augen, und stellen Sie sich vor, wie das Leben sein könnte, wenn Sie dem Glück eine höhere Priorität einräumten und es trotzdem schafften, einen Weg zu einem vernünftigen Grad des Erfolgs zu finden. Wäre das nicht ein besseres Leben? Falls ja, sollten Sie die alte Überzeugung fallenlassen?

Wenn Sie aufgeschlossen sind, werden Sie erkennen, dass Sie die alte Überzeugung aufgeben sollten, dass Glück ein integraler Weg durch das Leben sein sollte. Diese Kernkonditionierung, nach der wir oft unser gesamtes Leben gestalten, ist falsch. Sie können dieselbe Übung mit allen möglichen anderen Konzepten durchführen, die heutzutage in der westlichen Gesellschaft so weithin akzeptiert zu sein scheinen. Ich sage nicht, dass sie unzutreffend sind, sondern bitte Sie nur, sie zu untersuchen. Lassen Sie die Gruppe zunächst Beispiele dafür geben, wie sie ihr Leben bereits anhand dieser Konzepte führen. Hinterfragen Sie dann, ob diese Lebensweise funktioniert und ob es möglicherweise einen anderen Weg gibt. Stellen Sie sich vor, wie das Leben anders gelebt werden könnte. Hier sind einige andere tief verwurzelte moderne Konzepte, die ich für falsch halte und die Sie untersuchen könnten:

Materieller Besitz ist der präziseste Maßstab für Erfolg.

Unglück ist ein akzeptabler Preis für den Erfolg.

Eine gute Figur ist wichtig.

Die Ansichten anderer Leute zeigen unseren wahren Wert an.

Wir müssen uns anpassen.

Fake it till you make it.

Verwundbarkeit zu zeigen ist ein Zeichen von Schwäche.

Spaß ist ein adäquater Ersatz für echtes Glück.

Wir leben in einer Demokratie. Demokratie ist die beste Regierungsform.

Durch das Verfolgen von Nachrichten können die Bürger die Gesellschaft und die Regierung zum Besseren gestalten.

Die Liste geht noch weiter. Erweitern Sie sie gern, um alles darin einzuschließen, wovon Sie überzeugt sind, und jeden Glaubenssatz, der Sie definiert. Wenn alle damit fertig sind, legen Sie die Stifte weg, und bereiten sich auf einen Augenblick der Wahrheit vor, wenn Sie die folgende Übung machen.

Wenn einige Ihrer Gedanken und Überzeugungen einschränkend sind, könnten Sie auch ebenso gut etwas dagegen unternehmen. Jetzt! Nicht morgen, nicht nächste Woche. Wenn man Unkraut unkontrolliert wachsen lässt, überwuchert es den gesamten Garten.

Praxisübung:
Richtig machen

Ziel:	im Garten Ihrer Gedanken Unkraut jäten
Dauer:	jeweils 15 Minuten
Wiederholung:	für den Rest Ihres Lebens
Sie brauchen:	einen ruhigen Ort, an dem Sie nicht gestört werden, und die Entschlossenheit, es richtig zu machen

Gehen Sie zunächst die Beispiele Ihrer Prioritäten und Ziele durch, die Sie in der letzten Übung entwickelt haben, und denken Sie darüber nach, wie oft wir bei ihrer Verfolgung das Leben verpassen, den Moment nicht genießen oder uns Illusionen hingeben, die uns Schmerz bereiten. Denken Sie jeweils über ein Beispiel nach, und wiederholen Sie das jede Woche, solange Sie es brauchen. Unser gesamtes Dasein besteht aus unseren Glaubenssätzen. Sie würden staunen, wie oft ich zwischen meinen Glaubenssätzen Unkraut jäte, sogar heute – zehn Jahre nachdem ich begonnen habe, diese Übung durchzuführen.

Um eine Überzeugung zu entfernen, brauchen Sie zunächst eine Realitätsüberprüfung, die aus drei Fragen besteht:

Frage 1: Arbeitet die Ausrichtung an einer bestimmten konditionierten Überzeugung für oder gegen Sie? Hindert sie Sie womöglich gar daran, Ihr Ziel zu erreichen? Führt sie Sie zu einem anderen Ziel, das Sie eigentlich gar nicht erreichen wollen? Ein Beispiel dafür, das ich während meiner beruflichen Laufbahn unzählige Male beobachtet habe, ist die Zahl der Menschen, die sich mit einem verhassten Job herumschlagen, weil sie glauben, dass er zu etwas Besserem führt. Oft kündigen sie (oder werden gekündigt), ehe sie ihr Ziel erreicht haben, weil ihr Unglück zu groß wird.

Frage 2: Wenn ich Ihnen anböte, Ihr Ziel zu erreichen, das Versprechen, mit dem Ihre konditionierte Überzeugung vor Ihnen herumbaumelt, Sie dafür aber unglücklich werden, würden Sie mein Angebot annehmen? Und was wäre, wenn ich Ihnen Glück garantierte, sofern Sie dieses Ziel fallenlassen (oder leicht verändern)? Würden Sie das annehmen? Denken Sie darüber nach.

Frage 3: Können Sie sich ein anderes, ein besseres Ziel vorstellen? Oder einen anderen Weg zur Erreichung Ihres Ziels, auf dem Sie glücklich bleiben könnten? Falls ja, warum sollten Sie dann irgendetwas anderes machen?

Sobald Sie sich darüber klargeworden sind, was Ihnen wirklich wichtig ist, und Sie mögliche alternative Wege dorthin gefunden haben, nehmen Sie sich fest vor, die für eine Veränderung notwendigen Schritte zu gehen.

Fragen Sie sich: Wenn meine Priorität wirklich mein Glück wäre, was würde ich anders machen? Gehen Sie ins Detail.

Listen Sie umsetzbare Schritte auf, die Sie gehen müssen, um das Glück formell in Ihren Weg zu integrieren. Halten Sie dann an diesem Plan fest. Machen Sie es richtig!

Wir können die Konditionierung in unserem Handeln und Denken ausfindig machen, wenn wir unsere Glaubenssätze gründlich untersuchen. Sie ist nicht leicht zu entdecken, aber es ist machbar. Der nächste Input in unsere Gedanken ist jedoch am schwierigsten zu finden:

Wiederkehrende alte Gedanken und **eingeschlossene Emotionen** sind oft vollständig mit unseren Gedankenprozessen verschmolzen, was es schwer macht, sie aufzuspüren und zu unterscheiden. Sie existieren in jedem von uns, und mit etwas Nachdenken können Sie sie in sich selbst erkennen.

Beginnen wir mit den wiederkehrenden Gedanken. Der Unterschied zwischen diesen und der Konditionierung ist, dass Sie derjenige sind, der sie erzeugt. Sie werden nicht durch Ereignisse oder Ratschläge ausgelöst, die von außerhalb kommen. Vielmehr sind sie das Ergebnis von Gedanken, die Sie ungeprüft lassen, die Sie allmählich für wahr halten. Bestimmt können Sie sich mühelos erinnern, wie mal ein einzelner Gedanke – zum Beispiel *Sie liebt mich nicht mehr* – 50 weitere angestoßen hat, zum Beispiel:

Das liegt nur daran, dass ich hässlich bin. Sie wird mich verlassen. Ich hasse die Partnersuche. Ich werde nie wieder Liebe finden. Ich werde allein leben und sterben. Keiner dieser Gedanken war zutreffend. Sie wurden alle freiwillig von Ihrem Gehirn als neuer Input angesehen, obwohl falsch. Derartige Gedanken haben noch eine weitere interessante Gemeinsamkeit – sie scheinen immer und immer wieder aufzutauchen. Ein früherer Partner, der mich betrogen hat, macht den neuen Partner zu einem wahrscheinlichen Kandidaten für neuerlichen Betrug. Der alte Gedanke wird jetzt recycelt. Ursprünglich mag er von einem tatsächlichen Ereignis ausgelöst worden sein, doch der recycelte Gedanke wird zur Gänze von Ihrem Gehirn in Gang gesetzt, das ihn zuerst erzeugt und dann nach Rechtfertigungen sucht, um ihn zu beweisen. Dass alte Gedanken wieder auftauchen und dann eine ganze Kette weiterer Gedanken auslösen, erleben viele von uns tagtäglich. Wir bemerken diesen Kreislauf nicht immer, weil unsere alten Gedanken manchmal subtil sind. Sie verändern sich und verschwinden im Hintergrund unseres unterbewussten Gehirns. *Ich bin nicht gut genug. Ich verdiene es nicht, geliebt zu werden. Das Leben ist hart. Ich bin ein Pechvogel. Alle betrügen und lügen.* Es sind Gedanken, die sich als unbestrittene Tatsachen oder als gesellschaftlich akzeptiertes »Wissen« präsentieren, wodurch sie Sie verleiten, sie zu akzeptieren, und Sie stellen sie nicht infrage, während sie Ihr Leben Stück für Stück auffressen.

Auch **eingeschlossene Emotionen** lösen fast die ganze Zeit Gedanken in uns aus. Sie wachen morgens gereizt auf, und zwangläufig sind Ihre Gedanken negativ. *Alles arbeitet gegen mich, keiner versteht mich* oder *Ich habe es nur mit Irren zu tun* sind solche Gedanken, die Sie mit Gewissheit den ganzen Tag beherrschen werden. Jemand könnte auf Sie zukommen und sagen: »Guten Morgen!«, und Sie würden ihn anblaffen: »Was soll denn an diesem Morgen gut sein? Für mich ist der Tag jetzt schon gelaufen!«

Ist es nicht witzig, wie wunderbar das Leben zu sein scheint, wenn Sie verliebt sind? Der tägliche Weg zur Arbeit verwandelt sich in eine Gelegenheit, an Ihre Liebste oder Ihren Liebsten zu denken, und auf der kleinen Tastatur Ihres Handys herumzutippen ist plötzlich keine lästige Pflicht mehr. Unsere Emotionen prägen unsere Gedanken ganz erheblich, und doch scheinen wir Emotionen und Gedanken zu trennen. Das liegt hauptsächlich daran, dass wir uns in der modernen Welt so weit von unseren

Gefühlen entfernt haben. In einer Welt, die sich um Verlässlichkeit, Vorhersagbarkeit und das Liefern von Ergebnissen dreht, lernen wir, unseren Gedanken und Handlungen Priorität einzuräumen und unsere Gefühle dabei zu ignorieren. Wenn wir die negativen einschließen, sinken sie auf den Grund unserer Psyche und vergiften unsere Gedanken. Es erfordert viel Arbeit, unsere Emotionen zu identifizieren und zu akzeptieren, daher lassen wir das hier erst einmal beiseite. In einem späteren Kapitel werden wir näher darauf eingehen. Machen Sie sich einfach im Geiste eine Notiz, dass Emotionen zwar aus dem Denken entstehen (ich weiß, dass Sie dieser Aussage möglicherweise noch nicht zustimmen werden), aber auch Gedanken hervorbringen, die dann in einem endlosen Teufelskreis weitere Emotionen auslösen.

Eine tödliche Mischung aus Konditionierung, wiederkehrenden Gedanken und eingeschlossenen Emotionen bildet häufig unser Glaubenssystem.[5] Und Ihr Glaubenssystem bestimmt Ihren Glückszustand und Ihre Lebensweise. Es steckt so tief in uns drin, dass es manchmal schwer aufzuspüren ist, selbst wenn es immer weiter Einfluss auf alles nimmt, was wir fühlen und tun.

Ich kann gar nicht genug betonen, wie wichtig es ist, die Zuverlässigkeit der Quellen von Informationen zu prüfen, welche Sie in Ihren Kopf hineinlassen. Bei Ihrer Ernährung würden Sie niemals etwas essen, das verdorben oder mit Krankheitskeimen besiedelt wäre. Nicht mal einen Bissen, richtig? Ganz ähnlich wird auch ein schlechter Gedanke zu dem Parasiten, den DiCaprio zu Beginn des Films *Inception* beschreibt. Eine gute Lebensregel lautet …

Sehr wichtig!

Lassen Sie niemals eine negative, unzulässige Information in Ihr Gehirn hinein.

Wie das geht? **Hinterfragen Sie alles.** Nicht nur alles, was man Ihnen erzählt, sondern auch alles, was Sie sich selbst sagen.

Einmal unterrichtete ich eine kleine Gruppe äußerst einflussreicher Führungskräfte aus Belgien. Wie es für die nordeuropäische Kultur üblich ist, wurde das Seminar zu einer endlosen Debatte. Fast augenblicklich zweifelte irgendjemand an, was ich sagte, und dann diskutierten alle über den Einwand dieser Person. Es war ganz offensichtlich, dass es keine tatsächliche Meinungsverschiedenheit gab, nur das Bedürfnis, sich Gehör zu verschaffen. Nach vier Stunden meines Kurses war ich immer noch beim dritten Satz der ersten Folie, und das war auch total in Ordnung für mich, weil ich wusste, dass es eine viel größere Lektion zu lernen galt. Schließlich fragte ich, warum alle ständig über alles diskutierten, und die Antwort war deutlich: Durch Diskussion kommen wir näher an die Wahrheit heran. Da ich selbst ein Wahrheitsfanatiker bin, lobte ich dieses Verhalten und sagte: »Ja, ich fordere Sie ausdrücklich auf, alles infrage zu stellen.« Doch ich fragte auch:

Nicht vergessen!

Haben Sie jemals über etwas diskutiert, das Ihr Gehirn Ihnen gesagt hat?

Ehe Sie etwas ablehnen, das Ihrem eigenen Wissen oder Ihren Überzeugungen widerspricht, nehmen Sie sich einen Moment Zeit, um zu hinterfragen, ob es stimmt, was Sie wissen, ob es andere, ebenfalls richtige Sichtweisen geben könnte und ob Ihre Gedanken überhaupt Ihre eigenen sind und Ihnen nicht von Eltern, Lehrern, Freunden, bekannten Persönlichkeiten und Meinungsführern eingetrichtert wurden.

Wir vergessen oft, dass das, was unsere Überzeugungen ausmacht, womöglich nicht immer zutreffend ist, und **selbst wenn wir alles infrage stellen, an das andere glauben, machen wir uns nicht**

bewusst, dass auch wir selbst durchaus im Irrtum sein könnten und nicht die anderen. Wir vergessen, dass wir im Laufe der Jahre, aufgrund unserer besonderen Erfahrungen mit der Welt und jahrelangen Wiederholens unserer Gedanken und Einschließens unserer Emotionen, in die Irre gegangen sein könnten. Wir vergessen, dass wir womöglich selbst unser schlimmster Feind sind – die Quelle vieler verschleierter Illusionen, die uns auf Abwege führen. Unsere Glaubenssätze sind das Ergebnis einer Million kleiner Inputs. Es ist praktisch unmöglich, sie zu ihrem Ursprung zurückzuverfolgen. Wir können sie nur verifizieren, wenn wir die Richtigkeit des finalen Ergebnisses untersuchen – die gegenwärtigen Gedanken, die unser Gehirn füllen.

Bei meiner eigenen täglichen Übung des Nach-innen-Schauens – der Übung »Richtigstellen« – beobachte ich die endlosen Aktivitäten meiner Gedankenproduktionsmaschine. Was ich herausfinde, hört niemals auf, mich zu überraschen. Hin und wieder halte ich total fasziniert bei einem Gedanken inne. »Wo kommt das denn her?«, frage ich mich. »Wie konnte ich das jemals glauben?« Manchmal lache ich laut auf, und manchmal weine ich vor Verblüffung darüber, wie die winzigste Saat von Gedanken, Konditionierung oder Emotionen, die mir als Kind eingepflanzt wurde, mühelos Jahrzehnte meines Lebens bestimmen konnte. Wenn ich solche Gedanken finde, stelle ich sie richtig. Das mache ich immer noch fast jeden Tag.

Nicht vergessen!

Schauen Sie in sich hinein und hinterfragen Sie. Das ist die beste Show der Welt!

Was mich zur Wurzel allen Übels bringt, jener anderen Show, die als die Quelle von Millionen Inputs fungiert, die vierte der falschen Inputs, gegen die Sie augenblicklich einschreiten können, damit sie nicht noch mehr von den anderen dreien schafft. Ich nenne das …

Die verborgenen Auslöser

Bevor es die modernen Tools für Codeentwicklung gab, wurden Computerprogramme geschrieben, indem man Tausende Zeilen Code in einen Compiler eingab. Da wir nun mal Menschen sind, war es fast unvermeidlich, dass hier und da Fehler gemacht wurden. Wenn sie unentdeckt blieben, konnten sie zu katastrophalen Ergebnissen führen. Am schwersten waren die Fehler ausfindig zu machen, wenn das Programm kompilierte (was bedeutet, dass es keine Fehler in der Befehlssyntax gab, die man schrieb), sodass die Programme zwar funktionierten, aber falsche Inputs verwendeten, um ihre Berechnungen durchzuführen. Eine Konstante, die irrtümlich in den Algorithmus eingeflossen war, eine Gleichung, bei der *x* statt *y* verwendet worden war, oder eine Registry im Datenspeicher, die vor der Verwendung nicht ordentlich geleert worden war. Es war schwer, mit so etwas umzugehen, weil es willkürlich falsche Ergebnisse hervorbrachte. Man wusste, dass die Antworten falsch waren, aber es war schwierig, den Auslöser der Fehler zurückzuverfolgen. Dasselbe passiert uns als Menschen auch. Wir können vernünftige Logik anwenden, um die Welt um uns herum zu analysieren, und doch die falschen Ergebnisse erzielen, weil wir unwissentlich falsche Informationen bekommen haben. Wenn das passiert, treffen wir falsche Entscheidungen, ohne zu wissen, was die Ursachen für unsere Fehler sind.

Ein Problem ist leichter zu beheben, wenn Sie genau definieren können, wodurch es ausgelöst wird. Deutlich schwieriger wird es, wenn die Auslöser subtil sind, und noch schwieriger, wenn es ganz viele davon gibt, Auslöser um Auslöser um Auslöser. Auf diese Weise werden ständig Informationen in unseren Kopf eingegeben. Jede Meinung, jedes Bild, jeder Artikel und jedes Video mag für sich genommen nicht viel sein, aber wenn das alles Tag für Tag auf sie einströmt, macht es Sie fertig. Ihre Gedanken sind nicht mehr Ihre eigenen. Sie werden zu einem Lautsprecher, der nur wiederholt, was Sie hören, ohne sich überhaupt bewusst zu sein, wo die Wurzeln Ihrer Gedanken liegen. Ich nenne dieses pausenlose Tröpfeln falscher Information in unserem modernen Leben **verborgene Auslöser.** Ein Gedanke ist ein verborgener Auslöser, wenn er Ihnen auf schleichende Art falsche Informationen liefert und Sie gleichzeitig glauben macht, wahr zu sein.

Ganz oben auf der Liste dieser Auslöser stehen die **Massenmedien** – Nachrichtensender, Social Media, Reality-TV und das Internet. Dann ist da noch die Filmbranche, die Fiktionen schafft, die Teil unserer Realitätswahrnehmung werden. Das Ganze wird unterstützt von Prominenten, deren zig Millionen Follower ihnen jedes Wort glauben. Und da sind Ihre Freunde, Eltern, diejenigen, die Sie als Ihre Lehrer betrachten, und sogar Bücher, dieses hier eingeschlossen, die Ihnen Dinge auf eine Weise vermitteln, dass sie sich wahr anhören. Die Liste lässt sich noch lange fortsetzen, und wir alle halten sie für selbstverständlich.

Finden Sie nicht, Sie sollten etwas mehr Sorgfalt auf die Glaubwürdigkeitsprüfung dieser Quellen verwenden, ehe Sie sie als Ihre Leitlinien verwenden? Können Sie sich die Macht vorstellen, die Sie Ihnen über Ihre Gedanken, Überzeugungen, Ansichten und daraus resultierenden Handlungen einräumen? Bitte denken Sie eine Minute darüber nach, ehe Sie weiterlesen. Wie stark lassen Sie sich beeinflussen, ohne je nach dem Wahrheitsgehalt zu fragen?

Glauben Sie mir, ich bin nicht verbittert. Ich liebe all die Fortschritte, die unsere moderne Welt uns bietet – aber täuschen Sie sich nicht: Wenn Sie allem blindlings folgen, das Sie sehen, hören oder lesen, gehen Ihre Chancen, die Wahrheit und dementsprechend Ihren Zustand des Glücks zu finden, rasch gegen Null. Und dann werden jene, die Ihnen all die Angst, die Verschwörungstheorien, die Ideologien und Slogans eingebläut haben, nicht die Verantwortung dafür übernehmen. Die Wahrheit ist, dass niemand an unserem Unglück schuld ist außer wir selbst. Die Verantwortung dafür, das Gute vom Schlechten zu unterscheiden, die Wahrheit von den endlosen Täuschungen und Lügen, liegt vollständig bei Ihnen.

Wissen Sie, es ist unwahrscheinlich, dass unsere kapitalistisch geprägte Welt morgen aufwacht und zugibt, wie falsch es ist, die Wahrheit um der Gier willen zu verbiegen. Wenn Sie morgen aufwachen, liegt ein weiterer Tag blanker Lügen vor Ihnen. Werbeleute bombardieren Sie weiterhin mit Dingen, die Sie nicht brauchen, und machen Versprechungen, die sie nicht zu halten beabsichtigen. Nachrichtensender bieten weiterhin eine hypernegative, voreingenommene Perspektive der Ereignisse und machen Ihnen Angst, um Sie an den Bildschirm zu fesseln. Selbst Ihre Freunde werden, wenn auch mit guten Absichten, versuchen, Sie für ihre Glaubenssysteme zu gewinnen und Ihnen weiterhin voller Leidenschaft die Meinungen des Tages aufdrängen. Hollywood produziert weiterhin Sex, Horror und Gewalt in der Hoffnung, dass Sie einen Teil Ihres Geldes an der Kinokasse lassen, und Politiker, Meinungsführer und Firmenchefs halten weiterhin Inspirationsreden und versuchen Sie davon zu überzeugen, dass Sie ihren Erfolg und ihre Karriere unterstützen. Und wer könnte es ihnen zum Vorwurf machen? **Warum sollten sie sich verändern, solange Sie ihnen weiterhin ihr Produkt abkaufen?**

Ich will hier ganz unverblümt sprechen, unsere Welt wird sich nur verändern (wie Gandhi sagte), wenn wir danach handeln:

Nicht vergessen!

»Sei die Veränderung, die du in der Welt erleben möchtest.«

Tagtäglich zeigen Hunderte von Millionen Fernsehbildschirme in der Zuflucht unseres eigenen Zuhauses eine Szene, wie jemand einem anderen eine Waffe an den Kopf hält und abdrückt. Unser Herz schlägt nicht einmal mehr schneller. Das entspricht nicht unserer menschlichen Natur. Wir sollten den Verlust oder das Leiden anderer mitfühlen. Es einfach als ganz normale Filmszene hinzunehmen verringert unsere Fähigkeit, aus den inneren Qualitäten zu schöpfen, die uns menschlich machen. Solche Grausamkeiten als Norm zu akzeptieren ist …

Die Hypernormalisierung der Realität

Unser Gehirn, so brillant es auch sein mag, hat begrenzte Verarbeitungskapazitäten. Um effizient arbeiten zu können, blendet es bestimmte Dinge aus, die nicht als erfolgsentscheidend bewertet werden. Das geschieht auf viele Arten. Indem Sie sich beispielsweise auf die fahrenden Autos und die Ampeln konzentrieren, wenn Sie eine Straße überqueren, und den Rest der Umgebung ignorieren, kann Ihr Gehirn all seine Ressourcen dem widmen, was am wichtigsten ist – Ihrer Sicherheit. Ein solches Filtern ist gut für Sie. Doch derselbe bewusste Vorgang der Ressourceneinsparung kann auch gegen Sie arbeiten. Das passiert, wenn wir die Realität hypernormalisieren. Unser Gehirn ist in allererster Linie darauf ausgerichtet, unsere Sicherheit zu gewährleisten. Es soll Unregelmäßigkeiten im Muster des Lebens erfassen, um nötigenfalls auf die gefährlichen reagieren zu können. Unser Gehirn sollte also als Reaktion auf Gewalt oder Horror regelrecht aus dem Sessel springen. Aber wenn wir es solchen Erfahrungen wiederholt aussetzen, sei es durch Filme oder durch die Nachrichten, beginnt es zu denken, so etwas sei normal. Im Bemühen, seine Ressourcen zu schonen, ignoriert das

Gehirn dementsprechend die Gewalt, die Lügen, das Leiden anderer und betrachtet sie als die neue Realität. Deshalb können Sie in der klirrenden Kälte des Januars an einem Obdachlosen vorbeigehen, seine Anwesenheit ignorieren und Ihren Weg fortsetzen. Auch das Gegenteil kommt vor. Unser Gehirn soll Ehrfurcht und Staunen empfinden. Es soll Schönheit genießen und durch den Anblick einer attraktiven Person angeregt werden. Wenn Sie auf einer Schmetterlingsfarm arbeiten, wird das unglaubliche Wunder eines Schmetterlings zu einem schlichten Job hypernormalisiert. Wenn Sie zu viel Zeit damit verbringen, sich Pornos anzusehen, löst der Anblick einer perfekt aussehenden normalen Person in Ihnen keine Lust mehr aus. So oder so, wir stumpfen ab, und das Leben wird fade. Wir verlieren Ehrfurcht, Staunen, Wachheit und Freude, weil ein Übermaß abnormaler Einflüsse hypernormalisiert und als Realität betrachtet wird.

Ganz ohne dass wir es bemerken, wird unser Gehirn von Unmengen gewaltgeladener, furchteinflößender, aufrüttelnder oder unwahrer Informationen komplett neu vernetzt und verändert unsere Sichtweise. Wir akzeptieren diese synthetisierte Sichtweise, und ganz allmählich wird sie zu unserer neuen Normalität. Wir integrieren sie in unsere Entscheidungsprozesse und machen sie zu einem Teil unseres Lebens, und dann wundern wir uns, warum es so viele Schul-Amokläufe und ausgeklügelte Gewaltverbrechen gibt. Wir wundern uns, dass es so schwer geworden ist, den Partner fürs Leben zu daten und zu finden, und warum das Leben sich oft fade und langweilig anfühlt.

Wie sind wir da bloß hingekommen?, mögen Sie sich fragen. Nun, meine erste Antwort darauf wäre die Medien- und Unterhaltungsbranche.

Terry Pratchett – Autor der Scheibenwelt-Reihe – legte diese brillanten Worte dem Todesengel in seinem Roman *Der Zeitdieb* in den Mund:

Du musstest es den Menschenwesen überlassen. Sie haben eine der seltsamsten Kräfte des Universums. Keine andere Spezies irgendwo auf der Welt hat die Langeweile erfunden. Vielleicht war es nicht Intelligenz, sondern Langeweile, die sie die Evolutionsleiter hinauftrieb – jene merkwürdige Fähigkeit, das Universum zu betrachten und zu denken: »Oh, dasselbe wie gestern, wie öde. Ich frage mich, was wohl passiert, wenn ich mit diesem Stein auf jenen Kopf schlage?« Und zugleich entstand die damit verknüpfte Fähigkeit, die Dinge zur Normalität zu machen. Die Welt hat sich mächtig verändert, und binnen weniger Tage betrachteten die Menschen sie als normal … Sie erzählten sich selbst kleine Geschichten, um das Unerklärliche wegzuerklären, um die Dinge zur Normalität zu machen.[6]

Langeweile treibt die Herden der Menschheit dazu, all den Zerstreuungen der Medien- und Unterhaltungsbranche zu folgen, wie sie die Mächtigen dazu treibt, Spiele mit Krieg, Politik und Business zu spielen. Und wenn das alles zu seltsam wird, glättet unsere Fähigkeit zur Hypernormalisierung der Realität die scharfen Kanten und lässt es alles ganz in Ordnung erscheinen. Ein langsamer, aber stetiger Tropfen der Ideologien höhlt alles aus, was das Menschsein wirklich ausmacht, und wir sitzen da und schauen zu.

Niemals habe ich das deutlicher gesehen als in dem hoch gelobten Film *Wonder Woman* von 2017. Zu Beginn des Films trifft ein gut aussehender Mann am Strand der Insel ein, deren Hüterin und Prinzessin Wonder Woman ist. Sie eilt herbei, um ihre Insel zu verteidigen, und geht auf den Mann zu, nur um rasch zu erkennen, dass er von Hunderten anderen verfolgt wird. Sie fragt: »Warum jagen die dich?« Und er antwortet: »Das sind die Bösen.« Mit diesem einen Satz scheint ihre neue Realität geschaffen zu sein, denn ohne jemals die Richtigkeit seiner Behauptung zu überprüfen, beginnen sie und ihre Armee, jede einzelne dieser armen Seelen zu töten. Jeder einzelne der vor meinen Augen auf der riesengroßen Leinwand mit komplizierten Techniken und in grafischer Deutlichkeit Getöteten war ein Mensch mit einer Geschichte, mit Träumen, Zielen und einer Familie, die ihn vermissen wird. Aber für die meisten Zuschauer waren sie irgendwie auf Statisten reduziert. Es schien in Ordnung, sie zu vernichten, nur weil jemand sie vor einer Minute als »die Bösen« präsentiert hatte. So leichtgläubig sind wir geworden.

Und da wir uns so leicht beeinflussen lassen, zeigt der Film dann, dass die »Bösen« – in diesem Fall die Deutschen – eine Massenvernichtungswaffe entwickelten, um Millionen Menschen zu töten. Das bewegt das großzügige Herz der Heldin Wonder Woman, daher eilt sie los, die »Guten« zu retten. Nun, das ist Hypernormalisierung in Reinkultur!

Verstehen Sie mich bitte nicht falsch. Die Deutschen übten in den beiden Weltkriegen schreckliche Akte der Unmenschlichkeit aus. Natürlich hat die Geschichte sie als die Bösen in Erinnerung. Doch die Geschichte weiß auch, dass die im Zweiten Weltkrieg eingesetzte Massenvernichtungswaffe, die das Leben von über einer halben Million unschuldiger Zivilisten zerstörte, die Atombombe war. Ich weiß nicht, wie das bei Ihnen ist, aber in meinem Buch gilt das auch als böse. Im Krieg gibt es schreckliche Akte der Unmenschlichkeit auf allen Seiten, jeder ist ein Bösewicht, und kein Film oder Historiker sollte uns jemals eine andere Realität vermitteln. Wenn wir anfangen, die Tötung von Zivilisten in einem Film zu akzeptieren, verlieren wir die Wahrheit aus den Augen. Seit wann ist es in Ordnung, jemanden zu töten? Überhaupt irgendjemanden? Seit wann ist der Wert eines Lebens auf null reduziert? Seit wir das Töten auf der Leinwand als unsere neue akzeptierte Realität hypernormalisiert haben. Das muss sich ändern.

Vor über zwölf Jahren hörte ich auf, mir brutale Filme anzusehen. Moderate Gewalt lasse ich auf meinem Fernsehbildschirm nur noch zu, wenn mir ein Film von fünf – ja, fünf – vertrauenswürdigen Freunden wärmstens empfohlen wird als Film, der mein Denken anregt und mir etwas beibringt oder mir hilft, ein besserer Mensch zu werden.

Sehr wichtig! **Ich entscheide mich, die Gewalt zu beenden.**

Ich entscheide mich, sie aus meinem Leben herauszuhalten, auch wenn ihre Schädlichkeit weiterhin über meine eigene unbedeutende Person hinausgeht. Ich übernehme Verantwortung für den einzigen Teil der Welt, für den ich vollständig verantwortlich bin, meine eigene kleine Welt, die mit diesem einen Wesen beginnt und oft endet – mit mir. Doch unterschätzen Sie niemals die Wirkung, nur sich selbst zu ändern. Glauben Sie es. Einen Menschen zu ändern kann die ganze Welt ändern.

Die Gewalt beenden

onebillionhappy

Helfen Sie mit, andere glücklich zu machen, indem Sie sie auf die Konzepte der Hypernormalisierung der Realität und die verborgenen Auslöser aufmerksam machen. Bilden Sie Gruppen zur gegenseitigen Unterstützung, und halten Sie sich fern von den Mainstream-Medien, die Gewalt, Schrecken, Fake News und all die Gifte propagieren, die unsere Realität hypernormalisiert haben und unsere ganze Erde immer weiter von dem wegbewegen, was die Menschlichkeit ausmacht.

Wenn Sie und jeder, der dies liest, genau wie ich brutale Filme meiden, sofern sie nicht hilfreich sind, sinken vielleicht die Zuschauerzahlen brutaler Filme, und Hollywood beschließt, dass es an der Zeit ist, mehr Komödien zu produzieren.

Wenn wir alle aufhören, uns Songtexte anzuhören, in denen Frauen zu Sexobjekten degradiert werden, entwickelt die Musik sich vielleicht weiter. Wenn wir alle aufhören, die Darstellung der Sexualität aufzunehmen, wie sie in Pornofilmen gezeigt wird, wenn wir aufhören, Fake News anzuhören und weiterzuverbreiten, vielleicht beginnt unsere Welt sich dann zu verändern, und im Zuge dessen wird all der Müll aus unseren Köpfen geräumt, der sie bisher gefüllt hat.

Im Laufe der Jahre habe ich all das oben Erwähnte eingestellt, und es hat mir dabei geholfen, Freude im Leben zu finden. **Machen Sie es auch?**

Seit über zehn Jahren begrenze ich die Zeit, die ich mit Nachrichtensendungen verbringe, massiv. Ich suche online nach den Schlagzeilen, die mich interessieren, nur um auf dem Laufenden zu bleiben, und oft verzichte ich monatelang am Stück gleich ganz auf Nachrichten. Ich habe nie das Gefühl, dass mir irgendetwas fehlt. Nur selten bin ich auf Social-Media-Plattformen unterwegs. Für alle zusammen wende ich gerade mal ein paar Stunden pro Woche auf, und das auch nur, weil meine Verantwortung als Autor es verlangt, meinen Lesern zu antworten. Den größten Teil meiner Zeit verbringe ich damit, auf andere zu reagieren, mit Sprachnachrichten, nicht mit Text, um meine Follower auf die menschlichste für Social Media mögliche Weise zu verbinden. Ich sehe mir kaum jemals gedankenlos die Inhalte an, die mir von den Empfehlungsalgorithmen vorgeschlagen werden, und ich folge nur ermutigenden Accounts mit Postings, die mein Leben bereichern. Ich entscheide mich, mein Leben von all diesem Gift zu reinigen. Das ist das Klügste.

Seien Sie nicht naiv. Lassen Sie sich nicht von den Lügen manipulieren, an die Sie nach dem Willen der modernen Welt glauben sollen. Steigen Sie nicht darauf ein. Wenn Sie Glück finden wollen, treffen Sie bewusste Entscheidungen, und wenn ein verborgener Auslöser Ihnen nicht guttut …

Nicht vergessen!

Klinken Sie sich aus.

Ich meine damit nicht, dass Sie die Welt hinter sich lassen und in der Wildnis leben sollen. Ich sage nur, dass Sie Entscheidungen treffen sollen. Legen Sie mit Klugheit fest, was für und was gegen Sie arbeitet. Glauben Sie nicht dem falschen Versprechen, dass Sie die Welt oder Ihr eigenes Leben zum Besseren verändern können, wenn Sie auf dem neuesten Stand sind. Wann haben Sie das letzte Mal aufgrund einer Nachrichtenmeldung gehandelt und wirklich etwas bewirkt? Wie oft verstärkt es Ihre Belastung, sich all diese Negativität anzuschauen, ohne auch nur das Geringste zu verbessern? Treffen Sie eine Entscheidung, und bedenken Sie, dass es keine Abstinenz ist, auf etwas Schlechtes zu verzichten. Es ist Weisheit.

Die Illusionen zerstören

Nachrichtensender verbreiten Inhalte, um einer Ideologie zu dienen oder kommerziellen Gewinn zu erzielen. Gewalt und Angst fesseln uns an den Bildschirm. Sie haben nicht das Ziel, Sie zu informieren. Ihr Ziel ist es, davon zu profitieren, dass Sie dranbleiben und zuschauen. Sie sind nicht der Kunde, Sie sind das Produkt.

Haben Sie sich schon mal gefragt, was passiert, wenn Sie ein paar Tage keinen Zugang zu den Nachrichten haben? Würde sich Ihr Leben auf irgendeine bedeutsame Weise verändern, abgesehen davon, dass Sie sich vielleicht viel besser fühlen? Würde die Welt ins Straucheln geraten, weil Ihr Kommentar vom Sofa aus nicht mehr käme? Wenn ein Kind irgendwo in einen Brunnen fiele, würde Ihr Zusehen es retten oder Sie im Schmerz ertränken? Was soll ich sagen? Das ist das Stockholm-Syndrom. Manch einer kann anscheinend nicht genug bekommen von dem, was uns quält. Manche verlieben sich sogar in ihre Folterer! Ich hoffe, Sie gehören nicht dazu. **Klinken Sie sich aus.**

Prominente sind Menschen wie Sie und ich. (Wenn jemand aussieht wie ein Mensch und genauso kackt wie alle anderen, ist er einfach ein Mensch.) Rein verstandesmäßig wissen wir das alle, und doch verwandeln wir sie in Gottheiten. Wir lauschen ihren Ansichten über die Welt wie Prophezeiungen. Wir tragen, was sie tragen, und sprechen wie sie. Versuchen sie wirklich, Ihre Welt besser zu machen? Manche schon. Oder bringen sie einfach Ihren Star-Status voran? **Klinken Sie sich aus.**

Und dann folgen wir noch Parolen. Worten, die unseren Kopf mit Lärm füllen und uns doch leer zurücklassen. Je komplexer sie klingen, je weniger wir sie verstehen und je tiefgründiger sie sind, desto mehr glauben wir daran. Einmal hörte ich einen Meditationslehrer zu einer Schülerin sagen:

»Suchen Sie eine Verbindung zu allem Seienden in der Isolation, abgeschieden von all den Ablenkungen des Selbst, und verbinden Sie sich mit Ihrer inneren Energie in einer friedvollen Vereinigung der göttlichen Weiblichkeit mit Mutter Natur durch das Herzchakra.« Wozu er sie aufforderte, war schlicht, sich 15 Minuten täglich in die Natur zu setzen. Dann wiederholte sie seine Worte, wörtlich, als ob sie tatsächlich etwas bedeuteten.

Fachsprache, Mystizismus und Namedropping lassen alles großartiger klingen, als es wirklich ist, und erfüllen unsere Welt mit vielen wertlosen Informationen und sehr wenig Wahrheit. Die Wahrheit muss nicht aufgeblasen werden. Wenn etwas komplex ist, dann ist es nicht die Wahrheit. **Klinken Sie sich aus.**

Kein Produkt, das Sie in der Werbung sehen, wird jemals Ihr Leben verändern. Meine wunderbare Ex-Frau Nibal sagte immer: »Wenn es gut genug wäre und ich es wirklich bräuchte, müssten sie nicht dafür werben.« Ihr gegenwärtiges Handy bietet Ihnen keine bedeutende Verbesserung gegenüber Ihrem alten Handy. Auch das nächste wird keine wesentliche Verbesserung mit sich bringen. **Klinken Sie sich aus.** Lassen Sie das alles hinter sich.

Ehe wir dieses Thema abschließen, will ich eines klarstellen: Mir ist bewusst, dass es unmöglich ist, sich vollständig aus so vielem auszuklinken, das zur Norm unseres modernen Lebens geworden ist. Es hat Vorteile, bei Social Media vertreten zu sein, und manchmal ist es wichtig, die Nachrichten zu sehen. Ich lege Ihnen dennoch nahe, Ihr Urteilsvermögen zu nutzen, um nur das in Ihr Leben hineinzulassen, was zu Ihren Gunsten arbeitet. Nehmen Sie den Vorteil mit, und halten Sie sich vom Schaden fern.

Sehr wichtig!

Investieren Sie in Ihr Glück, nicht in die Lügen der modernen Welt.

Wir lassen eine Menge Müll in unsere Köpfe hinein. Er schleicht sich heimlich ein und bleibt jahrelang in uns. Vielleicht ist es an der Zeit, ein bisschen aufzuräumen.

Es lohnt sich, darüber nachzudenken, wie diese verborgenen Auslöser sich auf Ihre Gedanken ausgewirkt haben. Das erfolgt in zwei Schritten. Schreiben Sie zuerst auf, welchen Einfluss die verborgenen Auslöser auf Ihre Stimmung und auf die Klarheit Ihrer Gedanken haben. Dann schreiben Sie einen Handlungsplan nieder, um diese negativen Gedanken einen nach dem anderen aus Ihrem Leben zu tilgen.

Praxisübung:
Die verborgenen Auslöser verbannen

Ziel:	ein Leben frei von kontaminierten Informationsquellen
Dauer:	jeweils 30 Minuten
Wiederholung:	mindestens einmal wöchentlich nach Bedarf
Sie brauchen:	einen ruhigen Ort, an dem Sie nicht gestört werden, einen Notizblock und einen Stift Die Übung lässt sich viel besser gemeinsam mit einem vertrauenswürdigen Freund durchführen.

Stellen Sie einen Timer auf 30 Minuten – Sie können ihn neu stellen, wenn er losgeht und Sie noch mehr Zeit benötigen. Suchen Sie sich einen ruhigen Ort, an dem Sie nicht gestört werden. Nehmen Sie Papier und Stift, hören Sie auf, die Zeit zu kontrollieren, und fangen Sie an nachzudenken.

Untersuchen Sie, wie das, was Sie letzte Woche in den Medien und im Internet gesehen oder was Sie bei Gesprächen mit Freunden gehört haben, Ihre Gedanken, Ihre Stimmung und Ihr Handeln beeinflusst hat. Schreiben Sie auf, was Ihnen in den Sinn gekommen ist.

Beispiele könnten sein: *Die Debatte über politische Führungskräfte im Fernsehen hat dazu geführt, dass ich mir Sorgen über die Zukunft unseres Landes mache* oder *Eine Unterhaltung mit einem Freund über Dating-Apps und sexuelle Abenteuer hat in mir die Frage aufkommen lassen, ob ich in einer festen Beziehung bleiben sollte.*

Stellen Sie sich einige der folgenden Fragen, um Ihr Gehirn zu veranlassen, die konsumierten Einflüsse einzugestehen:

Beeinflusst das Verhalten eines bestimmten Prominenten meine Entscheidungen?

Wirken sich die Artikel im Internet auf meine Meinung aus?

Gibt es eine Ideologie, eine politische Partei, einen Lehrer oder Gedankenführer, denen ich blind folge?

Hat ein Kommentar oder ein Social-Media-Posting in den letzten Tagen meine Stimmung verändert?

Ist in mir Negativität oder Angst zurückgeblieben aufgrund einer Meldung, die ich in den Nachrichten gehört habe?

Beschwört die Präsenz eines bestimmten Freundes in meinem Leben Gedanken herauf, die ich nicht brauche?

Bereiten all die Benachrichtigungen auf meinem Handy mir Freude, oder bringen sie zusätzlichen Stress in mein Leben?

Machen Sie weiter. Suchen Sie jede externe Informationsquelle, mit der Sie in letzter Zeit interagiert haben, und fragen Sie sich, ob sie für oder gegen Sie arbeitet oder ob sie Ihr Glück und die Klarheit Ihrer Gedanken beeinflusst.

Diese Übung lässt sich viel besser mit einem vertrauenswürdigen Freund durchführen. Wenn die Liste Ihrer verborgenen Auslöser fertig ist, unterhalten Sie sich mit einem Freund darüber, und tauschen Sie Ihre Notizen untereinander aus.

Behalten Sie nun im Sinn, dass Glück Ihre oberste Priorität ist, und nehmen Sie sich weitere 15 Minuten Zeit, um sich eine entscheidende Frage zu stellen: *Welchen von all diesen verborgenen Auslösern muss ich entfernen, um glücklicher zu werden?*

Verfassen Sie einen klaren Handlungsplan, wie Sie den Einfluss durch verborgene Auslöser ausschalten und wie Sie die schlechten davon aus Ihrem Leben verbannen wollen. Meiner eigenen Erfahrung nach könnten Sie zum Beispiel folgende Schritte planen:

- Ich schalte die Benachrichtigungen auf meinem Handy aus. (Glauben Sie mir, das ist viel komplizierter, als Sie denken. Die Option zum Ausschalten von Benachrichtigungen ist tief in den Menüs vergraben, eindeutig weil die App-Anbieter Sie nicht vom Haken lassen wollen.)
- Ich sehe mir keinerlei brutale, gewalttätige oder blutrünstige Filme mehr an.
- Ich lese nur noch alle drei Tage die Schlagzeilen der Nachrichten (sie reiten gern auf eingängigen negativen Storys herum und wiederholen über mehrere Tage hinweg Botschaften, die ihren Zwecken dienlich sind).
- Ich halte mich während der nächsten zwei Wochen strikt von den Nachrichten fern, um zu sehen, ob ich wirklich etwas vermisse. Wenn sich herausstellt, dass ich nichts Wichtiges (und Verwertbares) verpasst habe, und wenn sich herausstellt, dass meine Stimmung sich deutlich verbessert hat, erweitere ich meine Nachrichten-Entgiftung um einen weiteren Monat (oder vielleicht ein Jahr oder auf ewig).
- Ich bitte diesen Freund freundlich, aus meinem Leben zu verschwinden, sofern er nicht aufhört, mich beeinflussen zu wollen, und ich fordere jene Freundin auf, bitte mit dem Lästern aufzuhören.

Die von mir gewählten Maßnahmen wandern auf meine To-do-Liste, neben Schreiben, Trainieren und Treffen mit Leuten. Zurzeit steht auf dieser Liste, die Nutzung von WhatsApp auf 30 Minuten pro Tag zu begrenzen. Aber das ist meine Liste. **Sie müssen Ihre eigene erstellen.**

Wenn Ihre Liste fertig ist, bestärken Sie Ihr Engagement und Ihre Ziele durch klare Fristen. Das ist ein Marathon, kein Sprint. Es kann Monate dauern, bis Sie komplett entgiftet sind und jahrelange Gewohnheiten verändert haben. Beginnen Sie mit den ein, zwei dringendsten und stärksten verborgenen Auslösern. Setzen Sie dann wöchentlich weitere Ziele in Taten um.

Wenn Sie einen guten Freund finden können, der Sie auf diesem Weg unterstützt, ist das eine enorme Hilfe. Setzen Sie Termine fest, an denen Sie Ihrem Freund von Ihren Fortschritten berichten, beispielsweise in Form einer kurzen Nachricht am Ende jedes Tages. Dadurch bleiben Sie besser dabei. Vergessen Sie nicht, häufig darüber nachzudenken, dass es Ihnen besser geht, je mehr verborgene Auslöser Sie abwerfen. Dieser Gedanke gibt Ihnen den Schwung, um weiterhin positive Veränderungen vorzunehmen.

Ausklinken

Helfen Sie, andere glücklich zu machen, und teilen Sie Ihre Erfahrungen mit dem Ausklinken anderen Lesern und Glückssuchenden mit. Erzählen Sie, was Sie aus Ihrem Leben verbannt haben und welche Verbesserung Sie dadurch erzielt haben.

onebillionhappy

Kapitel 3

Unter Beschuss

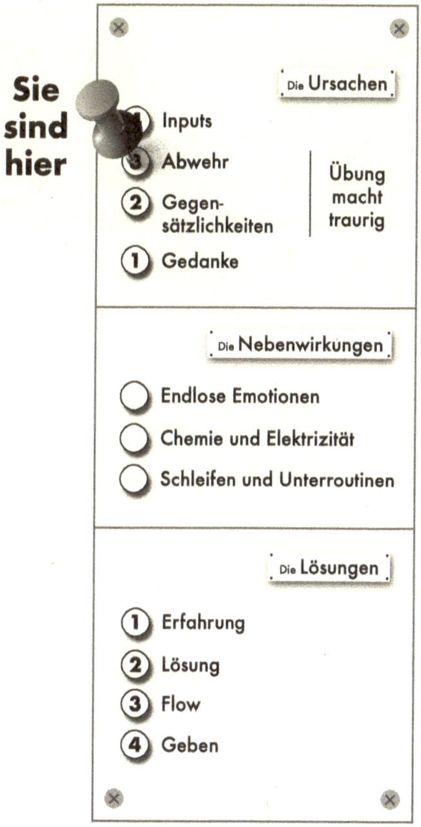

Die Computer, die wir herstellen, bestehen aus verschiedenen Komponenten, und jede davon ist hochspezialisiert auf die Aufgabe, die sie ausführen soll. Ein Grafikprozessor konzentriert sich auf die Wiedergabe von Grafiken, während der Hauptprozessor sich darauf konzentriert, die restlichen Berechnungen durchzuführen. Der Datenspeicher behält die Informationen, die Sie sofort benötigen, während externe Festplatten darauf spezialisiert sind, große Dateien als Backup aufzubewahren.

Das ähnelt sehr stark den verschiedenen Bereichen Ihres Gehirns und des Nervensystems. Jede Komponente ist speziell darauf ausgerichtet, die ihr zugeschriebene Rolle auszufüllen. Und genau wie bei Computern verstehen Sie die Funktionsweise sofort, wenn Sie erst einmal begriffen haben, wofür das Gehirn und seine verschiedenen Bereiche gedacht sind.

Warum wir denken

Das *Warum* zu verstehen – den Grund für das Verhalten einer Person – ist die einfachste Art, auch das *Was* und das *Wie* zu begreifen. Weil Jake damals auf der Highschool in Sally verliebt war, verhielt er sich ihr gegenüber anders als andere Jungen. Er schien sie beschützen zu wollen, und manchmal zog er sich traurig zurück, wenn sie nett zu anderen war. Sein Verhalten ergab vielleicht nicht viel Sinn, wenn man seine Gefühle nicht kannte, aber hätte er Ihnen gestanden, dass er wirklich an ihr interessiert war, dann hätten sich die Teile zusammengefügt. Auch Ihr Gehirn ist in jemanden verknallt – so sehr, dass dies den Großteil seiner Aktionen und Verhaltensweisen bestimmt. Ihr Gehirn ist buchstäblich besessen von Ihnen. Das macht es überfürsorglich und beeinflusst sein Verhalten. Diese Besessenheit ist nicht nur Verliebtheit. Sie ist fest in der Architektur Ihres Gehirns verankert.

Um zu verstehen, wie sich diese Besessenheit in jeder Entscheidung Ihres Gehirns manifestiert, hilft ein Vergleich mit anderen biologischen Organen. Die Muskeln Ihres Beines zum Beispiel haben nur eine Hauptfunktion: Flucht. Wenn ein Angreifer eine Gefahr für Sie darstellt, sind Ihre Beine da, sodass Sie flüchten und um Ihr Leben rennen können. Wir Menschen treiben diese Grundfunktion bis ins Extreme. Wir laufen Marathon, tanzen, spielen Fußball und verführen Partner mit diesen Beinen. Doch täuschen Sie sich nicht, egal wie attraktiv Ihre Beine sind, im Wesentlichen sind Sie dafür da, damit Sie flüchten können, und wenn die Notwendigkeit dieser Grundfunktion eintritt, werden alle anderen Funktionen ignoriert.

Dasselbe gilt auch für Ihr Gehirn. Wir haben unsere Gehirne über ihre Hauptfunktion hinausgetrieben und sie genutzt, um Smartphones zu erfinden und die uns bekannte Zivilisation zu schaffen. Doch ihre Hauptfunktion ist vollständig auf unser **Überleben** ausgerichtet. Der Hauptunterschied zwischen Ihrem Gehirn und Ihren Beinen ist jedoch, dass Ihr Gehirn alles als Bedrohung wahrnimmt. Ihre Beine können Sie zwar nicht gebrauchen, um einem boshaften Kommentar in den sozialen Netzwerken zu entkommen, aber Sie können eine Menge Gehirnkraft ausüben, um mit diesem wertlosen Kommentar umzugehen, den Ihr Gehirn als hereindrohende Gefahr erlebt, analog zu dem Angreifer, vor dem Ihre Beine wegrennen würden.

Wenn die Analogie richtig ist, dann ist Ihr Gehirn aus einem bestimmten Grund überfürsorglich, denn …

Nicht vergessen! Ihr Gehirn ist total in Sie verknallt …

… und genau wie bei Jack damals in der Schule lässt sich das Verhalten Ihres Gehirns, das anderenfalls rätselhaft erscheinen mag, vollständig mit dieser Verknalltheit erklären.

Ein Blick auf den sehr grundlegenden strukturellen Aufbau Ihres Gehirns zeigt, wie sehr es auf die Aufgabe ausgerichtet ist, Sie zu schützen. Zu diesem Zweck überlässt die Gestaltung des menschlichen Gehirns nichts dem Zufall. Dazu gehören nicht nur Sicherheitsmechanismen, die exklusiv dem menschlichen Gehirn vorbehalten sind, sondern auch frühere Versionen des Gehirnaufbaus, die bei anderen Spezies gut funktioniert haben. Alles zusammengenommen betreibt Ihr Gehirn ein kompliziertes System, und das besteht aus …

Drei Abwehrmechanismen

Wenn Sie Ihr Gehirn aus der Überlebensperspektive untersuchen, finden Sie drei verschiedene Subsysteme. Im Kern ist unser Hirnstamm zuständig für die Überlebensfunktionen, die Reptilien zur **Vermeidung von Gefahr** nutzen. Das wird häufig als Reptiliengehirn bezeichnet. Unser limbisches System bildet die Überlebensfunktionen ab, die bei anderen Säugetieren vorkommen und die hauptsächlich auf **Schmerzvermeidung und Belohnungssuche** als einfachen, aber wirkungsvollen Überlebensmechanismen beruhen. Dieses Gehirn-Subsystem wird als Säugetiergehirn bezeichnet. Und schließlich gibt es noch die Teile des Gehirns, die uns Menschen von allen anderen Spezies unterscheiden – den Neokortex – und für **Logik, Planung und Selbstbild** zuständig sind. Diese Teile werden in ihrem Zusammenspiel als das rationale Gehirn bezeichnet.

Dieses Konzept der geschichteten Gehirn-Abwehrsysteme – bekannt als das Dreifachhirn – ist ein Evolutionsmodell, das erstmals in den 1960er-Jahren vom amerikanischen Physiker und Neurowissenschaftler Paul D. MacLean vorgestellt und in seinem 1990 erschienenen Buch *The Triune Brain in Evolution* zusammengefasst wurde. Wichtig ist, dass ich es hier nicht als Evolutionsmodell verstehe, sondern als nützliches Modell für das Verständnis menschlichen Verhaltens.

Das Reptiliengehirn

Dieser Teil Ihres Gehirns ist zuständig für die einfachsten Formen des Überlebens – wie sie typischerweise bei Reptilien zu finden sind. Anders als freundliche Welpen ergreifen Eidechsen die Flucht, wenn Sie sich ihnen nähern. Selbst wenn Sie ihr einen Teller voller köstlicher saftiger Blätter, garniert mit Grillen, hinhalten, wird die

Eidechse keinen Moment darüber nachdenken. Genau genommen denkt das Reptiliengehirn überhaupt nicht allzu viel. Es ist hauptsächlich für die mechanischen Funktionen zuständig – das Schlagen Ihres Herzens muss weitergehen, damit Sie leben können, und daher findet sich dafür ein Kontrollsystem im Hirnstamm, jenem Teil, der das Gehirn mit dem Nervensystem verbindet. Solche Anweisungen werden mechanisch an das schlagende Herz geleitet, ohne dass Sie darüber nachdenken müssen. Die Funktion der Drüsen, die Steuerung von Hormonen, die Atmung, die Verdauung Ihrer Nahrung oder das Pumpen von Blut durch Ihren Körper sind alle autonom. Deshalb bezeichnet die Neurowissenschaft das sie steuernde System oft als autonomes Nervensystem. Dieses System ist auch zuständig für angstinduzierte Gefahrenvermeidung. Ihre Amygdala, Ihr Hypothalamus und Ihre Nebenniere lösen innerhalb eines Sekundenbruchteils eine Kampf- oder Fluchtreaktion aus, damit Sie der nahenden Gefahr entkommen können. Entscheidungen über die Verteilung Ihrer begrenzten physischen Ressourcen erfolgen auf der Ebene des Nervensystems. Ihr Puls beschleunigt sich, Ihr Verdauungssystem stellt den Betrieb ein, und Ihre Sicht schärft sich, ohne dass Ihr logisches Gehirn dazu auch nur zu Rate gezogen wird. Die Standardreaktion eines Reptils auf die meisten Dinge ist Angst. Es wird selbst vor der geringsten Möglichkeit einer Bedrohung immer davonlaufen.

Das Säugetiergehirn

Im Säugetiergehirn, Ihrem limbischen System, dreht sich alles um Emotionen – um das Streben nach Genuss und die Vermeidung von Schmerz. Die Funktionen des Säugetiergehirns sollen das Überleben gewährleisten, wenn es um Dinge geht, die keine unmittelbare Gefahr für das Überleben darstellen. Die Fortpflanzung zum Beispiel ist keine Grundvoraussetzung dafür, dass Sie ein weiteres Jahr leben, aber ohne sie würde die Spezies aussterben. Deshalb haben wir Freude am Sex. Über die Einlagerung von Fett für eine mögliche künftige Hungersnot denken Sie nicht nach, wenn Ihnen genügend Nahrung zur Verfügung steht. Sie würden ohne Kekse nicht sterben. Die mit dem Essen verbundene Freude ist notwendig, damit Sie mehr konsumieren, als Sie brauchen, und es sicher in Form von Fett einlagern (ich muss unbedingt herausfinden, wie ich diesen blöden Urinstinkt aushebeln kann). Emotionen und Hormone unterstützen die Funktionalität des Säugetiergehirns. Das Beschützen der Kinder zum Beispiel war kontraintuitiv für das persönliche Überleben im harten Dasein der Höhlenmenschen. Dennoch sorgten elterliche Gefühle, die im limbischen System abgebildet wurden, für ihren Schutz, damit die Spezies fortbestehen konnte. Das Streben nach Zugehörigkeit Erwachsener schafft engere Bindungen zum eigenen Stamm, und das macht diesen als Einheit stärker angesichts von Gefahren. Wenn es um Dinge geht, die keine unmittelbare Gefahr für unsere Existenz darstellen, ist es das Subsystem des Säugetiergehirns, das uns am Leben erhält.

Das rationale Gehirn

Das dritte und vielleicht komplexeste Subsystem des Gehirns ist das rationale Gehirn. Dies ist der Teil, der uns zu Menschen macht. Dieser Bereich des Gehirns ist zuständig für Planung und Logik. Er gibt uns die Fähigkeit, Probleme zu lösen und analytisch zu denken. Und was am wichtigsten ist, er vermittelt auch das Selbstbild. Ihr rationales Gehirn lässt Sie erkennen, dass Sie eine separate Einheit sind, die sich vom Rest der Lebewesen unterscheidet. Diese Unterscheidung setzt die Grenzen, die Sie von anderen trennen, macht Sie zu einem Individuum und macht Sie für sich selbst zur Priorität gegenüber allen anderen. Das alles geschieht in Ihrem rationalen

Gehirn (was ich witzig finde, denn als Konzept ist diese Perspektive der Abgrenzung nicht sehr rational).

Rationales Denken hat unsere Spezies vorangebracht. Beim Überleben geht es nicht immer darum, vor einem Tiger wegzulaufen. Vielmehr geht es darum herauszufinden, wo Tiger sich verstecken, und eine Route zu planen, die ihre Verstecke meidet. Es geht darum, Nahrungsvorräte für den Winter anzulegen und ein paar Getreidesorten anzubauen, statt sich der Möglichkeit einer Hungersnot auszusetzen, bei der es nichts mehr zu sammeln oder zu jagen geben könnte. Auch andere Tiere nehmen eine geringfügige Planung vor, aber wir bringen sie auf ein ganz neues Niveau, indem wir Rücklagen für die Rentenzeit, das Schulgeld der Kinder und die Lebensversicherung bilden. Wir nutzen unsere Gehirne nicht nur für das unmittelbare Überleben. Wir nutzen sie auch, um am Leben zu bleiben, bis wir alt und gebrechlich sind.

Ich will Ihnen hier keinen Biologieunterricht erteilen und erklären, welche Teile des Gehirns welche Funktion ausüben. Das wäre nicht allzu hilfreich, um Sie die Ziele dieses Buches erreichen zu lassen – Glück, Erfolg und Mitgefühl. Hauptsächlich führe ich die drei verschiedenen Abwehrsysteme des Gehirns hier an, weil diese Subsysteme genau mit den drei *einzigen* Gründen für menschliches Leiden übereinstimmen, die über körperlichen Schmerz hinausgehen. Ich nenne diese Gründe für das Leiden …

AAA

Manch einer hat das Gefühl, dass jeder Moment des Lebens endlos viele Gründe für Unglück mit sich bringt.

Aber das stimmt nicht mal ansatzweise. Das Leben mit seinen ständig wechselnden Stimmungen bietet uns eine endlose Vielfalt von Umständen, auf die wir reagieren müssen. Unser Zustand des Glücks ist kein Ergebnis dieser Umstände, sondern die unmittelbare Folge, wie wir darauf reagieren. Wer unglücklich wird, hat sich entschieden, auf eine (oder mehrere) von drei Arten auf das Leben zu reagieren – **Ablehnung, Anklammern oder alles durchdringende Unzufriedenheit, kurz AAA.**

Wenn Ihre Grundbedürfnisse erfüllt sind, Sie keinen körperlichen Schmerz empfinden und es schaffen, unglücklich zu sein, liegt der Grund für Ihr Unglück meist in Ihrem Kopf. Dann ist Ihr Unglück das Ergebnis davon, dass Ihr Gehirn über etwas nachdenkt, vor dem es sich fürchtet **(Ablehnung)**, das es erlangen oder behalten will **(Anklammern)**, oder es ist beschäftigt mit dem unerklärlichen Gefühl von Unzulänglichkeit – einer **alles durchdringenden Unzufriedenheit.**

Ablehnung

Ablehnung ist das Ergebnis Ihres Reptiliengehirns. Die Angst, die es hervorruft, um Ihnen Sicherheit zu gewährleisten, manifestiert sich in einem Gefühl der Vermeidung: *Ich will nicht wieder Single sein oder auf Partnersuche gehen, selbst wenn mein Freund mich schlecht behandelt. Ich glaube nicht, dass ich einen neuen Arbeitsplatz finde, auch wenn ich es in meinem derzeitigen Job nicht mehr aushalte. Ich will nicht woanders hinziehen, obwohl es mir hier wirklich nicht gefällt.* Solche ängstlichen Gedanken erwachsen nicht aus einem Wunsch nach etwas Bestimmtem, nur aus der Angst vor allem, das Sie in Ihrem Leben nicht wollen.

Im Jahr 2013 war ich Vice President bei Google. Ich initiierte und leitete die Unternehmenstätigkeit in einem Großteil der Welt und vielen Schwellenmärkten. In den sieben Jahren davor hatte ich das Geschäft von Google um fast die Hälfte seiner Transaktionen weltweit ausgeweitet, aber die Expansion hatte sich bis 2013 verlangsamt, und meine Tätigkeit hatte sich in einen großen Arbeitsvorgang verwandelt, der mit der Unternehmenspolitik übereinstimmen musste (ja, auch bei Google gab es eine Menge Unternehmenspolitik). Mein damaliger Vorgesetzter gab vor, mein Freund zu sein, aber er legte mir ständig Steine in den Weg, deshalb hatte ich keine Freude mehr an meiner Arbeit, und es war eindeutig Zeit für mich weiterzuziehen. Da so viele Firmen Talente von Google abwarben und auch Google selbst so viele Möglichkeiten bot, sprach alles dafür, dass ich rasch eine neue Beschäftigung finden würde, wenn ich eine suchte. Doch genau in dem Moment, als ich mich zu kündigen entschied, meldete sich mein Reptiliengehirn zu Wort und jagte mir Angst ein. Ich weiß noch, wie ich dachte: *Tja, das hat nichts mit dir und deiner Lebensweise zu tun. Wir wissen doch alle, dass die Welt immer unsicherer wird. Was ist, wenn ein Krieg ausbricht und der Iran einen Atomwaffenangriff auf Dubai unternimmt, wo du die meisten deiner Wirtschaftsgüter hast, während der Klimawandel sich so verschlimmert, dass Aya [meine Tochter] an einem sichereren Ort wohnen muss? Ohne das regelmäßige Einkommen von Google hättest du in Bezug auf Aya versagt.*

Jawohl. So entschlossen war mein Reptiliengehirn, mich zu verängstigen. In Sachen unrealistischer Horrorszenarien lässt unser Gehirn niemals locker. *Was, wenn mein Ehemann Beyoncé kennenlernt und sie sich in ihn verliebt? Was, wenn der Zug entgleist und am selben Tag ein Krieg zwischen Uber-Fahrern und Taxifahrern ausbricht? Wie komme ich dann rechtzeitig zu meiner Besprechung? Was, wenn die Wirtschaft zusammenbricht, mein Unternehmen bankrott geht und der Preis meiner Lieblings-Gesichtscreme sich vervierfacht?* Tja, was dann?

Nun, was, wenn Sie ausrutschen und sich den Hals brechen, ehe all das passiert? Statistisch gesehen ist das wohl wahrscheinlicher als all die Horrorstorys, die unser Gehirn sich ausdenkt – ganz gewiss wahrscheinlicher, als dass Beyoncé sich in Ihren Mann verliebt. Oder? Um die Wahrheit zu sagen, ein bisschen Ablehnung ist in

Ordnung. Ein bisschen Geld für schlechte Zeiten zu sparen, in einer sicheren Gegend zu wohnen und nach links und rechts zu schauen, ehe Sie die Straße überqueren, sind gute Ideen. Aber Beyoncé? Jetzt mal im Ernst. Nehmen Sie Vernunft an.

Ich brauchte ein bisschen Zeit zum Nachdenken über die Realität und eine einfache Tabelle, um damals mit meinem Butzemann von einem Gehirn klarzukommen. Ich listete meine Ressourcen auf, meine realistischen finanziellen Bedürfnisse, fügte einen gewissen Sicherheitspuffer hinzu, und innerhalb von Minuten erkannte ich, dass es mir gut gehen würde, sofern die Welt nicht wirklich komplett aus den Fugen geriet. Mit dieser Erkenntnis suchte ich nach einem anderen Tätigkeitsfeld bei der Arbeit und wurde schließlich Chief Business Officer von Google X, was damals die beste Stelle auf der Welt gewesen sein muss. Das war der Vorteil, meinen Ängsten nicht nachgegeben zu haben.

Es erfordert ein hohes Maß an Achtsamkeit, genau die Gedanken aufzuspüren, die Ihnen Angst machen, und sie zu hinterfragen. Darüber sprechen wir weiter unten noch ausführlich, wenn es um Emotionen geht, aber es hilft schon, das große Ganze zu verstehen und sich zu fragen, ob wirklich eine Notwendigkeit für die Art von Ablehnung besteht, die Sie vielleicht in Ihrem heutigen Leben erfahren. Die größte Manie Ihres Gehirns ist es, Ihre Sicherheit zu gewährleisten. Um diese Manie unter Kontrolle zu behalten, stellen wir die Frage mal klipp und klar: Sind Sie in Sicherheit?

Wenn es um Themen geht, bei denen entschlossene, kritische Interventionen notwendig sind, um mich nicht vom Weg des Glücks abkommen zu lassen, komme ich gern auf den Punkt. Wenn die höchste Absicht meines Gehirns in meiner Sicherheit besteht und wenn es mich zu diesem Zweck in Ablehnung gefangen hält, ist es vielleicht der kürzeste Weg, um das Chaos zu beheben, das Thema meiner Sicherheit im Kern zu hinterfragen.

Achtsamkeitsübung:
Sind Sie in Sicherheit?

Ziel:	die Überzeugung, dass Sicherheit kein so großes Thema sein mag, wie Ihr Gehirn es darzustellen versucht
Dauer:	30 Minuten
Wiederholung:	mindestens einmal für jeden Umstand, der Ihnen Sorgen bereitet
Sie brauchen:	einen ruhigen Ort, an dem Sie nicht gestört werden, einen Notizblock und einen Stift Denken Sie darüber nach, dies mit einem guten Freund zu machen (optimistische Freunde sind hilfreicher).

Ich weiß, dass Sie fast jeden Tag irgendeine Horrorstory hören. Die Nachrichten bringen sie, Freunde reden darüber, oder sie tauchen in unserem Social-Media-Feed auf. Solche Storys lassen uns glauben, das Leben sei voller Katastrophen – eine beständige Erzählung von Leid und Kummer.

Mein mathematisches Gehirn sagt mir allerdings, dass die Chancen eines schlimmen Ereignisses verglichen mit dem Guten, das wir erleben, minimal sind. Selbst wenn sie eintreten, sind sie meistens viel erträglicher, als wir befürchtet haben. Wir sind fast immer in Sicherheit. Sie glauben mir nicht? Dann rechnen Sie es doch selbst aus. Das ist gar nicht so schwer, wenn Sie über Ihre eigenen Erfahrungen nachdenken.

Suchen Sie sich einen ruhigen Ort, an dem Sie nicht gestört werden, und stellen Sie sich einen Timer auf ungefähr 30 Minuten. Es kann sein, dass Sie diese Achtsamkeitsübung häufig wiederholen müssen, ehe Sie zum Wesentlichen vordringen.

Seien Sie nicht beunruhigt. Lassen Sie der Sache Zeit. Es zahlt sich enorm aus, wenn Sie die Wahrheit erkennen. Nehmen Sie sich für jede der folgenden Fragen so viel Zeit, wie Sie benötigen. Es dauert nur ein paar Sekunden, sie durchzulesen, aber Sie müssen minutenlang oder manchmal sogar tagelang darüber nachdenken, um die nackte Wahrheit zu enthüllen. Das können Sie mit einem guten Freund oder in einer Gruppe machen. Mehrere unterschiedliche Perspektiven sind am besten geeignet, unser Gehirn von dem Fleck wegzubringen, an dem es seit Jahren festhängt.

- Ich will nicht sarkastisch sein, auch wenn es sich so anhören mag. Ich stelle die Fragen, die selten gestellt werden. Beginnen wir mit physischen Gefahren. Sind irgendwelche Tiger in der Nähe? Irgendwelche anderen Angreifer (solche, die Sie fressen wollen)? Wenn Sie beim Überqueren der Straße gut aufpassen, die gefährlichen Stadtviertel meiden und verantwortungsbewusst Auto fahren, gibt es dann noch andere tödliche Gefahren in Ihrem Alltagsleben? Wenn es um Gesundheit geht, wie viele Tage im Jahr sind Sie oder irgendjemand aus Ihrem Bekanntenkreis krank im Vergleich zu den vielen Tagen, an denen es Ihnen und all Ihren Bekannten gut geht? (Ich muss hier eine Anmerkung einfügen. Die Angreifer, mit denen wir es in unserer heutigen zivilisierten Welt leider immer noch zu tun haben, sind Menschen, die Frauen missbrauchen oder ihre Macht gegen Personen mit anderer Hautfarbe ausspielen – mich eingeschlossen. Wir sollten wachsam bleiben und Vorsichtsmaßnahmen ergreifen, um unsere eigene Sicherheit und die unserer Lieben zu bewahren, und unsere Stimmen erheben, um eine sicherere Gesellschaft zu fordern. Wir sollten zwar nicht in Angst leben, aber Vorsicht walten lassen. Wir sollten anerkennen und zu schätzen wissen, dass unser heutiges Leben uns durch die richtigen Maßnahmen die Möglichkeit bietet, uns den Großteil unseres Alltags sicher zu fühlen.)

- Abgesehen von körperlicher Sicherheit, wie tödlich sind die anderen Gefahren, denen Sie ausgesetzt sind? Eine kaputte Beziehung, Arbeitsplatzverlust, Leben ohne das neueste Handy, üble Kommentare in Ihren sozialen Netzwerken. Sollten Sie das als Bedrohung Ihrer Sicherheit ansehen oder einfach als Ereignisse, aus denen Sie lernen können – ein Teil des Spaßes und der Herausforderung des Lebens?
- Wenn Sie einmal über die negativen Verzerrungen der Medien hinwegsehen, über ihre Tendenz, Dinge völlig zu überzeichnen, wie wahrscheinlich ist es, dass Sie einer Gewalttat zum Opfer fallen, einem Tsunami oder einem Amoklauf? Die statistische Wahrscheinlichkeit ist verschwindend gering. Wie winzig ist das tatsächliche Verhältnis zwischen denjenigen, die jemanden erschießen, und der gewaltigen Zahl jener, die gestern jemanden geküsst haben?
- Selbst bei den seltenen Gelegenheiten, in denen etwas schiefgeht, wie oft haben Sie erlebt, dass jemand, der von einem der Dinge betroffen war, vor denen Sie sich fürchten, überlebt hat oder sogar daran gewachsen ist? Wie oft hat man sich über einen Freund von Ihnen lustig gemacht, ohne dass er deswegen gestorben ist? Wie oft erweisen sich diese Momente scheinbarer Gefahr als Wendepunkte, die jemanden zum Erfolg katapultiert haben? Tritt das Worst-Case-Szenario überhaupt jemals ein? Oder ist das Leben nur eine Abfolge von Herausforderungen, um uns besser, stärker und resilienter zu machen?
- Können Sie sich an eine Zeit erinnern, in der Ihre Angst vor etwas Bestimmtem längere Zeit anhielt, obwohl es nie ein-

getreten ist? Ist die Anzahl der Tage oder Jahre der Erwartung nicht Beweis genug, dass das Eintreten dieses Ereignisses sehr unwahrscheinlich ist?

- Betrachten Sie nun eine bestimmte Furcht und fragen Sie sich, ob Sie sie während einer anderen Lebensphase, in einem anderen Kontext entwickelt haben, der sich inzwischen verändert hat. Vielleicht hatten Sie guten Grund zur Angst, weil Sie als Kind von Mitschülern tyrannisiert wurden, die einige Jahre älter als Sie und körperlich stärker waren, aber ist das heute noch eine berechtigte Sorge?
- Kennen Sie Menschen, etwa Ihre Freunde oder Angehörigen, die unter ähnlichen Bedingungen wie Sie leben, aber nicht besorgt zu sein scheinen und nicht unter Ihren Ängsten leiden? Was wissen sie, das Sie nicht wissen? Warum fühlen sie sich sicher?
- Wenn Sie sich auf das konzentrieren, über das Sie sich sorgen, neigen Sie dann dazu, die positiven Aspekte Ihres Lebens auszublenden, die Ihnen Sicherheit geben könnten, wenn das von Ihnen Befürchtete eintritt? Wenn Sie fürchten, Ihre Stelle zu verlieren, haben Sie bedacht, dass Sie vielleicht Ersparnisse besitzen, mit denen Sie einige Monate über die Runden kämen?

Wenn Sie die obigen Fragen ehrlich beantworten, werden Sie erkennen, dass Ihre Angst oft eine stark übertriebene Emotion ist. Sie ist überproportional aufgebläht. Wenn wir Leichtsinn vermeiden, sind wir tatsächlich wesentlich sicherer, als unser Gehirn uns glauben macht. Selbst in Fällen unaufgelöster Traumata oder von PTBS (in denen ich professionelle Hilfe empfehle), ist der Patient im Augenblick des Leidens in Sicherheit.

Sehr wichtig!

Allein die Tatsache, dass Sie Gehirnkapazitäten darauf verwenden können, um über etwas nachzudenken, das Ihnen Angst macht, ist für sich genommen ein Beweis, dass Sie hier und jetzt in Sicherheit sind.

Wenn Sie in diesem Augenblick von einem Tiger angegriffen würden, hätten Sie nicht den Luxus der Zeit oder der Gehirnkapazität, um über das nachzudenken, was Ihnen Angst macht.

Selbst auf der Ebene der Menschheit insgesamt beweist die Arbeit von Steven Pinker – einem kanadisch-amerikanischen Kognitionspsychologen, Psycholinguisten und Autor populärer Sachbücher –, dass die Welt heute viel sicherer ist als in der Vergangenheit. Bei seiner Auswertung neuerer Daten über Mord, Krieg, Armut, Umweltverschmutzung und dergleichen fand Pinker heraus, dass **die Welt jetzt in jeder Hinsicht sicherer ist** als vor 30 Jahren.[7] Es gibt nur einen Grund, warum wir uns manchmal stärker gefährdet glauben, als wir sollten, nämlich dass wir bei Nachrichtensendungen und im Internet sehen können, was überall auf der Welt passiert. Das verschafft uns den Eindruck, dass so vieles schief laufe, obwohl es in Wirklichkeit weniger ist. Wir sind nur besser informiert. Erinnern Sie sich an die verborgenen Auslöser?

Die Welt ist sicherer. Unsere größten Ängste werden nur sehr selten in der Weise wahr, die unser Gehirn darstellt. Täten Sie es doch, dann wären Sie nicht hier. Abgesehen von einigem Kummer, der einfach zum Leben dazugehört und zu erwarten ist, können Sie Ihrem Eidechsengehirn sagen:

Nicht vergessen!

Sie sind in Sicherheit!

Anklammern

Anklammern dagegen entsteht in unserem emotionalen Säugetiergehirn. Ein Fokus auf Belohnung und Vergnügen sowie die Vermeidung von Unbehaglichkeit oder Schmerz lassen uns an dem festhalten, was uns vertraut ist, egal wie wertvoll es tatsächlich ist oder wie wenig es zu unserem Glück beiträgt. Schränke voller Kleidung, die wir niemals anziehen, Kisten voller Trödel, den wir im Laufe der Jahre gesammelt haben, und Beziehungen, die unser Leben nicht bereichern. Wir halten daran fest, weil sie zu unserer Komfortzone geworden sind. Wenn Sie von Ihrem Säugetiergehirn geleitet werden, sorgen Sie sich nicht so sehr um eine mögliche Gefahr in der Zukunft, sondern sind einfach nicht bereit, die Annehmlichkeiten und Vergnügungen der Vergangenheit aufzugeben.

Als mein wunderbarer Sohn Ali aus dem Leben schied, erschien es ganz natürlich, an den Dingen festzuhalten, die er zurückgelassen hatte. Jede Erinnerung, die wir hatten, und alles, was er je berührt hatte, war uns teuer. Doch seine heldenhafte weise Mutter Nibal entwickelte rasch einen anderen Standpunkt. Zu seinem Gedächtnis bestanden wir darauf, dass seine engsten Freunde einige der Dinge mitnahmen, die für sie am stärksten mit ihm verbunden waren. Wir schenkten seinem nerdigen Freund seinen Gaming-Computer, einem Mitglied seiner Band seine Bassgitarre. Jedes seiner T-Shirts schenkten wir jemandem, der ihm etwas bedeutet hatte, seine Videospiele und Konsolen den Freunden, mit denen er gemeinsam gespielt hatte. Natürlich behielt ich ein paar T-Shirts und einen seiner Ohrringe – den ich als Halskette trage und für meinen wertvollsten irdischen Besitz halte. Nibal behielt den anderen Ohrring und eine Hand voll weiterer Dinge, die mit besonderen Erinnerungen verknüpft waren. Aya tat dasselbe. Jeder von uns hat vielleicht sieben oder acht seiner Gegenstände, und alles, was übrig war, gaben wir

Menschen, die es brauchten, die Freude daran hatten oder es wertschätzten. Die Möbel aus seinem Zimmer, die Vorhänge, die Unmenge an Büchern, die er wie ein Bücherwurm verschlang. Nach einer Weile war sein Zimmer leer. Wir wollten die Gegenstände ersetzen durch das gute Karma, anderen zu helfen oder andere glücklich zu machen. Erst wollten Nibal und ich sein Zimmer als Museum der Liebe zu ihm bewahren, dann wurde es zu einem leeren Raum voller Licht. Ihre Weisheit half uns loszulassen. »Ali ist nicht seine Gegenstände«, sagte sie. »Er lebt in meinem Herzen, ohne dass Dinge mich daran erinnern müssen.« Als ich sein Zimmer betrachtete und sah, dass seine Sachen nicht genutzt wurden, spürte ich den Wunsch, ihnen Leben zu verleihen, indem ich sie jenen gab, die sie benutzen würden. Ich spürte, dass Ali auf diese Weise durch die Dinge weiterleben würde, die er bei seinem Tod zurückgelassen hatte. Er hatte ein bisschen Geld auf dem Konto – die Versicherung hatte es ihm ausgezahlt, als jemand eines Nachts an seinem geparkten Auto einen Totalschaden verursacht hatte. Er sagte, er brauchte kein Auto, und behielt stattdessen das Geld. Wir spendeten alles in seinem Namen für wohltätige Zwecke. Es gab mir ein gutes Gefühl, alles abzugeben und zu wissen, dass es anderen half. Was sich jedoch noch besser anfühlte, war unsere Freiheit von der Bindung an diese physischen Gegenstände. Das symbolisierte irgendwie die Freiheit vom Festhalten an seinem schönen physischen Erscheinungsbild, das von uns genommen war, und verband uns stattdessen mit seiner bleibenden wunderschönen reinen Essenz. Durch die Loslösung von Dingen hatten wir die Freiheit, das wertzuschätzen, was wirklich zählt – unsere Liebe zu ihm. Ich werde nie vergessen, wie wir einige seiner Kleidungsstücke Nibals kenianischer Freundin schenkten, die sie mit in ihre Heimatstadt nahm. Als sie zurückkam, sagte sie, sie hätte seine Stiefel einem jungen Mann geschenkt, der sie wirklich brauchte. Ein paar Tage später traf sie ihn wieder, und er sagte ihr, diese Stiefel gäben ihm das Gefühl, fliegen zu können. In meinem Herzen wünsche ich mir jeden Tag, dass er fliegen wird, die höchsten Ehrungen im Leben erhält und unsere Welt verändert.

Das ist der Vorteil, wenn wir unser Anklammern ablegen. Dinge, die wir nicht wirklich brauchen, belasten uns. Sie schränken uns ein. Ohne sie können wir fliegen, und wenn wir sie abgeben, können auch andere fliegen, die sie brauchen.

Entscheiden Sie sich für Freiheit. Lassen Sie los.

Sie kennen die Redensart: **Je mehr man besitzt, desto mehr besitzt einen.** Wir sollten das ganze Gerümpel loswerden.

Eine der Lieblingssendungen meiner Tochter bei Netflix ist *Aufräumen mit Marie Kondo.* Wenn ich sie besuche, sehen wir uns oft zusammen eine Folge an. Die Sendung soll dabei helfen, Ihre Wohnung aufzuräumen und Gerümpel loszuwerden. Aber wenn Sie mich fragen, geht es hier im Kern darum loszulassen. Zumindest ist das mein Eindruck, wenn ich mir die Sendung ansehe.

Praxisübung:
Den Kleiderschrank aufräumen

Ziel:	Dinge loslassen lernen
Dauer:	jeweils eine Stunde (oder solange es eben dauert)
Wiederholung:	mindestens einmal wöchentlich nach Bedarf
Sie brauchen:	daheim sein und den Mut zum Loslassen haben
Quellen:	sehen Sie sich *Aufräumen mit Marie Kondo* an

Maries Methode besteht darin, erst einmal allen Kram herauszuholen, zum Beispiel Ihre Kleidung, und in einem großen Stapel mitten in den Raum zu legen. Auf diese Weise erkennen Sie, wie viel Sie im Lauf der Jahre angesammelt haben. Ihre Aufgabe ist es dann, jeden Gegenstand in diesem Stapel nacheinander anzuschauen und sich zu fragen, wann Sie ihn das letzte Mal benutzt haben, ob Sie davon ausgehen, ihn in den kommenden Wochen zu benutzen, und (gut aufpassen, das ist Gold) **ob er Ihnen Freude bereitet.**

Wenn etwas Ihnen keine Freude macht, sagt Marie, und Sie es nicht benutzt haben, werden Sie es nie benutzen. Geben Sie es weg. Geben Sie ihm Leben. Lassen Sie andere es verwenden, und behalten Sie nur in Ihrem Leben, was Ihnen Freude bereitet.

Lassen Sie uns diese Methode auf alle Aspekte Ihres Lebens anwenden. Beginnen Sie mit Dingen, die Sie belasten, gehen Sie dann zu Menschen über, die Sie in Beziehungen festhalten, die Ihnen keine Freude schenken. Wenn ein Freund ständig Negativität in Ihr Leben bringt, bitten Sie ihn, sich zu verändern oder zu gehen. Wenn das erledigt ist, streben Sie nach Freiheit von Konzepten und Ideologien, die Sie im Leiden gefangen halten.

Jeden Samstag verbringe ich eine Stunde in meinem kleinen Heim damit, nach zehn Dingen zu suchen, die ich verschenke. Ein altes T-Shirt, ein Buch, das ich ausgelesen habe, eine Schachtel Pralinen, die mir geschenkt wurde, aber jemand anderen glücklicher (und mich schlanker) machen könnte, eine Kaffeetasse, die mich nicht zum Lächeln bringt. Ich schaffe nicht immer zehn, aber ich versuche es. Einmal im Monat gehe ich alle Personen durch, die ich einmal pro Woche oder häufiger treffe, und frage mich explizit, ob diese Beziehung mich auslaugt oder mich an meiner Entfaltung hindert. Ist dies der Fall, so führe ich aus einer Verpflichtung zur Selbstfürsorge heraus mit dem Betreffenden ein Gespräch, um herauszufinden, wie wir unsere Beziehung für uns beide besser gestalten können. Dann arbeiten wir einen Monat daran, und wenn es mich immer noch auslaugt, achte ich darauf, mich weniger oder gar nicht mehr mit dieser Person zu treffen. Ich sage ihr liebevoll, dass wir es versucht haben, es aber nicht funktioniert hat. Diese Mini-Abbrüche mögen ein bisschen brutal erscheinen, aber wie bei jeder dysfunktionalen Beziehung sind sie das Beste für beide Seiten. Die letzte Woche des zu Ende gehenden und die ersten Wochen des neuen Jahres verbringe ich immer mit Kontemplation. Ich ziehe eine Bilanz meiner Gedanken und Überzeugungen. Ich hinterfrage, was mich positiv oder negativ beeinflusst hat. Ich lege klar fest, was ich aus meinem Leben tilgen muss, und ich bestimme jene eine Sache, die mir meiner Meinung nach im kommenden Jahr am meisten Freude machen würde. Sie erkläre ich zum Leitmotiv meines neuen Jahres.

Das Anklammern hinter sich zu lassen und die Angst zu überwinden, etwas zu verpassen, sind Superkräfte, die der Natur Ihres Säugetiergehirns widersprechen. Machen Sie sie zu einem Teil Ihrer bewussten Selbstentwicklung.

Machen Sie sie zu einer lebenslangen Übung; zu einer, die Freude in Ihr Leben bringt und Ihr Bedürfnis beseitigt, sich mit allem anderen zu binden. Willkommen im Land der Freien.

Alles durchdringende Unzufriedenheit

Selbst wenn wir die Angst und das Anklammern überwunden haben, ist da immer noch diese alles durchdringende Unzufriedenheit – ein nagendes Gefühl, dass das Leben nicht gut genug sei. Es spielt eigentlich keine Rolle, ob die Gegenwart in Ordnung ist, denn, nun ja, sie könnte noch besser, größer oder mehr sein. Und wenn man etwas Besseres haben kann, ist die Gegenwart vielleicht überhaupt nicht gut genug. *Ich sollte hübscher sein. Guck dir nur die Mädchen bei*

Instagram an. Ich brauche ein größeres Haus. Guck dir nur das von meinem Nachbarn an. Mein Titel ist nicht so eindrucksvoll wie der von meinem Chef. Ich brauche noch ein Paar Schuhe. Ich will so einen Bilderbuch-Urlaub. Mein Freund sollte größer sein. Meine Freundin sollte kleiner sein … Die Liste lässt sich ewig fortsetzen. Diese endlose Schleife des Missmuts wird nicht von irgendeinem tatsächlichen Problem in Ihrem Leben ausgelöst und auch nicht von einem echten unbefriedigten Bedürfnis – es ist mehr so ein Gefühl von »Mimimi«, eine Unzufriedenheit mit dem Vorhandenen und die Überzeugung, dass alles besser sein sollte. Selbst wenn das Leben gelegentlich diese ungerechtfertigten Ansprüche erfüllt, indem es uns mehr, Größeres und Besseres gewährt, spüren wir einen winzigen Schuss Glück, das nur kurz anhält, und dann legen wir die Messlatte höher, richten unser Augenmerk auf das, was wir nicht haben, und werden erneut missmutig, wenn wir erkennen, dass wir immer noch mehr wollen.

Ich kann mich noch gut an mein erstes schickes Auto erinnern. Es war ein blauer 5er BMW mit allem damals verfügbaren Luxus. Ich hatte ihn einem Freund abgekauft, es war ein echtes Schnäppchen. Der Wagen war so gut wie neu, und ich bezahlte nur den Bruchteil dessen, was ein Neufahrzeug kostete. Am Tag der Anmeldung brachte ich ihn zum Vertragshändler, um alle notwendigen Servicearbeiten durchführen zu lassen. Er war mein neues Schmuckstück und ich war sehr glücklich darüber und wollte alles korrekt machen. Das heißt, ich war so lange glücklich, bis ich im BMW-Showroom saß und darauf wartete, dass der Service fertig wurde. Da stand nämlich ein gebrauchter sandgoldener 7er BMW. Ich dachte: *Ich wünschte, ich hätte stattdessen dieses Auto. Das ist so viel cooler als meins.* Mein Auto war immer noch wunderschön, aber das Glück, das ich zuvor empfunden hatte, war verschwunden und durch die Unzufriedenheit ersetzt worden, nicht das andere Auto zu besitzen. Heute sehe ich voller Erstaunen auf diese meine frühere Version zurück. Aber ich kann es nicht auf den jungen Mo schieben. Diese Unzufriedenheit gehört zum Aufbau unseres logischen Gehirns. Sie ist eins der wesentlichen Merkmale intelligenter Lebewesen. Unsere zweckbestimmten Gehirne sind niemals entspannt, weil die Gegenwart gut ist, denn was ist mit morgen? Sie geben sich nie damit zufrieden, dass der jetzige Zustand gut genug ist, denn es scheint immer noch mehr erreichbar zu sein. Mit diesem unersättlichen Hunger auf mehr haben wir immer das Gefühl, weniger zu haben, als wir verdienen. Wie das arabische Sprichwort besagt:

Nichts wird das sehnsuchtsvolle Auge eines Menschen jemals erfüllen außer Sand – der Sand des Grabes.

Nun, es gibt noch etwas anderes als Sand, das diesen Trick wesentlich früher schafft als bei unserer Grabruhe. Es nennt sich Dankbarkeit.

Dankbarkeit ist nicht die Gewohnheit, zu bekommen, was Sie wollen. Es ist die Gewohnheit, zu lieben, was Sie haben. Schauen wir uns mal näher an, was genau Sie haben und ob Sie dafür dankbar sein können.

Jede spirituelle Lehre, die ich je erkundet habe, enthält eine Dankbarkeitsübung. Diese Übung ist entscheidend für das Glück, denn sie mildert die alles durchdringende Unzufriedenheit und die Illusion, dass »nichts gut genug« ist.

Achtsamkeitsübung:
Die günstigen Umstände aufzählen

Ziel:	die Schönheit des Lebens erkennen; die ungerechtfertigte Unzufriedenheit stoppen
Dauer:	jeden Abend 10 Minuten
Wiederholung:	für immer. Das ist eine der besten Gewohnheiten, die Sie entwickeln können.
Sie brauchen:	einen ruhigen Moment des Nachdenkens, ehe Sie abends die Augen schließen Ein Notizbuch, um Ihre günstigen Umstände aufzuschreiben, wäre ein ausgezeichnetes Hilfsmittel.

Wenn ich nur eine einzige Gewohnheit benennen sollte, die alles verkörpert, was ich über das Glück lehre, wäre Dankbarkeit ein starker Kandidat. Unsere günstigen Umstände aufzuzählen ist die beste Methode, uns daran zu erinnern, dass das Leben gar nicht so schlecht ist – was übrigens für die meisten von uns zutrifft. Wenn wir uns dessen erinnern, für das wir dankbar sein sollten, erkennen wir die Wahrheit, die unsere übervorsichtigen, rationalen Gehirne ständig zu verbergen versuchen – dass fast jeder von uns mehr Gründe zum Glücklichsein hat als zum Traurigsein. Dankbarkeit erinnert uns per definitionem daran, dass viele Ereignisse in unserem Leben nicht nur unsere Erwartungen erfüllen, sondern sie so sehr übertreffen, dass wir dankbar sein sollten. Wenn Ereignisse Ihre Erwartungen erfüllen oder übertreffen, ist Ihre Glücksgleichung korrekt gelöst, und Sie sind glücklich.

Dazu ist nichts weiter nötig als allabendlich zehn Minuten vor dem Einschlafen. Zwingen Sie Ihr Gehirn, drei (oder mehr) Dinge zu finden, für die Sie an Ihrem Tag dankbar sind. Denken Sie an

Dinge, die Sie noch einen weiteren Tag in Ihrem Leben haben wollen. Beginnen Sie mit dem Grundlegenden – einem Freund, den Sie schätzen, dem Dach über Ihrem Kopf, der Nahrung, die Sie essen. Gehen Sie dann über zu den günstigen Umständen, die Sie vor Leid oder Kummer bewahren (worunter viele Menschen auf der Erde tagtäglich leiden): Wenn Sie nicht aus einem Kriegsgebiet flüchten, wenn Sie keine chronischen Schmerzen haben, nicht während eines strengen Winters obdachlos in New York leben, kann das allein Ihnen eine unerschöpfliche Quelle von Dingen sein, für die Sie dankbar sein sollten – Dinge, die Ihnen einfach durch das schiere Glück zuteil geworden sind, dort geboren zu sein, wo Sie geboren wurden, und nicht beispielsweise in Syrien oder Nordkorea.

Falls Sie das doch sind, sollen Sie wissen, dass mein Herz mit Ihnen fühlt. Ich hoffe, es wird leichter und Sie schaffen es trotzdem, Dankbarkeit für das zu empfinden, was Sie noch haben, ungeachtet des Leidens durch einige der ärgsten Herausforderungen des Lebens.

Denken Sie in diesen letzten Minuten vor dem Einschlafen dann an die günstigen Umstände, die nur Ihnen allein zuteilgeworden sind – die Gegenwart eines geliebten Menschen in Ihrem Leben, ein Hobby, in dem Sie gut sind und das Ihnen Spaß macht, oder vielleicht Ihre Intelligenz und Ihre Selbsterkenntnis, die Ihnen dazu verhelfen, diese einfache Übung allabendlich durchzuführen.

Wenn ich meine günstigen Umstände aufzähle, schreibe ich sie nicht nur einfach auf. Ich spreche sie laut aus. Ich visualisiere sie und sehe sie in meinem Herzen, als würde ich sie wieder erleben. Ich bin dankbar für all die Liebe, die mir geschenkt wurde, all die Liebe, die ich geben kann, und jedes Erlebnis, das mir dazu verholfen hat, ein besserer Mensch zu werden. Ich bin dankbar, dass meine Tochter Aya gesund und mir nahe ist. Ich bin dankbar, dass Nibal immer noch meine beste Freundin ist, und ich bin dankbar für meinen Lebensweg; jeden Teil davon, mit seinem Kummer, seinen Segnungen und seinem Schmerz. Wenn Sie glücklich sein wollen, ignorieren Sie die alles durchdringende Unzufriedenheit Ihres Gehirns.

Sehr wichtig!

Öffnen Sie Ihr Herz, und erkennen Sie, wie schön das Leben ist.

Eine gesunde Dosis AAA

Wenn unsere drei Abwehrmechanismen übertrieben werden und aus dem Ruder geraten, verursachen sie viel Unglück – und zwar unnötigerweise. Ihr exzessives Vorkommen in unserem Leben macht uns nicht sicherer, sondern nur traurig. Es lässt sich jedoch nicht leugnen, dass die Ablehnung echter Bedrohungen, das Anklammern an das Lebenserhaltende und eine ordentliche Portion Unzufriedenheit mit Missständen notwendig sind, um unserem Leben Sicherheit und Vorhersagbarkeit zu verleihen.

Um dieses wacklige Gleichgewicht zu finden, das Ihnen Sicherheit gibt, Sie aber nicht unglücklich macht, müssen Sie zum Beobachter Ihres Geistes werden, damit Sie erkennen, dass diese übertriebenen Reaktionen nicht existieren, weil Ihr Gehirn Sie nicht leiden kann, sondern weil es besessen ist von Ihrer Sicherheit und weil es glaubt, dass Sie nie zu sicher sein können.

Nicht vergessen!

Ihr Gehirn findet es klüger, etwas als Gefahr zu markieren, auch wenn es keine ist, als etwas als sicher zu markieren, wenn auch nur die geringste Möglichkeit besteht, dass es eine Gefahr darstellen könnte.

Es findet es klüger, an Dingen festzuhalten, als sich für ein ungewisses, wenn auch möglicherweise aufregendes Abenteuer zu öffnen. Es findet es klüger, mehr zu wollen, denn schließlich vergrößert dieses Mehr Ihre Chance, mit jedweder Ungewissheit zurechtzukommen, die das Leben für Sie bereithalten könnte.

Tatsache ist jedoch, dass wir meistens ganz prima überleben. Es gibt nur wenig Grund für unser Gehirn, so einen Aufstand zu machen. Wir müssen das in die Hand nehmen und ihm beibringen, die Dinge anders zu sehen und zu schätzen, und wenn wir das tun, leben wir mit einer gesunden Dosis AAA. Trainieren Sie Ihr Gehirn, sich so zu verhalten, wie es soll. Das bringt mich zu unserem nächsten Thema – Gehirntraining.

Ehe Sie einem Schüler irgendetwas beibringen, sollten Sie verstehen, wie er lernt. Bitte führen Sie daher eine kurze Achtsamkeitsübung durch, die Aufschluss über die Lerngewohnheiten Ihres Gehirns gibt. Ich nenne diese Übung Biased-Brain-Test.

Diese kurze, aber wirkungsvolle Übung habe ich in einem TEDx-Talk mit Willoughby Britton gelernt, einer Neurowissenschaftlerin an der Brown University.

Sie können damit feststellen, was Ihr Gehirn in den letzten Jahren effektiv gelernt hat.

Achtsamkeitsübung:
Biased-Brain-Test

Ziel:	herausfinden, welche Teile Ihres Gehirns sich entwickelt haben und gewachsen sind
Dauer:	3 Minuten
Wiederholung:	einmal genügt für Achtsamkeit
Sie brauchen:	einen ruhigen Ort, an dem Sie nicht gestört werden, eine Stoppuhr

Öffnen Sie die Stoppuhr-App auf Ihrem Handy. Wenn Sie bereit sind, lesen Sie die drei Fragen unten, eine nach der anderen. Starten Sie die Stoppuhr, sobald Sie die Frage gelesen haben, und messen Sie, wie viele Sekunden Sie brauchen, bis die Antwort in Ihrem Gehirn auftaucht.

Frage 1: Was haben Sie gestern zu Mittag gegessen?

Frage 2: Was mögen Sie an sich selbst nicht?

Frage 3: Was finden Sie an sich selbst gut?

Super. Danke fürs Mitmachen. Es spielt eigentlich keine Rolle, wie lange die Beantwortung jeder dieser Fragen gedauert hat. Wichtig ist, welche Sie am schnellsten und welche am langsamsten beantwortet haben.

Ich habe Hunderte von Teilnehmern gebeten, diesen Test durchzuführen, und die meisten brauchen am längsten, um Frage 1 zu beantworten. Frage 3 beantworten sie schneller und Frage 2 sogar noch deutlich schneller. Wie war die Reihenfolge bei Ihren eigenen Antworten? Schreiben Sie es unten auf; wir kommen später darauf zurück, wenn wir über das nächste Konzept sprechen.

Schnellste Antwort: Frage (____)

Zweitschnellste Antwort: Frage (____)

Langsamste Antwort: Frage (____)

Wenn Sie damit fertig sind, warten Sie nicht ab. Lesen Sie das nächste Kapitel, wo wir uns in der Grundschule Ihres Gehirns wiedertreffen.

Kapitel 4

Übung macht traurig

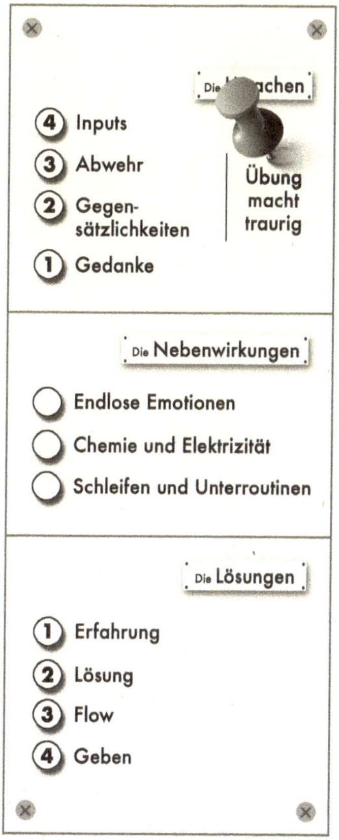

Sie sind hier

Bestimmt hat irgendein Ausbilder oder ein Elternteil Ihnen mal gesagt, dass Übung den Meister macht. Sie hatten Recht mit dieser Behauptung, aber sie hatten auch Unrecht. Je nach Art dieser Übung kann sie Sie auch schwach, verwirrt oder gewalttätig machen, und wenn Sie Unglück oft genug üben, macht Übung Sie traurig.

Es gibt eine alte Geschichte, die von den Cherokee stammen soll. Ein Großvater sitzt mit seinem Enkel am Lagerfeuer. Der Enkel fragt: »Sind die Menschen von Natur aus gut?«

Der alte Mann erwidert: »In jedem von uns tobt ein Kampf zwischen zwei Wölfen. Einer ist böse. Er besteht aus Wut, Eifersucht, Feindseligkeit, Gier, Eitelkeit, Selbstmitleid, Unterlegenheit, Lügen, Stolz, Narzissmus und Egoismus. Der andere ist gut. Er steht für Freude, Zufriedenheit, Liebe,

Hoffnung, Gelassenheit, Bescheidenheit, Freundlichkeit, Sympathie, Großzügigkeit, Wahrheit und Mitgefühl.«

Nach einem Augenblick des Schweigens fragt der Enkel: »Welcher Wolf gewinnt den Kampf?«

Der alte Mann lächelt und sagt: »**Der Wolf, den du fütterst.**«

Ich bin schüchtern

Ich bin total introvertiert. Das mag Ihnen nicht so vorkommen, wenn Sie meine Videos auf YouTube sehen, wo ich öffentlich vor Tausenden Menschen spreche und anschließend mit Hunderten von ihnen interagiere. Aber täuschen Sie sich nicht, denn als Kind war ich unglaublich still und sogar schüchtern. Ich war ein Nerd. Ich verbrachte meine Zeit am liebsten allein mit einem Buch oder vor meinem Computer. Das Zusammensein mit anderen, abgesehen von sehr engen Freunden oder mir nahestehenden Menschen, laugte mich aus, und allein zu sein gab mir Energie. Ich bin heute immer noch genauso. Wenn ich die Wahl hätte, würde ich mich vor der Welt verstecken und nur noch schriftlich mit ihr kommunizieren. In meiner freien Zeit gehe ich nur selten mit anderen essen oder auf Partys. Der Großteil meiner menschlichen Interaktion findet in intimen persönlichen Gesprächen mit den sehr wenigen Menschen statt, die ich als Freunde bezeichne. Ich bin immer noch ein Nerd und äußerst introvertiert.

Dennoch verbringe ich täglich Stunden bei öffentlichen Veranstaltungen. Im Laufe der Zeit habe ich Tausende brillanter Leute kennengelernt, an deren Namen ich mich erinnere und von denen ich genau weiß, wo wir uns das letzte Mal gesehen haben. Wenn Sie einen von ihnen fragen, würden sie Ihnen sagen, dass Mo einer der sozialsten und extrovertiertesten Menschen ist, den sie kennen. Denken Sie daran, das bin ich nicht, aber ich tue auch nicht so. Meine sozialen Kompetenzen haben sich im Laufe der Jahre so weit entwickelt, dass es mir fast natürlich vorkommt, mich wie ein extrovertierter Mensch zu benehmen. Es macht mir sogar Spaß, unter Menschen zu sein, ebenso sehr wie es mir Spaß macht, allein meine Akkus wieder aufzuladen.

Wie habe ich es geschafft, von einem extrem schüchternen und introvertierten Menschen zu jemandem zu werden, der so entspannt zwischen schmerzlicher Introversion und lautstarker Extroversion wechselt? **Übung!**

Ich kann genau den Moment bestimmen, in dem ich beschloss, den Schalter umzulegen. Das war 1995, als ich zum ersten Mal ein Team leitete. Bis zu diesem Moment konnte jeglicher Erfolg in meinem Leben meinen Leistungen als Individuum zugeschrieben werden. Ich schloss mich ein und las ein Physiklehrbuch innerhalb einer Nacht komplett durch oder verbrachte drei Tage zu Hause, um einen komplexen Code fertigzustellen. Ich brauchte keine anderen Leute, um Fortschritte zu machen. Genau genommen betrachtete ich sie als Hindernis. Doch dann änderten sich die Dinge. Als Führungskraft erkannte ich, dass Menschen viel komplexer waren als Objekte. Sie haben Launen. Sie müssen überzeugt werden, und sie unterstützen einen besser, wenn sie einen mögen. Bitte verurteilen Sie mich nicht, aber das war eine Erkenntnis für mich und ehrlich gesagt ein bisschen nervig. Warum machten alle so ein Drama, warum reagierten sie nicht einfach so wie mein Computer? Warum konnten sie nicht einfach meine Anweisungen als Vorgesetzter abarbeiten und wie einfachen Code durchlaufen?

Doch schnell erkannte ich, dass dieses neue Dilemma, dem ich gegenüberstand – der Umgang mit Menschen – nicht einfach von allein verschwinden würde. Wenn überhaupt, würde es sich noch verstärken. Mein Erfolg würde mehr von meiner Fähigkeit abhängen, mich mit Menschen zusammenzuschließen, als von irgendetwas anderem. Verdammt!

Wie ich es damals immer tat, suchte ich mein Heil bei dem, was ich am besten konnte: Ich las jedes nur erdenkliche Buch über Menschenführung, wie man mit Fremden ins Gespräch kommt, wie man Freundschaften schließt und andere beeinflusst und sogar über die 48 Gesetze der Macht – alles im Bemühen zu verstehen, warum Menschen sich so verhalten. Ich nahm an jedem Kurs teil, den mein Arbeitgeber zum Thema »Umgang« mit Menschen nur anbot. Und wie ich es damals immer tat, half mir das Wissen, das ich anhäufte, die Konzepte intellektuell zu erfassen. Das wirkte sich allerdings nicht auf mein Verhalten aus, ließ mich nicht mehr aus mir herausgehen und verringerte nicht die schlimme Schüchternheit, die innerlich an mir nagte, auch wenn ich sie inzwischen erfolgreich verstecken konnte.

Erst als ich das Gelesene in die Praxis umsetzte, begann mein Leben sich zu verändern. Aufgrund der Ratschläge, die ich gelesen hatte, nahm ich einen kleinen Teil meiner sozialen Unzulänglichkeiten in Angriff – das Unbehagen, mit Fremden zu reden und ein Gespräch aufrechtzuerhalten –, und begann dies zu ändern, indem ich zunächst mit Leuten sprach, die in einem Buch als »wenig riskante Individuen« bezeichnet wurden. Auf eine Weise, die mein analytisches Gehirn verstand, behauptete das Buch, dass wir nicht allen Menschen gegenüber gleichermaßen schüchtern sind. Ein junger Mann wie ich würde sich beim Ansprechen eines blendend aussehenden Supermodels viel unwohler fühlen als beim Gespräch mit einem Starbucks-Barista oder einer reizenden alten Dame in der Supermarkt-Kassenschlange. Also stellte ich mir eine einfache Herausforderung. Ich würde in jedem Café, im Aufzug (das war schwierig) und in jedem Geschäft, das ich betrat, mit mindestens einem Menschen sprechen. Anfangs stellte ich nur einfache Fragen, und als mein schüchternes Gehirn dann erkannte, dass die meisten Menschen nicht beißen, wenn man sie anspricht, wurde ich mutig genug, einen lockeren Kommentar oder gar einen Witz zu machen. Rasch gingen die Zahlen nach oben. Im Handumdrehen setzte ich vier oder fünf ungefragte Gespräche täglich in Gang. Es war, als würde ich ins Fitnessstudio gehen; meine sozialen Muskeln begannen zu wachsen, und heute kann ich mit jedem sprechen, überall und jederzeit (und tue das auch) – obwohl ich tief im Inneren am liebsten mit überhaupt niemandem reden würde, wenn man mich in meiner Komfortzone ließe.

Alles, was Sie wiederholt in kleinen Schritten und über einen langen Zeitraum hinweg üben, wird besser. So funktioniert unser Gehirn einfach.

Wie wir lernen

Wie ich bereits mehrfach erwähnt habe, ist Ihr hochkomplexes Gehirn nichts weiter als ein Stück Fleisch. Das macht es vergleichbar mit Ihren Muskeln, zumindest im Hinblick auf eine wichtige Regel:

Nicht vergessen!

Was Sie benutzen, wächst, und was Sie nicht benutzen, schrumpft.

Während eines Großteils des 20. Jahrhunderts wurde angenommen, dass dies nur bis zu einem bestimmten Alter gilt. Man ging davon aus, dass das Gehirn sich nur bis Anfang zwanzig entwickelt, und es danach bis ins hohe Alter bliebe, wie es war, mit nur wenig künftiger Entwicklung und überwiegendem Abbau. Jüngere Studien belegen jedoch, dass das nicht stimmt – dass unser Gehirn sich im Rahmen zweier Prozesse, die als Neuroplastizität und Neurogenese bekannt sind, fortwährend verändert und entwickelt. Bleiben Sie bitte dran, wenn ich Ihnen nun ein paar vereinfachte Details erläutere, ehe wir uns den praktischen Werkzeugen zuwenden, die Sie verwenden können.

Neurogenese ist der Prozess, durch den die als Neuronen bekannten Zellen unseres Nervensystems aus Stammzellen produziert werden. In einigen Bereichen des Gehirns geht die Entwicklung neuer Neuronen während des Erwachsenenalters weiter.[8] Dieser Prozess hilft uns im Falle eines Unfalls, beschädigte Teile des Gehirns zu reparieren und sie selbst dann weiterzuentwickeln, wenn wir altern. Wir können weiterhin mehr »Gehirn« erzeugen. Das ist gut.

Noch besser ist sogar die Idee der Neuroplastizität. In der Physik wird Plastizität als leichte Formbarkeit definiert. Neuroplastizität ist die Fähigkeit des Gehirns, sich selbst umzustrukturieren, indem es neue neurale Verknüpfungen herstellt, um seine Aufgaben besser erfüllen zu können.

Der Tag, an dem ich zum ersten Mal von Neuroplastizität hörte, war ein glücklicher Tag für mich. Als Selbstoptimierungs-Junkie fand ich es toll, dass ich weiterhin in mich selbst investieren, lernen, mich weiterentwickeln und verbessern kann, ungeachtet des Alters meines Gehirns. Ich glaube, es ist mein Lebenszweck, die bestmögliche Version meiner selbst zu werden. Davon bin ich noch weit entfernt, deshalb ist eine Menge Neuroplastizität erforderlich, damit es vorangeht.

Zum Beispiel in puncto Glück. Wenn ich andere inspirieren will, muss ich mich so lange weiterentwickeln, bis ich Olympiameister des Glücks werde. Übung und Neuroplastizität sind die einzigen Methoden, mit denen ich das erreichen kann. Das ist dieselbe Vorgehensweise, mit der man die Technik des Schwimmens meistern kann wie Michael Phelps, die des Gitarrespielens wie Jimi Hendrix oder die des physikalischen Verständnisses wie Albert Einstein. Für all das müssen wir das Gehirn so trainieren, dass drei Prozesse verbessert werden: chemische Signalübertragung, strukturelle Veränderungen und funktionale Veränderungen. Ich will Ihnen zeigen, wie jeder davon Ihr Gehirn neu formt.

Das Schaffen von Erinnerungen

Vor ein paar Monaten empfand ich die Arbeit, Glück zu verbreiten, als so belastend, dass ich erwogen hatte aufzugeben. Zwischen der Stiftung, dem Podcasting, dem Schreiben, dem Posten bei sozialen Netzwerken, den gelegentlichen negativen Kommentaren, Interviews und öffentlichen Auftritten waren ein paar Tage wirklich strapaziös gewesen.

Wenn ich richtig zu kämpfen habe, habe ich gelernt, auf den Rat zu hören, den ich von meinem Sohn Ali bekomme. Ich glaube, wir haben eine Möglichkeit der Kommunikation gefunden, nachdem er unsere Welt verlassen hat, und zwar durch Musik (ignorieren Sie diesen Teil, wenn Sie nicht an das Metaphysische glauben). Wenn er etwas sagen will, habe ich einen Ohrwurm von irgendeinem seltsamen Song, meist einem, den ich nicht leiden kann. An meinem Music Player stelle ich die Music-Radio-Funktion auf »random« und warte auf den vierten Song (das ist der Code, mit dem Ali kommuniziert, habe ich festgestellt). An diesem Tag war der vierte Song einer, den ich noch nie gehört hatte – die Akustikversion von »Life is Beautiful« von Sixx:A.M. Ich wurde sofort hellhörig, als ich die ersten beiden Sätze des Textes gehört hatte, und dann spielte ich den Song mindestens 20 Mal hintereinander ab. Ich saß auf einem etwas unbequemen blauen Sessel, den Rücken zum Fenster, die Füße auf einem anderen Sessel. Es roch stark nach frisch aufgebrühtem Kaffee. Jedes Mal, wenn eine bestimmte Passage lief, weinte ich wie ein Kind. Diese Passage klang für mich ganz klar nach einer Anweisung von Ali, nicht aufzugeben. Sie forderte mich auf, bei meinem Leben zu schwören, dass sein Tod Glück in die Welt bringen sollte, dass niemand bei Alis Beerdigung weinen sollte. In meinem Herzen verstand ich diesen Satz so, dass sein Tod kein Grund für Traurigkeit sein durfte, und aufgrund meiner Liebe zu ihm, seines Andenkens, seiner Beerdigung, wird das so bleiben bis zu meinem letzten Tag.

Da saß ich also, und die Neuronen feuerten in meinem Gehirn. Sie spürten den unbequemen Druck der beiden Sessel gegen meinen Körper, andere Neuronen feuerten beim Anblick des Zimmers aus diesem ungewohnten Blickwinkel, und noch mehr Neuronen feuerten, als ich bestimmte Worte, bestimmte Gitarrenriffs hörte und diesen dunklen, rauchigen Kaffeegeruch wahrnahm. Andere Neuronen in meinem Gehirn feuerten, um mich an eine ganz bestimmte Szene seiner Beerdigung zu erinnern, und eine Reihe weiterer Neuronen feuerte, um das Weinen zu erleichtern, was speziell war, weil es das Gefühl, ihn zu vermissen, mit dem Gefühl der Ertüchtigung kombinierte, die ich benötigte, um seine Forderung zu erfüllen, sowie mit dem Gefühl der Erleichterung, dass er immer noch an meiner Seite war – tatsächlich eine ungewöhnliche Mischung von Emotionen.

Jedes Mal, wenn der Song abgespielt wurde, schuf ich eine stärkere Erinnerung an die gesamte Erfahrung. Während der folgenden Tage muss ich diesen Song, im selben Sessel sitzend, wohl über 100-mal abgespielt haben, und bis heute höre ich ihn mehrmals pro Woche.

»Life is Beautiful«

Hören Sie sich die Akustikversion auf dem Album *Seven* von Sixx:A.M. an.

Machen Sie es einfach zum Spaß, um zu sehen, wie mein Sohn es meiner Überzeugung nach geschafft hat, aus einer anderen Dimension mit mir in Kontakt zu bleiben.

Mein Gehirn ist jetzt ein Meister dieser Erinnerung. Infolgedessen denke ich jedes Mal, wenn ich den Song höre, an die Sessel und den Kaffee. Jedes Mal, wenn ich denselben Kaffee rieche, kommt mir der Song in den Sinn. Jedes Mal, wenn ich mich an den Text erinnere, weine ich wieder genauso, und jedes Mal, wenn ich weine, weil ich mich daran erinnere, dass er mich auf meinen derzeitigen Weg gebracht hat, als er von uns ging, läuft dieser Song in meinem Kopf ab, um mich zu trösten. Ein fest geknüpftes Netzwerk rund um diese Erinnerung ist in mein Gehirn eingeprägt.

Der Prozess, der unsere Erinnerungen schafft, wendet genau dieselbe Methode an, wenn es um die Entwicklung unserer Fähigkeiten geht. Nehmen wir zum Beispiel Videospiele. Als Ali etwa sieben war, fing er an, Videospiele zu machen, und oft traten wir in einem Kampfspiel namens Tekken gegeneinander an. Im Allgemeinen hatte ich keine väterlichen Allüren. Ich wollte bloß gewinnen. Wenn es Zeit zum Spielen war, fragte ich Ali: »Na, soll ich dich fertigmachen?« Ali, der selbst in diesem Alter schon total entspannt war, sagte dann: »Papa, können wir nicht einfach spielen und Spaß haben?« Wir spielten, wir hatten Spaß, aber täuschen Sie sich nicht, ich gewann (tut mir leid, Ali, ich kann nicht glauben, dass ich mal so war). Doch einmal war ich während der Sommerferien auf einer langen Geschäftsreise. Bei meiner Rückkehr wartete Ali an der Tür auf mich, obwohl es schon später Abend war, umarmte mich und sagte: »Papa, willst du mich fertigmachen?« Das kitzelte meinen

Gamer-Stolz wach. Sofort antwortete ich: »Also gut. Du wirst erneut ein Spiel verlieren« (grässlicher Vater). Nun, an diesem Abend gewann er, und auch an allen anderen Abenden für den Rest seines Lebens. Er wurde zu einer wahren Legende des Videospiels, und ich habe nie wieder gegen ihn gewonnen.

Ich fragte ihn: »Was hast du gemacht?« Er erwiderte: »Ich habe vier Stunden täglich gespielt, jeden Tag.« Er hätte auch nur mit einem einzigen Wort antworten können: Neuroplastizität. Jede einzelne Fähigkeit, die Sie je entwickelt haben, ist das Ergebnis der von Ihrem Gehirn verwendeten Neuroplastizität. Und so funktioniert es.

Das Schaltpult

Am einfachsten kann man sich die Funktionsweise von Neuroplastizität vorstellen, wenn man an die alten Telefon-Schaltpult-Systeme denkt. Bis in die frühen 1900er-Jahre wurden Anrufe getätigt, indem man den Hörer aufnahm und die Vermittlung darüber informierte, mit wem man sprechen wollte, und die verknüpfte dann physisch die Leitung Ihres Telefons mit derjenigen des Telefons der angerufenen Person.

Ihr Gehirn verhält sich ähnlich. Wenn Sie eine Fertigkeit üben oder eine Erinnerung aufzeichnen, die eine Zusammenarbeit von zwei oder mehr Bereichen Ihres Gehirns erfordert, beginnt Ihr Gehirn, Impulse zu senden. In den Schaltpult-Zeiten verwendete das Fräulein von der Vermittlung ein Kabel, um den Anruf zu verbinden. Ihr Gehirn verwendet stattdessen Chemikalien, die Neurotransmitter genannt werden.

Stellen Sie sich einen langen, faserartigen Draht vor, das sogenannte Axon, das mit den als Synapsen bezeichneten Knotenpunkten einer Nervenzelle verbunden ist. Das ist wie das Kabel zwischen einem Telefon und dem Schalter. Wenn Sie den Hörer aufgenommen haben, konnte dieses Kabel Sie zur Vermittlung durchstellen, aber nicht zu dem anderen Teilnehmer. Wenn ein Neuron feuert (aktiv wird), wird ein elektrischer Impuls durch diesen Draht geschickt. Doch er gelangt erst dann zu anderen Neuronen, wenn er die Ausschüttung einer Chemikalie namens Neurotransmitter auslöst, die den schmalen Spalt zwischen den Nervenzellen schließt, genau wie der Schalter in der Vermittlung zwei Telefonapparate miteinander verbindet.

Zu den bekannten Neurotransmittern gehören Serotonin, ein Hemmstoff für die Regulierung von Schlaf, Stimmung und Appetit, Dopamin, ein Anreger, der bei der Regulierung von Bewegung und dem Erfahren von Vergnügen beteiligt ist, und Endorphin, das Schmerzen lindert.

Ist die Verbindung hergestellt, werden die Neurotransmitter abgebaut, ein bisschen wie beim Beenden eines Telefongesprächs, was das System »zurücksetzt«. Auf diese Weise wird die Synapse wieder darauf vorbereitet, auf das nächste Signal zu reagieren.[9]

Stellen Sie sich nun Folgendes vor. Wenn Sie immer wieder bei der Vermittlung anrufen und darum bitten, mit derselben Person verbunden zu werden, wird das Fräulein sehr gut darin, die Verbindung herzustellen. Vielleicht lässt sie das Kabel sogar eingesteckt und drückt es nur ein, um die Verbindung herzustellen, wenn Sie anrufen. Dasselbe passiert auch in Ihrem Kopf. Wenn Sie versuchen, ein paar Akkorde auf der Gitarre spielen zu lernen, oder Ihre Handlungen choreografieren, um bei einem Videospiel ein paar Aliens in einer bestimmten Reihenfolge abzuschießen, werden Sie merken, dass sich jede Wiederholung der Sequenz ein bisschen leichter anfühlt als die vorherige. Das liegt daran, dass die wiederholte Produktion der chemischen Botenstoffe die relevanten Neuronen darauf vorbereitet, synchroner zu feuern.

Dieser chemische Signaleffekt mag jedoch nicht bis zum nächsten Tag andauern. Damit das geschieht, brauchen Sie strukturelle Veränderungen. Und hier wird es wirklich magisch. Schauen wir uns mal an, wie das funktioniert.

Stellen Sie sich vor, Sie wären Theodore Roosevelt, und in den Frühzeiten der technologischen Entwicklung gäbe es ein paar Leute, mit denen Sie jeden Tag mehrmals sprechen. Damit das schnell geht, hat die Telefongesellschaft Ihre Apparate fest mit denen verbunden, die Sie sprechen müssen. So macht es auch Ihr Gehirn. Wenn zwei Neuronen wiederholt gemeinsam feuern, findet eine strukturelle Veränderung statt, um eine dauerhafte Verbindung zwischen den beiden herzustellen. Dieser Prozess der Verknüpfung verschiedener Teile des Gehirns verändert seinen eigentlichen Aufbau, fast so, als würden Sie mitten in einer komplexen Berechnung ein Computersystem aktualisieren, um etwas aufzubauen, das besser geeignet ist, das vorliegende Problem zu lösen. Der Neurowissenschaftler Donald Hebb formuliert das so:

Nicht vergessen!

Neurons that fire together wire together.[10]

Jedes Mal, wenn wir denken, schaffen wir neue Denkmuster. Diese Muster werden in der Verknüpfung unseres Gehirns verstärkt. Im Ergebnis wird künftiges Denken durch diese neuen Verknüpfungen leichter und effektiver.

Diese strukturelle Umstellung stärkt nicht nur bestimmte Verbindungen, sie reduziert auch die ungenutzten. Jedes Neuron hat bei der Geburt das Potenzial, sich durch Synapsen mit 5000 anderen Neuronen zu verbinden. Wenn einige dieser Verbindungen häufig genutzt werden, verblassen und verschwinden andere. Das ist so wie die Arbeit, die Google geleistet hat, als das Unternehmen seine ersten Datenzentren aufbaute und dabei seine eigenen abgespeckten Serverversionen nutzte. Indem jene Teile des Computers entfernt wurden, die für die beabsichtigten Funktionen von Google nicht wirklich benötigt wurden, wurden die Computer effizienter bei den Aufgaben, auf die sie sich konzentrieren mussten.

Im Laufe der Zeit häufen sich die strukturellen Veränderungen, die in unserem Gehirn stattfinden. Infolgedessen werden Teile unseres Gehirns viel stärker, während andere vollständig verschwinden. Wie ich schon sagte – was wir nutzen, wächst, und was wir nicht nutzen, schrumpft.

Die erste chemische Signalübermittlung macht uns bei einer Aufgabe besser, dann machen strukturelle Veränderungen diese Verbesserungen dauerhaft. Dann geht unser brillantes Gehirn noch einen Schritt weiter, um die Funktionen zu optimieren, die es ausführen soll. Die nächste Ebene des Lernens ist als funktionale Veränderung bekannt.

Neuronen werden ständig umfunktioniert, um andere Funktionen auszuführen als jene, für die sie ursprünglich gedacht waren – Funktionen, denen das Gehirn eine höhere Priorität gibt und auf die es daher mehr Ressourcen verwendet. Das lässt sich gut während des Genesungsprozesses nach einem Unfall beobachten. Die Schädigung bestimmter Teile des Gehirns kann beispielsweise zum Verlust gewisser motorischer Funktionen führen. Wenn der Patient sich erholt, übernehmen verschiedene Gehirnregionen die ursprünglichen Aufgaben des beschädigten Teils, wodurch allmählich die Beweglichkeit auch ohne die Wiederherstellung der beschädigten Teile zurückkehrt. Das gilt auch für das Umfunktionieren von Zellen, wenn mehr davon benötigt werden, um sich auf bestimmte Funktionen zu fokussieren. Braille-Leser zum Beispiel haben auf der rechten Seite ihres Gehirns größere Kontrollbereiche für die Handmotorik, und Londoner Taxifahrer haben größere

Gehirnbereiche, die für das Raumgedächtnis zuständig sind. Ihre Gehirne müssen mehr Ressourcen auf jene Funktionen verwenden, die sie jahrelang Tausende Male am Tag ausführen.

Wenn Sie das alles zusammennehmen, werden Sie feststellen, dass Ihr Gehirn in diesem Moment anders ist als zu Beginn der Lektüre dieses Buches. Am Ende der Seite hat es sich auch schon wieder verändert. Es hat eine andere Verknüpfung zwischen den verschiedenen Zellen, und vielleicht wurden einigen Zellen sogar neue Funktionen zugewiesen. Faszinierend!

Lernen im Inneren

Nun kommt etwas Entscheidendes, das ich Ihnen vermitteln muss. Damit Ihre Muskeln wachsen, müssen Sie immer wieder ins Fitnessstudio gehen, um weitere Trainingseinheiten zu absolvieren. Vielleicht müssen Sie externe Reize verwenden – sagen wir mal, Hanteln –, um Ihre Muskeln die Aufgabe durchführen zu lassen, die zu ihrem Wachstum führt. Bei Ihrem Gehirn ist das nicht der Fall. Erinnerung ist genauso effektiv wie eine neue Übung, wenn es um die Entwicklung Ihres Gehirns geht. Sie wissen, dass das stimmt. Wenn Sie im Vorübergehen an einem Kiosk eine Schlagzeile lesen und sich an sie erinnern wollen, müssen Sie nicht zum Kiosk zurückgehen und sie immer wieder lesen. Sie müssen sich bloß mehrmals daran erinnern – in Ihrem Kopf. Profitänzer und -sportler profitieren enorm davon, ihre Bewegungen zu visualisieren, während sie stillsitzen und keine einzige Bewegung machen. Wenn wir sagen, Übung macht den Meister, dann kann diese Übung auch nichts weiter als ein Gedanke sein, der in Ihrem Kopf immer und immer wieder abgespult wird.

Erinnern ist eine leistungsstarke Übung, aber es kann gegen Sie arbeiten, wenn Sie der Erinnerung oder der Fertigkeit, die Sie sich ins Gedächtnis rufen, winzige Variationen hinzufügen. Haben Sie jemals mit einem Freund über ein gemeinsames Erlebnis gesprochen und festgestellt, dass er es ganz anders in Erinnerung hat als Sie? Natürlich. Der Unterschied zwischen Ihren Geschichten kann an einer unterschiedlichen Perspektive liegen. Doch selbst wenn Sie beide exakt dasselbe gesehen haben, können Zeit und wiederholtes Erinnern dafür sorgen, dass die beiden Geschichten sich drastisch unterscheiden. Stellen Sie sich zum Beispiel vor, bei diesem gemeinsamen Erlebnis wäre eine dritte Person beteiligt gewesen, die ein bisschen im Dunkeln stand und daher visuell nicht zu erkennen war. Beim ersten Mal, als Sie sich das Ganze ins Gedächtnis gerufen haben, hat Ihr Gehirn vielleicht lange Haare als Teil dessen hervorgebracht, woran Sie sich erinnern, bei den nächsten Malen mögen weitere fiktionale Details hinzugekommen sein wie ein Kleid oder hohe Absätze. Wenn die erste Erinnerung Ihres Freundes jedoch mit einer Glatze begonnen hat, wird die Person in seiner Geschichte am Ende mehr so aussehen wie ich. Das Gleiche gilt auch für Fähigkeiten. Ich habe mir das Gitarrespielen selbst beigebracht. Damals als Jugendlicher entwickelte ich ein paar falsche Techniken, die sich mit wiederholtem Üben so sehr in die Art und Weise, wie mein Gehirn meine Hände zu spielen anweist, eingegraben haben, dass es sich als viel schwieriger erweist, sie abzulegen, als neue Techniken zu erlernen.

Sprechen Sie mir nach

Eine weitere wichtige Beobachtung ist, dass echtes Lernen nicht die Folge der intensiven Ausübung einer bestimmten Funktion ist, sondern eher davon, dass diese Funktion wiederholt, immer und immer wieder ausgeführt wird. Das lässt sich gut beim Sport beobachten.

Um den gewünschten Grad an Fitness zu erreichen, wird es nicht funktionieren, wenn Sie einmal monatlich ins Studio gehen und unglaublich schwere Gewichte stemmen. Stattdessen müssen Sie die Gewohnheit entwickeln, mehrmals wöchentlich ins Studio zu gehen. Jedes Mal, wenn Sie einen Muskel trainieren, wird er ein bisschen stärker, und wenn Sie über einen langen Zeitraum hinweg trainieren, kommen Sie Ihrem Ziel immer näher. Auf dieselbe Weise lernt auch Ihr Gehirn.

Sie werden sich aus dieser schrecklichen Schulzeit noch erinnern, dass selten etwas haften bleibt, wenn man es nur einmal auswendig lernt. Häufiges Rezitieren dagegen funktionierte. Während jede einzelne Nutzung Ihres Gehirns es leicht verändert, ist die immer wiederholte Nutzung wie der Wassertropfen, der den Stein höhlt. Jeder Tropfen zählt, doch ein einzelner Tropfen kann keine erkennbare Veränderung hervorrufen.

Nicht vergessen!

Die häufig wiederholte Nutzung ist die einzige Methode, um unser Gehirn umzuformen.

Lernen gegen sich selbst

Unsere Fähigkeit, uns im Laufe der Zeit zu verändern, ist vielleicht die unglaublichste Eigenschaft, die wir Menschen besitzen. Doch sie ist ein zweischneidiges Schwert. Sie kann für oder gegen Sie arbeiten.

Eine Wiederholung von Gewohnheiten, die zu Glück führt – ein achtsames Leben im Augenblick zum Beispiel –, kann im Laufe der Jahre ein reizbares Wrack in einen friedvollen, ruhigen Mönch verwandeln, während jahrelanger selbstbezogener Fokus auf das eigene Ego ein normales Kind in … nun, Donald Trump verwandeln kann.

Verstehen Sie? Unser Gehirn und der Rest unserer Biologie sind nicht selektiv, wenn es darum geht, was wir entwickeln wollen. Sie reagieren einfach auf die Umgebung, der wir sie aussetzen, und entwickeln die Bereiche, die für eine optimale Leistung unter diesen Bedingungen relevant sind.

Wenn Sie viermal wöchentlich ins Fitnessstudio gehen, um Ihren Oberkörper zu trainieren, werden sich die Ergebnisse zeigen. Sie werden körperlich fitter und stärker, aber Sie werden aussehen wie eine Triangel. Entschließen Sie sich dagegen, jedes Mal ausschließlich Kniebeugen mit schweren Gewichten zu machen, tja … dann verwandeln Sie sich in eine große Birne. Ihr Körper hält nicht inne, um Sie zu korrigieren, und warnt Sie auch nicht, dass Sie andere Übungen machen sollten. Er leistet Folge, egal wie schräg Ihre Entscheidungen sein mögen. Manche Menschen beschließen, ihre Ohren zu trainieren, indem sie schwere Gewichte daran hängen und sie verdrehen. Ja, das ist tatsächlich eine Sportart. Der Weltmeister im Ohrläppchen-Schwergewichtshängen und -drehen ist Erik Sprague, besser bekannt als Lizardman, der mit seinen gepiercten Ohren 16 Kilo heben und drehen kann. Sie glauben mir nicht? Dann prüfen Sie es nach. Er hat sogar einen Wikipedia-Eintrag.

Eriks Körper hat keinen Aufstand gemacht und geschrien: *Das ist verrückt! Ich mach das nicht!* Er reagierte und machte seine Ohren und seine Nackenmuskulatur tatsächlich stärker. Ich werde wohl nie herausfinden, warum jemand sein Leben einem so ungewöhnlichen Ziel widmet. Aber ich verstehe ja auch Leute nicht, die ihr Leben dem Jammern über längst vergangene Dinge widmen oder die immerzu auf das schauen, was in ihrem perfekten Leben alles falsch läuft. Ich beurteile Erik nicht. Wenn ich sein Leben gelebt hätte, dann hätte ich wahrscheinlich genau dieselben Tattoos und würde mich während unserer Unterhaltung drehen. Ich versuche nur, auf etwas hinzuweisen:

Nicht vergessen!

Ihr Gehirn lernt, was immer Sie eine Zeit lang üben.

Unser Gehirn ist nicht wählerisch, wenn es darum geht, welche seiner Teile wachsen sollen. Sie treffen die Entscheidung, Sie üben, und allmählich sehen Sie die Früchte Ihres Gehirns, die Sie zu fördern beschlossen haben. Am Ende haben Sie den Wolf, den Sie füttern. Er wächst und wächst, obwohl Sie manchmal gar nicht wissen, dass Sie ihn füttern.

Gewohnheit

Unserem Gehirn stehen bei aller Leistungsfähigkeit nur begrenzte Ressourcen zur Verfügung. Es kann nicht über alles gleichzeitig nachdenken. Normalerweise wollen wir nicht auf Antworten warten müssen, aber unsere Gehirne sind keine Supercomputer, und deshalb wählen sie aus, worauf sie ihre Denkkraft verwenden. Dabei richten sie nicht denselben Grad an Aufmerksamkeit auf all die anderen auszuführenden Aufgaben. Wie machen sie das? Gewohnheit.

Falls Sie neulich im Supermarkt ein paar Äpfel gekauft haben, dann hatte wahrscheinlich jeder einzelne davon einen kleinen Aufkleber. Dieser nervige kleine Aufkleber ist nicht am Baum gewachsen. Irgendjemand hat ihn mal vor einiger Zeit erfunden, um seinen eigenen Äpfeln eine Markenidentität zu geben und Aufmerksamkeit zu wecken, oder vielleicht um das Sortieren von Äpfeln zu erleichtern. Ihnen als Verbraucher nützt er nicht das Geringste. Eher im Gegenteil. Sie ärgern sich bloß darüber, wann immer Sie einen Apfel nehmen, um ihn zu essen. Sie müssen mit dem Fingernagel an dem Etikett herumknibbeln, um es abzulösen, und das hartnäckig klebende Teil dann von Ihrem Finger lösen und irgendwo entsorgen.

Dennoch achtet niemand von uns auf diese störende zusätzliche Aufkleberentfernung, die dem Leben eines jeden Apfelessers hinzugefügt wurde.

Aber haben Sie schon mal überlegt, dass alljährlich Hunderte Milliarden Äpfel verzehrt werden und wir den maßgeblichen Effekt eines einzigen kleinen Stickers erkennen könnten, wenn wir ihm Beachtung schenkten? Ist Ihnen das klar? Hunderte Milliarden Stückchen Papier, die alljährlich entsorgt werden und sich zu einem kleinen Wald summieren, den wir hätten retten können, um unseren Planeten am Leben zu halten – und dazu kommt noch all die Zeit, welche die Menschheit mit dem Abknibbeln vergeudet hat. Ich meine, denken Sie doch mal darüber nach. Rund 90 Millionen Tonnen Äpfel werden pro Jahr produziert. Wenn jeder davon einen Aufkleber hätte, und jeder Aufkleber würde fünf Sekunden, nur fünf Sekunden kosten, um entfernt zu werden, dann würde die Menschheit insgesamt 200.000 Menschenjahre damit verschwenden, Aufkleber zu entfernen. Diese ganze Vergeudung bleibt unbeachtet, weil wir uns an den Apfelaufkleber gewöhnt haben. Wenn etwas zum Teil unseres gewohnten Lebens wird, ignoriert unser Gehirn es. Das gilt für Aufkleber ebenso wie für den Krach und die Verschmutzung der Städte, in denen wir wohnen, sowie für jede kleine Gewohnheit, einschließlich jener, die Sie unglücklich machen: Wir gewöhnen uns daran. Wann immer Sie Ihre Gewohnheit wiederholen, scheint sie Ihre Aufmerksamkeit nicht wert zu sein. Aber wenn Sie ihr Zeit und Wiederholung schenken, führt das gemeinsam mit der Neuroplastizität zu einem gewaltigen Unterschied Ihrer Persönlichkeit.

Ich bezweifle sehr, dass Sie dem Aufkleber-Phänomen irgendeinen Gedanken widmen, während Sie Ihre Äpfel kaufen. Ich bezweifle, dass Sie nach unbeklebten Äpfeln suchen oder sich überhaupt daran erinnern, den letzten Aufkleber entfernt zu haben.

Nun, jetzt schon. Ganz bestimmt. Warum? Weil ich es, indem ich Sie darauf hingewiesen habe, von den mechanisch ausgeführten Gewohnheiten Ihres Gehirns entfernt und in den Bereich Ihrer Aufmerksamkeit gerückt habe. Wir müssen das mit allen Gewohnheiten tun, die im Hintergrund unserer kognitiven Verarbeitung ablaufen, besonders mit jenen, die uns unglücklich machen.

Wenn es darum geht, wie unser Gehirn lernt, wird eine unbemerkte Gewohnheit nicht wie die Apfelaufkleber in der Mülltonne entsorgt. Sie hinterlässt aufgrund von Neuroplastizität eine Spur in Ihrem Gehirn, und infolgedessen verändern Sie sich leicht. Lassen Sie mich dafür ein paar Beispiele geben.

Jedes Mal, wenn unser Gehirn etwas findet, das es ärgert, verbringt es gewohnheitsmäßig still im Hintergrund unseres Kopfes Analyseschleifen damit. Wann immer es das tut, wird es ein klein wenig besser darin, Dinge zu finden, über die es sich ärgern kann. Im Laufe der Zeit wird es wirklich gut im Sich-Ärgern. Das alles geschieht unbemerkt, Tag für Tag, während Ihr Leben davongleitet. Jedes Mal, wenn unser Gehirn an einem negativen Gedanken festhält und sich damit beschäftigt, wird es ein bisschen besser darin, an negativen Gedanken festzuhalten, bis es die Fähigkeit entwickelt, sich Tage oder gar Jahre darauf zu fokussieren. Jedes Mal, wenn wir in unseren Ängsten verweilen, lernt unser Gehirn, mehr Angst zu haben, und jedes Mal, wenn wir uns politische Fernsehdebatten ansehen, lernt es, aus unserem eigenen Wohnzimmer heraus mitzudiskutieren und wird schließlich zu einem missmutigen passiven Aktivisten.

Diese kleinen Gewohnheiten führen im Laufe der Zeit zu einem erheblichen negativen Impuls. Mittlerweile habe ich ihnen einen Namen gegeben. Ich nenne sie Aufkleber (ja, sie kleben, und sie sind nervig) – und ich habe gelernt, danach zu suchen und sie zu entfernen.

Entscheidend ist zu erkennen, welcher Teil Ihres Gehirns gewachsen ist. Wenn es ein Teil ist, von dem Sie nicht wollen, dass er wächst, sollten Sie besser darüber informiert sein, damit Sie die notwendige Achtsamkeit besitzen, um den Kurs zu ändern. Doch es ist schwer herauszufinden, welche Teile Ihres Gehirns gewachsen sind. Denn das Gehirn ist in unserem Schädel verborgen, wir sehen es nicht so wachsen, wie wir unsere Muskeln bei regelmäßigen Besuchen im Fitnessstudio wachsen sehen. Keinerlei körperliche Symptome zeigen den Unterschied zwischen einem Gehirn, das auf Glück trainiert ist, und einem anderen, das zu einer Unglücksmaschine wird. Andere Leute können zwar mitunter leicht erkennen, auf welcher Seite des Zaunes Sie stehen, aber für Sie selbst ist diese Entdeckung nicht einfach. Wir haben uns im Lauf der Jahre an unsere gewohnheitsmäßigen Verhaltensweisen gewöhnt – zu sehr, um sie zu bemerken oder kritisch zu sehen.

Wie können wir also feststellen, welche Teile unseres Gehirns durch das, was wir womöglich unbewusst trainiert haben, gewachsen sind? Das ist einfach. Jene Teile Ihres Gehirns, die regelmäßiges Training erhalten haben, funktionieren besser. Sie sind normalerweise schneller und werden infolgedessen zu den Teilen, auf die wir uns am meisten und am häufigsten verlassen. Das heißt, wir könnten ständig trainieren, unser eigener größter Feind zu sein – und viele von uns tun genau das. Wir werden so gut darin, dass es zu dem wird, was wir am besten und am häufigsten tun. **Unsere besten und schlechtesten Gewohnheiten prägen im Laufe der Zeit unsere markantesten Verhaltensweisen.**

Nicht vergessen!

Übung macht Sie traurig, wenn das, was Sie wiederholt üben, Ihr eigenes Unglück ist.

Wenn man das so geschrieben sieht, klingt es ganz offensichtlich … Doch im Kontext der Neuroplastizität ist dies das Fazit. Sie haben die vollständige Kontrolle. Sie können Ihr eigenes Glück oder Unglück durch wiederholtes Üben und gute Gewohnheiten schmieden.

Lassen Sie uns vor diesem Hintergrund eine Reise durch Ihr eigenes Gehirn antreten. Sie müssen anfangen, Ihre Apfelaufkleber zu beachten. Entdecken wir gemeinsam, worin Sie Ihr Gehirn in Lernressourcen haben investieren lassen.

Was haben Sie gelernt?

Erinnern Sie sich an den Biased-Brain-Test (die Achtsamkeitsübung, die wir am Ende des letzten Kapitels durchgeführt haben)? Ich bat Sie, drei Fragen zu beantworten und die Zeit zu stoppen, die Sie für jede Antwort benötigt haben. Schauen Sie sich jetzt noch einmal Ihre Ergebnisse an. Die Geschwindigkeit, mit der Sie jede der Fragen beantwortet haben, entspricht den fittesten Teilen Ihres Gehirns – den Teilen, die Sie im Laufe Ihres Lebens stärker trainiert haben.

Wenn Sie es geschafft haben, etwas, das Ihnen an sich selbst nicht gefällt, schneller zu finden als etwas, das Sie an sich selbst wirklich mögen, heißt das, dass Sie mehr Selbstkritik als Selbstakzeptanz geübt haben (Frage 1 über das Mittagessen von gestern war nur dazu gedacht, Sie abzulenken). Ich finde, die meisten Menschen sind unglaublich gut darin, unfreundlich zu sich selbst zu sein. In unserer stark wettbewerbsorientierten modernen Welt scheint es als etwas Positives empfunden zu werden, nach dem Ausschau zu halten, was an uns nicht so gut ist, weil wir glauben, das lasse uns härter daran arbeiten, »besser« zu werden. Ich möchte dieser Behauptung energisch widersprechen. Als Kindern wird uns beigebracht, von der negativen Seite der Dinge motiviert zu werden. In der Schule geben wir uns viel Mühe, nicht immer um zu lernen (ein positives Ergebnis), sondern um schlechte Noten zu vermeiden oder mit unserem Erfolg zu prahlen (negativ motivierte Ergebnisse). Ich war genauso, bis ich erkannte, dass ich zum Handeln kein Negativ benötige. Ich kann ebenso gut und sogar besser agieren, wenn ich mich durch ein positives Ergebnis motiviere. Ich muss nicht glauben, dass etwas mit mir nicht stimmt, um besser zu werden. Ich kann danach streben, besser zu werden, und trotzdem glauben, dass ich so, wie ich bin, ein guter Mensch bin. Es ist falsch, unseren Kindern Selbstkritik als Motivation für Wandel und Verbesserung beizubringen. Es führt zu einem verringerten Selbstwertgefühl und zu mehr von dem dritten A – einem Leben voller alles durchdringender Unzufriedenheit. Dennoch verbringen wir tagtäglich Stunden damit, Selbstkritik zu üben. *Ich wünschte, mein Hintern wäre größer, ich wünschte, er wäre runder, ich wünschte, er wäre straffer, gebräunter, härter, weicher. Ich wünschte, mein Hintern wäre nicht mein Hintern. Ich bin kahl, dick, hässlich, dumm, verantwortungslos, unkonzentriert, steif* … Die Liste geht immer weiter. Jedes Mal, wenn Sie den für Selbstkritik zuständigen Gehirnmuskel trainieren, werden Sie besser darin, sich zu kritisieren, und es wird leichter. Dadurch machen Sie es häufiger und werden folglich noch besser, und so geraten Sie in eine endlose Spirale und **werden richtig, richtig gut in etwas, das richtig, richtig schlecht für Sie ist.** Zudem hat es noch einen Nebeneffekt, eine Gewohnheit einzuüben, die schlecht für Sie ist. Wenn Sie Ihre wachen Momente aktiv damit zubringen, die Neuronen der Selbstkritik zu trainieren, trainieren Sie nicht die der Selbstakzeptanz. Infolgedessen verkümmern sie. Das lässt Sie in eine parallele Abwärtsspirale geraten, **Sie werden richtig schlecht in etwas, das richtig gut für Sie ist.**

Ohne es zu bemerken, lernen wir langsam, aber sicher, was gegen uns arbeitet.

Nun, wenn ich mal fragen darf, was haben Sie denn noch unbewusst gelernt?

Wenn Sie sich diese Late-Night-Comedyshows ansehen, bei denen der Gastgeber andere so beiläufig der Lächerlichkeit preisgibt, was lernen Sie? Wenn Sie aggressiv auf einen Online-Kommentar reagieren, was lernen Sie? Wenn Sie einen brutalen Film anschauen, in dem Leben achtlos vernichtet wird und Menschen auf dem Bildschirm gefoltert oder verprügelt werden, was lernen Sie? Wenn Sie den Tod eines Menschen ohne ein faires Gerichtsverfahren feiern, selbst wenn die Medien Ihnen gesagt haben, er wäre ein Feind, was lernen Sie? Wenn Sie einen Porno anschauen, bei dem die Frau auf nichts als ihren Körper reduziert wird, was lernen Sie? Wenn Sie an einem Obdachlosen vorbeigehen und Ihre Empathie abdämpfen, indem Sie seine Gegenwart ignorieren, was lernen Sie? Wenn Sie ein Bild in den sozialen Netzwerken posten, von dem Sie wissen, dass es bei Ihren Freunden negative Emotionen auslösen wird, was lernen Sie?

Wichtiger noch, wenn Sie so viel Zeit und Gehirnkapazität auf diese Lernergebnisse verwenden, was lernen Sie *nicht?*

Unsere moderne Welt fokussiert unser Gehirn fortwährend auf Gewalt, Gier, Angst, Egoismus, Hass, Neid, Sarkasmus, Respektlosigkeit, Narzissmus und Negativität. Wir haben unterschiedliche Bezeichnungen dafür. Wir überzeugen uns, dass wir Patriotismus, Freiheit, Humor und Ehrgeiz an den Tag legen. Tagtäglich werden wir selbst zur Negativität und im Laufe dieses Prozesses immer unglücklicher. Wir verlieren unsere eigene wunderbare Natur als Individuen, und dann wird alles sogar noch schlimmer.

Derselbe sich selbst verstärkende Teufelskreis betrifft auch unsere Gesellschaft, ja sogar die Menschheit insgesamt. Wenn Sie sich selbst als ein Neuron im kumulativen Gehirn der Menschheit betrachten, was lernt dieses kollektive Gehirn der Menschheit? Wie manifestiert sich das, was wir lernen? Die Zahl der Depressionen ist schwindelerregend hoch. Selbstmorde von Jugendlichen haben einen Rekordstand erreicht und steigen weiter an. Selbstmorde von Frauen sind so häufig wie nie zuvor. Unser Klima verändert sich. Einige der wertvollsten Ressourcen des Planeten sind erschöpft, und Ökologen sind sich einig, dass wir uns mitten in einer Massenausrottung befinden.[11]

Lehnen Sie sich einfach mal eine Minute zurück, und beobachten Sie unser kollektives Gehirn. Mir scheint, dass die gemeinsame Psyche unseres Planeten in einer sehr schlechten Verfassung ist.

Keine dieser steigenden Negativitäten wird uns aufgezwungen. Sie sind das Ergebnis unserer eigenen Entscheidungen, dessen, was wir lernen. Eine Umkehr des Trends kann daher nicht die Aufgabe einer Führungskraft sein. Sie kann nicht von einigen wenigen gelöst werden. Es muss eine kombinierte Bemühung von uns allen sein. Genau wie 100 Milliarden Neuronen in Ihrem Gehirn ständig neu konfiguriert werden, beginnt die Veränderung unserer Welt mit Ihnen. Für Ihr persönliches Glück und für jeden anderen ringsumher, betrachten Sie sich selbst und …

Nicht vergessen! Verändern Sie sich!

Kleine, über einen langen Zeitraum hinweg wiederholte Handlungen sind tödlicher als jede Einzelhandlung. Kleine Handlungen sind schwerer zu erkennen, und es ist noch schwieriger, ihre langfristige Wirkung auf Sie und andere einzuschätzen. Eine Gruppe von klugen, positiv denkenden Individuen kann Ihnen helfen, schlechte Gewohnheiten aufzuspüren und aus Ihrem Leben zu tilgen.

Praxisübung:
Der Spiegel

Ziel:	Klarheit über unsere wiederholten Handlungen, die uns Unerwünschtes beibringen; eine gemeinsame Übung für Ihre Gruppe, um schlechte Angewohnheiten abzulegen und andere dazu zu bringen, dasselbe zu tun
Dauer:	60 Minuten
Wiederholung:	mindestens einmal wöchentlich nach Bedarf
Sie brauchen:	einen ruhigen Ort, an dem Sie nicht gestört werden Anmerkung: Wenn Sie dies lieber allein durcharbeiten möchten, ist auch das in Ordnung – passen Sie die Übungen einfach entsprechend an.

Versuchen Sie, eine Gruppe positiv Denkender zusammenzubringen – zwei oder drei gute Freunde genügen. Gleichgesinntheit und Veränderungsbereitschaft sind das Wichtigste. Denken Sie an irgendeine Aktivität, die Sie oder Ihre Freunde mehrmals wöchentlich ausüben. Zum Beispiel: *Ich schaue jeden Tag die Nachrichten. Auf dem Weg zur Arbeit scrolle ich mich durch Instagram. Ich streite mich mehrmals in der Woche mit meinem Ehepartner. Ich denke fast die ganze Zeit darüber nach, was passiert, wenn ich meine Arbeit verliere.* Es gibt keine korrekten Aktivitäten. Der Grundgedanke ist, all Ihre verschiedenen Beispiele aufzuführen, ehe Sie damit beginnen, sich um die wichtigen zu kümmern.

Wenn Ihnen allmählich die Ideen ausgehen, können Sie zum nächsten Schritt übergehen, der darin besteht, die langfristigen Auswirkungen der Wiederholung dieser Aktivitäten zu erkennen, wodurch sie zu Gewohnheiten und Einstellungen werden. Denken Sie darüber nach, oder besprechen Sie sie zehn Minuten lang. Ist es ein gutes Gespräch und braucht mehr Zeit, lassen Sie es weitergehen.

Wenn Sie den Eindruck haben, dass ein Thema angemessen besprochen wurde, gehen Sie zum nächsten über. Dabei können Sie folgende Fragen stellen:

- Welche guten Lektionen lassen sich aus der Wiederholung dieser Gewohnheit für den Einzelnen ziehen?
- Welche Nachteile wird sie vermutlich mit sich bringen?
- Fallen Ihnen Beispiele ein für Personen (andere Freunde, Prominente, Politiker etc.), die jene Eigenschaften aufweisen, die wir aus solchen Gewohnheiten lernen? Sagen wir mal, die Angewohnheit besteht darin, Bilder in den sozialen Netzwerken zu posten, auf denen Sie besonders gut aussehen oder mit denen Sie Ihr Leben maskieren, damit es toll wirkt. Erinnert Sie das an einen bestimmten Prominenten, der dies ganz extrem tut? All die schicken Klamotten, die teuren Besitztümer und die Schönheits-OPs – wollen Sie in Ihrem Leben wirklich so sein wie diese Person?
- Welche alternativen Aktivitäten könnten Sie ausüben, die dieselben Ergebnisse hervorbringen würden? (Ist es beispielsweise besser, bei Google nach Schlagzeilen zu suchen, als Benachrichtigungen zu erhalten oder die Fernsehnachrichten zu sehen?)
- Können Sie Beispiele für Personen finden, die als positive Vorbilder dienen könnten, weil sie die Merkmale aufweisen, die sich durch solche alternativen Gewohnheiten entwickeln? Angenommen, die alternative Gewohnheit besteht darin, nur nützliche, inspirierende Inhalte zu posten. Haben

Sie einen Freund, der das oft tut? Eine prominente Persönlichkeit, zum Beispiel Oprah, die nur gute Stimmung und Optimismus verbreitet? Was gefällt Ihnen an dieser Person? Sind das Eigenschaften, auf die Sie stolz wären, wenn Sie sie besäßen?

Schreiben Sie messbare Handlungen auf, zu denen Sie sich verpflichten wollen, um die Richtung Ihrer Lernerlebnisse umzukehren. Zum Beispiel: *Ich nutze keine Filter mehr, wenn ich meine Bilder in Social Media poste. Ich verbreite positive, inspirierende Botschaften. Ich reagiere positiv auf die Beiträge anderer, selbst wenn ich ihnen nicht zustimme. Ich verwende nur freundliche und respektvolle Sprache.*

Setzen Sie sich erreichbare Ziele. Es ist schwer, eine schlechte Gewohnheit über Nacht abzulegen; es erfordert wiederholte Übung, damit die Neuroplastizität den Kurs ändert. Setzen Sie sich ein Ziel, und fangen Sie sofort an. Warten Sie nicht, bis Ihr Engagement schwindet, während Sie von den Aufgaben des Alltags fortgetragen werden. Wenn Sie Ihr Ziel erreichen, feiern Sie, dann erweitern Sie es schrittweise, bis Sie die schlechte Angewohnheit vollständig aus Ihrem Leben verbannt haben.

Wenn Sie dies mit Freunden tun, werden Sie feststellen, dass die gegenseitige Unterstützung Sie aufgeschlossener macht und Ihnen die Stärke gibt, sich positiv zu verändern und zu entwickeln. Legen Sie einander Rechenschaft ab, und feiern Sie Fortschritte gemeinsam. Wenn es funktioniert, heißt das, dass Sie die richtige Gruppe von Freunden ausgewählt haben. Entwickeln Sie sich gemeinsam weiter. Ein altes islamisches Sprichwort besagt:

Nicht vergessen!

Man teilt die Religion (Ideologie) seiner Freunde. Achte streng darauf, wen du in dein Leben hineinlässt und wen du daraus verbannst.

Kapitel 5

Sie beide

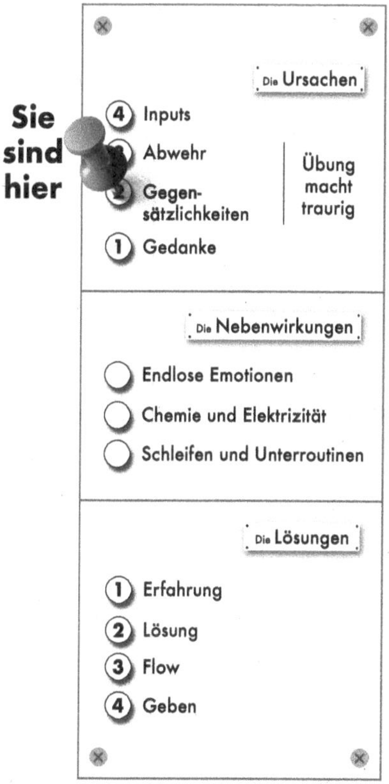

Was Personal Computer angeht, so ist die Erfindung des Grafikprozessors eine der größten Innovationen. Dieser Prozessor ist dafür zuständig, unglaublich hochwertige Bilder auf Ihrem Bildschirm wiederzugeben. Er versteht Bilder sehr gut und ist dafür angelegt, sie viel schneller zu produzieren als der Hauptprozessor (CPU) eines PC. Die CPU dagegen ist besser darin, mit Zahlen umzugehen und Aufgaben auszuführen. Zusammen machen sie den Personal Computer zur bevorzugten Plattform für ernsthafte Gamer auf aller Welt – zwei verschiedene Prozessoren, die sehr unterschiedliche Funktionen haben und ihre Aufgabe jeweils sehr gut erledigen. Wenn Sie den Grafikprozessor aus einem Computer entfernen, wird das Gerät schwerfällig und würde wahrscheinlich gar keine Leistung mehr bringen.

Das unterscheidet sich überraschenderweise gar nicht so sehr von der Funktionsweise unseres Gehirns. Wenn Sie ein menschliches Gehirn in der Hand halten, werden Sie feststellen, dass wir nicht ein, sondern zwei Gehirne in unserem Schädel haben, zwei Hemisphären, die von einem sehr dünnen Gewebe zusammengehalten werden, dem Corpus callosum. Die linke und die rechte Hälfte Ihres Gehirns sind für völlig unterschiedliche Funktionen geschaffen. Jede ist richtig gut in dem, was sie tut, aber total schlecht in dem, was die andere kann.

Leider neigen wir in der modernen Welt dazu, die eine mehr zu nutzen als die andere. Oft vernachlässigen wir die rechte Hemisphäre, die Seite des Gehirns, die unserem Leben Farbe, Emotionen und Kreativität hinzufügt, und bevorzugen die analytische, kontrollierende, zahlen- und leistungsorientierte linke Hemisphäre.

Mein mannhaftes Ich

Haben wir alle schon erlebt!

Zu der Zeit, als die Grafikprozessoren in die Welt der Personal Computer eingeführt wurden, um sie zu vervollständigen, war ich Ende zwanzig und wurde von der modernen Welt unablässig in eine Richtung gedrängt, die mich unvollständig machte. Jede Botschaft, die ich über die Arbeit erhielt, vom MBA-Abschluss, den ich gerade gemacht hatte, bis zu der Selbsthilfeliteratur, die ich verschlang, wies mich an, meinem analytischen Prozessor – meiner linken Gehirnhälfte – Priorität einzuräumen und meinen intuitiven, kreativen und empfindsamen Prozessor – die rechte Gehirnhälfte – zu ignorieren. Das stimmte gut mit meiner Herkunft aus dem Mittleren Osten überein, bei der Jungen als wettbewerbsorientiert, ehrgeizig und hartnäckig erzogen werden und den Wert von allem, was nicht »männlich« ist, oft missachten.

Das Ergebnis? Ich machte beeindruckende Fortschritte in puncto Arbeit, Karriere und Geldverdienen. Und ich war unglücklich. Oft hatte ich lange Phasen tiefer Depressionen. Ich war ruppig und viel zu streng zu meiner geliebten Familie, und in meinem Versuch, der Depression zu entkommen, setzte ich mein von der linken Gehirnhälfte dominiertes Verhalten stur immer weiter fort. Ich trieb mich noch mehr an. Ich wurde voreingenommen und wies viele der vernünftigen Ratschläge zurück, die mir von meiner damaligen wunderbaren Frau großzügig erteilt wurden. Es fehlte mir vollkommen an Selbstakzeptanz, und ich zwang mich ständig, »meinen Mann zu stehen« und mehr zu »machen«. Je stärker ich meine analytischen Motoren auf Touren brachte, umso mehr glaubte ich, dass ich mir nur mehr Mühe geben müsse und am Ende siegreich (also glücklich) daraus hervorgehen würde. Doch ich irrte mich. Ich vergrub mich tiefer und tiefer in Unglück, Sturheit und Verwirrung. Ich zog mich immer stärker von meiner liebevollen Familie zurück. Ich war so eine furchteinflößende, aggressive Person, dass Sie keine einzige Minute mit mir hätten verbringen wollen. Ich war allein – traurig und allein.

Mir war nicht klar, dass die Lüge, die mir von unserer hypermaskulinen, linkshirnlastigen Gesellschaft aufgenötigt und von unserer selbstsüchtigen kapitalistischen Arbeitskultur vergrößert worden war – die Lüge, an die ich so blindlings glaubte –, mir das menschliche Äquivalent zu einem separaten Prozessor verwehrte. Einem, der viel mehr kann als nur Analyse und Disziplin. Meine Konditionierung hatte mir die Qualitäten meiner rechten Hemisphäre vollkommen vorenthalten, und das machte mich blind für die endlosen alternativen Möglichkeiten des Daseins. Ich hatte nicht die Achtsamkeit, die Gefühle, die Emotionen und die Intuition, die mich aus meinem Loch hätten herausholen können.

Es kostete mich jahrelange Studien unter Verwendung meiner funktionierenden linken Gehirnhemisphäre, um meinen Weg zum Glück durch einen technischen Ansatz zu finden – das Thema meines ersten Buches. Gelegentlich fand ich nach vielen Monaten oder manchmal Jahren des Forschens etwas Tiefgehendes. Sobald dies geschah, rannte ich immer zu meinem Mentor, meinem wunderbaren Sohn Ali, um ihm zu erzählen, was ich entdeckt hatte.

Ali fehlte es nie an der Ausgewogenheit, die ich so verzweifelt brauchte. Selbst als kleines Kind hatte er das Bedürfnis gehabt, die Wahrheit zu sehen, das Herz, zu fühlen und Mitgefühl zu empfinden, und die Weisheit, alles in wenigen Worten zusammenzufassen. Als ich ihm auf meine hochgradig logische und methodische Ingenieursart erzählte, was ich über das Glück herausgefunden hatte, bestand seine Reaktion darin, mir ein paar Fragen zu stellen, die er offensichtlich nicht stellen musste, nur um mir das Gefühl zu geben, dass es ihn interessierte, was ich sagte.

Er hörte sich meine Antworten aufmerksam an, dann lächelte er und sagte: »Wow, ich bin so stolz auf dich, Papa.« Mein Herz tanzte vor Freude wie das eines Kindes. Alles, was ich wollte, war seine Bewunderung. Er war mein selbsterklärter Mentor, und seine Bestätigung meiner Arbeit bestärkte mich in der Überzeugung, auf dem richtigen Weg zu sein.

Dann geschah etwas Magisches. Er gab das von mir unter Verwendung meiner linken Gehirnhälfte Gesagte so wieder, als würde es vom Herzen empfunden und mit der rechten zum Ausdruck gebracht. Plötzlich wurde das Bild deutlich. Ich hatte es endlich begriffen.

Jahrelang war Ali mein Herz, bis ich lernte, ein eigenes zu entwickeln. Er war meine rechte Gehirnhälfte, mein Grafikprozessor. Er machte mich vollständig.

Die Probleme, mit denen ich als Endzwanziger zu kämpfen hatte, sind nichts Ungewöhnliches in der Arbeitswelt oder in den meisten

Gesellschaften. Gewisse gesellschaftliche Beiträge – besonders jene, die mit traditionell »männlichem« Verhalten verknüpft sind – wurden oft glorifiziert. Viele von uns, Männer wie Frauen, verlassen sich nur auf die Hälfte unserer Prozessorleistung. Viele verherrlichen die linke Seite unseres Gehirns und fokussieren sich infolgedessen auf Machen, Machen, Machen. Wir ignorieren die Leistungen der rechten Hemisphäre des Gehirns und berauben uns selbst und unsere Welt einer dringend notwendigen Ausgewogenheit und der Chance, einfach zu »sein«.

Ich glaube, unsere moderne Welt legt viel zu viel Wert auf die linke Hemisphäre des Gehirns. Drei von vier Personen, die man in der heutigen Arbeitswelt trifft, bevorzugen Logik – den IQ – vor der emotionalen Intelligenz – dem EQ. Das ist eine natürliche Reaktion auf die Anforderungen der Arbeit, bei der analytisches Denken, Ergebnisorientierung, Planung, Wettbewerbsstärke und andere Fähigkeiten der linken Gehirnhälfte hochgeschätzt werden. Emotionen dagegen sollen unter Verschluss gehalten und Intuitionen ohne solide Beweise für sich behalten werden. Doch ist eine Seite unseres Gehirns, eine Hälfte dessen, was uns zu Menschen macht, wirklich nützlicher als die andere?

Unser Verständnis des Unterschieds zwischen den Fähigkeiten der beiden Gehirnhemisphären geht zurück auf die Arbeit von Roger W. Sperry, der 1981 den Nobelpreis für seine Forschung zur Epilepsie erhielt. Sperry entdeckte, dass ein Durchtrennen des Corpus callosum – des Gewebes, das die beiden Hemisphären verbindet – die Anfälle verringern oder eliminieren konnte. Dabei zeigte seine Arbeit auch, wie jede Hälfte des Gehirns auf einem grundlegenden Niveau arbeitet, wenn beide voneinander isoliert werden.

Abgesehen von einer Verringerung der epileptischen Anfälle, hatten seine genesenden Patienten noch andere Symptome. Das Durchtrennen des Kommunikationskanals zwischen den beiden

Seiten des Gehirns machte es den Patienten unmöglich, Objekte zu benennen und entsprechend mit der rechten Gehirnhälfte zu verarbeiten, die mit dem linken Auge betrachtet wurden, während sie weiterhin Objekte benennen konnten, die von der linken Hälfte verarbeitet wurden – mit dem rechten Auge betrachtet. Aufgrund dieser Information nahm Sperry an, dass die Sprache von der linken Seite des Gehirns gesteuert wird.[12] Viele andere folgten dieser Entdeckung, wodurch es uns möglich wurde, beide Seiten des Gehirns im Detail zu verstehen. Ich will Ihnen die technischen Einzelheiten ersparen und Ihnen die beiden Seiten Ihres Gehirns auf eine verständlichere, erzählerische Weise vorstellen.

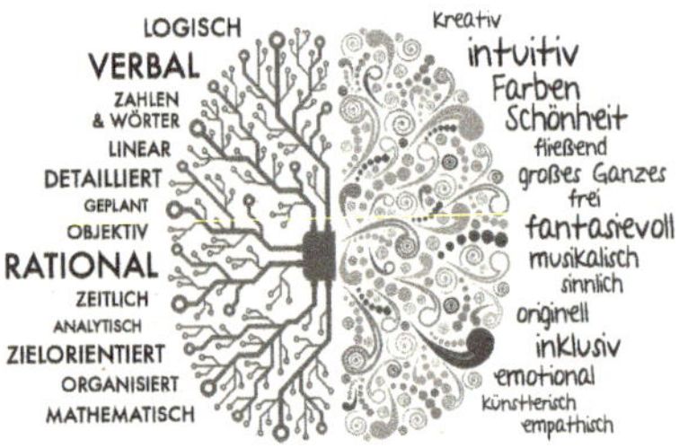

Stellen Sie sich vor, Ihre beiden Gehirnhälften sind zwei Menschen. Nennen wir sie der Einfachheit halber Lefty und Righty. Sie wären sehr unterschiedliche Menschen. Lefty ist eher analytisch, Righty eher intuitiv. Lefty wird – mit Worten – über die Einzelheiten sprechen wollen, während Righty eher ein poetisches Bild des Gesamten vermitteln will. Nach einer rationalen Analyse der Situation wird Lefty einen vorsichtigen Plan empfehlen, während Righty vielleicht ein abenteuerliches Vorgehen verfolgt und eher impulsiv handelt. Während Lefty versucht, durch die Verwendung kurzer, logischer Aussagen etwas Disziplin walten zu lassen, zeichnet Righty ein Bild mithilfe von Fantasie und Kreativität, womit Lefty nicht viel anfangen kann. Er dreht sich einfach um und fängt an, etwas zu **machen,** während Righty sich zurücklehnt, um einfach zu **sein** und seinen Gefühlen treu zu bleiben. Kommt Ihnen das bekannt vor? Erkennen Sie sich in einem der beiden wieder?

Ehe wir fortfahren, muss ich eins klarstellen. Ich bezeichne die Eigenschaften der linken Gehirnhälfte als archetypisch maskulin (im Gegensatz zu männlich!) und die der rechten Gehirnhälfte als archetypisch feminin (nicht weiblich). Das ist eine bequeme Art, sie zu erforschen, und hat nichts mit Geschlechtszugehörigkeit zu tun. Die moderne Neurowissenschaft sagt ganz klar, dass die linke und die rechte Gehirnhälfte nicht direkt mit der männlichen oder weiblichen Biologie des Menschen übereinstimmen. Natürlich haben wir alle beide Gehirnhälften. Ich will hier aufzeigen, dass verschiedene Teile unseres Gehirns für bestimmte Eigenschaften zuständig sind, die wir mit femininen oder maskulinen Merkmalen und Verhaltensweisen assoziieren. Das Verständnis des breiteren Spektrums an Fähigkeiten unseres Gehirns versetzt uns in die Lage, mehr Gebrauch von ihnen zu machen. Die Verwendung dieser Archetypen soll auf die Femininität und Maskulinität hinweisen, die jeder von uns besitzt.

Ein Blitz der Erkenntnis

Nirgends habe ich eine klarere Erklärung des Unterschieds zwischen unseren beiden Gehirnhemisphären gefunden als in der Arbeit der Neurowissenschaftlerin Jill Bolte Taylor – ihrem Buch *A Stroke of Insight* und ihrem TED-Talk von 2008 –, die ihre Erfahrungen mit einem Schlaganfall beschreibt, der ihre linke Gehirnhälfte außer Gefecht setzte. Ohne die Einschränkungen, die ihre linkshirnlastigen Funktionalitäten ihrer Weltsicht auferlegten, konnte sie erfahren, wie es ist, das Leben ausschließlich mit der rechten Gehirnhälfte zu betrachten.

Sie schrieb:

> Einen Augenblick lang wurde das Geplapper in meinem Gehirn vollkommen still, als hätte jemand eine Fernbedienung genommen und die Stummtaste gedrückt. Hier bin ich nun also, meine Arbeit und jeder Stress, der mit meinem Alltagsleben zusammenhängt, sind weg. Ich fühle mich leichter. Ich habe ein Gefühl des Friedens. Man stelle sich vor, völlig von diesem Gehirngeplapper losgelöst zu sein. Man stelle sich vor, diese siebenunddreißig Jahre emotionalen Gepäcks zu verlieren. Euphorie! Es war wunderbar.[13]

Wir wissen aus der Neurowissenschaft, dass unser Gehirngeplapper, das innere wie das äußere, und die Verwendung von Wörtern allgemein eine Funktion der linken Gehirnhälfte ist. Die Extreme dieser Eigenschaft, beispielsweise exzessives Debattieren oder ein absoluter Kopfmensch zu sein, werden mit unserer archetypisch maskulinen Seite verbunden. Wird dieser Teil ausgeschaltet, so gibt uns das inneren Frieden und ermöglicht das Eintreten unserer rechten Gehirnhälfte.

So beschrieb Jill, was ihre rechte Gehirnhälfte erlebte:

> Ich blickte hinab auf meinen Arm und erkannte, dass ich die Grenzen meines Körpers nicht mehr bestimmen konnte. Ich konnte nicht definieren, wo ich anfange oder wo ich bin, denn die Atome und Moleküle meines Arms vermischten sich mit den Atomen und Molekülen der Wand und allem, das mich umgab. Ich fühlte mich gewaltig und expansiv wie ein Geist, der gerade aus der Flasche befreit worden war, einer mit der gesamten vorhandenen Energie. Ich hatte das Nirwana gefunden.

Dieses Gefühl des Einsseins mit allem, das Jill beschrieb, ist sicherlich eine Funktion der rechten Gehirnhemisphäre. Es wird zudem stark mit dem Femininen verknüpft. Ich lege Ihnen Jills Arbeit sehr ans Herz, damit Sie die Unterschiede zwischen unseren beiden Gehirnhemisphären besser verstehen lernen. Für den Moment jedoch reicht es aus zu sagen: Wir haben …

Zwei verschiedene Gehirne

Wäre Lefty ein Mensch, so würde ich ihn mir als Mathe-Nerd vorstellen, der als Fabrikaufseher arbeitet. Auf die Frage nach seinen Werten und Einstellungen würde er sagen: *Ich bin in erster Linie ein Individuum, dann ein Mitglied der Gesellschaft. Ich bin verantwortlich für meinen eigenen Erfolg. Ich denke systematisch, löse Probleme, lerne aus der Vergangenheit und plane für die Zukunft. Ich bin an Details interessiert. Ich kann gut mit Wörtern umgehen, und wenn ich mir etwas vornehme, lasse ich nicht locker, bis ich es geschafft habe.*

Righty dagegen wäre ein junger Freigeist, der seine Zeit in der Natur verbringt. Über sich selbst würde er sagen: *Ich bin eins mit allem Seienden. Alle Lebewesen sprechen zu mir. Ich nehme ganzheitlich das Gesamtbild in mich auf von allem, das es zu erspüren, und allem, das es zu empfinden gibt. Ich lasse mich dasein und dorthin fließen, wohin das Leben mich führt. Ich bin kreativ und abenteuerlustig. Ich fühle und imaginiere. Ich begrüße Paradoxe, nähre das Leben, schätze die Schönheit und inspiriere.*

Zwei völlig verschiedene Charaktere. Welcher ist »besser«? Nun, interessanterweise würde eine solche Frage nur von Lefty gestellt werden (der alles etikettieren und kategorisieren möchte). Die Antwort lautet: Keiner von beiden ist besser als der andere.

Wir vergessen oft, dass der Unterschied zwischen unserer linken und unserer rechten Gehirnhemisphäre eines der größten Geschenke ist, welche die Menschheit je erhalten hat. Wie können wir auch nur daran denken, dass eine Seite besser sein könnte als die andere? Es ist ihre Polarität, die uns eine Vielfalt der Perspektiven schenkt und uns

Zugang zu einem breiten Spektrum an kognitiver Verarbeitung und Intelligenzwerkzeugen ermöglicht. Sie führt uns zu Abwechslung und menschlicher Genialität. Die Funktionen unserer linken Gehirnhälfte bringen Ordnung in unser Leben. Sie helfen uns, mathematische Probleme zu lösen und strategisch zu planen. Sie lassen uns Ziele setzen, sie durchsetzen und rationale Entscheidungen treffen. Sie halfen unseren Vorfahren bei der Jagd und helfen uns heute, unglaubliche Technologien zu entwickeln. Kein Zweifel, ohne unsere linke Gehirnhälfte wäre die Menschheit schon vor langer, langer Zeit verschwunden.

Doch wenn wir nur linke Gehirnhälften hätten, wären wir farblos, fade und langweilig. Wir hätten weder Kunst noch Musik, wir empfänden keine Empathie füreinander und könnten keine Gesellschaft bilden. Wir würden nur denken und nicht fühlen. Wir würden nicht lieben, lachen oder aus unserer strengen Ordnung ausbrechen, um zu erforschen und zu genießen, was das Leben zu bieten hat. Wir würden das große Ganze nicht sehen oder von den Dingen träumen, die unsere linke Gehirnhälfte uns zu erschaffen hilft. Ohne unsere rechte Gehirnhälfte wären wir eher die Zahnräder in einer Maschine. Wir würden immer noch jagen, weil wir uns niemals irgendetwas anderes vorgestellt hätten. Ohne unsere rechte Gehirnhälfte wäre die Menschheit aufgrund fehlender Kreativität und Fortschritte ausgestorben. Und wenn nicht deshalb, so wären wir sicherlich alle an Langeweile zugrunde gegangen.

Nicht vergessen!

Es ist nicht die eine oder die andere Hemisphäre, die uns als Menschen gedeihen lässt. Es ist die Ausgewogenheit und das Zusammenspiel beider.

Doch unsere hypermaskulinen modernen Gesellschaften ermuntern uns dazu, zu denken, zu handeln, zu analysieren, zu kritisieren, Fehler zu finden und für die Zukunft zu planen – alles Funktionen der linken Gehirnhälfte. Das traf für lange Zeiträume der Geschichte zu, aber nie mehr als heute. Wir werden ermuntert, die unschätzbare lebensspendende Gegenwart der archetypisch femininen Eigenschaften zu unterdrücken. Man sagt uns, wir sollten ständig etwas tun, unserer Intuition nicht trauen und unsere Gefühle nicht zeigen. Indem wir unsere rechte Gehirnhemisphäre nicht ertüchtigen, verpassen wir einen Großteil dessen, was uns zu Menschen macht, ebenso wie einen Großteil dessen, was uns glücklich macht. Schlimmer noch ist, dass wir stolz darauf sind, weil wir (Männer und Frauen, besonders in der Arbeitswelt) leider oft vermittelt bekommen, dass es falsch sei, unsere feminine Seite anzunehmen.

Falsch und richtig

Wenn ich durch die bezaubernden alten Straßen meiner Geburtsstadt Kairo spaziere, stelle ich mir manchmal vor, wie es früher gewesen sein muss. So, wie Arabien in Filmen dargestellt wird, ist es immer schon gewesen – ein bisschen wie in Disneys *Aladdin* (2019). (Übrigens, gut gemacht, Will Smith. Starke Leistung.) Ich wünschte, ich wäre Aladdin (und oft auch, ich wäre Will Smith). Vor allem aber wünschte ich, ich hätte diese Lampe. Mein erster Wunsch ist klar. Der allmächtige blaue Geist wäre mein Trick, um meine OneBillionHappy-Mission zu erfüllen. Sobald ich die Lampe in der Hand hätte, würde ich ohne zu zögern daran reiben und mir Glück für Milliarden wünschen, und dann hätte ich immer noch zwei Wünsche frei. Den dritten würde ich wahrscheinlich nie einlösen. Ich würde den Geist bei mir behalten, weil dieser Typ echt witzig ist und wir bestimmt prima miteinander klarkämen. Das lässt mir einen Wunsch übrig. Einen Wunsch, der mir die Macht gibt, die Welt zu verändern – sie zu reparieren. Das ist ein interessantes Rätsel. Wofür würden Sie sich entscheiden, wenn Sie eine, und nur eine einzige, Sache ändern könnten?

Ich würde mich dafür entscheiden, die rechte (manchmal auch als die korrekt bezeichnete) Seite des Gehirns der Menschheit zu stärken. Ich glaube, dieser eine strategische Schritt würde den Zustand unserer Erde komplett verändern und die meisten unserer derzeitigen Probleme lösen.

Denken Sie mal darüber nach. Jedes Problem, dem die Menschheit gegenübersteht, erfordert unterschiedliche Fähigkeiten, wenn es allein gelöst werden soll. Um die aktuellen Umweltrisiken durch den Klimawandel zu beheben, brauchen Sie ganz andere Fähigkeiten, als wenn Sie unsere wirtschaftliche Abhängigkeit von der Rüstungsindustrie beenden wollen. Und wieder ganz andere Fähigkeiten benötigen Sie, um den Hunger zu beenden oder die Menschheit vor potenziellen künftigen Pandemien zu bewahren. Wenn ständig scheinbar nicht zusammenhängende Probleme in einem funktionalen System auftauchen, muss man bei einem technischen Problemlösungsansatz am besten nach den zugrunde liegenden Ursachen Ausschau halten.

Die zugrunde liegende Ursache vieler Herausforderungen, denen die Menschheit heute gegenübersteht, ist unsere übermäßige Betonung der linken Gehirnhälfte.

Es scheint, dass wir kollektiv keinen vollständigen Gebrauch von der Stärke unserer rechten Gehirnhemisphäre machen. Wir brauchen die femininen Eigenschaften, um in der Menschheit ganz präsent zu sein. Damit unsere Welt besser wird, muss tatsächlich das Feminine die Führung übernehmen.

Iain McGilchrist vertritt in seinem Buch *The Master and His Emissary* die Meinung, dass wir unsere rechte Gehirnhälfte ertüchtigen und ihr die Führungsrolle übertragen müssen, wenn wir das Gleichgewicht in jedem Einzelnen und in der Menschheit insgesamt wiederherstellen wollen. Um zu definieren, was wichtig ist, müssen wir zunächst unsere Empathie und Intuition einsetzen und dann unsere Kreativität anwenden, um verschiedene Lösungen zu entwickeln – lauter »feminine« Eigenschaften. Dann, und erst dann, sollten wir an die linke Gehirnhälfte übergeben, um die Dinge umzusetzen. Etwas zu machen, ohne durch das Feminine in Bezug auf das zu Machende beeinflusst zu sein, führt uns in die Irre.

Im Schlusswort seines Buches beschreibt McGilchrist eine Welt, in der die linke Gehirnhälfte so dominant ist, dass sie die Eigenschaften der rechten komplett unterdrückt (ich liebe dieses Kapitel). Er schreibt darin:

> Die linke Gehirnhemisphäre bevorzugt das Unpersönliche gegenüber dem Persönlichen, und diese Tendenz würde sich auf jeden Fall in der Struktur einer technologisch orientierten und bürokratisch verwalteten Gesellschaft niederschlagen. Das Unpersönliche würde das Persönliche ersetzen. Es gäbe einen Fokus auf materielle Dinge auf Kosten des Lebendigen. Sozialer Zusammenhalt und die Bindungen zwischen Person und Person sowie ebenso wichtig zwischen Person und Ort, der Kontext, in den jeder gehört, würden vernachlässigt und vielleicht sogar aktiv verworfen als sowohl unbequem wie auch unverständlich für die linke Gehirnhemisphäre, die nach ihren eigenen Gesetzen agiert … Ausbeutung statt Kooperation wäre die Standardbeziehung zwischen Menschen sowie zwischen der Menschheit und dem Rest der Welt.[14]

Lesen Sie das bitte noch einmal. Ist das nicht die Welt, in der wir heute leben? Und wissen Sie was? Nichts davon macht uns glücklich. Wir produzieren, tun, denken und kaufen mehr, doch was wir wirklich suchen, unser Glück, ist immer schwerer zu finden. So klug sind wir wohl doch nicht, was, Lefty?

Mensch sein

Es gibt Hunderte von Eigenschaften, die uns zu Menschen machen. Sie definieren unsere Einstellung und unsere Verhaltensweisen. Dazu gehören Empathie, Einbeziehung, Fokus, Disziplin, Stärke, Fantasie; die Liste lässt sich weiter fortsetzen. Der Mensch hat jede davon manchmal als »männliche« oder »weibliche« Eigenschaften bezeichnet. Das ist eine Behauptung, die ich grundlegend infrage stellen möchte.

In meinen anfänglichen Untersuchungen betrachtete ich 100 menschliche Eigenschaften näher und versuchte, sie nach Mehrheitsgesichtspunkten – in ihrer Betrachtung nach soziologischen, spirituellen und allgemeinen Überzeugungen – in archetypisch »feminine« (rechte Gehirnhälfte) und »maskuline« (linke Gehirnhälfte) Eigenschaften zu kategorisieren. Für dieses Buch habe ich sie auf nur 17 Eigenschaften reduziert.

Welche 17 das sind und warum, spielt hier keine Rolle. Das ist keine exakte Wissenschaft, wie Sie sehen werden. Uns geht es um das Verständnis eines komplexen Themas – was ist der feminine und was der maskuline Archetyp –, und zwar auf eine vereinfachte Art und Weise, auf die wir uns alle einigen können.

Folgende 17 Eigenschaften habe ich ausgewählt: Intuition, Resilienz, Einbeziehung, Kreativität, Empathie, Achtsamkeit, Leidenschaft, Kommunikation, Mitgefühl, Disziplin, Verantwortung, Handlungsorientierung, Mut, Fokus, Stärke, lineares Denken und Durchsetzungsvermögen.

Keine dieser Eigenschaften ist für sich genommen schlecht. Eine Eigenschaft ist eine Eigenschaft. Wie überall ist jedoch ein Zuviel von etwas schlecht. Eine Übertreibung jeder dieser Eigenschaften verwandelt sie von etwas Positivem für das Individuum zu etwas Negativem. Lineares Denken beispielsweise ist eine gute Methode, um unsere Problemlösungsstrategie zu organisieren. Zu viel davon lässt Sie jedoch möglicherweise wichtige Informationen oder kreative Lösungen übersehen, die es Ihnen ermöglichen könnten, das Problem besser zu lösen. Intuition, um in das entgegengesetzte Extrem zu gehen, ist ebenfalls eine positive Eigenschaft. Sie lässt uns auf unser Bauchgefühl hören, wenn zu viele oder zu wenige Informationen über ein bestimmtes Problem vorliegen. Wer sich jedoch zu stark auf seine Intuition verlässt, kann irrational werden und wichtige Fakten übersehen.

Nun, ich verbinde lineares Denken mit dem maskulinen Archetyp und Intuition mit dem femininen Archetyp, einfach weil die Statistik zeigt, dass Personen, die als feminin wahrgenommen werden, eher intuitiv sind, während als maskulin wahrgenommene Personen eher lineare Denker sind. Durch die Beobachtung, wie prävalent (wie häufig und ausgeprägt) eine bestimmte Eigenschaft bei jenen auftritt, die wir als maskulin identifizieren, wird sie zu einer maskulinen Eigenschaft, und wenn man misst, wie prävalent eine andere bei jenen ist, die wir als feminin identifizieren, wird sie dem allgemeinen gesellschaftlichen Konsens zufolge zur femininen Eigenschaft.

Ein weiterer wichtiger Punkt sollte hier hervorgehoben werden, nämlich, dass das Feminine und das Maskuline nicht unmittelbar mit einer bestimmten biologischen oder geschlechtlichen Identität verknüpft sind. Das aktuelle weltweite Erwachen rund um das Thema Gender Fluidity beweist zweifelsfrei, dass unsere Entscheidung, innerhalb der Konzepte von Femininität oder Maskulinität zu leben, nicht von der Gesellschaft oder der Biologie diktiert werden sollten.

In unterschiedlichem Maße verfügt jeder von uns über feminine oder maskuline Eigenschaften. Keine Eigenschaft ist jemals auf einige wenige beschränkt. Aber die Sache hat einen Haken. Wenn eine Eigenschaft stark in der linken Gehirnhälfte repräsentiert wird, ist sie oft nur schwach in der rechten Gehirnhälfte vertreten und umgekehrt. Und wenn eine Eigenschaft stark im femininen Archetyp präsent ist, wird ihr Gegenteil im maskulinen verkörpert. Wenn wir eine ausreichend große Stichprobe zugrunde legen, werden wir infolgedessen feststellen, dass die Intensität jeder dieser Eigenschaften bei uns einer Verteilungskurve entspricht, die sehr stark dem chinesischen Symbol für Ausgewogenheit zwischen dem Weiblichen und dem Männlichen entspricht – dem Yin-Yang.

Diese Abbildung ist eine visuelle Darstellung dessen, wie stark jede der von mir gewählten 17 Eigenschaften der rechten Gehirnhälfte zugewiesen wird – den schwarzen Balken des Yang – und wie stark jede der linken Gehirnhälfte zugeschrieben wird – den weißen Balken des Yin.

Jede dieser Eigenschaften wird von unterschiedlichen Bereichen unseres Gehirns gesteuert. Ihren unterschiedlichen Charakter gewinnen sie dadurch, wie unser Gehirn sie einsetzt, nicht durch unsere Biologie.

Das bedeutet, sie folgen denselben Regeln der Neuroplastizität, denen auch jeder andere Teil Ihrer Gehirnentwicklung folgt. Wenn Sie eine beliebige unserer menschlichen Eigenschaften annehmen, stärkt das diese Eigenschaft in Ihnen. Unterdrücken Sie sie, so nimmt sie ab.

Wenn wir erwachsen werden, zwingen die Gesellschaft oder die Arbeitswelt uns häufig, unsere »femininen« Eigenschaften zu unterdrücken, indem sie uns den Eindruck vermitteln, dass bestimmte Aspekte dieser Eigenschaften nicht gern gesehen werden. Das macht natürlich unglücklich, weil wir versuchen, durchs Leben zu kommen, ohne unserer Natur treu zu bleiben. Ohne unsere femininen Eigenschaften wird uns viel von dem genommen, was wir brauchen, um das Gleichgewicht zu finden.

Wissen Sie, es ist eine selten thematisierte Wahrheit, dass wir alle unter einem Mangel »femininer« Eigenschaften leiden, weil unsere Gesellschaft nunmal so strukturiert ist. Unter diesem neuen Gesichtspunkt möchte ich, dass wir uns etwas Zeit nehmen, um über unsere eigenen Eigenschaften nachzudenken, uns mit unserem verborgenen Femininen zu verbinden. Das ist ein entscheidender erster Schritt, um frei zu werden.

Welche Eigenschaften dominieren bei Ihnen? Wissen Sie es?

Diese kurze Übung gibt Ihnen etwas Zeit und Raum, um über Ihre eigenen Eigenschaften nachzudenken und Ihre beiden Seiten kennenzulernen.

Achtsamkeitsübung:
Sie beide

Ziel:	zu entdecken, welche Eigenschaften (linke oder rechte Gehirnhälfte, »maskulin« oder »feminin«) Sie definieren
Dauer:	15 Minuten
Wiederholung:	einmal genügt für Achtsamkeit
Sie brauchen:	einen ruhigen Ort, an dem Sie nicht gestört werden

Ehe Sie weiterlesen, nehmen Sie sich bitte ein paar Minuten Zeit, um zu untersuchen, welche der unten aufgeführten Eigenschaften bei Ihnen stark genug ausgeprägt sind, um Ihr Verhalten zu bestimmen und Sie als Individuum zu definieren.

»Feminine« Eigenschaften	**»Maskuline« Eigenschaften**
Intuition	
Resilienz	
Einbeziehung	
Kreativität	
Empathie	
Achtsamkeit	
Leidenschaft	
Kommunikation	
Mitgefühl	
	Disziplin
	Verantwortung
	Handlungsorientierung
	Mut
	Fokus
	Stärke
	Lineares Denken
	Durchsetzungsvermögen

Bitte überspringen Sie diese Übung nicht. Dies ist ein wichtiges, überfälliges Kennenlernen Ihres wahren Ichs.

Ich sein

Ich hoffe, Sie stimmen mir insoweit zu, dass die Eigenschaften der linken und der rechten Gehirnhälfte Teil eines jeden von uns sind, dass die Eigenschaften, die uns archetypisch feminin oder maskulin machen, nichts anderes sind als Gehirnfunktionen und demzufolge gestärkt oder unterdrückt werden können. In unserer modernen Welt haben wir das Feminine überwiegend unterdrückt, und unsere Welt braucht unbedingt mehr vom Femininen, um gut zu funktionieren.

Kehren wir zurück zur Intuition – die viele Kulturen als traditionell »feminine« Eigenschaft betrachten. Für sich als Individuum müssen Sie die Frage beantworten, wie stark ausgeprägt Ihre Intuition ist und wie stark Sie Ihre Entscheidungen und Verhaltensweisen davon beeinflussen lassen. Sagen wir mal, Sie nutzen Ihre Intuition meistens und fühlen sich damit richtig wohl. Würden Sie das als »feminin« einordnen? Nun, es ordnet Sie nicht mal als intuitiv ein. Sie könnten mehr oder weniger intuitiv sein als jemand, der sich weniger oder stärker auf seine Intuition verlässt als Sie. Das ist eine komplexe Aussage, denn wie intuitiv Sie sind, wird nicht nur anhand dessen gemessen, wie oft Sie sich auf Ihre Intuition verlassen, sondern auch durch deren Stärke, also wie gut Sie darin sind, intuitiv zu sein. Intuition ist kein Ein-/Aus-Schalter. Abgesehen davon, wie häufig Sie sie einsetzen, können Sie auch über ein bestimmtes Maß davon auf einer veränderlichen Skala von 0 bis 100 Prozent verfügen.

Nicht vergessen!

Die Eigenschaften, die jeden von uns definieren, sind nicht binär, sondern liegen auf einer gleitenden Skala.

Der Versuch, jeden von uns in eine bestimmte Kategorie einzuordnen, ist ein Versuch der Annäherung an die Wahrheit. Zu behaupten, es existiere eine feste Anzahl unterschiedlicher Kategorien zwischen den Farben Schwarz und Weiß, schränkt unser Verständnis der wahren Beschaffenheit von Grau ein. Diese Abbildung links lässt es irrigerweise so aussehen, als gäbe es nur 14 Abstufungen von Grau zwischen Schwarz und Weiß. Das stimmt nur, wenn wir die Abbildung auf diese Weise gestalten und die anderen zahllosen Schattierungen dazu zwingen, sich in die bestmöglich passende der 14 Kategorien einzuordnen. Es muss aber mindestens 50 Abstufungen geben – wenn wir Hollywood glauben sollen! Oder vielleicht noch mehr?

Die tatsächliche Beschaffenheit von  Grau wird besser durch die Grafik rechts wiedergegeben.

Können Sie mir sagen, welcher der Punkte auf dieser Skala grau ist? Fast jeder ist in unterschiedlichem Maße grau. Es ist falsch, diese Eigenschaft – Grau sein – einem bestimmten Punkt zuzuordnen, denn das verwehrt Millionen anderen ebenfalls grauen Punkten die Anerkennung, die sie für ihre wahre Beschaffenheit verdienen.

Unterschiedliche Kategorien sind ein menschlicher Versuch, die Komplexität unseres vielschichtigen Universums zu vereinfachen. Es ist einfach viel zu schwierig für unsere linken Gehirnhälften, einen Sinn zu erkennen, wenn es von allem so viele Variationen gibt. Der Vorgang der Kategorisierung ist eine Annäherung an die Wahrheit, damit unsere eingeschränkten Gehirne damit zurechtkommen. Aber …

Eine Annäherung an die Wahrheit ist nicht die Wahrheit.

Das heißt, sie ist falsch. Sie führt uns in die Irre.

Wenn Sie die Fähigkeit besäßen, die »feminine« Eigenschaft der Intuition ganz am oberen Ende der Skala zu nutzen, wenn Sie der intuitivste Mensch auf der Erde wären, würde Sie das feminin machen? Nicht notwendigerweise. Sie könnten ungeheuer intuitiv und gleichzeitig sehr diszipliniert, mutig, stark und durchsetzungsfähig sein – lauter markante Eigenschaften des »Maskulinen«. Wozu würde Sie das machen? Erlauben Sie mir, dies unter Verwendung der Kategorien zu beantworten, an die wir in Sachen Nahrungsvorlieben gewöhnt sind.

An meinem 25. Geburtstag hörte ich auf, Fleisch zu essen, was mich nach allgemeinen Standards zu einem Vegetarier machte. Ich aß aber auch keine Eier und trank keine Milch, demzufolge wäre ich also ein Veganer, wäre da nicht eine kleine Abweichung – ich aß weiterhin Käse und Joghurt. Oft führte ich beim Abendessen dieses Gespräch. Ich wurde gefragt, was ich denn nun wäre. Keine der Kategorien passt zu mir, welche Wahl hatte ich also? Nun, die Wahl ist einfach.

Nicht vergessen!

Ich bin meine eigene Kategorie.

Wenn ich nach meiner Ernährungsform gefragt werde, sage ich: Ich bin Mo-tarier – ich esse, was Mo gern isst. Ich bin es niemandem schuldig, in eine Kategorie zu passen, damit er seine kognitiven Prozesse vereinfachen kann, während es mein eigenes Leben verkompliziert. Ich bin ich und fertig.

Dasselbe gilt für mein Verhältnis zu den Kategorien »feminin« und »maskulin«. Ich fühle mich nicht maskulin – was für einen Mann aus dem Mittleren Osten ein großes Wort ist. Wenn ich ehrlich zu mir selbst sein will, **dann fühle ich mich zu 58 Prozent feminin.**

Wenn ich über mich und meine femininen 58 Prozent nachdenke, erkenne ich das Ausmaß meiner wahren Eigenschaften. (Diese Berechnung ist übrigens präzise. Ich habe ein Tool entwickelt, das die Ausprägung jeder dieser Eigenschaften in uns misst – eine ausführlichere Version der obigen Übung »Sie beide« –, aber das ist ein Thema für ein anderes Buch.) Mit dem Verständnis der sehr speziellen Mischung von Eigenschaften, die mich ausmacht, bin ich tatsächlich der Einzige meiner Art, den es gibt. Das heißt, die einzige Kategorie, zu der ich eine Zuordnung akzeptiere, ist nicht Mann, Frau, schwul, hetero, feminin oder maskulin. Die einzige Kategorie, in die ich wirklich passe, ist die namens *der Mo*. Das ist der einzige Punkt auf der endlosen Skala menschlicher Vielfalt, der mir entspricht. Dementsprechend ist die einzige Kategorie, in die Sie perfekt hineinpassen, Sie selbst. Sie können sie mit Ihrem Namen bezeichnen, so wie Wissenschaftler jeden der Milliarden von Sternen benennen, die sie im gewaltigen Universum entdecken. Ihre Kategorie, zu der nur Sie allein zählen, ist eine ganz einzigartige Mischung aus Eigenschaften, die mit wechselnder Intensität empfunden und in einer unendlichen Vielfalt von Verhaltensweisen ausgedrückt werden.

Nicht vergessen!

Die einzige Kategorie, in die Sie passen, sind Sie selbst.

Haben Sie dies erst einmal für sich selbst erkannt, können Sie bei Bedarf so viel von Ihrer maskulinen oder femininen Seite flexibel einsetzen, wie Sie wollen, um frei zum Ausdruck zu bringen, wer sie wirklich sind. Indem Sie so sind und sich so verhalten, wie es Ihrer wahren Natur entspricht, können Sie den Erfolg erzielen, den Sie im Leben verdienen und, was vielleicht noch wichtiger ist, einen der am tiefsten verwurzelten neuralen Gründe für das Leiden entmystifizieren und beseitigen, nämlich das Bemühen um Anpassung.

Ich weiß, es hat viele Seiten und einige untraditionelle Konzepte gebraucht, um in diesem Kapitel das Thema Glück zu erreichen, aber von jetzt an wird es einfacher. Sie können gerne aufstehen und sich mal ordentlich strecken, ehe Sie weiterlesen.

Links, rechts und glücklich

Ich habe das Gefühl, wir sind endlich bereit zu besprechen, warum die Unausgewogenheit, die wir zwischen links und rechts empfinden, einer der Hauptgründe für das Unglücklichsein ist.

Jeder von uns erlebt auf seinem Lebensweg ein paar harte Rückschläge. Wenn wir sie fortdauern lassen, machen sie uns unglücklich. In der unmittelbaren Konfrontation mit einer Herausforderung ist es klug, alles dagegenzuhalten, was Sie haben. Nutzen Sie nur einen Teil Ihrer Fähigkeiten, wird es schwieriger, Erfolg zu haben. Wie können Sie alles Verfügbare aufbringen, um einer Herausforderung zu begegnen?

Versierte Glückspraktiker, habe ich bemerkt, verfolgen gern eine systematische Vorgehensweise, mit der sie rasch und berechenbar wieder in ihren Zustand des Glücks zurückkehren können. Diese Schritte sind so wirkungsvoll und wiederholbar, dass sie eine Zusammenfassung verdienen. In Kapitel 11 erläutere ich das eingehend anhand des sogenannten Glücks-Ablaufdiagramms, doch hier wollen wir erst einmal das große Ganze besprechen.

Die erste Hälfte unseres Weges zum Erfolg bei allem, auch beim Glücklichsein, besteht aus Achtsamkeit. Achtsamkeit ist nichts, was Sie tun können. Sie ist ein Zustand, den Sie erreichen, wenn Sie bewusst Ihre Aufmerksamkeit darauf lenken, was in Ihnen und um Sie herum vorgeht. Um ein solches Maß an Aufmerksamkeit zu erzielen, müssen Sie aufhören, etwas zu tun. Sie müssen bloß … **sein**. Die zweite Hälfte des Weges besteht darin, Maßnahmen zu ergreifen, um in der Welt etwas zu bewirken. Achtsamkeit in sich ist passiv. Damit sich die Welt verändert, gibt es immer etwas zu … **handeln**. Hier stehen wir vor einer Herausforderung. Die meisten von uns sind, ungeachtet unserer Biologie, besser in dem einen als in dem anderen, können besser handeln oder besser sein. Manche rennen die ganze Zeit herum und tun irgendetwas, oft ohne innezuhalten und nachzudenken, warum sie es eigentlich tun. Die anderen stehen in Kontakt mit ihren Gefühlen und Emotionen, neigen aber dazu, nichts dagegen zu unternehmen. Sie sitzen einfach da und warten, dass sich etwas ändert. Beide können keinen vollständigen Weg zum Glück zurücklegen. Manche werden von der rechten Gehirnhälfte dominiert und sind gut im Sein. Sie beginnen den Weg zum Glück, brechen aber nach der Hälfte ab. Die anderen sind von der linken Gehirnhälfte dominiert und sind gut im Handeln. Sie versuchen, etwas zu Ende zu führen, was noch gar nicht begonnen wurde, und verschwenden viel Zeit damit, Dinge zu tun, die gar nicht getan werden müssen.

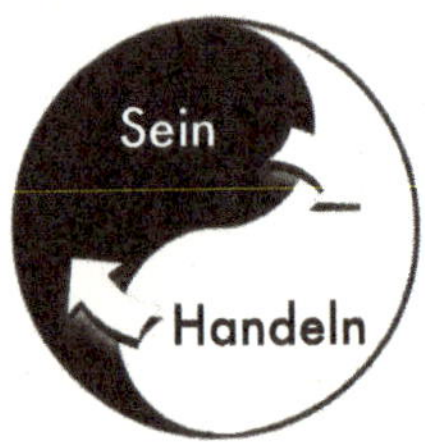

Es versteht sich von selbst, dass unsere linkshirnorientierte Welt den Macher-Teil bevorzugt. Jeder Artikel über Glück in jeder Zeitschrift erklärt Ihnen, wie Sie »handeln« müssen, um dieses schwer erreichbare Gefühl der Freude zu finden. Die meisten unserer Aktivitäten folgen diesen Empfehlungen. Wir buchen Urlaube, gehen auf Partys und kaufen Sachen. Wir wiederholen Mantras und Affirmationen. Und wir »handeln«, wie man es uns sagt, erreichen jedoch nur selten dauerhaftes Glück. Warum? Darum:

Nicht vergessen!

Der vollständige Weg zum Glück bedeutet, dass Sie »sein« müssen, ehe Sie »handeln«.

Lernen zu sein

Unsere Unfähigkeit, das gesamte Spektrum unserer Eigenschaften auszuschöpfen, ist nichts anderes als eine starke Konditionierung durch unsere moderne Welt der Egos. Vielleicht haben ein Elternteil oder der Gruppenzwang uns in jungen Jahren in eine Richtung unserer Polarität gedrängt. Diese Eigenschaften ruhen jedoch immer noch in uns, wenn auch im Verborgenen. Mit etwas Übung kann jeder, auch Sie, nach Bedarf zwischen Sein und Handeln wechseln. Die gute Nachricht ist: Haben Sie erst einmal gelernt, diesen Wechsel wiederholt zu vollziehen, hebt Sie das meilenweit über uns andere hinweg, nicht nur in Bezug auf Ihr Glück, sondern auf jeden Aspekt Ihres Lebens. Wenn Sie den Ausgleich zwischen Ihren verschiedenen Seiten finden, werden Sie sich so vollständig fühlen wie nie zuvor. Diesen Zustand zu erreichen mag Zeit kosten, aber es lohnt sich, Zeit und Mühe darin zu investieren.

Wer die wahre Beschaffenheit der Achtsamkeit erkennt, versteht auch, dass diese Vorgehensweise eine größere Herausforderung mit sich bringt. Zu sein setzt voraus, dass man aufhört zu handeln, und hat man erst mal mit dem Handeln angefangen, kann man nicht mehr sein. Um diesen Weg zum Glück zu meistern, müssen Sie nicht nur beide Seiten Ihres Gehirns gleichermaßen kompetent verwenden, Sie müssen auch lernen, sie zu isolieren – und zwar auf bewusste Weise –, damit Sie gänzlich sein können ohne Unterbrechungen der linken Gehirnhälfte und gänzlich handeln können ohne Ablenkungen der rechten Gehirnhälfte. Und das, kann ich Ihnen sagen, ist eine sehr schwierige Aufgabe auf Jedi-Meister-

Niveau. Wir werden es gemeinsam schaffen. Aber es gibt noch einiges zu lernen, ehe wir das alles in die Praxis umsetzen, denn ... wozu soll es gut sein, irgendetwas zu tun, wenn Sie nicht über das Wissen und die Übung verfügen, es richtig zu machen?

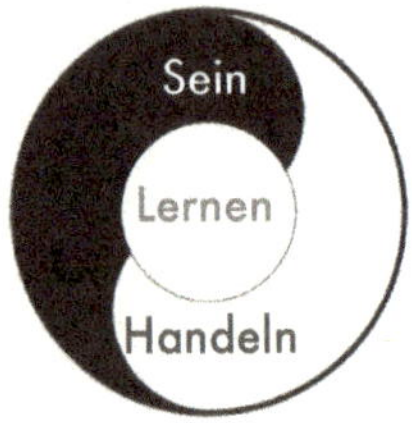

Wenn Sie sich vollständig darüber im Klaren sind, wo Sie sind und was Sie tun müssen, lohnt sich der Zeitaufwand zu lernen, wie man am besten macht, was gemacht werden muss. Ihnen ist vielleicht schon aufgefallen, dass dies das Rückgrat meiner Vorgehensweise in diesem Buch ist: ein Modell, das wir als Sein-Lernen-Handeln bezeichnen wollen.

Achtsamkeitsübungen und Gruppengespräche sollen Ihnen helfen zu sein – sich mit Ihrer Fähigkeit zu verbinden, dessen bewusst zu werden, was in Bezug auf Gedanken, Gefühle und Überzeugungen in Ihnen vorgeht. Praxisübungen dagegen sollen Ihnen helfen, die Handlungen zu ergreifen, die sie ausführen müssen, um die Umstände zu verbessern oder sich selbst glücklicher zu machen. Im Rest dieses Buches geht es eigentlich ums Lernen.

Das Durchfließen dieses Rhythmus – sein, lernen und dann handeln – setzt voraus, dass Sie die Anwendung dessen beherrschen, was wir bisher über das Gehirn gelernt haben – die rechte Gehirnhemisphäre für das Sein, die Neuroplastizität für das Lernen und die linke Gehirnhemisphäre für das Handeln.

Wir werden dieses Modell bald in die Praxis umsetzen, aber zuerst möchte ich Ihnen eine sehr persönliche Geschichte erzählen, um Ihnen meine Bewunderung für das Geschenk eines Lebens auf der richtigen Seite des Gehirns zu vermitteln.

Ich oder wir

Zu seinen Lebzeiten konnte ich niemals richtig ergründen, was meinen wunderbaren Sohn Ali zu dem Menschen machte, der er war. Er verfügte über eine Art Magnetismus. In seiner Nähe empfand man Liebe – eine allumfassende, durchströmende Liebe, die einen näher zu ihm zog. In Alis Armen fühlte man sich ohne ein einziges Wort sicher. Er hatte die Fähigkeit, anderen das Gefühl zu geben, dass alles in Ordnung war. Rückblickend beginne ich zu erkennen, dass es Ali in seinen letzten Lebensjahren gelungen war, trotz seiner nahöstlichen maskulinen Erziehung das Feminine vollständig zu integrieren. Nibal, seine Mutter, ist der Inbegriff der reinen Liebe, und durch sie wurde auch Ali zur reinen Liebe.

Drei Jahre vor seinem Tod bekam seine Band – Fox HillV – das Angebot, als Vorgruppe einer bekannten Rockband durch die USA zu touren. Nachdem drei der Bandmitglieder in den Staaten angekommen waren, musste der vierte aufgrund unvorhergesehener Umstände absagen. Aufgrund der Kurzfristigkeit und weil sie sich in einem fremden Land befanden, konnte die Band ihn nicht ersetzen, und statt auf Tournee zu gehen, verbrachten die Drei schließlich drei Wochen in einer amerikanischen Kleinstadt. Als Ali nach Dubai zurückkehrte, war er nur noch Haut und Knochen. Mir sank das Herz; ich fragte ihn, was los sei. Er sagte: »Papa, Amerika ist nicht so, wie ich es mir vorgestellt hatte. Es gibt da so viel Elend, so viel Armut. Die Leute, bei denen wir gewohnt haben, hatten kein Geld, nichts zu essen, sie haben ihr Heil in den Drogen gesucht.« Er sagte: »Ich habe das Leid jedes Einzelnen von ihnen mitgefühlt. Ich konnte nichts essen und nicht schlafen.«

Ich glaube, dass diese Reise Alis verbleibendes Leben veränderte. Er konnte sich nicht länger von allem übrigen Seienden abgrenzen. Der Schleier war gefallen, und er wurde eins mit allem. Für sein ganzes restliches Leben empfand er das Glück und den Schmerz von jedem. Je mehr er sich verband, desto mehr verlangte er Veränderung von jedem, den er erreichen konnte. Ich konnte sehen, wie er sich zu etwas Größerem ausdehnte als er selbst, und trotz seiner Unzufriedenheit mit dem Zustand unserer Welt, gewann er mit jedem Tag an Frieden. Seine Worte veränderten sich. Die von ihm bevorzugten Themen und die Art, wie er darüber sprach, wurden anders. Er wünschte sich nichts mehr als eine Welt ohne Leid. Die folgenden Jahre waren jene Jahre, in denen seine Weisheit ihren Gipfelpunkt erreichte. Er war gestorben, bevor er starb. Es war, als sei er bereits gestorben, obwohl er noch am Leben war. Wie in den Lehren des Sufismus war er gestorben, bevor er starb.

Er versuchte mir beizubringen, mich zu öffnen und meine emotionale Seite mit meiner hyperanalytischen linken Gehirnhälfte zu verbinden. Ich war stur. Ich sagte ihm, genau diese Eigenschaften der linken Gehirnhemisphäre hätten mir dazu verholfen, erfolgreich zu sein und etwas zu bewirken, dass wir in einer Welt lebten, in der es ums Handeln geht, und dass sich nichts verändern würde, wenn wir es nicht tun. Er schaffte es nicht, mich zu ändern, weil ich dumm war, aber er versuchte es weiter bis zwei Tage vor seinem Tod. An diesem Tag sagte er mir klipp und klar: »Papa, ich möchte niemals, dass du zu arbeiten aufhörst, aber es gibt eine Sache, die du ändern solltest. **Hör ein bisschen öfter auf dein Herz.**« Es war, als würde ein sterbender Weiser seinen letzten Willen diktieren. Er wusste ohne jeden Hauch eines Zweifels, dass jene eine Sache, die mein Leben und das der Menschen in meiner Umgebung ändern würde, ein Ausgleich sein würde zwischen meiner maskulinen – niemals aufhören zu arbeiten – und meiner femininen Seite – auf mein Herz zu hören. Er hatte recht.

Und nun, Jahre später, habe ich mit meiner Mission – OneBillionHappy – viel mehr in dieser Welt bewirkt als jemals während meiner langen Karriere in den weltweit führenden Technologieunternehmen. Mit einer Ahnung dessen, was es bedeutet, vollständig auf der richtigen Seite meines Gehirns zu leben und mein Herz die Führung übernehmen zu lassen, habe ich – wie Ali – gelernt, totalen Frieden zu finden. Ich wage sogar zu behaupten, dass ich auf dem Weg bin, das Nirwana zu finden, in dem er gelebt hat. Danke, Ali.

Am Schluss des oben erwähnten TED-Talks mit Jill Bolte Taylor sagte sie:

> Gleich hier und jetzt kann ich beschließen, in das Bewusstsein meiner linken Gehirnhemisphäre einzutreten, wo ich zu einem einzelnen Individuum werde, das vom Fluss des Lebens getrennt ist. Oder ich kann in das Bewusstsein meiner rechten Gehirnhemisphäre gehen, wo ich eins mit allem bin. Ich glaube, unsere oberste Aufgabe als Menschen ist es, einander zu lieben, und ich glaube, das ist unsere primäre Lebensform. Es ist die Essenz unserer rechten Gehirnhälfte.

Während des Großteils meines erwachsenen Lebens habe ich Glück geübt, fühlte mich jedoch nie vollständig, bis diese andere Seite hervorkam – und wie froh ich bin, sie endlich kennengelernt zu haben!

Sehr wichtig! **Lerne zu sein. Schalte auf die rechte Gehirnhälfte um.**

In der vorangegangenen Achtsamkeitsübung – »Sie beide« – wollte ich Sie unmittelbar erfahren lassen, dass wir alle Eigenschaften sowohl der linken als auch der rechten Gehirnhälfte haben. Jeder von uns tendiert jedoch dazu, die eine Hälfte des Gehirns stärker zu nutzen als die andere. Es ist gut zu wissen, welche Seite Sie mehr nutzen.

Achtsamkeitsübung:
Auf welcher Seite sind Sie?

Ziel:	herausfinden, zu welcher Seite Ihres Gehirns Sie stärker tendieren
Dauer:	15 Minuten
Wiederholung:	einmal genügt für Achtsamkeit
Sie brauchen:	einen ruhigen Ort, an dem Sie nicht gestört werden

Manche leben mehr auf der Sein-Seite, während andere mehr auf der Handeln-Seite leben. Es ist wichtig zu erkennen, auf welche Seite Sie persönlich sich stützen. Jede Seite Ihres Gehirns bringt andere Gewohnheiten hervor. Indem Sie diese Gewohnheiten beobachten, können Sie feststellen, wo Ihre Tendenz liegt.

Bitte nehmen Sie sich eine Minute Zeit, um über Ihre eigenen Neigungen nachzudenken.

Teilen Sie Ihre Gefühle mit oder denken Sie darüber nach und verbinden sich intensiv mit Ihren veränderlichen Emotionen, wohin Sie sie auch führen? Falls ja, leben Sie stärker Ihre feminine Seite aus. Es fällt Ihnen leichter zu sein, als sich zu gegebener Zeit auf Herausforderungen vorzubereiten.

Oder setzen Sie sich Ziele und arbeiten unerlässlich an Ihrer Erreichung, egal wie Sie sich im Inneren fühlen? Halten Sie selten inne, um darüber nachzudenken, wie diese Ziele sich emotional auf Sie auswirken oder ob Sie in Ihr Umfeld passen (zum Beispiel zu den Zielen Ihrer Angehörigen und Lieben)? Bevorzugen Sie Handlungen und Lösungen gegenüber »Mitteilen und Quatschen«? Falls ja, so leben Sie stärker Ihre »maskuline« Seite aus. Einfach nur zu sein fühlt sich komisch für Sie an, obwohl Sie die handlungsorientierte Seite des Lebens mühelos meistern.

Denken Sie an einem ruhigen Ort über etwas nach, das Sie in letzter Zeit unglücklich gemacht hat, und wie Sie darauf reagiert haben. Haben Sie allein dagesessen und überlegt, was schiefgelaufen war, vielleicht darüber geklagt, es wiederholt analysiert, mit anderen darüber gesprochen, sich aber unwohl gefühlt, wenn sie Lösungen vorgeschlagen haben? Haben Sie nachts wach gelegen und gegrübelt? Falls ja, so neigen Sie dazu, sich Ihrer archetypisch femininen Seite zu beugen, wenn Sie mit einem Problem konfrontiert sind.

Haben Sie dagegen reagiert, indem Sie aufgesprungen sind und sofort gehandelt haben, sich in Arbeit, Partys oder Ablenkungen gestürzt, um das Problem vergessen zu können, war Ihr Denken größtenteils auf Lösungen und Handlungen statt auf Gefühle ausgerichtet, haben Sie das Problem sogar von sich gewiesen und sich selbst gesagt, dass Sie stark genug sind, um ohne jedes Bedürfnis nach Reflexion damit umzugehen – dann tendieren Sie genau wie mein früheres Ich zur linken Seite, wenn es einen Grund zum Unglücklichsein gibt.

Dies ist eine Achtsamkeitsübung. Sie müssen bezüglich Ihrer Entdeckungen nichts tun oder verändern. Ich will nicht, dass Sie sich dafür kritisieren, auf der einen oder der anderen Seite zu stehen. Keine der Seiten ist gut oder schlecht, sie sind nur unterschiedlich. Der einzige Zweck dieser Übung ist es zu erkennen, dass Sie eine Ihrer Seiten weniger ausleben als die andere. Nichts weiter ist nötig, um die Bereiche zu definieren, an denen Sie arbeiten müssen, um in Zukunft häufiger Ihr Glück zu finden.

Sagen Sie sich nun aufgrund dessen, was Sie entdeckt haben, laut entweder:

Ich muss ein bisschen häufiger *sein.*
ODER
Ich muss ein bisschen häufiger *handeln.*

Diese nächste Übung hilft Ihnen zu erfahren, wie es ist, mit jeder Hälfte des Gehirns zu denken. Indem Sie erkennen, welche Seite aktiv wird, wenn bestimmte Beobachtungen ausgelöst werden, können Sie vielleicht die andere Gehirnhälfte bei Bedarf hinzuziehen oder wenigstens feststellen, ob Sie auf der einen oder der anderen Seite feststecken.

Achtsamkeitsübung:
Links und rechts erleben?

Ziel:	die Erfahrung machen, wie jede Seite des Gehirns die Welt sieht
Dauer:	15 Minuten
Wiederholung:	zum Spaß unter Verwendung anderer Bilder, wann immer Sie die Zeit dazu finden
Sie brauchen:	einen ruhigen Ort, an dem Sie nicht gestört werden

Betrachten Sie das Bild auf der nächsten Seite, und schreiben Sie auf, was Sie sehen. Nehmen Sie sich Zeit – wenigstens eine oder zwei Minuten –, ehe Sie weiterlesen.

Haben Sie als Erstes eine belebte Straße – das große Ganze – gesehen? Oder haben Sie sich zunächst auf einige Details konzentriert? Ist Ihnen aufgefallen, dass das Bild nicht einfach rechteckig ist, sondern abgerundete Ecken hat? Das große Ganze zu sehen ist eine Fähigkeit der rechten Gehirnhälfte. Die Konzentration auf Details ist charakteristisch für die linke Gehirnhälfte.

Haben Sie die schicken Frauen in der Mitte und rechts im Bild schnell entdeckt? Dann war Ihre rechte Gehirnhälfte im Einsatz. Dort findet die Würdigung von Kunst und Schönheit statt. Haben Sie bemerkt, dass die meisten Menschen nach rechts gehen? Diejenigen auszumachen, die nach links gehen, erfordert einen Blick fürs Detail und somit den Einsatz Ihrer linken Gehirnhälfte. Nutzen Sie es jetzt. Einer hat ein Handy in der Hand. Wo ist der andere? Fragen Sie Ihre linke Gehirnhälfte. Solche Fähigkeiten helfen Ihnen auch, Dinge zu entdecken wie die Taschen und Rucksäcke, die die Passanten bei sich haben, ebenso wie den Buchstaben e, der rechts im Hintergrund verborgen ist. Die Ampel in der Mitte oben zu bemerken ist ebenso eine Fähigkeit der linken Gehirnhälfte, weil diese mehr Aufmerksamkeit auf mögliche Gefahren und alle für die Planung erforderlichen Informationen richtet.

Falls Ihnen der arme Kerl aufgefallen ist, der ausgerutscht und hingefallen ist, dann geschah das mit der linken Gehirnhälfte, aber wenn Sie Bezug darauf genommen haben, wie sich das angefühlt haben mag, war es die Empathie Ihrer rechten Gehirnhälfte. Das

Schild mit der Aufschrift »Caution, wet floor« zu lesen hat Ihre linke Gehirnhälfte beansprucht, die Wörter verarbeitet, und wenn Ihnen die Zahl 11 in den Sinn kam – die Antwort auf die mathematische Gleichung – wurde diese ebenfalls auf dieser Seite berechnet. Auch die Zeit auf der Straßenuhr – 5.05 Uhr – wurde dort erkannt, in der linken, zeitbezogenen Seite des Gehirns. Wenn Ihre rechte Gehirnhälfte richtig aktiv ist, haben Sie vielleicht die Geräusche und den Lärm dieser belebten Straßenkreuzung gehört und die sommerliche Temperatur wahrgenommen, die es allen ermöglicht, sich das anzuziehen, was sie anhaben. Wenn Sie die Zeichnung und die Muster im Allgemeinen schätzen, war dies auch Ihre rechte Gehirnhälfte. Diese würde auch jedes Verhältnis zwischen der Position und den Interaktionen der verschiedenen Figuren auf dem Bild erkennen. Dort werden alle Formen von Kunst wahrgenommen. Diejenigen mit einer aktiven rechten Gehirnhälfte denken jetzt wahrscheinlich: *Ah, ich verstehe, worauf Mo hinauswill. Ich glaube, er hätte dieses und jenes hinzufügen sollen, um die Sache noch klarer zu machen* – eine solche aktive Vorstellungskraft und Kreativität wäre die Repräsentation Ihrer rechten Gehirnhälfte par excellence. Ich hoffe, die Übung hat Ihnen Spaß gemacht. Verspieltheit und Flow sind Teil dessen, was wir auf der rechten Seite tun. Jetzt, wo Sie die Unterschiede kennen, kommt noch eine weitere wichtige Übung.

Es gelingt uns oft nicht, tiefen, echten Respekt gegenüber den Eigenschaften und Beiträgen der anderen zu empfinden – weil es schwer zu verstehen ist, wie sie denken und sich verhalten. Es ist nur menschlich zu glauben, unsere eigene Herangehensweise wäre die bessere. Lassen Sie uns das zu ändern versuchen.

Gruppenbesprechung

Praxisübung: Respekt entwickeln

Ziel:	Respekt vor den unterschiedlichen Eigenschaften entwickeln, die das Feminine und das Maskuline unseren Perspektiven und Fähigkeiten verleihen
Dauer:	60 Minuten
Wiederholung:	aus Spaß so oft Sie können
Sie brauchen:	eine gut ausgewogene, respektvolle und positive Gruppe von Freunden oder Kollegen

Suchen Sie sich eine ausgewogene Gruppe von Freunden oder Kollegen, die ein breites Spektrum von Femininität und Maskulinität repräsentieren. Wählen Sie ein Thema, das besprochen werden soll, und bitten Sie die Gruppe, es gemeinsam zu bearbeiten. Die Gruppe sollte einen Moderator bestimmen, der dafür sorgt, dass jedes Gruppenmitglied zu Wort kommt. Achten Sie darauf, dass niemand unterbrochen wird und dass alle aufmerksam zuhören.

Ihr Fokus als Gruppe muss nicht notwendigerweise darauf liegen, das Problem zu lösen, sondern – und das ist vielleicht noch wichtiger – die verschiedenen Perspektiven aufzuzeigen, die jedes Mitglied einbringt.

Beachten Sie, dass das Maskuline eher zum Handeln neigt und das Feminine eher zum Sein. Versuchen Sie, diese Unterschiede zu beobachten, und bitten Sie die Gruppe am Ende, ihre eigenen Beobachtungen mitzuteilen. Fragen Sie, ob oder wie sie ihre Vorgehensweise ändern würden, da sie nun die unterschiedlichen

Sichtweisen der anderen Mitglieder zum Erzielen einer Lösung kennengelernt haben.

Den Wert zu erkennen und sogar zu schätzen, den Unterschiede mit sich bringen, wird Ihnen beibringen, Respekt für die andere Seite zu entwickeln. Aber *nichts* hilft Ihnen mehr, die andere Seite wertzuschätzen, als sich an ihre Stelle zu versetzen. Und sei es nur einen Tag lang.

Genau das werden wir in der nächsten Übung tun, es liest sich viel leichter, als es ist. Wir werden darin versuchen, auf Ihrem Weg zum Gleichgewicht Ihre schwächere Seite anzukurbeln. Nun, da Sie beobachtet haben, wie andere denken, ist es an der Zeit, so zu denken wie sie.

Praxisübung: Tauschbörse

Gruppenbesprechung

Ziel:	Ihre schwächere Seite kultivieren
Dauer:	60 Minuten
Wiederholung:	zum Spaß unter Verwendung anderer Bilder, wann immer Sie die Zeit dazu haben
Sie brauchen:	eine gut ausgewogene, respektvolle und positive Gruppe von Freunden oder Kollegen

Setzen Sie sich mit derselben Gruppe zusammen, mit der Sie die Übung »Respekt schaffen« durchgeführt haben. Diskutieren Sie erneut eine Herausforderung, nur dass Sie diesmal die Rolle spielen, die zu respektieren Sie gelernt haben. Das mag einfach klingen, aber denken Sie daran, den Platz des anderen einzunehmen und

Ihre Antwort zu beginnen mit: »Wenn ich meine Komfortzone verlassen müsste, würde ich den Herausforderungen folgendermaßen begegnen.«

Wenn Sie eher zum Handeln neigen, versuchen Sie sich auf Beobachtungen, Emotionen und Empathie zu konzentrieren. Versuchen Sie zu spüren und sich zu verbinden. Widerstehen Sie dem Drang, sofort Maßnahmen zu ergreifen. Wenn Sie dagegen zum Sein tendieren, versuchen Sie sich darauf zu konzentrieren, was bezüglich der Situation getan werden kann. Planen Sie die notwendigen Schritte, um etwas zu erledigen.

Am Ende der Übung fordern Sie alle Mitglieder der Gruppe auf zu berichten, wie es für sie war, die entgegengesetzten Eigenschaften zu nutzen, und was ihnen dabei schwerfiel.

Nun, da Sie eine Vorstellung von beiden Seiten haben, wollen wir den gesamten Prozess üben.

Beide Seiten Ihres Gehirns verdienen unseren Respekt und unsere Aufmerksamkeit. Mit diesem Gedanken und ein bisschen Neuroplastizität (also Übung) sind Sie nun bereit, auf das gesamte Spektrum Ihrer Eigenschaften zuzugreifen.

Praxisübung:
Sein – Lernen – Handeln

Ziel:	einem systematischen Erfolgsansatz folgen
Dauer:	30 Minuten (oder auch Tage)
Wiederholung:	wann immer Sie ein Problem lösen wollen
Sie brauchen:	einen ruhigen Ort, an dem Sie nicht gestört werden, Papier und Stift

Suchen Sie sich einen ruhigen Ort, stellen Sie einen Timer, und schreiben Sie eine bestimmte persönliche Herausforderung auf, der Sie sich stellen möchten. Teilen Sie die Zeit, die Sie der Aufgabe widmen, genau auf: ein Drittel für das Sein, ein Drittel für das Lernen und ein Drittel für das Handeln.

In der »Sein«-Zeit versuchen Sie sich eine umfassende Wahrnehmung der betreffenden Herausforderung zu schaffen. Denken Sie aus allen Perspektiven darüber nach – ihre Beschaffenheit, ihre Ursachen, wie Sie davon betroffen sind, wie sie Ihr Verhalten prägt und das anderer beeinflusst, wie stark sie sich auf andere auswirkt, die Sie kennen, und so weiter. In dieser Phase ist es wichtig, Ihre Beobachtungen in Form von Fakten und Gefühlen aufzuschreiben, ohne Lösungen finden oder Maßnahmen ergreifen zu wollen. Wenn Ihre Achtsamkeit im Fluss ist, räumen Sie dem Sein mehr Zeit ein, und machen Sie weiter. Lassen Sie sich von Ihrer Achtsamkeit führen. Spüren Sie den Flow.

Wenn Sie fertig sind, wechseln Sie zum »Lernen«, das viele Formen haben kann. Vielleicht lernen Sie, indem Sie einen Freund bitten, einige Ihrer Beobachtungen näher zu betrachten. Oder Sie suchen im Internet nach allgemeinen Informationen über Ihre Beobachtungen oder die Beschaffenheit Ihrer Herausforderung. Oder Sie können lernen, indem Sie sich ein Video anschauen, in dem andere Lösungsschritte und Maßnahmen vorschlagen.

Bleiben Sie auch hier wieder beim Lernen, solange das Lernen fließt. Beschneiden Sie nicht Ihr Privileg, zu entdecken und zu erforschen. Machen Sie tagelang so weiter, wenn Sie müssen. Als lebenslang Lernender tue ich das häufig. Solange Sie noch in der Lernphase sind, widerstehen Sie dem Drang zu handeln. Erst wenn Sie das Gefühl haben, vollkommen im Bilde und informiert zu sein, sollten Sie in die nächste Phase überwechseln und anfangen zu »handeln«.

Handeln hat viele Formen – vom Ergreifen einer kleinen Maßnahme, Planen und Festlegen über das Führen eines schwierigen Gesprächs bis hin zum Kündigen Ihrer Stelle, dem Verlassen Ihres Partners, dem Aufgeben des Rauchens oder dem Verkauf Ihres Hauses. Wenn Sie mit der »Handeln«-Phase beginnen, kommt es darauf an, dass Sie sich auf das Notwendige einlassen. Seien Sie systematisch und diszipliniert, bis das Gewünschte erreicht ist. Wenn Sie jedoch merken, dass Ihr Handeln nicht die erwarteten Ergebnisse hervorbringt, dann ändern Sie sie nicht einfach. Kehren Sie zum Sein zurück. Betrachten Sie, warum Ihr Handeln nicht erfolgreich war und was sich verändert haben könnte. Lernen Sie dann, was immer im Rahmen Ihrer neuen Achtsamkeit erforderlich ist, ehe Sie wieder zu handeln beginnen.

Egal was Sie tun, denken Sie an die eine goldene Regel, die Ihr Leben verändern wird und die das Potenzial hat, unsere ganze Welt zu verändern.

Sehr wichtig!

Seien Sie, ehe Sie lernen, und lernen Sie, ehe Sie handeln.

Kapitel 6

Reden, reden, reden

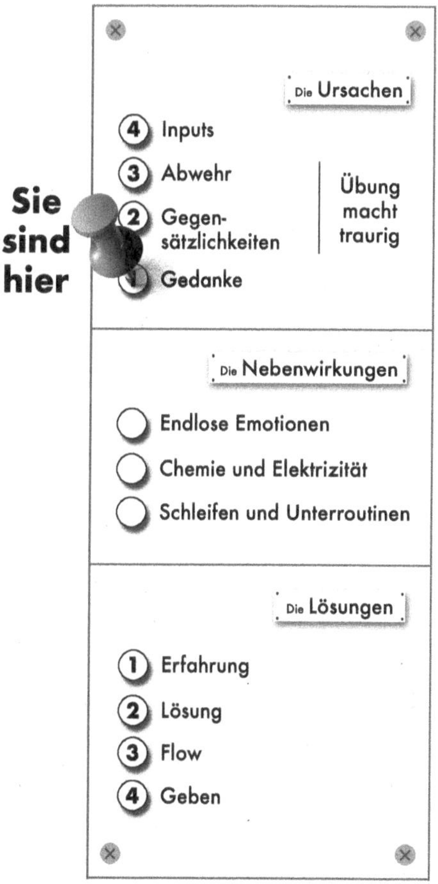

Wie viel ist 3 + 7? Löst das Beantworten einer einfachen mathematischen Aufgabe oder einer Logikfrage irgendein Gefühl in Ihnen aus? Werden Sie beim Geschirrspülen emotional?

Problemlösungs- und Motorikfähigkeiten gehören zu den Funktionen, die Ihr Gehirn regelmäßig ausübt. Wenn Sie sich darauf konzentrieren, eine Antwort zu finden, lösen diese Gedanken eigentlich keine Gefühle aus. Die Gedanken, die dies jedoch am häufigsten tun, sind jene, die ohne besondere Aufmerksamkeit kommen, die in die Irre führen, nicht hilfreich sind. Sich wiederholende Gedanken wie *Ich bin schlecht in Mathe* oder *Ich werde mein gesamtes restliches Leben Geschirr abwaschen* sind die Art von Gedanken, die keine Probleme lösen oder die Welt verändern, außer dass Sie uns vielleicht unglücklich machen. Solches Denken wird allgemein als unaufhörliches Grübeln bezeichnet.

Ein tödlicher Gedanke

All meine Liebe zur Wissenschaft, zu Mathematik, Logik und Ingenieurskunst, all meine Neigung zum fleißigen Arbeiten habe ich von meinem Vater geerbt. Mein alter Herr, der ebenfalls Ali hieß, war einfach brillant. Das sage ich nicht, weil er mein Papa war. Es stimmt einfach. Viele sahen ihn als den herausragendsten Ingenieur seiner Zeit, und er leistete einen großen Beitrag für Ägypten, indem er die Brücken- und Straßenbauabteilung der größten ägyptischen Baufirma seiner Zeit leitete. Diese Abteilung brachte das Geschäft und die Expertise weg von teuren ausländischen Beratern und ins Land hinein, was enorme Steuereinsparungen bedeutete und Zehntausende neuer Arbeitsplätze schuf. Dadurch wuchs Ägyptens Appetit auf Investitionen in die Straßeninfrastruktur, und infolgedessen wurden während der 20 Jahre, in denen er diese Abteilung leitete, viele Straßen und Brücken errichtet. Das Unternehmen war für unsere Wirtschaft so wertvoll, dass sein Gründer und CEO, der Chef meines Vaters, zum Minister für öffentliche Bautätigkeiten gewählt wurde – doch sobald sein Nachfolger übernahm, änderten sich die Dinge für meinen Papa.

Wie so oft bei großen Konzernen führte ein Führungswechsel zu einer Strategieänderung. Bald wurde mein Vater aufgefordert, die von ihm gegründete und während des Großteils seines Berufslebens erfolgreich geführte Abteilung aufzugeben und stattdessen eine geografische Region für die Firma zu übernehmen. Auch wenn das immer noch eine sehr strategische und einflussreiche Position war, war mein Vater so enttäuscht, dass er schließlich in eine tiefe Depression geriet, die mehrere Jahre andauerte. Seine Vitalität schwand rapide. Man konnte seinem Alterungsprozess regelrecht zusehen, und schließlich kostete diese Depression ihn das Leben, als er mit 58 Jahren einen plötzlichen Herztod erlitt.

Dieser ursprüngliche Ali, mein geliebter Vater, hatte ebenso viel Einfluss auf meine heutige Persönlichkeit wie mein Sohn Ali. Er liebte mich über alle Maßen und unterrichtete mich großzügig. Als er depressiv wurde, schienen die meisten Leute ihm die Schuld daran zu geben. Sie wussten, dass er klug und vernünftig war, deshalb erwarteten sie, dass er sich selbst daraus befreien könnte. Aber so läuft das bei einer Depression nun mal nicht. Statt ihn unter Druck zu setzen, wurde ich einfach ein guter Sohn. Ich verbrachte Stunden an seiner Seite, brachte ihm mit, was er brauchte, und hörte ihm zu, wann immer er etwas mitzuteilen hatte. Als ich ihn fragte, warum er traurig sei, kam immer dieselbe Antwort: »Sie haben meine Arbeit nie gewürdigt!«

Wenn ich jetzt daran zurückdenke, wird mir klar, dass dieser Gedanke falsch war. Er wuchs und wuchs im brillanten Verstand meines Vaters, doch er stimmte nicht. Sie schätzten seine Arbeit, sehr sogar, und das über 20 Jahre lang, doch irgendwie fand sein Gehirn einen Weg, um diese Tatsache zu ignorieren. Ein Gedanke, der sich selbst immer und immer wieder in seinem Kopf wiederholte, nahm mir meinen Vater weg.

Als er starb, saß ich die ganze Nacht neben ihm, weinte, dass er mich verlassen hatte, betete, dass er auf seinem neuen Weg in Sicherheit sein möge, entschuldigte mich für die Momente, wenn ich nicht ganz für ihn da gewesen war, und am meisten tobte ich vor Wut gegen die Bestie, die ihn mir weggenommen hatte – die Traurigkeit. Doch als ich älter wurde, erkannte ich, dass seine Traurigkeit nur das Symptom gewesen war, denn was ihn mir wirklich genommen hatte, war dieser eine Gedanke. Wenn ich jetzt zurückschaue, glaube ich, dass da meine Obsession für das Glück begann. Auch wenn ich auf dem Weg mehrfach versagt habe, schwor ich mir, dass niemals wieder solch ein Gedanke mich oder einen meiner Lieben in Beschlag nehmen solle. Dieser Augenblick war es, in dem alles begann und der mich heute hierhin gebracht hat mit dem Vorsatz, einer Milliarde Menschen dabei zu helfen, eine der gefährlichsten menschheitsbedrohenden Krankheiten zu beseitigen …

Unablässiges Grübeln

Unablässiges Grübeln wird definiert als eine Schleife obsessiven Nachdenkens, bei dem immer und immer wieder derselbe Gedanke wiedergekäut wird. Man nennt es wiederkäuen, weil der Vorgang wiederholten Grübelns vergleichbar ist mit dem Hochwürgen von Futter bei Wiederkäuern wie Ziegen, Schafen und Kühen. Es ist das Zurückbringen eines alten Gedankens, um ihn noch mal durchzukauen … Igitt.

Beim Grübeln wird der aktive Teil unseres Gehirns als Ruhestandsnetzwerk bezeichnet.[15] Das ist ein ausgedehntes Netzwerk von Gehirnregionen, die aufleuchten, wenn unser Geist umherschweift und wir uns in selbstreferenziellen Gedanken verlieren. Das Ruhestandsnetzwerk wird im Allgemeinen aktiv, wenn wir nachdenken, ohne bewusst aufmerksam zu sein. Derartige Gedanken sind oft überall, als wollten sie die entferntesten – manchmal irrationalen – Winkel unseres Gehirns erforschen.

Schauen Sie sich *Inception* an, meinen absoluten Lieblingsfilm

Einer der faszinierendsten Momente in *Inception* ist, wie Cobb (Leonardo DiCaprio) versucht, seine Frau Mal (Marion Cotillard) von einer langen Mission in der Traumwelt zurückzuholen, indem er den Keim zu der Vorstellung in ihren Kopf pflanzt, dass ihre Welt nicht real ist. Bis sie in die reale Welt zurückgekehrt sind, ist die Idee in Mal so stark gewachsen, dass sie selbst nach dem Erwachen immer noch überzeugt ist, ihre Welt sei nicht real und sie müssten sich selbst töten, um aufzuwachen. Dieser eine unablässige Gedanke, dieser Splitter in ihrem Verstand führte zu ihrem tragischen Selbstmord.

Sie hat mich verlassen, weil ich den letzten Joghurt aus dem Kühlschrank gegessen habe. Was sollte es sonst sein? Sie ist gegangen, gleich nachdem sie den Kühlschrank geöffnet hat, und ich weiß, sie liebt ihren Joghurt. Warum habe ich das getan? Ich hätte doch stattdessen einen Bagel essen können. Ich vermisse sie. Ich werde nie wieder Joghurt essen.

Unablässiges Grübeln hat eine ganz bestimmte Beschaffenheit. Diese Gedanken erzeugen sich selbst und sind an uns selbst oder unsere Lieben gerichtet. Beim Fehlen bewusster Aufmerksamkeit schauen unsere Gedanken nur in uns hinein und finden dort Nahrung, um nur über uns nachzudenken. Das gibt uns einen Hinweis auf die Gründe, warum wir grübeln.

Wenn unser Gehirn etwas Raum und freie Verarbeitungskapazitäten bekommt, schweift es ab, um mögliche Gefahren und Gelegenheiten zu ergründen, die durch bewusstes fokussiertes Denken womöglich nicht gefunden würden. Es ist ein bisschen so, als würden Sie nach einem verlorenen Gegenstand suchen. Wenn Sie sich genau an seine letzte Verwendung erinnern können, werden Sie sicher diesen bestimmten Ort aufsuchen, um danach Ausschau zu halten. Dieser Prozess ist vergleichbar mit dem bewussten Denken – wenn Sie also aktiv ein genau definiertes Problem behandeln.

Erinnern Sie sich jedoch nicht, suchen Sie vielleicht überall und bewegen sich einfach von einem Ort zum nächsten, von der Jackentasche zum Regal, und untersuchen sämtliche Ecken, um den Gegenstand wiederzufinden. Das ist sehr ähnlich wie das unablässige Grübeln, nur dass unablässiges Grübeln nicht mal weiß, wonach es eigentlich sucht – nur dass irgendetwas fehlen muss.

Sich selbst durch die entfernten Winkel Ihrer Gedanken wandern zu lassen kann manchmal überaus wertvoll sein. Dies ist der Prozess, durch den alle »Aha«-Momente geschehen. Legen Sie Ihrem Gehirn ein Problem vor, und lassen Sie es dann frei umherschweifen – die Ergebnisse könnten Sie überraschen. *Wie beende ich diese Beziehung, ohne sie konfrontieren zu müssen? Ich weiß, ich esse ihren Joghurt auf. Das ist ihr Lieblingsessen! Wenn ich genug davon esse, wird sie nicht mehr mit mir zusammen sein wollen.* Hinterhältig? Ja! Aber trotzdem kreativ dank Ihres unablässigen Grübelns. Scherz beiseite, einige der größten Entdeckungen der Geschichte fanden im Hintergrund genialer Köpfe statt. Der Heureka-Moment des Archimedes erfolgte nicht, als er sich bewusst mit dem Problem befasste, wie sich das Volumen der unregelmäßigen Formen des königlichen Goldes berechnen ließe. Das überschwappende Wasser der Badewanne, als er seinen unregelmäßig geformten Körper hineingleiten ließ, schuf diesen Moment der Erkenntnis. Ja, manchmal helfen uns fließende und überfließende Gedanken, aber meist macht uns das Denken ohne geregelte Aufmerksamkeit doch unglücklich.

Matt Killingsworth, Forscher an der Harvard-Universität, führte eine interessante Studie durch. Er verwendete eine App, die die Teilnehmer aufforderte, mehrmals täglich aufzuzeichnen, was sie gerade taten und wie sie sich fühlten. Die App versuchte vor allem zu erfassen, ob sie auf ihr Handeln fokussiert waren oder ob ihre Gedanken gerade frei umherschweiften und wie sich das für sie anfühlte. Die Ergebnisse der Studie waren unbestreitbar:

Sehr wichtig!

Ein umherschweifender Geist ist ein unglücklicher Geist.

Die Teilnehmer berichteten, dass sie deutlich glücklicher waren, wenn sie sich auf das konzentrierten, was sie taten. Selbst wenn ihnen das keinen Spaß bereitete, machte die vollständige Konzentration darauf den durchschnittlichen Teilnehmer glücklicher. War der Teilnehmer jedoch mit seinen Gedanken woanders, war er tendenziell weniger glücklich, selbst wenn ihm sein Tun eigentlich Freude machte.

Diese Entdeckung ist wesentlich verbreiteter, als wir uns klarmachen. Zahlreiche klinische Studien haben erwiesen, dass Menschen mit Depressionen eine höhere Anfälligkeit für Grübeleien und wiederholte Gedanken der Scham, der Wut, der Reue und des Bedauerns haben. Der präfrontale Kortex – jener Teil Ihres Gehirns, der die Aufmerksamkeit steuert – ist unter klinischen Bedingungen häufig unteraktiv. Die Aufmerksamkeitsdefizit-Hyperaktivitätsstörung (ADHS) ist die klinische Definition dieses Zustands, aber ungesteuerte Aufmerksamkeit scheint auch andere unglückliche Zustände wie Depressionen, Substanzmissbrauch und Angst auszulösen.

Es lässt sich unstrittig nachweisen, dass Patienten, die unter extremem Unglücklichsein leiden, häufiger grübeln und es schwierig finden, ihre Aufmerksamkeit zu regulieren. Es fällt ihnen schwer, zu bewussten Gedanken überzuwechseln, die ihre Lebenssituation verbessern oder ihr Unglücklichsein verringern würden.

In einer Studie, die Dr. Paul Hamilton von der Stanford-Universität im Juli 2015 durchführte, stellte sich heraus: Wenn wir es nicht schaffen, unsere Aufmerksamkeit zu regulieren, beginnt ein Teil unseres Denkens an einem gewissen Punkt gegen uns zu arbeiten und unsere Gedanken auf Negatives zu fokussieren.[16] Das heißt, je mehr unsere Gedanken auf Wanderschaft gehen, desto negativer werden sie. Das geht rasch auch auf unsere Emotionen über.

Unser präfrontaler Kortex reguliert oder hemmt das limbische System, also unser emotionales System. Ein schwaches Aufmerksamkeitssteuerungssystem macht unsere Gefühle reaktiver und lässt sie leicht außer Kontrolle geraten. In der Neurowissenschaft bezeichnet man dies als Hypofrontalität, und ein sehr gutes Beispiel dafür ist die Zeit des Heranwachsens. Wenn unser limbisches System im frühen Teenageralter den Betrieb aufnimmt, empfinden wir sehr viel Leidenschaft und Emotion, ohne über die ausreichende Funktionalität des präfrontalen Kortex zu verfügen, um dies abzumildern, weil unser präfrontaler Kortex sich erst in der späten Teenagerzeit und den frühen Zwanzigern entwickelt.[17] Wenn Sie das nächste Mal die Achterbahn der Wut oder der Emotionen bei einem Teenager erleben, seien Sie dankbar für Ihre Fähigkeit der bewussten Aufmerksamkeit. Er oder sie wird diese Fähigkeit auch bald besitzen.

Während der Zusammenhang zwischen ungesteuerter Aufmerksamkeit und Unglück klar ist, so sind es die Ursachen nicht. Man streitet darüber, was wozu führt. Werden diejenigen traurig, denen die Fähigkeit der Aufmerksamkeitssteuerung fehlt? Oder werden die Traurigen aufgrund von Neuroplastizität weniger zur bewussten Aufmerksamkeit fähig, was dazu führt, dass sie sich trauriger fühlen?

Für mich spielt das eigentlich keine Rolle. Wichtig ist, dass das wächst, was wir nutzen. Um also den Trend umzukehren und nicht vom ständigen Grübeln überwältigt zu werden, müssen wir uns mehr auf bewusste Aufmerksamkeit und weniger auf das Nachdenken fokussieren. Je mehr Aufmerksamkeit wir üben, desto aktiver werden aufgrund der Neuroplastizität die richtigen Bereiche des Gehirns. Es braucht also nur Zeit und wiederholte Übung, denn:

Nicht vergessen!

Bewusste Aufmerksamkeit kann erlernt werden.

Genau genommen ist es das Umherschweifen der Gedanken, das ent-lernt werden kann. Im kindlichen Gehirn lässt sich das Ruhestandsnetzwerk nur begrenzt nachweisen. Erst zwischen neun und zwölf Jahren prägt es sich stärker aus, woraus sich schließen lässt, dass es entwicklungsbedingten Veränderungen unterliegt, die zum Unglücklichsein führen. Wie es scheint, beginnen wir unser Leben mit einem ruhigeren Geist und lernen dann, uns ablenken zu lassen.

In dieser Hinsicht ist unser Gehirn eine im Entstehen begriffene kleine Bestie – ein Pitbull-Welpe, wenn man so will. Gut erzogen werden Pitbulls loyale, wunderbare Haustiere, die Sie beschützen und glücklich machen. Wenn Sie sie herumstreunen lassen, beißen sie womöglich Sie und jeden anderen, der ihnen begegnet.

Wenn ich Sie aufforderte, ein wildes Tier zu zähmen, würden Sie als Erstes das Tier beobachten und sich eingehend mit seinen Verhaltensmustern beschäftigen, nicht wahr?

Ich will Ihnen ein paar Übungen vorstellen, mit denen Sie sich über die Bestienmuster Ihres Gehirns bewusst werden können. Als Erstes müssen Sie zuhören. Sie müssen aufmerksam dem Dialog folgen, der in Ihrem Kopf stattfindet.

Ich nenne mein Gehirn Becky (manchmal auch Brian). Ja. Ich habe festgestellt, dass ich mich so am besten daran erinnern kann, dass mein Gehirn nicht ich ist und dass es an mir liegt, ob ich seinen unablässigen Gedanken überhaupt zuhören will, ob ich gehorchen oder es zum Schweigen bringen soll. Becky redet eine Menge, besonders wenn sie ignoriert wird.

Achtsamkeitsübung:
Lernen Sie Becky kennen

Ziel:	beobachten, wie Ihr Gehirn spricht
Dauer:	25 Minuten
Wiederholung:	ich mache das mindestens drei-, viermal wöchentlich
Sie brauchen:	einen ruhigen Ort, einen Timer, einen Stift und einen Notizblock

Die beste Methode, um mein Gehirn zur Ruhe zu bringen, habe ich festgestellt, besteht darin, ihm zuzuhören – Becky kennenzulernen. Wenn es sich gehört fühlt, lässt überraschenderweise sein Drang nach, unaufhörlich zu reden.

Suchen Sie sich einen ruhigen Ort, an dem Sie nicht gestört werden. Stellen Sie den Timer in Ihrem Handy auf 25 Minuten, und legen Sie das Gerät dann vor sich auf den Tisch.

Dies ist keine Meditationsübung, also lassen Sie Ihrem Gehirn einfach freien Lauf. Lassen Sie es so viele Gedanken aufbringen, wie es will. Es gibt nur zwei Regeln:

1. Hören Sie aufmerksam jedem Gedanken zu, der hochkommt, nehmen Sie ihn zur Kenntnis, und wiederholen Sie ihn laut, dann lassen Sie ihn los. Halten Sie an keinem Gedanken fest. Analysieren Sie ihn nicht, und schlagen Sie keine Lösungen vor. Wenn Sie ihn zur Kenntnis genommen haben, bitten Sie Ihr Gehirn um den nächsten Gedanken.
2. Ihr Gehirn darf gehen, wohin es will, es darf jedoch keinen Gedanken zweimal aufbringen. Falls es das doch tut, weisen Sie darauf hin, und bitten Sie um den nächsten Gedanken.

Dieses Vorgehen widerspricht unserem natürlichen Verhalten. Normalerweise rauschen die Gedanken durch unseren Kopf. Einige von ihnen haften wie Klettband, also lassen wir sie andauern. Wir wiederholen sie und verstärken sie mit anderen Gedanken aus demselben, meist negativen Gewebe, bis wir einen dunklen Umhang erzeugt haben, der unsere Klarheit und Einsicht verhüllt. Alle anderen Gedanken ignorieren wir vollständig, wodurch sie zu einem weißen Rauschen im Hintergrund unseres Bewusstseins werden. Es wird etwas Übung brauchen, diese neue Fähigkeit zu erlernen. Beobachten Sie jeden Gedanken aufmerksam, dann lassen Sie ihn los, um einen anderen an seine Stelle treten zu lassen. Wenn Sie den Dreh heraushaben, werden Ihre Gedanken nach einem Muster verlaufen, das ungefähr so aussieht:

Der Gedanke	**Ihre Reaktion**
Oh, mir ist noch nie aufgefallen, was für einen Krach der Kühlschrank macht. Das ist ja scheußlich.	Okay, das Geräusch des Kühlschranks ist scheußlich. Was noch?
Mein Lehrer hasst mich.	Verstanden. Lehrer hasst uns. Was noch?
Ich darf nicht vergessen, Aya anzurufen.	Ja. Ich schreib mir das auf. Aya anrufen. Nächster Gedanke?
Ich finde Fußball gut.	Cool, ich auch. Noch irgendwelche Gedanken?
Mein Lehrer hasst mich.	Das hast du schon gesagt. Was noch?
Du kannst mich mal.	Werd nicht frech, Gehirn. Sonst noch was?

Hören Sie nicht auf, bis der Timer klingelt. Normalerweise werden Sie zwei verschiedene Wellen bemerken. Zunächst wird Ihnen auffallen, dass das, was zuvor ein willkürlicher Gedankensturm war, sich in einen Strom verwandelt, sobald Sie Ihren Gedanken aufmerksam zuhören. Es ist fast so, als wäre Ihr Gehirn ein bisschen überrascht, dass Sie zuhören, und passt sein Verhalten entsprechend an. Es wird jeden Gedanken analysieren und Ihnen einen nach dem anderen vorlegen, statt sie willkürlich überall hochkommen zu lassen. Je mehr Sie die Gedanken zur Kenntnis nehmen, umso mehr denkt Ihr Gehirn: *Huch, er/sie hört tatsächlich zu. Ich sollte wohl lieber was Intelligentes sagen.* Sie werden bemerken, dass der Strom sich infolgedessen in ein Tröpfeln verwandelt.

Weil Sie darauf beharren, keine wiederholten Gedanken zu akzeptieren, wird sich das Tröpfeln noch weiter verlangsamen, ehe es vollständig aufhört. Sie fragen nach dem nächsten Gedanken, und dann bemerken Sie eine deutliche Pause, ehe Ihr Gehirn sagt: *Ähm … das war's eigentlich, ich habe sonst nichts zu sagen!*

Ein langer Abschnitt der Stille und reinen Freude tritt ein. Dieser Moment wird zu den denkwürdigsten Ihres Lebens gehören. Er wird sich viel besser anfühlen als Ihr erster Kuss. Sie werden diesen Moment als Ihren ersten Glücksfall im Gedächtnis behalten.

Während dieser Augenblicke des Glücksfalls erfolgen unglaubliche Einsichten. Sie werden beobachten, wie Ihr Gehirn Phasen langen Schweigens durch vollständig entwickelte geniale Erkenntnisse unterbricht. Heureka! Und wenn Sie so sind wie ich, werden Sie den Timer auf weitere 25 Minuten stellen und dann noch mal, nur um die Freude zu verlängern.

Durch aufmerksames Zuhören haben Sie die Bestie nun beobachtet. Glückwunsch. Sie haben sie noch nicht gänzlich gezähmt, aber ich hoffe, Sie haben erfahren, wie das Leben sich anfühlt, wenn sie gezähmt ist.

Wenn Sie abgelenkt sind oder sich schlecht konzentrieren können, wird dies vielleicht Ihre Lieblingsübung in diesem Buch. Ich nenne sie »Wish You Were Here« nach einem meiner absoluten Lieblingssongs (von Pink Floyd natürlich).

Praxisübung:
Wish You Were Here

Ziel:	mithilfe von Neuroplastizität den Hirnkreislauf entwickeln, der für bewusste Aufmerksamkeit notwendig ist
Dauer:	5 Minuten mehrmals täglich
Wiederholung:	21 Tage lang
Sie brauchen:	einen ruhigen Ort

Im Laufe der Jahre habe ich vielen meiner Lieben und guten Freunden den Rat gegeben, es 21 Tage lang durchzuziehen. Unabhängig voneinander berichteten sie mir, es hätte ihr Leben verändert.

Bewusste Aufmerksamkeit ist das Rückgrat des Glücks, und Fokus ist das Rückgrat von Errungenschaften und Erfolg im Leben. In dieser Übung werden Sie die für beides notwendigen Fähigkeiten entwickeln.

Nehmen Sie sich mehrmals täglich fünf Minuten Zeit, und fangen Sie an, die physische Welt ringsumher zu beobachten. Spielen Sie mit Ihrem Gehirn ein einfaches Spiel. Geben Sie ihm die klare Anweisung, bestimmte Dinge zu suchen und hervorzuheben oder eine Aufgabe auf eine Weise auszuführen, die sich von der üblichen Vorgehensweise unterscheidet. Im Folgenden finden Sie eine ausreichend lange Liste, um Sie während einiger Übungsdurchläufe beschäftigt zu halten. Geben Sie Ihrem Gehirn irgendeine der darin aufgeführten Anweisungen, und hören Sie nicht auf, ehe die Aufgabe erledigt ist.

Hey, Gehirn, ich wünschte, du wärst hier. Such für mich alles Weiße (Rote, Schwarze, Blaue) in diesem Zimmer.

Hey, Gehirn, ich wünschte, du wärst hier. Nenn mir die letzten zehn Personen, mit denen ich mich getroffen habe.

Hey, Gehirn, ich wünschte, du wärst hier. Zähl von 163 rückwärts.

Hey, Gehirn, ich wünschte, du wärst hier. Lass meinen Zeigefinger zwei Minuten lang rhythmisch klopfen.

Hey, Gehirn, ich wünschte, du wärst hier. Lies diesen Satz rückwärts, Buchstabe für Buchstabe.

Hey, Gehirn, ich wünschte, du wärst hier. Wie viele Tage sind es noch bis zum Geburtstag meiner Mutter?

Hey, Gehirn, ich wünschte, du wärst hier. Zähl die Blüten an diesem Strauch.

Hey, Gehirn, ich wünschte, du wärst hier. Behalt diese Fliege im Auge. Lass sie deiner Aufmerksamkeit nicht entkommen.

Hey, Gehirn, ich wünschte, du wärst hier. Wie geht der Text von »Wish You Were Here«? Sag ihn auf, nicht singen.

Hey, Gehirn, ich wünschte, du wärst hier. Achte auf die Zahl Neun, wann immer sie uns auf dem Weg zur Arbeit begegnet.

Das sind nur ein paar Ideen. Sie können Ihre eigenen Spiele erfinden. Bedenken Sie, dass Neuroplastizität durch Wiederholung verstärkt wird. Um die Aufmerksamkeitsressourcen des präfrontalen Kortex zu entwickeln, müssen Sie das mehrmals täglich ein paar Minuten lang machen (nicht einmal am Tag 20 Minuten am Stück). Machen Sie es 21 Tage lang, und Sie erleben ein Wunder. Danke, dass du hier bist. Es ist wunderbar, dass du bei uns bist.

Das wahre Wunder Ihres Gehirns entfaltet sich zu vollem Glanz, wenn Ihre Aufmerksamkeit reguliert wird. Suchen Sie einen Weg, um im Hier und Jetzt zu sein, indem Sie Ihre Aufmerksamkeit auf die Realität Ihres Lebens lenken statt auf die ungesteuerten Gedanken in Ihrem Kopf, und Sie erleben eine Welt des Glücks.

Wenn ich nach der wichtigsten Fähigkeit gefragt werde, die uns das Glücklichsein ermöglicht, lautet meine Antwort immer … bewusste Aufmerksamkeit. Machen Sie sie zu Ihrer Realität. Hören Sie auf zu wünschen …

Nicht vergessen!

Seien Sie hier.

Zusammenfassung von Teil 1

4-3-2-1*, das sind die Gründe, aus denen unser Gehirn uns unglücklich macht.*

4 *(falsche)* **Inputs** *verzerren unsere Wahrnehmung der Wahrheit. Drei kommen aus uns selbst. Es sind Konditionierung, wiederkehrende Gedanken und eingeschlossene Emotionen. Doch die größte durchdringt alles ringsumher. Es sind die verborgenen Auslöser, von Nachrichtensendern über die Unterhaltungsindustrie bis zum Ratschlag eines Freundes, der nicht in Ihren Lebenskontext passt. Lassen Sie Ihre Gedanken nicht von Ihren inneren Inputs beeinflussen. Betrachten Sie sie als das, was Sie sind, und rupfen Sie sie aus. Und dann, was immer Sie tun, hören Sie auf, Ihr Leben von verborgenen Auslösern durchdringen zu lassen. Sie sind, was Sie denken. Lassen Sie sich nicht länger von den Gedanken anderer zu dem machen, der Sie sind.*

3 *(übertriebene)* **Abwehrmechanismen** *geben uns Sicherheit, lassen uns aber auch leiden. Unser Gehirn hat jeden eingebauten Abwehrmechanismus, der anderen Spezies geholfen hat. Ein Reptiliengehirn, das für die Gefahrenvermeidung lebt, ein Säugetiergehirn, das existiert, um Belohnung zu suchen und Schmerz zu vermeiden, und ein rationales Gehirn, das ständig plant und analysiert. Diese Abwehrmechanismen halten uns in Ablehnung, Anklammern und alles durchdringender Unzufriedenheit gefangen. Lernen Sie, Ihrem Reptiliengehirn ein Gefühl der Sicherheit zu geben, lassen Sie Ihr Säugetiergehirn genießen, was ist, und erinnern Sie Ihren rationalen Menschen daran, zu erkennen, dass alles in Ordnung ist.*

***2** (gegensätzliche) **Polaritäten** sind Teil eines jeden von uns: das Feminine und das Maskuline. Diese Polaritäten werden nicht von Biologie, Geschlecht oder sexueller Präferenz bestimmt. Sie sind eine Lebensweise. Die eine dreht sich um das Sein und die andere um das Handeln. Unsere moderne Welt und jeder Einzelne von uns sind vom Handeln dominiert. Wir brauchen mehr von unseren femininen Eigenschaften. Wir müssen lernen zu sein.*

***1** (schädlicher) **Gedanke** – das unablässige Denken – ist die Folge dessen, dass wir unsere Gedanken sich wiederholen lassen, unüberprüft von unserer bewussten Aufmerksamkeit. Viele Krankheitssymptome, die mit Unglück assoziiert werden, sind das Ergebnis von zersplitterten Gedanken und einem frei umherschweifenden Geist. Bewusste Aufmerksamkeit zu erlernen ist immer mein bevorzugter Ratschlag für jeden, der nach Glück strebt. Seien Sie hier.*

Wenn Sie eine schlechte Angewohnheit oft genug wiederholen, werden Sie richtig gut darin, denn aufgrund von Neuroplastizität macht Übung traurig. Hören Sie auf, Ihr eigenes Unglück zu üben. Wenden Sie den Prozess in die entgegengesetzte Richtung. Lernen Sie, zum Glücks-Fitnessstudio zu gehen, und arbeiten Sie an den Gewohnheiten, die das 4-3-2-1-Modell umkehren.

Üben Sie, Ihre Informationsnahrung nur auf das zu beschränken, was Ihnen guttut. Denken Sie daran, Ihren Dankbarkeitsmuskel zu trainieren. Leben Sie stärker das Feminine, und üben Sie bewusste Aufmerksamkeit. Ein kleiner Schritt nach dem anderen, und Ihr Gehirn richtet sich darauf aus, dass Glück sein Grundzustand ist.

TEIL 2

Die Nebeneffekte des Denkens

Unser Gehirn möchte anscheinend nicht auf das Innere unseres Schädels begrenzt bleiben. Es wagt sich heraus, beeinflusst unsere Emotionen und körperlichen Empfindungen. Es wirkt sich sogar auf sein eigenes Selbst aus, wenn es Gedanken seiner Wahl immer und immer wieder wiederholt.

Kapitel 7

Fühlst du es?

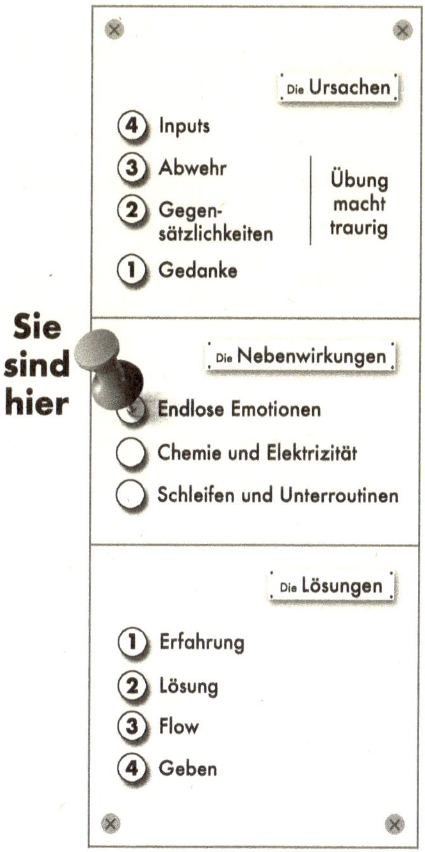

Wie wir bereits festgestellt haben, ist der oberste Zweck des Denkens, unsere Sicherheit zu bewahren. Die Autorität unseres Gehirns ist jedoch nicht auf die von ihm produzierten Gedanken beschränkt. Das Gehirn kontrolliert auch unsere Emotionen und körperlichen Empfindungen. Es lässt uns bewusst auf eine bestimmte Weise fühlen. Ihr Gehirn bestimmt, wann ein bestimmter Gedanke einsetzt und wann er wiederholt wird. Wie ein echter Diktator kontrolliert es alles innerhalb Ihres physischen Erscheinungsbildes, und infolgedessen kontrolliert es auch Sie vollständig. Zu seinen Werkzeugen gehören Emotionen, Chemikalien (Hormone) und elektrische Signale sowie wiederkehrende Gedanken – die wir als Schleifen bezeichnen werden – und Gruppen von Gedanken, die sich zusammenballen und die wir als Unterroutinen bezeichnen werden.

Die Entstehung von Emotionen

Zu jeder Minute jedes Tages haben wir so viele Emotionen. Ärger, Glück, Aufregung, Angst, Lust – die Liste lässt sich immer weiter fortsetzen, und wenn keine Emotionen vorhanden sind, empfinden wir Langeweile. Diese Empfindungen müssen nicht notwendigerweise mit einem physischen Auslöser verbunden sein. Zum Beispiel muss nichts Ihren Körper berühren oder mit ihm interagieren, damit Sie Empathie verspüren. Sie können jemanden begehren, dem Sie nie persönlich begegnet sind, und sich vor einem Ereignis fürchten, das Sie nie erlebt haben. Emotionen können unsere körperlichen Empfindungen sogar betäuben oder imitieren. Vielleicht sind Sie erschöpft, aber dann maskiert Panik Ihre Müdigkeit, und Sie springen hoch wie ein Floh. Manchmal kann Verzweiflung aufgrund von wiederholtem Kummer uns ein Gefühl der *Betäubung* verschaffen, und der Abscheu vor dem unmoralischen Verhalten eines anderen kann dafür sorgen, dass uns *übel* wird. Was sind diese magischen Empfindungen? Wie entstehen sie? Was ist ihr Zweck, und wie gehen wir mit ihnen um, um unser Ziel des Glücks und des Erfolgs zu erreichen? Die Antworten sind faszinierend.

Beginnen wir mit dem Grundlegenden. Was ist eine Emotion?

Englisch ist nicht meine Muttersprache. Deshalb beginne ich immer mit der Google-Suche nach einer Definition, wenn ich mich daranmache, über ein Konzept zu schreiben, unabhängig von seiner Komplexität oder Einfachheit. Zum Glück flößt die Sprachbarriere mir Bescheidenheit ein und erinnert mich daran, dass es nicht vollkommen korrekt sein mag, was ich weiß – die tatsächliche Bedeutung könnte durch die Übersetzung verlorengegangen sein.

Haben Sie schon mal nach einer Definition für Emotionen gesucht? Die Antworten würden Sie überraschen. Es scheint keinen wissenschaftlichen Konsens zu geben. Ich konnte viele Definitionen finden, aber keine, der alle zustimmten.

Wikipedia begann mit: »Eine Emotion ist ein *mentaler Zustand,* der mit Gedanken, Gefühlen, Verhaltensreaktionen und einem gewissen Grad von Gefallen oder Missfallen verbunden ist.« Eine Google-Suche ergab: »Emotion (Nomen) ist ein *starkes Gefühl,* das aus den eigenen Umständen, der Stimmung oder den Beziehungen zu anderen entsteht.« Die *Encyclopaedia Britannica* liefert diese Definition: »Emotion, eine komplexe *Erfahrung* von Bewusstsein, körperlicher Empfindung und Verhalten, welche die persönliche Bedeutsamkeit eines Gegenstands, eines Ereignisses widerspiegelt.«

Ist es ein Gefühl? Ein mentaler Zustand? Oder eine Erfahrung? Was denn nun?

Wie ist es möglich, dass etwas so Beherrschendes und Einflussreiches wie unsere Emotionen keine allgemeingültige Definition hat, und wie kann ich als Ingenieur mit irgendetwas arbeiten, wenn ich nicht mal weiß, was es ist? Was noch interessanter ist: Meine Definition dieser Emotionssache als Ingenieur ist noch mal eine ganz andere. Darauf kommen wir gleich. Aber zuerst wollen wir weiter forschen und sehen, wie Emotionen rund um die Welt ausgedrückt werden.

Angenehm betäubt

Dass wir keine Definition haben, liegt vielleicht daran, dass die moderne Welt auf Emotionen herabsieht. Insbesondere in der westlichen Welt gilt es als Schwäche, Emotionen oder Verwundbarkeit zu zeigen. Wir verbergen uns hinter unserer Arbeitskultur: Fake it till you make it (der schlechteste Ratschlag in der Menschheitsgeschichte), Gruppenzwang und die Notwendigkeit, sich nur von der besten Seite zu präsentieren, um akzeptiert zu werden. Wir zeigen der Welt die Maske eines glücklichen, gut funktionierenden, erfolgreichen Individuums, obwohl wir in Wirklichkeit innendrin ganz weich und empfindsam sind. Wir geben den Superhelden, aber in Wirklichkeit müssen wir gerettet werden.

Man sagt uns, wir sollten unsere Emotionen verbergen, also verbergen wir sie auch vor uns selbst. Dann beschließen wir, sie nicht mehr zu spüren. Es ist leichter, sie zu verstecken, wenn wir uns gar nicht ihrer Existenz bewusst sind. Auf die Frage, wie es uns geht, sagen wir: Großartig! Ohne unsere tatsächlichen Emotionen auch nur zu Rate zu ziehen.

Das tun wir Tag für Tag, bis wir uns mit unserer eigenen Lüge wohlfühlen. Wir sind angenehm betäubt.

»Comfortably numb«

Pink Floyd sind einfach legendär.
Was soll ich sagen? Hören Sie es sich einfach an.

In Bezug auf das Verbergen von Emotionen haben Männer es im Allgemeinen schwerer als Frauen. Weltweit und kulturübergreifend wird Jungen gesagt, dass sie nicht weinen sollen. Man erwartet von ihnen, dass sie »ihren Mann stehen« und ihre Emotionen unterdrücken.

Diese Abspaltung unserer Gefühle ist tief in uns verwurzelt; sie lässt uns angesichts von Widrigkeiten die Zähne zusammenbeißen und sagen: *Tut gar nicht weh.* Selbst wenn wir tiefsten Kummer verspüren. Die einzige Methode, um über die Jahre hinweg mit dem Schmerz umzugehen, ist so zu tun, als gebe es ihn nicht. Viele Männer werden taub und blind gegenüber ihren Gefühlen. Dann werfen wir ihnen vor, dass sie emotional nicht zugänglich sind, dass sie ihr Herz nicht öffnen. Aber ich kann Ihnen versichern, Jungs weinen.

Oft begegne ich Männern, die das alles im Griff zu haben scheinen, bis sie sich mit ihren wahren Emotionen verbinden, und dann fangen sie an zu weinen und können gar nicht mehr aufhören. Sie weinen um ihre vergeudeten Jahre der emotionalen Selbstunterdrückung. Ich wäre selbst beinahe in diese Falle getappt.

Anfangs ahmte ich die Handlungen meiner Umgebung nach. Auf die Frage, wie es mir geht, antwortete ich mechanisch: »Prima.« Doch dann hörte ich damit auf. Ich erkannte, dass ich log. Manchmal hatte ich einen harten Tag, und manchmal ging es mir richtig mies, deshalb veränderte ich mich. Wenn ich bei der Arbeit über den Flur ging und jemand mich fragte: »Wie geht's, Mo?«, blieb ich stehen, sah demjenigen in die Augen, hielt inne und dachte eine Weile nach.

Dann sagte ich so was wie: »Körperlich bin ich recht energiegeladen, aber ich bin ein bisschen gestresst wegen dieses und jenes Projekts … Was ist mit dir? Wie geht es dir heute?« Zuerst waren die Leute etwas verblüfft. Das war nicht das Szenario, das sie erwartet hatten. Sie erstarrten ein paar Sekunden lang, dann fielen sie wieder in den Robotermodus und sagten … »Prima.« Später kamen viele auf mich zu und machten mir Komplimente, weil ich so authentisch sei und meine Verwundbarkeit zeigte. Ich spürte, wie viele von ihnen versuchten, mir näherzukommen, mich besser kennenzulernen.

Wenn ich sie später fragte, warum sie meine Freunde hatten sein wollen, sagten sie oft: »Weil du so echt bist. Das ist erfrischend.«

Das Phänomen der Unterdrückung von Emotionen in der modernen Welt endet nicht, wenn wir den Arbeitsplatz verlassen. Ich habe viele Freunde, die kommen und vor mir weinen, weil ihre romantische Beziehung sie in den Wahnsinn treibt. Sie führen lange Listen von Dingen an, die sie brauchen und verdienen, die ihr Partner jedoch nicht gibt, und wenn ich sie frage: »Hast du diese Bedürfnisse und Emotionen offen angesprochen?«, gucken sie mich merkwürdig an und sagen: »Natürlich nicht. Das würde ihn/sie doch in die Flucht jagen.« Sie halten es unter Verschluss, bis die steigenden Emotionen irgendwann explodieren und ihre Partner in die Flucht jagen.

Eines Tages fragte ich eine Freundin – eine erfahrene Personalleiterin (bei einem anderen Unternehmen) –, warum Emotionen vom Arbeitsplatz verbannt wurden und warum sie sogar bei Arbeits- und persönlichen Beziehungen oft unterdrückt werden. Sie sagte: »Na ja, Emotionen sind zu unterschiedlich. Sie scheinen irrational und unvorhersehbar zu sein. Sie kommen unerwartet hoch und können dann zu intensiv werden. Das ist zu verwirrend. Wir glauben nicht, dass die Leute ihre Emotionen mit zur Arbeit bringen sollten. Wir haben nicht die Infrastruktur, um mit solchen Ungewissheiten umzugehen, und bei der Arbeit geht es auf jeden Fall darum, Ergebnisse zu liefern. Wir brauchen Berechenbarkeit. So ist es einfach leichter.«

Ich stimme überhaupt nicht zu! Wem wollen wir denn etwas vormachen? Wissen wir nicht alle, dass jene, die keine Emotionen zeigen, bloß so tun als ob? In den letzten Jahren ist das Bewusstsein für geistige Gesundheit und ihre Auswirkungen auf das Wohlbefinden und die Produktivität von jedermann gewachsen. Wir fangen an zu begreifen, dass diese Herausforderung nicht länger ignoriert werden kann. Emotionen, die unausgedrückt bleiben, sind eine Katastrophe in Warteposition, und die Ergebnisse zeigen sich mehr und mehr in den Kosten, mit denen psychische Probleme in Form von Burn-out, geringerem Engagement und Krankheitstagen die Bilanz schmälern.

Außerdem sind Emotionen, anders als allgemein vermutet, sehr wohl vorhersehbar. Wenn jemand mich ärgert, bin ich verärgert. Das kommt mir vorhersehbar genug vor. Nach diesem Gespräch mit meiner Freundin stellte ich fest, dass ich versuchte, den Mythos von irrationalen Emotionen zu widerlegen. Ich hatte das Gefühl, diese Tyrannei der linken Gehirnhälfte umzukehren – wir sollten wie vollständige Menschen leben dürfen, die nicht nur denken, sondern auch fühlen. Ich sagte mir, wenn ich das unmögliche Ziel erreichen könnte, die Rationalität von Emotionen zu beweisen, würden die Menschen sich das Fühlen vielleicht wieder zugestehen. Dann würden sie sich vielleicht öffnen und ihre Gefühle zum Ausdruck bringen, und wir Menschen würden eine Möglichkeit finden, uns wieder miteinander zu verbinden.

Wo setze ich bei diesem Problem an? Nun, für mich gibt es da nur einen Weg. Wenn ich verwirrt bin, nehme ich Zuflucht bei der Mathematik.

Hyperberechenbar

Ehe unsere Technologie die Existenz von Keimen nachweisen konnte, was dachten die Menschen da? Damals schien alles ein gewaltiges Würfelspiel zu sein. Die Leute wurden krank, und keiner wusste warum. Und dann, wenn das Dorf sich bereit machte, seine Gräber zu schaufeln, erholten sie sich manchmal wieder, und keiner hatte die leiseste Ahnung, was sie gerettet hatte.

Heute scheinen Krankheiten aufgrund der Fortschritte der modernen Wissenschaft einem vorhersehbaren Ablauf zu folgen. Denken Sie einmal nach: Heute wissen wir, wenn Sie die Grippe bekommen, ist dies das Ergebnis eines mikroskopisch kleinen Keims – des Grippevirus, das in Ihren Körper eindringt und eine günstige Umgebung vorfindet, um sich auszubreiten und Sie zu infizieren. Wir wissen, dass ein Virus die Grippe verursacht, doch Fieber ist das Ergebnis Ihres Immunsystems, das dagegen ankämpft, und die Entzündung ist das Ergebnis verschiedener Keime – Bakterien, die von Ihren geschwächten Abwehrkräften profitieren. Das hat nichts mit Voodoo zu tun. Es ist alles vorhersehbar!

Das muss alles sehr irrational gewirkt haben, ehe wir die wissenschaftlichen Hintergründe kannten – die kleinen Keime, die nicht mit bloßem Auge zu sehen sind. Dasselbe gilt auch für Emotionen!

Keime lösen Krankheiten aus, und …

Unsere Gedanken lösen unsere Emotionen aus.

Das gilt für jede Emotion, die Sie jemals empfunden haben (außer bedingungsloser Liebe, aber das ist ein Thema für ein anderes Buch).

Auch wenn es sich anders anfühlt – denn wenn wir emotional werden, rasen die Gedanken wie verrückt durch unseren Kopf –, ist die Wahrheit, dass die Emotion zunächst von einem ganz bestimmten Gedanken ausgelöst wird. Dann, wenn wir von Emotionen überwältigt werden, übernimmt eine Flut von Gedanken, während unser Gehirn das Geschehen zu analysieren versucht. Hier gibt es keinerlei Verwirrung zwischen Henne und Ei. Die Henne (ein Gedanke in Ihrem Kopf) legt die Eier (die Emotionen), aus denen dann weitere Gedanken schlüpfen, die zu noch mehr Emotionen führen.

Wenn eine Frau beispielsweise ängstlich und reizbar ist, weil ihr Freund schon eine ganze Weile keine Nachricht mehr geschrieben oder angerufen hat, könnte ihr folgende Gedankenflut durch den Kopf gehen: *Soll ich ihn anrufen, oder klammere ich dann zu stark? Aber wenn nicht, würde das ja heißen, dass ich mir nichts aus ihm mache. Ich muss abnehmen, um attraktiv für ihn zu bleiben. Ich sollte ihn nicht so viel Zeit mit seinen Freunden verbringen lassen. Nein, nein, ich sollte ihm seine Freiheit lassen.*

Jeder Gedanke löst eine etwas andere Emotion aus, aber im Wesentlichen war es ein ganz bestimmter Gedanke, der die Lawine ins Rollen gebracht hat.

Vielleicht der Gedanke: Hat er das Interesse an mir verloren?, oder: Liebt er mich gar nicht?

Ich persönlich stelle jedes Mal aufs Neue fest, wie wahr das ist. Ein Gedanke schleicht sich in unseren Kopf, und dann bricht die Emotion hoch. Und an dieser Stelle kommt die Mathematik ins Spiel.

Ich wage zu behaupten, dass der Weg, dem ein Gedanke folgt, um Ihre Emotionen auszulösen, so vorhersehbar ist wie Newtons Gesetze der Bewegung. Und wenn etwas einem vorhersehbaren wiederholbaren Muster folgt, kann es mathematisch dargestellt werden. Emotionen sind vorhersehbar. Sogar so sehr, dass jede davon für die Mathe-Nerds unter den Lesern in einer mathematischen Formel zusammengefasst werden kann.

Neid beispielsweise ist eine Emotion, die von dem Gedanken ausgelöst wird: *Ich wünschte, ich hätte das, was ein anderer hat, habe ich aber nicht.* Es ist ein Vergleich zwischen dem, was Sie sich wünschen (und was ein anderer hat), und dem, was Sie tatsächlich haben. Daraus folgt …

Neid = Was ein anderer hat (und ich gern hätte) - Was ich habe

Der Reue liegt immer ein Gedanke zugrunde: *Ich wünschte, ich hätte etwas anders gemacht.* Daraus folgt ...

Reue = Was ich besser getan hätte - Was ich tatsächlich getan habe

Dasselbe gilt natürlich für Glück und Unglück. Wann immer Sie jemals unglücklich waren, war es aufgrund des Gedankens: Ein Ereignis in meinem Leben hat meine Erwartungen (Hoffnungen, Wünsche und Überzeugungen) dessen, wie das Leben sein sollte, nicht erfüllt.

Glück ≧ Die Ereignisse Ihres Lebens - Ihre Erwartungen dessen, wie das Leben sein sollte

Sie haben das Prinzip verstanden. Angst ist, wenn meine Wahrnehmung von Sicherheit zu einem Moment in der Zukunft (T_1) geringer ist als meine Wahrnehmung von Sicherheit jetzt (T_0).

Angst ≧ Wahrnehmung von Sicherheit @ T_0 - Wahrnehmung von Sicherheit @ T_1

Befürchtung ist ein Gedanke, der lautet: Ich bin nicht in der Lage, mit der erwarteten Gefahr zurechtzukommen.

Befürchtung ≧ Was ich brauche, um mich sicher zu fühlen - Wozu ich mich für fähig halte

Panik tritt auf, wenn die angstauslösende Gefahr unmittelbar droht.

Panik $\geqq 1$ / Die wahrgenommene Zeit vor einer unmittelbar drohenden Gefahr

Ich könnte ewig so weitermachen. Ich liebe vereinfachende Mathematik. Aber das überlasse ich Ihnen. Vielleicht nehmen Sie sich jetzt ein paar Minuten Zeit, um über die Logik, nicht unbedingt die Mathematik nachzudenken, die andere maßgebliche Emotionen steuert. Welcher Gedanke löst Stolz aus? Optimismus? Vertrauen? Lust? Wenn Sie den Auslöser kennen, können Sie viel besser mit aufkommenden Emotionen umgehen, denn …

Sehr wichtig!

Emotionen sind so vorhersehbar wie Newtons Gesetze der Bewegung.

Der Elefant im Raum

Emotionen sind auch insofern vorhersehbar, als sie nicht einfach verschwinden. Eine Emotion, die nicht zugelassen, ausgedrückt und mitgeteilt wird, nistet sich gern in uns ein und wächst zu einem kleinen Monstrum heran.

Wir tun uns und anderen weh, wenn wir uns daran hindern, unsere Gefühle vollständig zum Ausdruck zu bringen. Ich würde natürlich verstehen, wenn Sie beschließen, Ihre Emotionen vor jemandem versteckt zu halten, der grob oder respektlos ist – es ist gut, wählerisch zu sein, wenn es darum geht, unsere verletzliche Seite zu zeigen. Aber sich komplett zu verschließen ist eine Katastrophe. Es ist eine Explosion in Wartestellung.

Sie erleben solche Explosionen immer wieder. Sie manifestieren sich als Burn-out eines Kollegen unter beruflichem Druck oder als der emotionale Ausbruch eines geliebten Menschen. Wenn eingeschlossene Emotionen endlich freikommen, tun sie das mit so viel Energie, dass sie zerstörerisch sein können. Würden sie schon im Moment des Fühlens freigelassen, wäre ihre Energie viel sanfter.

Es gibt zahlreiche Gründe, sich anderen nicht zu öffnen, darunter die Angst vor Verletzung, Verurteilung oder Übervorteilung. Doch am wichtigsten ist, wir öffnen uns anderen gegenüber nicht, weil wir uns in uns selbst einkapseln. Die Programmierung unserer modernen Welt ist so in uns verwurzelt, dass wir sogar uns selbst gegenüber aufhören, unsere Emotionen zu äußern. Wir leugnen ihre Existenz und lassen uns von unserer Betäubtheit durch ein kaltes und unerfülltes Leben begleiten, ohne die Freude des tiefen Empfindens. Wenn wir unsere Gefühle nicht würdigen und vollständig akzeptieren, teilen wir sie auch nicht mit anderen. Das Teilen von Gefühlen ist die einzige Art, wie wir als Menschen wirklich Verbindungen aufbauen können. Wenn wir einen Raum, eine Mahlzeit oder eine intellektuelle Konversation mit jemandem teilen, ohne vollständig unsere Emotionen zu zeigen, werden wir Roboter. Wir sprechen Worte aus, die wir nicht so meinen, oft Worte, die wir bei der Arbeit lernen oder von den unechten Figuren im Fernsehen und in sozialen Netzwerken, und die Unterhaltung wird intellektuell-kopflastig. Gehirne, die mit Gehirnen sprechen. Ohne emotionale Verbundenheit fühlen wir uns einsam, selbst wenn wir von Millionen anderen Menschen umgeben sind. Ohne Emotionen fehlt uns so viel, denn …

Nicht vergessen!

Wir fühlen uns nur lebendig, wenn wir fühlen.

Ein Schmetterling in Ihrer Hand

Unsere Emotionen sind zerbrechlich. Sie sind zart. Sie müssen sanft mit Liebe und Akzeptanz behandelt werden, und sie müssen den notwendigen Raum bekommen, um stark genug zu werden, sich zu zeigen. Halten Sie Ihr Herz so liebevoll wie einen zarten Schmetterling auf Ihrer Handfläche. Werfen Sie ihm nicht vor, dass es fühlt, was es fühlt.

Wenn es um Ihr Herz und seine überschwänglichen Emotionen geht, stellen Sie sich eine niedliche Sechsjährige vor, die hingefallen ist und sich das Knie aufgeschlagen hat. Wie würden Sie mit ihr umgehen, wenn sie weint, wenn sie brüllt? Würden Sie sie maßregeln und ihr sagen, dass ihre Gefühle ungerechtfertigt sind? Oder würden Sie sie in den Arm nehmen, obwohl sie brüllt, ihre Gefühle verstehen und ihr sagen, dass alles wieder gut wird?

Behandeln Sie Ihr Herz mit Freundlichkeit, bis es zum Fühlen bereit ist, und dann gehen Sie noch weiter: Helfen Sie anderen zu fühlen. Bitte denken Sie daran, dass Ihr Umgang mit anderen ihnen helfen kann, sich zu öffnen und ebenfalls Zugang zu ihren tiefsten Emotionen zu finden. **Geben Sie ihnen Raum** – vermitteln Sie jenen, die mit Ihnen zu tun haben, genügend Sicherheit, dass sie Ihnen zeigen, wie sie sich fühlen. **Urteilen Sie nicht** – wenn Sie in ihrer Haut steckten, würden Sie vielleicht genauso empfinden. **Seien Sie empathisch** – behandeln Sie andere so, wie Sie selbst gern behandelt werden möchten, wenn Sie sich so verletzlich fühlten. Egal für wie stark Sie sich halten, eines Tages werden Sie auch in dieser Situation sein.

Probieren Sie es aus, und sei es nur einen Tag lang. Lassen Sie Ihren Emotionen freien Lauf, und lassen Sie andere in Ihrer Gegenwart frei empfinden, und Ihre ganze Welt wird sich verändern. Die Leute werden sich um Sie scharen, Sie als Zuflucht betrachten, als raren Sicherheitsbereich, als jemanden, dem sie zeigen können, wer sie wirklich sind. Wenn die Masken fallen und die Emotionen fließen, finden Sie wahre Freude – die Freude, sich mit anderen Menschen zu verbinden, mit Menschen und nicht mit Robotern, die von der eisernen Faust der Gesellschaft geformt wurden. Wenn ich das so sagen darf, diese Freude ist ebenso gut wie der beste Sex, den Sie je hatten, nur ohne die körperliche Komponente. Darum geht es bei echter Intimität – sich mit dem Wesenskern eines anderen zu verbinden.

Vielleicht, wenn wir aufhören, diejenigen zu verurteilen, die ihre Emotionen annehmen und ausdrücken, wenn wir uns das Fühlen erlauben und unsere Emotionen freimütig zeigen, vielleicht erinnern wir uns dann an den Kern dessen, was uns menschlich macht und daran, dass Emotionen das Gewürz des Lebens sind; ohne sie wäre unser Leben fade und ohne Geschmack. Liebe, Lachen, Aufregung – sogar ein bisschen Ungewissheit, Schüchternheit und Reue – sind die Momente, in denen wir wirklich lernen, lieben und leben.

Sehr wichtig!

Fühlen Sie sich lebendig! Machen Sie aus Ihrem Herzen keine Mördergrube.

Wenn Sie fühlen, fangen Sie an zu »sein«. Indem Ihre Emotionen Teil Ihrer Aufmerksamkeit werden, sehen Sie Ihre Wahrheit. **Fühlen ist die einzige Art des »Seins«! Es ist der erste Schritt auf Ihrem Weg zum Glück.**

Fühlen Sie, und akzeptieren Sie Ihr Fühlen vollkommen. Und auch wenn es anfangs schwer zu sein scheint, müssen Sie nichts weiter tun, als an Ihrer Absicht festzuhalten. Im Laufe der Zeit arbeitet die Neuroplastizität zu Ihren Gunsten. Ein Gefühl nach dem anderen programmiert Ihr Gehirn neu, und das macht den Akt des Fühlens selbst einfacher.

Fühlen lernen

Waren Sie zunächst skeptisch, als ich sagte, dass Emotionen vorhersehbar sind? Haben Sie ein bisschen nach Luft geschnappt, als Sie weitergelesen haben? Haben Sie gedacht: *Verdammt, er hat recht. Sie sind vorhersehbar (das heißt, sie werden als Ergebnis eines Weges erzeugt, den wir logisch definieren und nachverfolgen können). Sie können mit Gleichungen dargestellt werden. Soooo cool!*

Ich hoffe, das haben Sie getan, denn dieses Konzept vollständig zu erfassen stellt einen entscheidenden Wendepunkt dar auf Ihrem Weg zum fürsorglichen Hüter Ihrer Emotionen – Ihnen Freiheit zu geben und sie dennoch dorthin zu lenken, wo sie sein sollten.

Wissen Sie, was noch vollkommen vorhersehbar ist? Neuroplastizität. Wie oben schon erwähnt, sagt man im Allgemeinen, der Mensch ändere sich nie, aber das stimmt nicht. Ich war mit Ende zwanzig ein depressiver, wütender Kontrollfreak. Und jetzt: so ruhig und entspannt wie eine Schildkröte. Neuroplastizität funktioniert im Laufe der Zeit immer. Selbst wenn es um unsere emotionalen Gewohnheiten geht, können wir uns mit Übung und Entschlossenheit ändern.

Neuroplastizität gilt für jeden Prozess, der im Gehirn ausgelöst wird. Die Bereiche Ihres Gehirns, die Sie häufiger nutzen, werden stärker. Das heißt, es ist genau wie bei den Erinnerungen und Fähigkeiten …

Sehr wichtig!

Die Emotionen, die Sie üben, lassen sich im Laufe der Zeit leichter empfinden.

Vielleicht haben Sie das bei einem Freund oder bei sich selbst schon mal bemerkt. Wer temperamentvoll ist, scheint leichter Temperament entwickeln zu können, und wer überwiegend ruhig wirkt, wird im Laufe der Zeit immer ruhiger. Wir finden es leichter, das zu fühlen, was wir häufig fühlen. Wir lieben unser Drama. *Sie hat dies gesagt, er hat das getan.* Es bricht Ihnen das Herz, und trotzdem wiederholen Sie immer wieder dieselbe Geschichte. Jedes Mal, wenn Sie sie erzählen, stärken Sie Ihre neuralen Netzwerke; nicht nur diejenigen, die mit dem Gedächtnis, sondern auch diejenigen, die mit der Emotion zusammenhängen. Sie lernen dadurch immer wieder Ihr Herz zu brechen. Mit jedem Durchgang werden Sie ein bisschen besser darin, es zu brechen, bis Sie der Beste darin werden, Ihr eigenes Herz zu brechen. Wir schätzen unsere Angst, wir glauben, dass sie uns Sicherheit gibt, deshalb streben wir nach mehr davon. Wir konsumieren mehr Nachrichten, mehr Meinungen und mehr Verschwörungstheorien. Wir suchen nach dem, das uns ängstigt, und wir finden es, deshalb drängt es uns aus Angst, noch mehr davon zu suchen, bis wir die Besten im Ängstlichsein sind.

Es ist normal, dass Ihre emotionalen Fähigkeiten sich entwickeln wie alle anderen Fähigkeiten. Um eine bestimmte Emotion zu aktivieren, müssen Sie bestimmte Bereiche des Gehirns aktivieren, so wie Sie einen bestimmten Gedanken entwickeln oder sich eine bestimmte Erinnerung ins Gedächtnis rufen. Dabei schaffen die von Ihnen genutzten Neuronen ein stärkeres Netzwerk, das mit der Art zusammenhängt, wie die Emotion erzeugt wird. Umgekehrt werden diejenigen, die Sie nicht nutzen – diejenigen, die Sie brauchen, um eine andere Emotion zu aktivieren –, immer schwächer, bis das Netzwerk zwischen ihnen verschwindet.

Ob Sie es glauben oder nicht, wütend, zerbrechlich oder aufgebracht zu werden ist eine Fähigkeit wie jede andere. Je mehr Sie sie üben, desto mehr wird sie ein Teil von Ihnen.

Also … was sind Ihre Fähigkeiten?

Welche Ihrer Gehirnmuskeln haben Sie trainiert, um Ihre emotionale Landschaft zu übernehmen? Und, noch wichtiger, was werden Sie dagegen tun?

So wie das Praktizieren von Wut Sie im Laufe der Zeit leichter wütend werden lässt, können Sie auch das Gefühl der Dankbarkeit praktizieren und diesen Muskel trainieren. Sie können Zufriedenheit üben. Sie können Sehnsucht nach Ihrer oder Ihrem Liebsten üben. Sie können Vergnügen üben und Ehrfurcht gegenüber all der Schönheit, die das Leben bietet. Sie können das Mögen üben, sogar das Bewundern, das Schöne an allem, das Sie umgibt (und aufhören, Kritik und Negativität zu üben). Am wichtigsten jedoch ist, Sie können Liebe üben, Selbstakzeptanz und Mitgefühl.

Der erste Schritt, um zu ändern, was Sie üben, ist die Bewusstmachung. Das Modell ist klar: Seien Sie, bevor Sie lernen, und lernen Sie, bevor Sie handeln. Wir müssen mit dem Sein anfangen, und es gibt keinen besseren Start für diese Übung, als vollständig davon überzeugt zu sein, wie Emotionen funktionieren. Hier kommt eine kleine Übung dafür. Ich nenne sie »Das Drama beobachten«.

Der Zweck dieser Übung ist es, Sie den Verwandlungsprozess von Gedanken in Emotionen live beobachten zu lassen. Wenn Sie zuschauen, wie eine Änderung des Denkens Ihre Emotion verändert, werden Sie ohne Zweifel davon überzeugt sein, dass Emotionen ein Produkt des Gehirns sind. Sie werden klar von Ihren Gedanken ausgelöst.

Achtsamkeitsübung:
Das Drama beobachten

Ziel:	zusehen, wie Ihr Gehirn Gedanken in Emotionen verwandelt
Dauer:	15 Minuten
Wiederholung:	bis das Konzept Ihnen klar einleuchtet
Sie brauchen:	einen ruhigen Ort, an dem Sie nicht gestört werden

Suchen Sie sich einen ruhigen Ort, und nehmen Sie sich reichlich Zeit.

Rufen Sie zwei Erinnerungen wach – eine glückliche und eine traurige. Denken Sie intensiv darüber nach, wie jede der Erinnerungen sich für Sie anfühlt.

Versuchen Sie, das Gefühl mit einem Wort zu benennen.

Schreiben Sie die Reihe von Ereignissen auf, die zu diesem Gefühl geführt haben. Dann notieren Sie einen bestimmten vorherrschenden Gedanken, den diese Ereignisse ausgelöst haben, die Sie am engsten mit der Emotion verknüpfen können, z.B. *Ich fühlte mich gedemütigt* oder *Alle bewunderten meine Leistung.*

Geben Sie sich nun ein paar Sekunden Zeit, um Ihren Geist zu klären, und fangen Sie dann an, zwischen den beiden Gedanken hin und her zu wechseln. Holen Sie den glücklichen Gedanken *Alle bewunderten meine Leistung* zusammen mit den dazugehörigen Erinnerungen in Ihr Gedächtnis, und schauen Sie, ob Sie die Emotion wieder erzeugen können. Schließen Sie nun die Augen, denken Sie ein paar Sekunden lang an Eiscreme, oder singen Sie laut zur Ablenkung. Wenn der glückliche Gedanke aus Ihrem Bewusstsein verschwunden ist, denken Sie an den zweiten Gedanken, *Ich fühlte mich gedemütigt,* und schauen Sie, wie der sich anfühlt.

Beobachten Sie, wie die Emotion wieder entsteht, wenn Sie den Gedanken aufgreifen, wie die Emotion erst auftauchte, als der Gedanke ausgelöst wurde, und wie sie verschwindet, wenn Sie nicht mehr daran denken.

Ohne diesen Gedanken gibt es keine Emotion. Das Denken ist der Auslöser.

Diese Übung ist nicht leicht. Sie müssen es nicht gleich beim ersten Mal hinkriegen. Probieren Sie es weiter, bis es klappt.

Wir sind darauf konditioniert zu glauben, dass Emotionen einfach Dinge sind, die wir willkürlich fühlen – sie entstehen ohne

Grund. Erfolgreich sind Sie hier, wenn Sie lernen, auf diese wichtige Verknüpfung zwischen Gedanken und Emotionen zu achten. Üben Sie so lange, bis Sie erkennen, wie jeder unterschiedliche Gedanke eine unterschiedliche Geschichte auslöst, ein unterschiedliches Drama und eine unterschiedliche Emotion.

Zweck dieser Übung ist es, Ihnen die unschätzbare Gelegenheit zu geben, mit Ihren Emotionen verbunden zu bleiben. Durch Nutzung der häufigen Auslöser, die die Gesellschaft uns hinwirft, können wir unsere eigene wertvolle Achtsamkeit finden.

Achtsamkeitsübung:
Sagen Sie nicht: »Mir geht's gut«

Ziel:	häufig in Kontakt mit Ihren Emotionen kommen
Dauer:	2 Minuten – mehrmals täglich
Wiederholung:	Ihr gesamtes restliches Leben hindurch
Sie brauchen:	kontinuierliche Achtsamkeit, um das Richtige zu tun

Fällt Ihnen auf, wie Sie reagieren, wenn jemand Sie nach Ihrem Befinden fragt? Merken Sie, dass Sie mechanisch antworten: »Mir geht's gut!«, obwohl das manchmal nicht der Fall ist?

Wie häufig reagieren Sie roboterartig, indem Sie sagen: »Bei mir ist alles bestens!«? Der andere hört nicht zu, und Sie kommunizieren eigentlich nicht. Es werden Worte zwischen Ihnen ausgetauscht, aber keine echte Verbindung aufgebaut. Es ist an der Zeit, das zu beenden.

In dieser einfachen Übung nehmen Sie sich bitte einen Moment Zeit zum Nachdenken, ehe Sie antworten, wann immer jemand Sie fragt, wie es Ihnen geht.

Sagen Sie nicht: »Mir geht's gut.« Versuchen Sie stattdessen, die Gelegenheit zu nutzen, um herauszufinden, wie Sie sich tatsächlich fühlen. »Ich bin energiegeladen, allerdings tut mir der Daumen ein bisschen weh, weil ich zu viel auf dem Handy herumgetippt habe.« Oder: »Ich bin ein bisschen gereizt, nachdem ich eine Stunde im Stau gestanden habe, aber ich bin froh, dass ich es noch pünktlich hierher geschafft habe.« Oder: »Ich mache mir Sorgen wegen des Berichts, den ich morgen abschicken muss, aber ich bin sehr gespannt, was sich aus meinem Date von gestern Abend entwickelt! Außerdem habe ich ein bisschen Verstopfung.«

Wenn Sie das nächste Mal jemand fragt: »Was hast du?«, sagen Sie nicht einfach: »Nichts!«

Fragen Sie stattdessen: »Warum fragst du? Sieht es aus, als hätte ich etwas? Gib mir eine Minute, ich muss mal gucken, ob mir etwas auf der Seele liegt.«

Lernen Sie, neugierig auf Ihre Gefühle zu sein. Machen Sie sich das Antworten auf solche Mikro-Achtsamkeits-Auslöser zur Gewohnheit. Es stärkt Ihre Fähigkeit, häufig in Kontakt zu sich selbst zu kommen.

Nicht vergessen! Finden Sie heraus, wie es Ihnen wirklich geht.

Um im Auge zu behalten, wie Sie sich fühlen, laden Sie sich die kostenlose Version von Appii aus dem App Store oder bei Google Play herunter. Appii überwacht Ihre Stimmung wie eine Fitness-App und passt Ihre Glücksreise auf Ihre individuellen Bedürfnisse an.

appii

Geben Sie den Aktionscode ThatLittleVoice ein, um ein kostenloses dreimonatiges Premium-Abonnement zu erhalten.

Helfen Sie anderen im Rahmen Ihrer Mission, Glück zu verbreiten, mit Ihren Emotionen in Kontakt zu kommen. Wenn jemand mechanisch auf Ihre Frage antwortet, wie es ihm geht, sagen Sie zu ihm: »Erzähl mir mal mehr. Was gibt es Neues?« Seien Sie neugierig, und hören Sie aufmerksam zu. Zeigen Sie Empathie. Sie werden erstaunt sein, wie viele Menschen sich öffnen und in Verbindung treten. Es ist eine echte Win-win-Situation sowohl für Sie als auch für den anderen.

onebillionhappy

Das könnte ein guter Zeitpunkt sein für eine kleine Pause, in der Sie überprüfen, wie es Ihnen jetzt gerade geht. Wie ist es in jüngster Zeit gelaufen? Haben Sie Ihre Emotionen vollständig erfahren?

Emotionen sind wichtig und sollten nicht ignoriert, zensiert oder unterdrückt werden. Denken Sie darüber nach, welchen Raum sie in Ihrem Leben einnehmen und was wir bisher über sie gesagt haben. Wenn Sie sich entspannt und frisch fühlen, lesen Sie bitte weiter. Es gibt noch ein paar weitere wichtige emotionale Fähigkeiten, die wir lernen und üben müssen.

Die größte hier zu erlernende Fähigkeit ist, jede Veränderung Ihrer Stimmung sofort wahrzunehmen.

Das wird sich zunächst sehr seltsam anfühlen. Zahllose Emotionen ziehen unbemerkt vorbei, doch mit etwas Übung finden Sie den Dreh und können wichtige Emotionen bereits im Moment Ihres Entstehens festhalten.

Achtsamkeitsübung:
In Alarmbereitschaft

Ziel:	bemerken, wenn Ihre Emotionen sich verändern
Dauer:	eine einmal eingerichtete Unterbrechungsebene bleibt immer eingeschaltet
Wiederholung:	zu einem Teil Ihres Lebens machen und so lange wie nötig wiederholen
Sie brauchen:	viel Übung

Wählen Sie irgendeine Emotion, die Sie häufig haben – nehmen wir Wut, Verlegenheit oder Langeweile –, und beobachten Sie sie während der nächsten Tage. Bleiben Sie wachsam, und bestimmen Sie mit hoher Genauigkeit, wann diese Emotion auftritt. Führen Sie Buch darüber, wenn Sie mögen. Jedes Mal, wenn Sie die Emotion bemerken, fügen Sie Ihren Aufzeichnungen ein Häkchen hinzu.

Wenn die von Ihnen beobachtete Emotion auftaucht, sollten Sie sie »vollständig verinnerlichen«, das heißt genau spüren, wie Sie physisch darauf reagieren. Achten Sie zunächst darauf, wie Sie sich fühlen, wenn keine negativen Emotionen Sie beeinflussen. Diese friedliche Ruhe wird in Ihrem Körper als Entspannung und Leichtigkeit wahrgenommen. Tritt eine negative Emotion auf, verändert sich dieser Zustand. Wenn Sie zum Beispiel ängstlich sind, könnten Sie körperliches Unbehagen im Bauchbereich spüren. Wir werden das gleich ausführlich besprechen. Ich nenne es die physische Signatur einer Emotion, und es zahlt sich aus, die Verbindung zwischen unserem emotionalen und körperlichen Zustand zu beherrschen. Bemerken Sie jedoch fürs Erste nur die Veränderung – den Wechsel von Ihrem ruhigen Frieden zu einem anderen Zustand.

Dadurch können Sie die Veränderung Ihres emotionalen Zustands ebenso erkennen, wie Sie Schmerz, Lust und Müdigkeit verspüren.

Dies ist eine Achtsamkeitsübung, es ist also kein Handeln erforderlich. Versuchen Sie nicht, irgendetwas an Ihrem Empfinden zu beheben. Lernen Sie einfach, die Veränderung zu bemerken, wann immer sie eintritt. Sich dieser körperlichen Veränderungen bewusst zu werden gilt als Ihre Unterbrechungsebene – die Achtsamkeit, die Sie brauchen, um zu erkennen, dass Ihre Routine einer Änderung bedarf.

Ziehen Sie am Ende jedes Tages eine Bilanz Ihrer Emotionen. Ehe Sie einschlafen, denken Sie im Bett ein paar Minuten darüber nach, wie der Tag gelaufen ist und welche Emotionen Sie verspürt haben. Registrieren Sie die physische Signatur, die Empfindung in Ihrem Körper, die mit jeder Emotion verknüpft ist.

Wenn Sie bei dieser Emotion den Dreh heraushaben, fügen Sie Ihren Aufzeichnungen eine weitere hinzu, und dann noch eine und noch eine, bis Sie alle wiederkehrenden negativen Emotionen komplett aufgezeichnet haben.

Versuchen Sie, für jede Ihrer Emotionen über die Abfolge von Ereignissen nachzudenken, die sie ausgelöst haben. Suchen Sie nach wiederkehrenden Mustern – zum Beispiel *Jedes Mal, wenn mir jemand sagt, dass ich mich irre, werde ich wütend und defensiv,* oder *Ich werde meist verlegen, wenn ich vor jemandem sprechen soll, den ich nicht gut kenne.* Noch einmal: Versuchen Sie nicht, korrigierende Maßnahmen zu ergreifen. Sie sollen nur beobachten. Nur sein.

Es kann Wochen dauern, bis Sie das beherrschen. Bis dahin üben Sie weiter. Und währenddessen lesen Sie weiter. Wir sind erst am Anfang der ganzen Sache.

Den Sturm erleben

Wissen Sie, wie viele Menschen Google Fragen stellen? Milliarden. Manchmal, wenn wichtige Nachrichten verbreitet werden, suchen Milliarden Menschen gleichzeitig nach derselben Information. Wie schafft es Google, sie alle zu beantworten? Indem jede davon als separate Anfrage behandelt wird und alle Schritte bis zu ihrer kompletten Bearbeitung durchläuft. Unser menschliches Gehirn beschäftigt sich zwar niemals mit Milliarden von Transaktionen, wird jedoch häufig von vielen Aufgaben und Anforderungen abgelenkt, die parallel eintreffen. Jeder, der mehrere Kinder hat, weiß, wie sich das anfühlt. Das eine braucht eine frische Windel, während das andere weint, weil das dritte es geschlagen hat, und wieder ein anderes will etwas zu naschen. Wie geht man damit um? Indem man alle Ablenkungen ausblendet, bis man die Windel fertig gewechselt hat, dann dem weinenden Kind beisteht und schließlich die Schachtel mit den Süßigkeiten öffnet. Wir lernen, eine eingehende Aufgabenflut zu erkennen, sie nach Priorität zu ordnen und jede davon abzuarbeiten. Vielen von uns misslingt das jedoch mit unseren Emotionen. Wenn sie auftreten, schaffen wir es nicht, sie zu erkennen, sie nach Prioritäten zu ordnen oder entsprechend zu handeln. Stattdessen unterdrücken wir sie. Ich bin da keine Ausnahme. Als ehrgeiziger analytisch denkender Geschäftsmann habe ich meine Emotionen jahrelang ignoriert, bis ich erkannte, dass ich erst dann vollständig sein würde, wenn ich sie gänzlich integrierte. Dazu musste ich etwas lernen:

Nicht vergessen!

Erst fühlen, dann analysieren.

Ich glaube, es gibt vier verschiedene Gründe, warum wir eine Welt geschaffen haben, die so emotionsarm ist: gesellschaftliche Traditionen und Ansprüche, emotionale Stürme, emotionale Tarnung und emotionales Unbehagen.

Inwieweit sich gesellschaftliche Traditionen und Ansprüche auf uns auswirken, haben wir in diesem Buch bereits ausreichend besprochen. Lassen Sie uns auf die anderen drei Gründe eingehen.

Emotionale Stürme

Ein Grund, warum viele von uns viele unserer Emotionen nicht anerkennen, ist, dass wir nie nur eine einzige Emotion erleben. Erinnern Sie sich an einen Moment, in dem Sie nur eine glasklare Emotion verspürten, die Sie analysieren und von der Sie sagen konnten: Das ist es, so fühle ich mich? Ich bin sicher, das passiert nicht oft. Es herrscht ein ständiger Sturm – ein Sturm von gut und schlecht, glücklich und traurig, körperlichen und emotionalen Empfindungen – in jedem von uns.

Lassen Sie mich tief in mich gehen, um Ihnen zu sagen, wie ich mich gerade fühle … *Ich bin sehr froh über den Fortschritt, den ich mit diesem Buch mache. Ich bin optimistisch, dass es bald fertig ist. Aya, meine Tochter, hat mir gesagt, dass sie ein bisschen niedergeschlagen ist, weil es jemandem, den sie liebt, nicht gut geht. Mein Herz ist bedrückt von ihrem Kummer. Wie immer spüre ich eine intensive Liebe zu ihr, und ich vermisse sie. Ich bin voller Demut, dass so viele Menschen auf aller Welt mir für meine Arbeit gedankt haben. Das motiviert mich, härter zu arbeiten, aber ich habe auch ein etwas schlechtes Gewissen, weil ich nicht alle Nachrichten beantworten kann, die ich erhalte. Meine Nasennebenhöhlen tun ein kleines bisschen weh. Mein linker Daumen tut vom Tippen am Handy weh. Oh, und ich habe Hunger.*

All das zusammengenommen beschreibt nicht mal ansatzweise, wie ich mich fühle – aber Sie bekommen einen Eindruck.

Wir erleben immer Stürme von Emotionen und körperlichen Empfindungen …

… und das macht es schwer, eine bestimmte Emotion zu analysieren oder gar ihren Klang und ihre Beschaffenheit zu erkennen, wenn sie sich mit der Beschaffenheit all der anderen Emotionen und Empfindungen vermischt, die wir zu jedem beliebigen Zeitpunkt spüren.

Der Sturm ist gewaltig. Schauen Sie sich nur die Wortcollage an, die ich hier eingefügt habe, um über die Bandbreite und Vielfalt aller Emotionen nachzusinnen, die Sie spüren können.

Dieses Bild, oder wenigstens ein Teil davon, ist das, was in Ihnen häufig passiert. Stellen Sie sich das mal vor.

Wie in der Farbtheorie besteht jede beliebige Farbe, sagen wir mal Beige, aus der ganz spezifischen Mischung mehrerer Grundfarben. Ein begabter Künstler kann eine Farbe in ihre Bestandteile zerlegen. So eine Fähigkeit brauchen wir, wenn es um das Auseinandernehmen emotionaler Stürme geht.

Was Sie jetzt gerade empfinden, ist keine einzelne Emotion. Es ist eine Mischung aus mehreren Emotionen und physischen Empfindungen. Sie können lernen, Ihre Erfahrung in eine Mischung aus genau definierten Emotionen zu zerlegen. Das fängt damit an, dass Sie die physische Signatur jeder Emotion beobachten. Ich komme darauf zurück, nachdem wir eine weitere emotionale Blockade verstanden haben, die hierbei ebenfalls hilfreich sein kann …

Emotionale Tarnung

Emotionen sind Wegweiser. Ihr Gehirn benutzt sie, um umfangreiche Analysen in einer Emotion zusammenzufassen. Besorgnis ist kein Ergebnis der Beobachtung eines Hinweises auf eine Gefahr. Sie ist eine erweiterte Analyse vieler Beobachtungen, Erinnerungen, Einschätzungen der eigenen Fähigkeiten und so weiter, die vom Gehirn im Hintergrund vorgenommen wird. Emotionen verwandeln sich und verbergen sich im Allgemeinen unter vielen anderen ähnlich komplexen Emotionen. Manchmal ist es schwer zu unterscheiden, ob Sie von einem Zweck oder von Ihrem Ego getrieben werden, ob Sie aus Leidenschaft oder aus Angst joggen. Sie müssen genau verstehen, wie Emotionen funktionieren, dann wird es einfacher, sie zu entdecken.

Als Kind war Aya voller Energie und Neugier (ist sie heute noch). Deshalb ging sie immer auf Entdeckungstour, wenn wir irgendwohin gingen. Wenn wir die kleine Aya nicht fest an der Hand hielten, weckte nach ein paar Minuten in einer Shopping Mall irgendetwas ihre Aufmerksamkeit, dem sie dann nachging, um irgendwo zu verschwinden, wo sie nicht mehr zu finden war. Egal, wie oft das geschah, es führte immer zu Panik (sowohl bei Aya, wo sie auch war, als auch bei ihrer Mutter und mir). Diese Panik trieb Aya dazu, hektisch nach uns zu suchen. Dadurch geriet sie immer weiter weg, was es noch schwieriger machte, sie wiederzufinden. Monatelang versuchten wir sie davon zu überzeugen, dass sie aufmerksam und in unserer Nähe bleiben sollte, wo wir auch waren. Bei ihrem aktiven, kreativen Geist hatte das offensichtlich keinen Zweck. Schließlich musste ich mit den Tatsachen umgehen, deshalb bat ich sie, sich eine Sache und nur eine Sache zu merken: »Wenn du dich umschaust und uns nicht mehr siehst, beweg dich nicht vom Fleck. Bleib genau da, wo du bist.«

Diese einfache Bitte war das Ergebnis einer umfassenden Analysearbeit auf meiner Seite. Ich erkannte, dass sie noch einige Zeit umherstromern würde und dass ich, so klein wie sie war, nichts daran ändern konnte. Ich erkannte, dass die Panik die Sache sowohl für sie als auch für ihre Mutter nur schlimmer machte. Und natürlich erkannte ich, dass es unter Panik schwierig ist, komplexe Entscheidungen zu treffen, besonders für ein Kind. Fassen Sie all das in einer einfachen Anweisung zusammen und es wird viel einfacher, sich das zu merken, und schwieriger, es zu ignorieren. Selbst heute, 20 Jahre später, witzeln Aya und ich immer noch darüber, wenn wir zusammen irgendwo hingehen. Ich sage: »Aya, wenn wir uns verlieren, was machst du?« Sie lacht, umarmt mich und sagt: »Ich bleibe, wo ich bin.«

Eine solche Vereinfachung nimmt auch unser Gehirn vor, um eine komplexe Vielfalt von Situationen zusammenzufassen. Das negative Verhalten eines Freundes in Kombination mit einem Kommentar im Radio, winterlicher Kälte und seit einer Woche kein Sonnenschein, und Ihr Gehirn schlussfolgert: *Jetzt schalten wir mal das Gefühl der Einsamkeit ein.*

Nette Geschichte, Mo, aber inwiefern soll mir das helfen? Nun, unser Gehirn verwendet ein Kodierungssystem, um uns Emotionen verspüren zu lassen, nachdem es mit der komplexen Analyse fertig ist. Es ist fast unmöglich, eine Emotion bis zu ihren komplexen Ursprüngen zurückzuverfolgen. Einfacher ist es, es geschehen zu lassen und dann mit seiner Signatur umzugehen – seinen Auswirkungen auf Sie. Das Gehirn lässt uns Emotionen auf recht physische Weise spüren. Jede Emotion, egal was sie ausgelöst hat, besitzt letztlich eine ganz bestimmte Signatur, die Sie in Ihrem Körper spüren können. Diese Empfindungen agieren als Wegweiser für das, was Sie fühlen. Sie helfen Ihnen, Ihre Emotionen festzumachen, indem Sie die damit verbundenen körperlichen Symptome untersuchen, so wie ein Arzt es täte, wenn er Ihren körperlichen Zustand auf eine Krankheit untersuchen würde. Er macht nicht immer eine Laboruntersuchung oder analysiert, was Sie während der letzten Tage gemacht haben, zumindest nicht als Erstes. Stattdessen sucht er nach Symptomen.

Schmetterlinge im Bauch. Ein Kloß im Hals. Das sind nicht nur abgegriffene Redewendungen. Nehmen wir einige der extremen Emotionen als Beispiele. Lassen Sie mich mit einer Emotion anfangen, die in ihrer Ausdrucksform sehr körperlich ist – Lust.

Lust ist leicht körperlich zu erkennen. Es gibt deutliche physische Symptome, die mit dieser Emotion verbunden und fast unmöglich zu übersehen sind. Muss ich sie hier aufführen? Ich bin sicher, Sie kennen sie auch so.

Für jemanden mit einer hohen emotionalen Achtsamkeit ist das Aufspüren der physischen Signatur anderer Emotionen nicht viel schwieriger. Panik zum Beispiel ist eine Emotion, die das Gehirn nutzt, um den Körper auf eine Fluchtreaktion angesichts einer hereindrohenden Gefahr vorzubereiten. Selbst wenn die Gefahr keine physische ist, wird Panik im ganzen Körper verspürt in Form eines

Energieschubs, gemischt mit dem Verlangen wegzulaufen. Wut dagegen ist die Emotion, die uns auf eine Kampfreaktion vorbereitet. Wenn Sie wütend sind, kocht Ihr Blut, Ihr ganzer Körper spannt sich an, und Sie verspüren den Wunsch anzugreifen. Wenn Sie Angst haben, klopft Ihr Herz, Ihre Gedanken überschlagen sich, und Sie wollen sich verstecken. Ekel verursacht Ihnen Übelkeit. Er fühlt sich gleich an, egal, ob er durch verdorbenes Essen ausgelöst wird oder durch das unmoralische Verhalten eines anderen. Sie spüren ihn im Magen. Sie prallen zurück und versuchen, den Auslöser Ihres Ekels zu meiden. Traurigkeit gibt Ihnen ein Gefühl der Leere. Ihr Körper fühlt sich schwach an, und Sie fühlen sich überfordert mit der Tendenz zum Rückzug. Aufregung gibt Ihnen Energie. Ihre Gedanken werden optimistisch, und Sie verspüren eine Offenheit, sich einzulassen und mehr zu suchen. Und so weiter.

Auf einer viel tieferen Ebene tragen einige bestimmte Emotionen, die aus einzigartigen persönlichen Erfahrungen resultieren, ihre ganz eigene Signatur. Meinen wunderbaren Sohn Ali zu vermissen hat eine ganz spezielle physische Signatur. Wenn der Gedanke einsetzt, ihn zu vermissen, spüre ich einen scharfen, tiefen Schmerz im unteren linken Bereich meines Herzens, als würde dieser Teil fehlen. Ich spüre das heute ebenso intensiv wie am Tag seines Todes. Ich habe gelernt, diesen Schmerz zu erkennen, weil ich ihn als Auslöser nutze, der mich meine Mission weiter voranbringen lässt. Sobald ich das Gefühl habe, dass ein scharfer Gegenstand diesen Teil meines Herzens durchbohrt, springe ich aus dem Sessel hoch und sage mir, dass es an der Zeit ist, Ali zu würdigen und etwas zu schaffen, das heute weitere 1.000 Menschen glücklich macht.

Diese körperlichen Symptome sind hauptsächlich das Ergebnis der chemischen Sprache, die das Gehirn sich durch die Verwendung von Hormonen ausdenkt. Der Energieschub, den wir bei

Panik oder Wut spüren, ist das Ergebnis der Freisetzung von Adrenalin in den Blutkreislauf. Die Energie, die wir bei Aufregung spüren, ist das Ergebnis von Dopamin. Sie fühlen sich anders an und wirken sich ganz anders auf uns aus. Über die chemischen Funktionen unseres Gehirns sprechen wir im nächsten Kapitel. Also, bleiben Sie dran, und konzentrieren Sie sich einstweilen weiterhin auf Ihre Emotionen. Wir haben noch einen weiteren Grund, uns die volle Empfindung und Akzeptanz unserer Emotionen zu verweigern, und zwar ...

Emotionales Unbehagen

Sie brauchen kein Essay, um es in sich selbst zu finden. Manchmal wollen wir unsere Emotionen einfach deshalb nicht annehmen, weil ... sie sich unangenehm anfühlen. Wir alle kennen Momente, in denen wir den Schmerz von Alkohol auf unseren Wunden nicht spüren wollen. Wir denken, wenn wir die Wunde ignorieren, geht sie schon irgendwann weg.

In der bekannten Analyse der fünf Trauerphasen – der Arbeit von Elisabeth Kübler-Ross und David Kessler[18] – ist die erste Phase die Verleugnung. Bei einem Verlust ist unsere erste Reaktion, uns zu sagen, dass nichts passiert ist. Verleugnung ist die Art, wie das Gehirn den Schmerz vermeiden will. Doch der Schmerz holt uns immer ein. Früher oder später lässt er sich nicht mehr ignorieren.

Jeder Arzt wird Ihnen sagen, dass es immer besser ist, eine Infektion zu versorgen, sobald Sie Schmerzen spüren. Je früher die Behandlung, desto einfacher die Heilung.

Komisch ist, dass sogar positive Emotionen gelegentlich dasselbe Schicksal erleiden. Manchmal weigern wir uns, die volle Freude der Liebe zu empfinden, weil der damit einhergehende emotionale

Sturm auch Angst beinhaltet. Wir fürchten, die Liebe könne nicht von Dauer sein, und deshalb nehmen wir sie nicht vollständig an. Lieber bleiben wir neutral, um kein gebrochenes Herz zu riskieren, als komplett hineinzutauchen und die Freude, die Aufregung und den Rausch des Augenblicks zu spüren. Das ist falsch.

Emotionen machen uns zu Menschen. Selbst die schwierigen verleihen uns ein Gefühl der Lebendigkeit. Außerdem …

Was Sie nicht beobachten können, lässt sich auch nicht verbessern.

Das Modell ist klar. Seien Sie, ehe Sie lernen, und lernen Sie, ehe Sie handeln. Erst fühlen, dann analysieren. **Sie können nicht mal ansatzweise an Ihren eigenen Emotionen arbeiten und einen Weg zum Glück finden, wenn Sie sie nicht zunächst einmal annehmen.**

Wir müssen Notiz davon nehmen, sobald unsere Emotionen aufsteigen. Wir müssen uns im Angesicht unserer hereinbrechenden Emotionen wohl fühlen. Um eine Emotion zuzulassen, müssen wir erst etwas lernen:

Setzen Sie sich mit ihren Emotionen auseinander

Schließen Sie die Augen. Stellen Sie sich ein kleines Mädchen vor. Sie kommt zu Ihnen gerannt und erzählt Ihnen, wie toll es auf dem Spielplatz war und dass sie ganz hochgeschaukelt ist und den Himmel sehen konnte. Was würden Sie tun?

Würden Sie Ihr sagen, dass Sie gerade zu beschäftigt sind? Würden Sie Ihr mit logischen Argumenten erklären, dass allzu große Aufregung gelegentlich das eigene Urteil verzerrt? Würden Sie ihr sagen, dass hohes Schaukeln keine große Sache ist und dass sie sich ehrgeizigere Ziele setzen soll?

Stellen Sie sich ein Mädchen vor, das weint, weil es sich verlaufen hat und seine Mutter nicht finden kann. Was würden Sie tun?

Würden Sie dem Kind sagen, es soll sich zusammenreißen? Würden Sie ihr die Schuld geben, weil sie einfach weggelaufen ist? Würden Sie Logik nutzen, um die Schritte zu erklären, die unternommen werden müssen, um ihre Mutter zu finden? Würden Sie einen Praxisplan verlangen, um dafür zu sorgen, dass solche Fehler nicht noch einmal passieren? Nein. Sie würden …

Sehr wichtig!

… das Kind in den Arm nehmen und zuhören.

Sie sind dieses verletzte, aufgeregte, ängstliche, scheue, verwirrte Kind. Sie sind jedes emotionale Kind, das je eine Umarmung brauchte.

Wir sind niemals auch nur einen Tag über solche emotionalen Momente hinaus gealtert. Wir haben uns bloß dazu gezwungen, unsere Emotionen zu unterdrücken, als wir älter wurden. Wir versagen uns selbst diese dringend benötigte Umarmung.

Die Grundlage der Traumaverarbeitung in der Psychologie liegt darin, sich schrittweise dem anzunähern, was man zu vermeiden sucht, dem Patienten zu ermöglichen, den Raum zu entdecken und die ungeklärten Gefühle zu akzeptieren und zu verarbeiten, die nicht aufgelöst wurden. Vielleicht ist es weise, uns selbst zu erlauben, dass die Emotionen an die Oberfläche kommen, ehe sie in unserer Psyche verbleiben und uns fertigmachen; wir sollten das Negative bereinigen, ehe es uns zur Qual wird.

Statt unsere Emotionen zu vermeiden, sollten wir uns ihnen annähern. Lassen Sie sie hochkommen, so wie wir ein Kind zum Ausdruck bringen lassen, was es im Inneren bewegt. Wir sollten lernen, uns selbst in den Arm zu nehmen, wie wir ein Kind umarmen würden – sanft. Und wenn dieser Vorgang sich zunächst komisch anfühlt, sollten wir lernen, **uns dazuzusetzen.**

Ein Teil des Verweilens bei einer Emotion besteht darin, dass wir Raum lassen zwischen dem Aufkommen der Emotion und all den Handlungsschritten, die Sie in ihrer Folge vielleicht unternehmen wollen.

Sehr wichtig!

»Zwischen Reiz und Reaktion gibt es einen Raum. In diesem Raum liegt unsere Macht, unsere Reaktion zu wählen. In unserer Reaktion liegen unser Wachstum und unsere Freiheit.«

Fun Fact: Dieses Zitat wird fälschlicherweise oft Viktor Frankl zugeschrieben. Bekannt geworden ist es durch den einflussreichen Motivationsautor Stephen Covey, der sich nie erinnern konnte, wer es ursprünglich mal geäußert hatte.[19]

Ich fordere Sie auf, sich ruhig in diesen Raum zu setzen, selbst wenn es sich komisch anfühlt, und die Emotion gänzlich anzunehmen, dabei jedoch den Drang zu reagieren zu ignorieren. Schwierig, ich weiß, aber total befreiend.

Um Ihre Emotion sanft zu umarmen und bei ihr zu verweilen, brauchen Sie eine feste Überzeugung …

Nicht vergessen!

Keine Emotion kann Ihnen jemals wehtun, es sei denn, Sie geben ihr die Macht dazu.

Emotionen sind keine äußeren Ereignisse, die uns bedrohen. Sie werden in unserem Inneren empfunden. Eine Emotion, die von einem zurückliegenden Ereignis ausgelöst wurde, stellt das Ereignis nicht wieder her und erschafft den Schmerz nicht neu. Eine Emotion, die von einem Gedanken an die Zukunft ausgelöst wird, setzt die Zukunft nicht in Gang (auch wenn Sie vorsichtig sein müssen, das Negative nicht in Ihrem Leben Fuß fassen zu lassen, wenn Sie ihm zu viel Energie einräumen). **Eine Emotion beginnt und endet in Ihnen.** Setzen Sie sich mit ihr auseinander.

Zudem ist keine Emotion gut oder schlecht. Eine Emotion ist einfach, was sie ist. Sie ist das, was Sie fühlen, und **was Sie fühlen, ist immer richtig** – für Sie. Denken Sie daran, dass Sie immer fühlen dürfen, was Sie fühlen. Ihr bisheriger Lebensweg hat Sie bereits bis hierhin gebracht, wo Sie sie fühlen sollen.

Denken Sie bei alldem daran, egal wie unangenehm unsere Emotionen sich manchmal anfühlen, hier kommt der Silberstreif …

Nicht vergessen!

Wir fühlen nur, wenn wir lebendig sind, und wir sind nur lebendig, wenn wir fühlen.

Die Freude des vollständigen Fühlens – egal was – findet sich in der Freude des Lebens. Zu fühlen, was Sie fühlen, heißt zu erkennen, wie das Lebensblut durch Ihre Adern fließt. Es erinnert Sie daran, dass Sie hier sind, um einen weiteren Tag zu erfahren, dass Sie am Leben sind, und das ist immer eine gute Sache, finden Sie nicht auch?

Ich kann all das, was wir hier besprochen haben, mit Worten einfach nicht gut genug erklären. Sie müssen es selbst fühlen. Lassen Sie uns also üben …

Jede Emotion hat eine einzigartige physische Signatur.

Diese Übung lenkt Ihre Aufmerksamkeit darauf, wie Sie sich körperlich fühlen, wenn eine Emotion die Oberhand gewinnt. Körperliche Empfindungen sind leichter zu erkennen als Emotionen, besonders wenn Ihre Emotion nur ein kleiner Teil eines Sturms ist.

Gruppenbesprechung

Achtsamkeitsübung:
Die Emotion (körperlich) spüren

Ziel:	die physische Signatur von Emotionen erleben
Dauer:	60 Minuten
Wiederholung:	solange die Unterhaltung für Sie von Wert ist
Sie brauchen:	eine Gruppe vertrauter, positiver Freunde Anmerkung: Wenn Sie diese Übung lieber allein ausführen wollen, ist das auch in Ordnung – passen Sie sie einfach entsprechend an. Noch mehr Einblicke erhalten Sie auf atlasofemotions.org.

Diese Übung lässt sich gut mit einem Freund oder einer Gruppe von Freunden ausführen.

Suchen Sie sich einen ruhigen Ort, und planen Sie viel freie Zeit ein.

Scannen Sie kurz Ihren Körper. Setzen Sie sich aufrecht hin, entspannen Sie sich, und achten Sie auf Ihren augenblicklichen körperlichen Zustand. Dieser Zustand markiert den Startpunkt – nennen Sie ihn den Kontrollzustand.

Denken Sie an eine zu untersuchende Emotion. Versuchen Sie, eine emotionale Erinnerung zu finden, die diese bestimmte Emotion auslösen kann, und lassen Sie sich sie so intensiv spüren, wie Sie können.

Nehmen Sie sich nun ein paar Minuten Zeit, um erneut Ihren Körper zu scannen, und achten Sie auf Veränderungen im Vergleich zum Kontrollzustand. Diese Veränderungen können subtil sein, Sie müssen also ganz genau darauf achten, wie sich Ihr Körper anfühlt. Je intensiver Sie die Emotion wiederherstellen können, umso lebhafter können Sie natürlich ihre physische Signatur wahrnehmen. Notieren Sie sich die Emotion und ihre physische Signatur. Halten Sie häufig inne, um vollständig zu fühlen. Fügen Sie Ihren Notizen hinzu, was Sie fühlen. Tauschen Sie die Notizen mit der Gruppe aus, um sie zu besprechen. Nach diesem Gespräch überprüfen Sie die Beschreibung dieser Emotion und ihre physische Signatur auf atlasofemotions.org.

Wiederholen Sie diese Schritte mit einer weiteren Emotion. Gehen Sie systematisch vor, und prüfen Sie eine Reihe von Emotionen, um das gesamte Spektrum der physischen Signaturen kennenzulernen. Nehmen Sie sich so viel Zeit, wie Sie brauchen, um möglichst viele verschiedene Emotionen zu ergründen.

Emotionen kommen niemals allein, sie treten als Sturm auf.

Die folgende Übung bereitet Sie darauf vor, das breite Spektrum von Emotionen zu erkennen, die Sie vielleicht in geballter Form erleben.

Achtsamkeitsübung:
Den Sturm erleben

Ziel:	den Sturm von Emotionen zu erleben
Dauer:	30 Minuten
Wiederholung:	nach Bedarf
Sie brauchen:	einen ruhigen Ort, Papier und einen Stift

Schließen Sie die Augen, kommen Sie zur Ruhe, bis Sie ein Gefühl vollkommener Präsenz wahrnehmen. Dies wird sich sehr stark wie eine Meditationsübung anfühlen. Beginnen Sie mit dem einfachen Teil. Konzentrieren Sie sich auf Ihren Körper.

Scannen Sie ihn im Geiste Zentimeter für Zentimeter, von den Zehen aufwärts bis zum Kopf. Fragen Sie sich, wie Sie sich fühlen. Wenn Sie Schmerzen, angenehme oder subtile Empfindungen haben, schreiben Sie sie auf. Ein leichter Kopfschmerz, entzündete Nebenhöhlen, eine laufende Nase, schmerzende Muskeln und so weiter. Ist das Licht zu hell? Tut es Ihnen in den Augen weh? Ist es zu dunkel? Schreiben Sie alles auf, und lassen Sie sich dabei Zeit.

Als Nächstes lenken Sie Ihre Aufmerksamkeit auf Ihre Emotionen. Fragen Sie sich weiterhin, wie Sie sich fühlen. Erweitern Sie Ihre Wahrnehmung, um die gesamte Bandbreite des Sturms abzudecken. Aufregung wegen Ihres Dates heute Abend, gemischt mit etwas Stress, weil Sie nicht wissen, was Sie anziehen sollen? Ein leichtes Schuldgefühl darüber, wie Ihre letzte Beziehung geendet hat?

Es ist schwieriger, all diese Feinheiten zu finden, als zu erkennen, dass Ihr Fuß wehtut (was Sie nicht mal bemerkt hatten, ehe Sie sich zum Nachdenken hingesetzt haben). Also, denken Sie daran, nach der physischen Signatur jeder Emotion Ausschau zu halten, und geben Sie ihr Zeit. Gehen Sie in sich. Lernen Sie sich selbst auf einer ganz neuen Ebene kennen.

Trockene Lippen. Nackenschmerzen. Leichte Verdauungsbeschwerden. Angst vor der Prüfung. Vorfreude auf die Sommerferien. Ärger über ein verpasstes Fußballspiel. Ein bisschen müde und ... verliebt.

Was es auch ist, wenn Sie es empfinden, schreiben Sie es auf.

Das ist der Jedi-Meister-Grad der Achtsamkeit. Er ist nicht leicht zu erreichen. Er erfordert viel Übung, doch mit genügend Entschlossenheit schaffen Sie es. Auf dem Weg dorthin werden Sie feststellen: Egal, welche Emotionen und Empfindungen Sie entdecken, sich auf dieser Ebene mit sich selbst zu verbinden ist die reine Freude. Diese Freude zu empfinden ist entscheidend dafür, dass Sie weiter üben, und dann geschieht das Wunder. Die Fähigkeit, sich vollständig mit der Macht Ihrer Emotionen und Empfindungen zu verbinden. Glückwunsch, Meister Skywalker.

Meistern Sie die Reaktion auf Ihre Emotionen, damit Sie sich sicher genug fühlen, sie zu zeigen.

Praxisübung:
Einen Puffer schaffen

Ziel:	die Fähigkeit entwickeln, der Reaktion auf Ihre Emotionen zu widerstehen
Dauer:	je länger, umso besser
Wiederholung:	Ihr gesamtes restliches Leben
Sie brauchen:	einen ruhigen Ort

Wir vergessen gern, dass selbst die beispielhaftesten Vorbilder in Sachen Weisheit und Gelassenheit nicht ohne Emotionen sind. Es ist nicht so, als hätte Gandhi nicht den Drang verspürt, gegen die Briten zu kämpfen, oder dass Seine Heiligkeit der Dalai Lama nicht den Schmerz seines Volkes verspürt hätte, als man ihm die Heimat raubte. Was sie jedoch von uns anderen unterscheidet, war die Art und Weise, wie sie auf diese Emotionen reagierten.

Einmal hatte ich in meinem Podcast Slo Mo Arun Gandhi zu Gast, den Enkel von Mahatma Gandhi. Er hat ein Buch mit dem Titel *Wut ist ein Geschenk* geschrieben. Ich fragte ihn, wie Wut denn ein Geschenk sein könne. Und er sagte: »Na ja, Wut ist Energie. Sie können sie nutzen, um jemandem ins Gesicht zu schlagen, oder Sie können sie nutzen, um aufzustehen, eine Rede zu halten und die Welt zu verändern.« Eine Emotion ist niemals gut oder schlecht. Sie ist, was sie ist. **Wenn Sie sie fühlen, ist sie echt.** Eine Emotion zu haben kann Sie niemals verletzen. Emotionen führen nur dann zu tatsächlichen Ereignissen in der Realität, wenn Sie auf ihrer Grundlage handeln.

Engagierte Glücks-Praktiker lernen zu unterscheiden zwischen dem, was sie fühlen (reines Sein), und dem, was sie tun wollen.

Um das zu lernen, stelle ich Ihnen eine Reihe von Übungen vor, die einfach beginnen und im Verlauf immer schwieriger werden.

Auf den Händen sitzen

Echt jetzt. Ihre Aufgabe, so merkwürdig sich das anhören mag, besteht darin, fünf Minuten lang auf Ihren Händen zu sitzen. Zunächst fühlt es sich einfach an, bis ... Sie merken, dass Ihre Nase oder sonst irgendein Teil Ihres Körpers juckt. Tja, das ist eine Herausforderung! Berühren Sie die Nase nicht, egal wie dringend Sie sie kratzen wollen.

Mit dem folgenden Tipp hoffe ich Ihnen die Herausforderung etwas zu erleichtern. Die beste Methode, um das drängende Verlangen zu überstehen, eine juckende Stelle zu kratzen, besteht nicht darin, es zu ignorieren, sondern im Gegenteil ... sich darauf zu konzentrieren.

Richten Sie Ihre Aufmerksamkeit auf den Juckreiz, und schenken Sie ihm Ihre ungeteilte Aufmerksamkeit. **Setzen Sie sich dazu.** Erinnern Sie sich daran, dass es nur ein Jucken ist. Es kann Ihnen wirklich keinen Schaden zufügen.

Denken Sie daran, dass es wieder weggehen wird, so wie jedes andere Jucken, das Sie je verspürt haben. Verlieren Sie den Drang zu handeln. Wenn Sie es vollkommen akzeptieren und lernen, damit umzugehen, geschieht das Magische. Es verschwindet.

Hungrig bleiben

Schalten wir mal einen Gang höher. In dieser Übung verzichten wir auf die Gewohnheit des Mittagessens.

»Stay Hungry«

Suchen Sie im Internet nach »Stay Hungry« von Twisted Sister.

Versuchen Sie, über den Krach, die Heavy-Metal-Gitarre, das Aussehen der Band und die Intensität der Musik hinauszuschauen. Hören Sie sich den Tiefgang des Textes an.

Behalten Sie Ihr Ziel im Auge. Denken Sie daran, wofür Sie kämpfen, wonach Sie suchen. Bleiben Sie hungrig!

Ja, Sie haben richtig gelesen. Wenn Ihre Konstitution und Ihre Arbeitszeiten es erlauben, essen Sie eine Woche lang nicht einfach zu Mittag, weil es die Zeit dafür ist. Warten Sie, bis Sie wirklich Hunger haben, dann warten Sie, bis Sie wirklich richtigen Hunger haben, und dann bleiben Sie noch weitere 30 Minuten hungrig, und dann, erst dann, essen Sie. Sie können natürlich gern mit Freunden zum Essen gehen, aber essen Sie nichts. **Bleiben Sie dabei!** Warten Sie, bis Sie es spüren, und dann warten Sie noch ein bisschen länger.

Sie kennen das jetzt schon. Hunger überlebt man nicht dann am besten, wenn man ihn ignoriert und sich ablenkt. Es geht darum sich voll und ganz darauf einzulassen – nehmen Sie ihn an. Richten Sie Ihre volle Aufmerksamkeit auf Ihren knurrenden Magen, und warten Sie, dass die Magie eintritt und der Hunger weggeht!

Halten Sie den Mund

Einigen Menschen fällt es schwer, den Drang zum Reden zu unterdrücken.

Bla, bla, bla. Ganz ehrlich, ich weiß gar nicht, wozu all der Lärm gut sein soll. Jeder scheint etwas zu sagen zu haben. Wir reden mit Kollegen, Kommilitonen, und dann gehen wir irgendwohin, um mit Freunden zu reden. Unterwegs rufen wir jemanden an und reden in unsere kleinen Bluetooth-Headsets, während wir durch die Straßen voller Gerede hasten. Wir schreiben eine E-Mail nach der anderen, posten in unserer Freizeit Kommentare in sozialen Netzwerken, und wenn wir endlich nach Hause kommen, schalten wir den Fernseher ein, und was sehen wir dort? Reden, reden, reden. Schluss mit dem Wahnsinn! Pssssst!

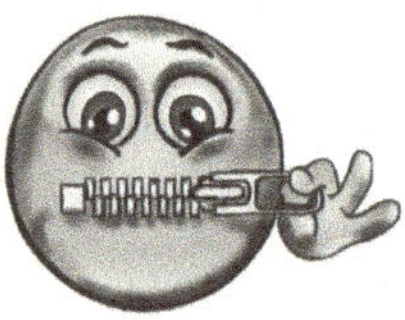

Nehmen Sie sich vor, eine Woche lang nicht zu sprechen, es sei denn, Sie werden angesprochen (oder natürlich wenn Sie es wirklich müssen). Selbst wenn Sie fast platzen, um in einem Meeting oder im Kreise Ihrer Freunde etwas zu sagen, schweigen Sie – versiegeln Sie Ihre Lippen. Entscheiden Sie sich, die Klappe zu halten. Das wird sich zunächst etwas schwierig anfühlen, aber im Handumdrehen stellen Sie fest, dass Stille ein Segen ist.

Wenn Sie ein Musterschüler sind, erweitern Sie diese Übung um eine zweite Woche und trainieren die Reinheit der Rede, ein Konzept, das ich in vielen spirituellen Lehren gefunden habe – dem Islam, dem Buddhismus, dem Hinduismus und anderen – und das mir eine der liebsten Übungen ist.

Sagen Sie etwas Positives, oder sagen Sie gar nichts.

Wenn Sie im Laufe dieser Woche den Drang zum Reden verspüren, sprechen Sie die Worte zunächst in Ihrem Kopf, und fragen Sie sich, ob sie positiv klingen – ob es die Dinge besser macht, wenn sie ausgesprochen werden. Wenn ja, sagen Sie es liebevoll. Wenn nein, behalten Sie es für sich und schweigen Sie.

Falls Ihnen dies eine ganze Woche lang gelingt, warum es dann nicht für den Rest Ihres Lebens fortführen? Tun Sie es, und erleben Sie, wie die Liebe des Universums und all seiner lebenden Wesen auf Sie herabströmt.

Es ist genau wie beim Juckreiz und beim Hunger. Je mehr Sie dem zuhören, was um Sie herum gesprochen wird und was Ihr Gehirn in Ihrem Kopf sagt, umso mehr werden Sie an die Notwendigkeit Ihres Schweigens erinnert, und umso geringer wird Ihr Drang zu reden. Magisch!

Bei diesen Übungen geht es nicht darum, Sie stärker zu machen, sondern Sie Belastungen auszusetzen. Das ist das genaue Gegenteil. Sie sollen Sie weicher machen, damit Sie Ihre Gefühle annehmen und dabeibleiben können, während der Drang zum Handeln nachlässt.

Es sind nicht die stärksten Bäume, die einen Hurrikan überleben. Es sind diejenigen, die sich im Wind biegen können, statt Widerstand zu leisten. Indem Sie lernen, mit einfachen Reizen wie Juckreiz oder Hunger zurechtzukommen, lernen Sie, sich mit Ihren Emotionen zu biegen. Je öfter Sie das tun, desto eher sind Sie bereit, einen Sturm von Emotionen zu erleben und … ihn auszuhalten.

Diese Übung wird Sie im Laufe der Zeit lehren, wie Sie Ihren Emotionen Raum geben, sie akzeptieren und dann vollständig annehmen.

Das muss die schwierigste Übung im gesamten Buch sein. Ich führe Sie Schritt für Schritt hindurch und entschuldige mich im Voraus, falls sie Ihnen Mühsal bereitet.

Praxisübung:
Setzen Sie sich mit Ihren Emotionen auseinander

Ziel:	fühlen
Dauer:	30 Minuten für jede Übung
Wiederholung:	Ihr gesamtes restliches Leben lang
Sie brauchen:	einen ruhigen Ort, Papier und Stift

Zunächst einmal machen Sie sich bitte klar, dass Emotionen jenseits von positiv oder negativ auch passiv oder aktiv sein können. Passive Emotionen halten Sie eher zurück oder lassen Sie stillhalten. Wenn Sie sie empfinden, haben Sie keine Energie und verspüren keinerlei Handlungsdrang. Dazu gehören Langeweile, Traurigkeit und Verlegenheit auf der negativen Seite sowie Ruhe oder Gelassenheit auf der positiven Seite. Aktive Emotionen dagegen sind mit einem Energieschub verbunden, der Sie dazu treibt, etwas zu tun. Wut und Angst sind aktive negative Emotionen, Aufregung ist eine aktive positive.

Es liegt in der Natur der Sache, dass es einfacher ist, passive Emotionen zuzulassen. Wenn Sie beispielsweise gelangweilt sind, können Sie nicht viel anderes tun als dazusitzen und nichts zu tun. Fangen wir also damit an.

Entwöhnung vom weißen Rauschen

Suchen Sie sich einen ruhigen Ort im Innenbereich. Stellen Sie Ihren Handy-Timer auf 30 Minuten, dann legen Sie das Telefon hin und tun absolut nichts. Das ist alles. Nichts.

Nehmen Sie für die Dauer dieser Übung Ihre Langeweile vollständig an. Kein Surfen im Internet, keine Social Media, kein Fernsehen, keine Musik, keine Bücher zum Lesen, kein Klatschmagazin, mit dem Sie Ihr Leben vergeuden können, nicht mal Meditation oder Natur zur Kontemplation, keine Leute beobachten und keine Freunde, mit denen man über dies und das plaudern kann. Sie werden sich vielleicht fragen, warum ich das von Ihnen verlange. Ist die Verbindung mit der Natur zum Beispiel nicht eine großartige Meditationsübung? Natürlich, doch hier zielen wir auf eine andere Fähigkeit ab. Die Verbindung zur Schönheit der Natur und allen Lebewesen ist ein Segen. Hier üben wir jedoch, mit dem Raum umzugehen, den Langeweile mit sich bringt. Wir lernen damit umzugehen und dadurch die Notwendigkeit auszuschalten, dass wir nicht mehr darauf reagieren müssen, indem wir ständig nach Ablenkung suchen. Das ist vergleichbar mit dem Aufbau Ihrer Stärke in Vorbereitung auf das Aushalten stärkerer Emotionen, indem Sie zuerst andere Dinge aushalten, die Sie jucken und ärgern. Dadurch entwickeln Sie die Fähigkeit, den Drang, einem Impuls zu folgen, zu überwinden.

Spüren Sie es schon? *Mir ist laaaaaaaaaangweilig.* Das ist super. Nehmen Sie es an.

Wenn das Verlangen, Ihr Handy zu nehmen und Ihren Nachrichteneingang zu prüfen, allzu übermächtig wird, halten Sie noch ein wenig durch. Lernen Sie, damit umzugehen. Das wird sich viel schwieriger anfühlen, als dem Jucken an der Nase zu widerstehen, ob Sie es glauben oder nicht, denn wir alle haben jahrelang Ablenkungen als eine Art Flucht in unser Leben gebracht.

Die Anweisungen für alle unsere bisherigen emotionalen Übungen gelten auch hier. Versuchen Sie nicht, Ihre Langeweile zu ignorieren. Konzentrieren Sie sich darauf. Amüsieren Sie sich, indem Sie sich auf dieses unglaubliche Gefühl einstellen. Nehmen Sie es an. Fühlen Sie sich lebendig.

Durchleben Sie erneut eine Erinnerung

Nun schließen Sie die Augen, und rufen Sie sich ein Ereignis ins Gedächtnis, das Sie emotional berührt. Beginnen Sie mit etwas Glücklichem, zum Beispiel einem schönen Tag, den Sie mit einem Freund verbracht haben. Wenn ich diese Übung mache, erinnere ich mich an das erste Mal mit den Kindern in Disneyland. Falls Sie ein Fotoalbum haben, um Ihrem Gedächtnis auf die Sprünge zu helfen, holen Sie es hervor.

Erinnern Sie sich an jedes kleine Detail, jeden Geruch, jedes Erlebnis und jede Farbe. Denken Sie intensiv daran, nicht nur an die Ereignisse, sondern auch wie es sich angefühlt hat, als Sie sie erlebt haben. Schauen Sie, ob Sie diese Gefühle wiederherstellen können. Falls ja, halten Sie inne. Erlauben Sie sich zu fühlen. Lachen Sie oder lächeln Sie, wenn das Ihren Empfindungen entspricht. Wenn Ihre Gedanken zu Sorgen um die Zukunft oder schlechten Erfahrungen der Vergangenheit abschweifen, konzentrieren Sie sich auf die Erinnerung oder das Fotoalbum. Setzen Sie das Fühlen fort.

Sobald Sie den Dreh heraushaben, beginnt die echte Herausforderung. Machen Sie diese Übung erneut, aber diesmal rufen Sie sich eine schlimme Erinnerung ins Gedächtnis. Suchen Sie eine aus, die Ihrem Leben eine Wendung gegeben hat, bei der Sie jedoch eine passive Emotion empfunden haben, die nicht mit Energie aufgeladen war. Wenn ich das mache, wähle ich Alis Tod.

Statt zu versuchen, den Gedanken zu entkommen, die die mit diesem Ereignis verknüpften Emotionen auslösen, sollten Sie sich detailliert daran erinnern. Wenn die Emotionen hochkommen, lassen Sie zu, dass Sie sie spüren. Lassen Sie alles raus. Wenn Ihnen nach Weinen ist, dann weinen Sie. Wenn Sie schreien wollen, schreien Sie. Wenn Sie etwas sagen wollen, sagen Sie es. Laut. Suchen Sie nicht nach Lösungen, denken Sie nicht über Handlungen nach, und urteilen Sie nicht über sich selbst. Halten Sie sich selbst fest wie ein Kind. Hören Sie zu, was Ihr Herz fühlt, wie Sie einem schmerzerfüllten Kind zuhören würden. Drängen Sie sich nicht davon weg. Halten Sie Ihre Emotionen so sanft, wie Sie einen wunderschönen Schmetterling halten würden, der vom Wind zerzaust ist und seine Kräfte sammelt, ehe er wieder fliegen kann.

Ich weiß, das ist schwer, aber es wird leichter. Wie beim Ablassen von Wasser aus einer Badewanne, dauert es lange, und zuerst nehmen Sie gar nicht wahr, dass etwas passiert. Doch im Laufe der Zeit wird die Wirkung deutlich, bis nichts mehr zum Ablassen übrig ist. Wenn Sie die Hilfe eines guten Freundes in Anspruch nehmen können, empfehle ich das. Bitten Sie ihn oder sie, zuzuhören und Sie zu halten, wie Sie sich selbst halten sollten. Mehr ist nicht zu tun.

Wenn Sie heraushaben, wie man sich mit passiven negativen Emotionen auseinandersetzt, gehen Sie vorsichtig weiter und versuchen Sie, einige der Erinnerungen wachzurufen, die Wut, Angst oder andere aktive Emotionen bei Ihnen auslösen. Machen Sie diese Übung nur in Gegenwart eines vertrauten Freundes. Versuchen Sie, mit den Emotionen zurechtzukommen, indem Sie Ihre Gedanken vom Handeln weglenken. Kein Handlungsplan, keine Strategien, kein »Ich hätte dies sagen sollen« oder »Nächstes Mal mache ich jenes«. Konzentrieren Sie sich nur auf das, was Sie fühlen. Bringen Sie es gegenüber Ihrem Freund zum Ausdruck. Weinen Sie, wenn Sie möchten. Schreien Sie, wenn Ihnen danach ist. Halten Sie sich nicht zurück. Fühlen Sie voll und ganz. Ihr Freund ist da und sorgt dafür, dass Sie ausdrücken, was Sie fühlen, aber nur was Sie fühlen. Wenn Sie anfangen zu erklären, was Sie tun wollen, soll er Sie auffordern, bei der Emotion zu bleiben, und dafür sorgen, dass Sie sich sicher genug fühlen, sie auszudrücken.

Nicht vergessen!

Es ist keine Schwäche, Ihre Emotionen auszudrücken. Es macht Sie so stark, wie Sie nur sein können.

Warten Sie auf den Sturm

Wenn Sie es schaffen, dem Juckreiz zu widerstehen, den Hunger zu stillen und dem Herausplappern Ihrer Gedanken; wenn Sie passive und aktive, positive und negative Emotionen aus Ihrer Vergangenheit heraufbeschwören und sich mit ihnen auseinandersetzen, sie sogar ausdrücken können, ohne weiteres Zutun – dann sind Sie bereit.

Als Kind musste ich morgens bei klirrender Kälte auf den Schulbus warten. Ich fing an, unkontrolliert zu zittern, bis ich mich auf das Gefühl einstellte. Ich weiß nicht, wie ich das herausfand, aber ich konzentrierte mich auf das Zittern, befahl ihm mit meinen Gedanken aufzuhören und sagte mir dann, dass mir warm sei. Wenn ich das tat, wurde mir wirklich warm. Sie können das sogar mit den aktivsten Gefühlen und Emotionen tun. Wenn Sie das nächste Mal wütend sind, stellen Sie sich darauf ein. Konzentrieren Sie sich auf Ihre Wut. Spüren Sie sie. Nehmen Sie wahr, wie Ihr Blut kocht. Achten Sie darauf, wie Ihnen Tränen in die Augen schießen, beobachten Sie, wie Ihre Stimme lauter wird und Ihr Herz schneller schlägt. Beobachten Sie sich selbst dabei, wie Sie die Kontrolle verlieren, und dann … unmittelbar bevor sie entgleitet … bleiben Sie dran. Tun Sie nichts dagegen. Versuchen Sie nicht einmal, sich zu stoppen oder zu beruhigen. Lassen Sie es einfach passieren. Lassen Sie es Sie verzehren. Tun Sie nichts. Absolut nichts! Indem Sie sich darauf konzentrieren, es geschehen lassen, nimmt es seinen Lauf. Wenn der richtige Zeitpunkt kommt, denken Sie nur einen Gedanken – *ich bin ruhig*. Wenn Sie das tun, verschwindet die Wut. Ist sie weg, haben Sie die Klarheit, die Sie brauchen, um einen Plan zu entwickeln und, was am wichtigsten ist, Sie haben ein paar Neuronen so abgefeuert, dass die Neuroplastizität sich einschalten kann und es Ihnen beim nächsten Mal leichter macht, diese Emotion auszuhalten.

Ich weiß, das hört sich an wie irgendein Film nach *Matrix*-Manier. Aber bitte versuchen Sie es. Lassen Sie sich auf die Emotion ein. Dann manifestiert sich ihr Gegenteil.

Wenn Sie das nächste Mal eifersüchtig sind, sagen Sie sich nicht, dass Sie das nicht sein sollten. Wenn Sie eifersüchtig sind, sollten Sie es sein.

Nicht vergessen!

Was Sie fühlen, ist immer richtig.

Denken Sie an die Goldene Regel: Nehmen Sie an, was Sie fühlen, aber handeln Sie nicht sofort danach. Wenn dann die Zeit gekommen ist, denken Sie: *Ich bin offen dafür, es besser zu machen.* Wenn dies zu Ihrer Realität wird, und erst dann, reden oder handeln Sie.

Gehen Sie so mit jeder anderen Emotion vor, die Sie häufig erleben, und denken Sie daran, diese Übungen sollen Ihnen keine Ihrer Emotionen wegnehmen, sondern nur deren Kontrolle über Sie.

Lernen Sie, mit etwas zurechtzukommen, das Ihnen immer Unbehagen eingeflößt hat. Wenn der Raum geschaffen ist und Sie aufhören, es kontrollieren zu wollen, geht das schwierige Gefühl allmählich weg. Dann können Sie sein, was immer Sie sein wollen.

Lernen Sie, die Unbequemlichkeit zu genießen. Es ist nicht ungewöhnlich, dass wir Menschen negative Gefühle lieben – einen bitteren Geschmack, einen schmerzenden Muskel oder eine herausfordernde Erfahrung –, wenn wir wissen, dass es gut für uns ist.

Aber üben Sie nicht nur, sich dem Negativen zu stellen. Wenn Sie das nächste Mal Freude empfinden, lassen Sie sie nicht vorübergehen, während Sie von einem Meeting zum nächsten eilen. Suchen Sie sich einen ruhigen Ort, und setzen Sie sich damit auseinander. Lassen Sie sie übernehmen. Kosten Sie sie aus. Spüren Sie sie in jeder Körperzelle. Achten Sie auf die Emotion, nehmen Sie sie an, und heißen Sie sie willkommen, damit sie ein häufiger Gast wird.

Und jetzt habe ich für Sie schlechte und gute Nachrichten.

»Karate Kid«

Sehen Sie sich den Originalfilm aus den Achtzigern an (der neue ist nicht so gut).

Als Mr. Miyagi dem jungen Daniel beibringen soll, sich gegen Rüpel zu verteidigen, die zufällig aggressive Karate-Champions mit schwarzem Gürtel sind, fordert er ihn auf, ein Auto zu polieren und einen Zaun zu streichen. Disziplin und ständige Übung sind der Weg zur Meisterschaft. Denken Sie beim Üben daran – schön polieren, bis es glänzt. Das ist der Weg.

Die schlechte Nachricht ist, dass ich Ihnen keinen anderen Weg zeigen kann als den über Selbstverpflichtung und harte Arbeit. Wenn Sie die Hunderte Male ausbügeln wollen, die Sie versucht haben, Ihren Emotionen zu entkommen, geht das nur über Hunderte von Gelegenheiten, bei denen Sie sie annehmen. Sie müssen diese Arbeit auf sich nehmen, um diese Offenheit zu Ihrer neuen Norm zu machen.

Die gute Nachricht ist jedoch, dass Sie es hinkriegen, wenn Sie sich die Arbeit machen. Falls es Ihnen anfangs schwerfällt, gehen Sie noch mal einen Schritt zurück, und halten Sie Ihren Juckreiz, Ihren Hunger und Ihren Rededrang aus, bis Sie bereit sind.

Was immer Sie tun, hören Sie nicht auf, bis Ihr Herz sich öffnet. Das ist vielleicht die wichtigste Fähigkeit, die Sie je erlernen werden. Fühlen lernen.

Kapitel 8

Alchemie

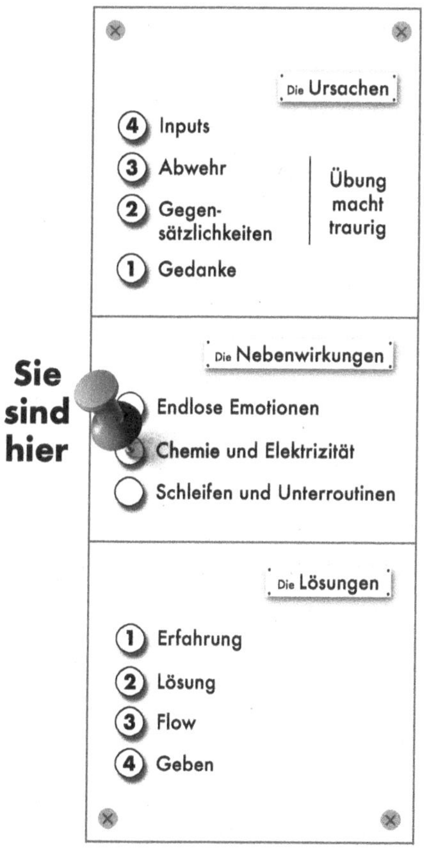

Die ersten Computersysteme, als Zentralrechner bekannt, beruhten darauf, dass die gesamte Verarbeitung auf den Server beschränkt blieb. Kabel verbanden die verteilten Bildschirme mit den Kommunikations-Subsystemen. Die Funktionalität dieser Bildschirme war beschränkt auf Input und Output – das Anzeigen von Informationen auf einen Monitor und das Erfassen der Nutzereingaben über eine Tastatur. Diese »dummen« Terminals – ja, so nannten wir sie – überließen das gesamte Denken und die Kontrolle dem Zentrum.

Im Laufe der Jahre entwickelten sich PCs, Smartphones und das Internet, und nun ist die Intelligenz überall.

Von Ihrer Handfläche bis zu den gewaltigen Systemen, die das Internet antreiben. Jeder Teil des Netzwerks ist intelligent und kann selbst Leistungen erbringen.

Ein Blick auf die Anatomie unseres Gehirns und des Nervensystems könnte den falschen Eindruck erwecken, dass wir etwas Ähnliches sind wie Zentralrechner, bei denen die gesamte Intelligenz dem Gehirn vorbehalten ist und jeder andere Teil des Körpers nur tut, was ihm gesagt wird. Doch das könnte von der Wahrheit gar nicht weiter entfernt sein.

Chemie und Elektrizität des Gehirns

Ihre Gehirnfunktionen sind nicht in Ihrem Schädelinneren enthalten. Ein großer Teil des Gehirns – das Nervensystem – erstreckt sich über Ihren gesamten Körper. Diese Verknüpfung schickt und empfängt sensorische Daten und die Anweisungen Ihres Gehirns an jeden Sensor, jedes Organ, jeden Muskel und jede Drüse.

Ständig werden durch Ihre Sinne Informationen gesammelt und durch die Nerven an das Gehirn geleitet, sodass es sich seiner Umgebung bewusst ist. Wenn Sie etwas erkennen, das des Handelns bedarf, werden dem somatischen Nervensystem Befehle geschickt, um Ihre willentlichen Bewegungen zu steuern. Und dann gibt es noch das autonome Nervensystem, das verantwortlich ist für die unwillentlichen Funktionen Ihres Körpers: das Schlagen des Herzens, Ihre Kampf-oder-Flucht-Reaktion, Ihre Körpertemperatur, die verschiedenen Hormonausschüttungen und so weiter.

Jede einzelne Funktion, die Ihr Körper ausführt, stammt aus einem bestimmten Punkt Ihres Gehirns und endet an einem bestimmten Punkt Ihres Körpers. Einige Nerven verbinden diese beiden Punkte direkt, während die meisten anderen unterwegs an einer Art Schaltpult innehalten, das als Nervenknoten bekannt ist. Dort kommunizieren sie durch den Austausch von Chemikalien, um ein präzises Signal an die Rezeptoren in Ihren Organen zu schicken. So meistern sie ihre Aufgabe. Als Computer-Nerd und Roboter-Fan kann ich die unerreichte Genialität des Aufbaus dieser Maschine nur bewundern.

In Sachen Computersystemgestaltung ähnelt dies sehr stark der dominanten Computerarchitektur der PC-Ära, die als Client-Server-Computing bekannt ist, und dem Internet, bei dem Intelligenz sowohl auf Serverseite existiert als auch am Ende der Verbindung auf Clientseite, die damals ein Personal Computer war und heute jedes existierende Gerät ist.

Unser Gehirn und unser Nervensystem gehen noch einen Schritt weiter. **Sie besitzen überall Intelligenz, sogar in der Verbindung selbst.** Das autonome Nervensystem – das all die Dinge steuert, die Sie nicht bewusst kontrollieren – besteht aus drei separaten Systemen. Das erste davon, der menschliche Darm, ist mit über 100 Millionen Nervenzellen ausgekleidet, die unabhängig vom Gehirn arbeiten. Deshalb wird der Darm oft als zweites Gehirn bezeichnet.

Die anderen beiden autonomen Systeme, die hier eine ausführliche Untersuchung verdienen, sind das sympathische und das parasympathische Nervensystem.

Diese beiden Systeme sind keine Gegensätze; sie geraten oft in Konflikt miteinander, scheinen einander jedoch sehr gut zu ergänzen. Sie sind ein bisschen wie Partner – ein liebendes Paar –, die sich einfach nicht darüber einigen können, wie ihr Heim gestaltet werden soll. Der eine kommt herein und stellt alles um, damit die Wohnung hübsch aussieht, und sobald der andere Partner hereinkommt, stellt er alles wieder zurück, damit es praktischer ist. Nachdem sie weg waren, ändert der Erste, der nach Hause kommt, wieder alles zurück.

Mit einem ähnlichen Hin und Her verändern auch das sympathische und das parasympathische System ständig den Zustand Ihres Körpers. Wenn das sympathische Nervensystem im Einsatz ist, erhöht es die Erregung bei Stress oder Gefahr. Das parasympathische Nervensystem dagegen sucht immer nach Momenten, in denen es Sie beruhigen kann, um die notwendigen Routinefunktionen Ihres Körpers zu gewährleisten, und handelt damit entgegen dem, was das andere System eingeführt hat. Gemeinsam bringen sie Ihren Körper vom Stress zur Entspannung, von der Angst zum Mut und von der Besorgnis zum Frieden.[20]

Ungeachtet seines freundlichen Namens hat das sympathische Nervensystem überhaupt nichts mit Sympathie zu tun (es wurde so bezeichnet aufgrund des griechischen Wortursprungs, der so viel heißt wie »zusammen fühlen«, und zwar aufgrund seiner Nähe zur Wirbelsäule und vielen inneren Organen). Bei Gefahr oder Stress löst es Ihren inneren Alarm und Ihre Kampf-oder-Flucht-Reaktion aus. Sympathisch ist es weniger für Ihr Glück als vielmehr für Ihre Sicherheit. Wie der Partner des oben erwähnten Paares, der sich nichts aus hübschen Dingen macht, sondern nur daraus, dass sie praktisch sind, interessiert sich das sympathische Nervensystem nicht dafür, wie gut Sie sich fühlen. Einmal aktiviert verbringt es jeden Augenblick damit, Ihnen Stress zu machen, damit Sie in Sicherheit bleiben. Zu diesem Notfallplan gehört es auch, seine Verbündeten einzubeziehen, Ihre Drüsen, damit sie Chemie als eine weitere Methode der Kommunikation innerhalb des Körpers verwenden, die diese sicherheitsorientierte Funktionalität gewährleisten soll.

Ihr parasympathisches Nervensystem (para bedeutet dem sympathischen System angehängt) kommt zum Einsatz, wenn es Zeit zum Ausruhen ist – was interessanterweise als überlebenswichtige Funktion angesehen wird. Das parasympathische Nervensystem will, dass

Sie Ihre Energie sparen, Ihre Nahrung verdauen, Ihre Muskeln aufbauen und vielleicht sogar Ihre Augen schließen, um nachzudenken oder ein bisschen Schlaf zu bekommen. Es ist derjenige Partner des Paares, der alles ruhig und schön machen will. Wenn es aktiviert ist, vermittelt es uns Behaglichkeit und Frieden.

Die Struktur des sympathischen Systems ermöglicht ihm, Stresssignale an alle relevanten Organe gleichzeitig zu senden. Das parasympathische System dagegen sendet bestimmte Signale an jedes Organ einzeln. Um diesen Unterschied zu verstehen, stellen Sie sich eine Fabrik vor, in der Ankündigungen über Lautsprecher abgespielt werden, die lauter sein müssen als der Lärm der Maschinen. Wenn in dieser Fabrik etwas bekanntgemacht werden muss, schreit der Verkünder, und die Lautsprecher verstärken das Geräusch, um alle gleichzeitig zu erreichen. So verhält sich Ihr sympathisches Nervensystem. Selbst ein kleines Stresssignal, das über einen Pfad geschickt wird, setzt viele Organe und Drüsen in Gang. Deshalb spüren wir bei Stress dieses Kribbeln fast überall im Körper – in jedem Organ und jeder Drüse. Das parasympathische System dagegen ähnelt einem modernen Büro, in dem Sie eine Person oder eine kleine Gruppe von Personen mit einem Messengersystem über ihre Computer oder Handys benachrichtigen können, ohne alle anderen zu stören. Darum dauert es eine Weile, ehe Sie sich vollständig entspannen und einschlafen können.

Für unser Glück ist es wichtig zu verstehen, wie genau diese beiden Systeme funktionieren und wo sie in der modernen Welt in die Irre gehen. Stellen Sie sich vor, einer Ihrer Freunde will Ihnen einen Streich spielen, während Sie in die Lektüre dieses Buches vertieft sind. Er schleicht sich von hinten an Sie heran und quiekt wie ein hungriges Wiesel. Haben Sie gerade das Buch sinken lassen und sich umgeschaut? Schon gut, lesen Sie weiter. Das ist nur ein hypothetisches Szenario.

Im Falle dieses Streiches würde Ihr **sympathisches Nervensystem** in Alarmbereitschaft gehen. Das Quieken repräsentiert eine eindeutige und gegenwärtige Gefahr. Augenblicklich werden Stresssignale durch Ihre Nerven zu Ihrer Beinmuskulatur geschickt, die die Blutgefäße anweisen, sich zu erweitern, um so viel Blut wie nötig aufnehmen zu können, damit Sie wie eine Stahlfeder aus dem Sessel emporschnellen können. Dasselbe Signal erreicht auch Ihr Verdauungssystem, wo das Gewebe um Ihre Eingeweide reagiert, indem es das aufgenommene Blut verringert, damit all Ihre Energie auf die dringende vorliegende Aufgabe gerichtet wird – Sie angesichts eines nervigen Freundes am Leben zu erhalten. Schließlich erreichen dieselben Stresssignale auch die Nebenniere, die durch eine Ausschüttung von Adrenalin in den Blutkreislauf reagiert. Adrenalin fungiert dann als das Mikrofon, das das Stresssignal verstärkt, um Ihren Puls zu beschleunigen, Ihre Sicht zu schärfen und Sie auf eine unmittelbare Kampf-oder-Flucht-Reaktion vorzubereiten.

Adrenalin ist eins der wichtigsten Hormone, die sich auf unsere Stimmung auswirken. Weitere sind Cortisol – das den Stoffwechsel und das Immunsystem beeinflusst und eine wichtige Rolle bei der körperlichen Stressreaktion spielt –, Dopamin – das Belohnungshormon, das uns anregt und nach mehr Freude und Spaß verlangen lässt –, Testosteron und Östrogen – die Hormone, die unsere männliche und weibliche Biologie bestimmen und außerdem zu Stimmungsschwankungen führen, wenn sich ihre Konzentration im Körper verändert. Und dann sind da noch meine beiden Lieblingshormone: Oxytocin – auch als Liebeshormon bekannt, das die Verbindung zwischen Mutter und Kind herstellt und sich auf die Anziehungskraft und Intimität von Paaren auswirkt – sowie Serotonin – ein inhibitorisches Hormon, das uns beruhigt, wenn wir mit dem Leben zufrieden sind, was ich als wahres Glück definiere!

Natürlich sind elektrische und chemische Signale die Hauptgründe dafür, warum Emotionen eine physische Signatur besitzen. Die Signale des Nervensystems und die Hormone, die als Reaktion auf Emotionen ausgeschüttet werden, lösen bei uns körperliche Empfindungen aus.

Ihr Freund ist schockiert von Ihrer übersteigerten Reaktion und erkennt seinen Fehler. Er entschuldigt sich zerknirscht und bietet Ihnen als Ausgleich für sein schlechtes Benehmen ein Eis an. Während Sie dasitzen und Ihren Bauch Löffel für Löffel mit diesem Vergnügen füllen, schickt Ihr Magen ein Signal an Ihr Gehirn hinauf, dass die Umstände wieder normal sind und es keinen Grund zur Panik gibt. Ihr **parasympathisches Nervensystem** schaltet sich ein, damit Ihr Herzschlag sich verlangsamt, reinigt Ihr System von dem verbliebenen Adrenalin, lenkt mehr Blut in Ihr Verdauungssystem und lässt Sie entspannen. Jetzt fühlt sich alles wieder gut an.

Ich kann mir vorstellen, dass Ihre Sympathien eher Ihrem parasympathischen Nervensystem gehören, wenn Sie dies lesen, und dass Sie vielleicht den Störenfried nicht mögen – das sympathische Nervensystem. Es wäre jedoch falsch, so zu empfinden. Stress ist extrem wertvoll, wenn das, was Sie angreift, eine echte Gefahr darstellt. Ein bisschen Stress ist kein allzu hoher Preis für das Überleben. Stress treibt Sie auch voran, damit Sie Ihre Arbeit fertigbekommen, bessere Problemlösungen finden oder erkennen, dass Ihr Partner verärgert ist und Sie Zugeständnisse machen müssen. Ein bisschen Stress ist gut für Sie.

Was Sie nicht mögen sollten, ist allerdings der kontinuierliche Streich, den die moderne Welt uns gespielt hat.

Ihr lebenslanger Streich

Das Problem bei der modernen Welt ist, dass sie uns ständig Streiche spielt. Zu spät zu einem Meeting zu kommen, kein Internet zu haben oder Ihre Lieblings-Hafermilch nicht finden zu können, sind keine Formen von Gefahr. Doch wir nehmen sie viel ernster, als wir sollten, und schalten dadurch unwillentlich unser sympathisches Nervensystem ein, um darauf zu reagieren. Und dann lassen wir den dadurch verursachten Stress fortdauern.

Ursprünglich ist das sympathische Nervensystem darauf angelegt, nur in außerordentlichen Notfällen aktiv zu werden. Ein paar Minuten lang ist es in Ordnung, wenn einige Ihrer Organe auf Hochtouren laufen und anderen die funktionsnotwendige Blutzufuhr abschneiden, um vor einem Tiger wegzurennen. Wenn dies aber Tage, Monate oder sogar Jahre anhält, werden dieser konstante Stress und die unnormale Energieverteilung innerhalb des Körpers zur größten Gefahr, der wir ausgesetzt sind. Herzerkrankungen, hoher Blutdruck, Depressionen, sogar Suizidtendenzen und viele andere chronische Erkrankungen werden nachweislich, so belegen viele Studien, durch Stress verursacht. Die Gefahren von fortdauerndem Stress übertreffen ganz bestimmt die Gefahren, die mit dem Versäumen der Zahlungsfrist Ihres Stromanbieters verbunden sind und ihn ausgelöst haben.

Ihr sympathisches Nervensystem ist nicht länger Ihr Retter, wenn es den Streich der modernen Welt und seine illusorischen Gefahren durchlebt. Stattdessen wird es zu einer Bedrohung, die unablässig daran arbeitet, Sie zu töten.

Sie sind zu klug dafür. Ich denke, es ist an der Zeit, endlich auch der modernen Welt einen Streich zu spielen.

Das beginnt mit der Entscheidung, den Stress trotz der wahrgenommenen Bedrängnisse des Alltags zu beenden. Sie können vielleicht die täglichen Stressauslöser nicht vermeiden, aber Sie können den Stress beenden. Lassen Sie uns diese Entscheidung jetzt treffen.

Selbst wenn Sie unbedingt gern weiterlesen wollen, schlage ich vor, dass Sie sich ein paar Minuten Zeit nehmen, um das Buch wegzulegen, aufzustehen und sich zu strecken. Es ist nichts weiter nötig, um Ihr parasympathisches Nervensystem zu aktivieren. Eine kurze Pause und eine kleine Auszeit genügen. Dennoch hilft es Ihnen, die weiteren Details besser zu verstehen.

Psychologischer Trost

Das autonome Nervensystem funktioniert effizient in beide Richtungen. In der einen Richtung löst es die unterschiedlichen Stresszustände aus, die wir empfinden, und in der anderen Richtung bestimmt unser Stresszustand unser Verhalten. Lassen Sie mich das erklären.

Wenn Ihr parasympathisches Nervensystem aktiv ist, fühlen Sie sich entspannt und erholt. Das ist klar. Interessant ist, wie das in die Gegenrichtung funktioniert. Wenn Sie sich bewusst entspannen, führt das zu einer Aktivierung Ihres parasympathischen Systems. Als ich Sie aufgefordert habe, aufzustehen und sich zu strecken, habe ich Sie einfach nur gebeten, Ihren Körper zum Entspannen zu zwingen. Wenn Sie das tun, schaltet sich Ihr Nervensystem ein und lässt Sie noch mehr entspannen.

In einer Studie der Psychologischen Fakultät der Universität Kansas wurden 170 Teilnehmer gebeten, zwei verschiedene stressige Aufgaben zu erfüllen, und hatten dabei Essstäbchen so zwischen die Zähne geklemmt, dass sie entweder ein Lächeln oder einen neutralen Gesichtsausdruck hervorriefen. Die lächelnden

Teilnehmer hatten während der Stresserholung einen niedrigeren Puls als die restliche Gruppe.[21]

Sie wissen, was das heißt? Ein einfaches Essstäbchen, das Sie sich zwischen die Zähne klemmen – was Ihre Gesichtsmuskulatur zwingt, ein Lächeln zu formen –, kann Sie glücklicher machen. Fun Fact? Das heißt auch, dass zu viel Botox, durch das die Gesichtsmuskulatur vorübergehend gelähmt und damit ein breites Lächeln schwieriger wird, sich negativ auf die Stimmung auswirken kann. Ich meine ja nur. In der Psychologie ist dieses Phänomen als Facial-Feedback-Hypothese bekannt: die Art, wie wir die Gesichtsmuskeln bewegen, verändert unsere Emotionen.

Nicht vergessen!

Lächeln Sie ein bisschen mehr! Das macht Sie glücklich.

Das limbische und das autonome Nervensystem reagieren eindeutig aufeinander. Emotionen führen zu physischen Signaturen. Wir wissen das bereits. Weniger bekannt ist, dass auch das Gegenteil zutrifft. Wir spüren eine Emotion nur, wenn wir ihre physische Signatur im Körper wahrnehmen … erst dann. Interessant, oder?

Eine bekannte Theorie, die Emotionen erklärt, ist die James-Lange-Theorie, die auf William James und Carl Lange zurückgeht.[22] Sie besagt, dass zunächst die physiologische Veränderung und dann die emotionale stattfindet. Wenn Sie zum Beispiel eine Gefahr auf sich zukommen sehen, schießt zunächst Ihr Puls in die Höhe und Ihr Blick fokussiert sich, um Sie auf die Flucht vorzubereiten. Diese Reaktionen sind autonom, unwillentlich, und sie werden blitzschnell von Ihrem sympathischen Nervensystem erzeugt. Sie erfolgen zuerst, noch ehe Sie sich überhaupt darüber im Klaren sind, dass es einen Grund zur Panik gibt.

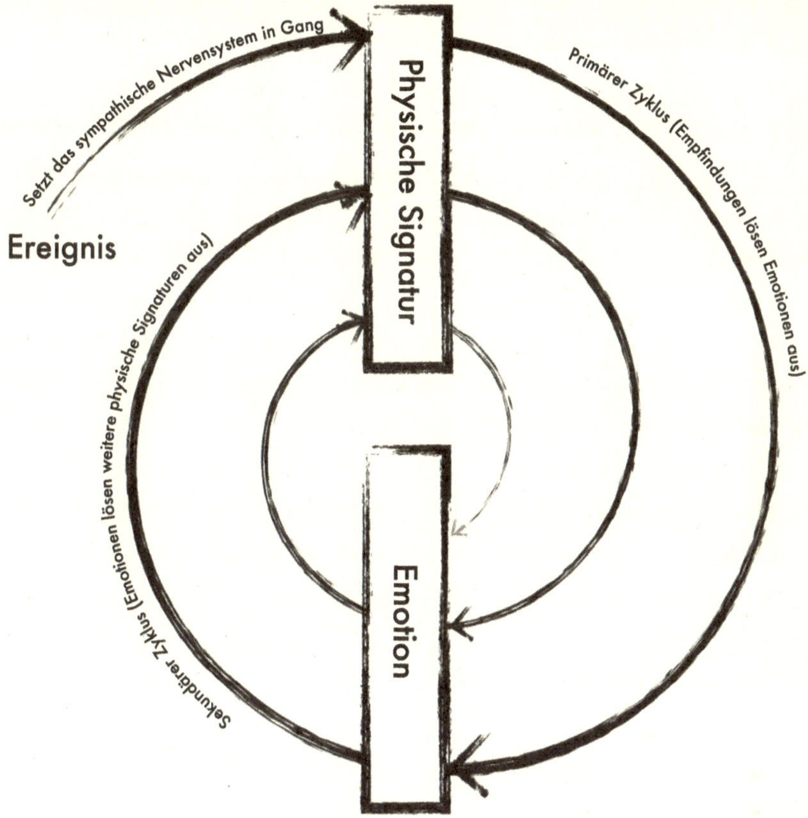

Die sich verändernden physischen Bedingungen werden dann von Ihrem limbischen System als Hinweis einer möglichen Gefahr interpretiert. Das löst die Emotion aus – Angst oder Panik –, die Ihrem Körper befiehlt, die Existenz einer Gefahr zu verifizieren, was bei vorliegender Bestätigung das sympathische Nervensystem noch weiter stresst. Das ist der Grund, warum Sie zuerst hochgeschnellt sind, als Ihr Freund Ihnen einen Streich gespielt hat, und erst später erkannt haben, dass Sie gar nichts zu befürchten hatten. Der Ausdruck »Mein Herz setzte einen Schlag lang aus« sagt alles. Wenn die Gefahr »groß genug« ist, spüren wir das physiologische Symptom, den aussetzenden Herzschlag, noch ehe wir herausfinden, was passiert ist, und emotional darauf reagieren.

> Nicht vergessen! Sie rennen nicht weg, weil Sie Angst haben. Sie haben Angst, weil Sie wegrennen wollen.

Dieser Zyklus gilt auch für positive Emotionen. Wenn Mönche zum Beispiel einen Zustand andauernden Friedens erzielen wollen, erfordert das viel Naturkontemplation und Ruhe. Indem sie Zeit in diesen Zuständen verbringen, wird ihr parasympathisches Nervensystem aktiviert, obwohl sie durchaus andere Gründe zur Besorgnis haben mögen – dass es ihnen beispielsweise an den Ressourcen zum Selbsterhalt fehlt, an einer Praxis fortgeschrittener asketischer Mönche, die jahrelang mittellos auf Reisen gehen, in Abhängigkeit von anderen, um darauf vertrauen zu lernen, dass es immer einen Weg geben wird.

Wir müssen natürlich nicht in solche Extreme gehen. Genau genommen können wir unser parasympathisches Nervensystem auf Verlangen aktivieren, indem wir einfache tägliche Aktivitäten ausführen.

Mehr lächeln, eine Komödie anschauen, einen Freund umarmen, lieben und geliebt werden. Setzen Sie sich in Ruhe hin, essen Sie ein Eis, strecken Sie sich auf dem Sofa aus, als hätten Sie nichts zu tun. Zwingen Sie Ihre körperliche Hülle, Ihr parasympathisches Nervensystem zu aktivieren, indem Sie die Dinge tun, die Sie normalerweise täten, wenn Sie entspannt und friedlich wären. Das ist ein einfacher Trick. Und er funktioniert.

> Sehr wichtig! Wenn Sie die physische Signatur einer Emotion erzeugen, beginnen Sie sie zu fühlen.

Aber warten Sie ab, es wird noch besser.

Unsere Stimmung verändert sich auch, wenn wir mit anderen zusammen sind, die lächeln. Wir Menschen (und auch andere Primaten) verfügen über sogenannte Spiegelneuronen – Neuronen, die sowohl beim Handeln als auch beim Beobachten des Handelns anderer feuern. Das heißt, wenn Sie einem anderen Menschen bei etwas zusehen, feuern gleichzeitig die Neuronen, die Sie für dieselbe Tätigkeit nutzen würden. Deshalb ist die Pornoindustrie (von der ich wünschte, es gäbe sie nicht) so erfolgreich. Es erregt uns, wenn wir andere sehen, die erregt sind. Deshalb macht es Sie auch im Laufe der Zeit glücklicher, sich mit glücklichen Menschen zu umgeben. Immer wenn sie lächeln, leuchtet Ihr lächelndes Gehirn auf und lässt Sie im Laufe der Zeit aufgrund der Neuroplastizität Ihre Stimmung verändern. Das gehört zu den Dingen, die man besser erfahren als erklären kann, also lassen Sie es uns üben.

Die folgende Übung zeigt Ihnen, wie Sie in einer stressigen Umgebung Frieden und Ruhe finden können. Sie wird die Gründe für den Stress nicht beseitigen, gibt Ihnen aber die nötige Klarheit, um etwas dagegen zu unternehmen.

Praxisübung:
Chillen

Ziel:	bei Bedarf das parasympathische Nervensystem zu aktivieren
Dauer:	30 bis 60 Minuten pro Übungseinheit
Wiederholung:	Ihr restliches Leben lang
Sie brauchen:	einen ruhigen Ort

Um das stresserzeugende sympathische Nervensystem zu deaktivieren, müssen Sie sein Gegenstück – das parasympathische Nervensystem – aktivieren. Hier finden Sie ein paar Wege dazu. Diese Methoden funktionieren auch dann, wenn der Grund für Ihren Stress andauert.

Den Körper entspannen

Wenn unser parasympathisches Nervensystem aktiviert ist, sind wir entspannt. Ebenso gut funktioniert es, wenn man das aus der Gegenrichtung angeht – wenn Sie es schaffen, sich zu entspannen, wird Ihr parasympathisches Nervensystem aktiviert, und Sie entspannen noch mehr. Techniken aus der traditionellen Meditation, Reflexzonenmassage und Massage sind dabei sehr effektiv. Hier erkläre ich Ihnen leicht verständlich, was Sie tun müssen.

Setzen Sie sich bequem hin, lockern Sie enge Kleidung, und ziehen Sie die Schuhe aus. Stellen Sie den Timer Ihres Handys auf 30 Minuten (oder weniger, wenn Sie bei der Arbeit oder etwas in Eile sind, aber geben Sie sich nicht weniger als zehn Minuten), dann legen Sie das Handy mit dem Bildschirm nach unten ab und schauen nicht mehr darauf, bis der Timer losgeht.

Strecken Sie Ihren Körper, um sicherzustellen, dass es keine Beschwerden oder Schmerzen gibt, deren Sie sich vielleicht gar nicht bewusst waren. Falls Sie welche finden, versuchen Sie die betroffenen Stellen zu dehnen oder zu massieren, bis sie sich gelockert haben.

Nehmen Sie die bequemste Stellung auf Ihrem Platz ein, und atmen Sie mehrmals tief durch. Genießen Sie das lange Ausatmen, das sich wie ein Seufzer anhört. Verschränken Sie die Hände hinter dem Kopf, und lehnen Sie sich zurück. Ja, das war's schon. Das ist Ihre Praxisübung. Nennen Sie es die Chill-Position.

Lächeln! Weiterlächeln. Tief atmen. Weiteratmen.

Seien Sie nett zu sich selbst. Massieren Sie sanft Ihr Gesicht. Spüren Sie, wie das Blut zirkuliert. Massieren Sie Ihren Kopf mit allen zehn Fingerspitzen. Massieren Sie Ihre Füße. Drücken Sie auf verschiedene Druckpunkte (Ihre Füße sagen Ihnen schon, wo), und verharren Sie dort, bis kein Schmerz mehr übrig ist. Massieren Sie Ihren Nacken und die Schultern. Neigen Sie den Kopf auf die eine Seite, dann auf die andere. Vorwärts. Rückwärts. Gern können Sie mit der Hand ein bisschen nachhelfen, um die Dehnung zu verstärken. Schließen Sie die Augen. Massieren Sie sie sanft. Massieren Sie die Stelle hinter den Ohren. Warten Sie in der Stille ein bisschen ab, und versuchen Sie, auf Ihren Körper zu hören. Wenn irgendeine Stelle sich meldet, berühren Sie sie so sanft, wie eine Mutter ihr Kind trösten würde. Vielleicht haben Sie sich einen gesunden Snack zu Ihrer Entspannungsübung mitgenommen. Nähren Sie Ihren Körper, und versichern Sie ihm, dass alles in Ordnung ist.

Sehr wichtig! Seien Sie nett zu Ihrem Körper.

Denken Sie in dieser Hinsicht auch darüber nach, Ihren Koffeinkonsum schrittweise zu verringern, idealerweise so lange, bis sie nicht mehr als eine Tasse Kaffee und eine Tasse Tee pro Tag trinken. Weniger ist noch besser.

Koffein hält Sie in Alarmbereitschaft – das Gegenteil dessen, was Sie zum Entspannen brauchen. Anfangs wird es schwer sein, aber dann fühlen Sie sich ohne die Koffeinsucht frischer.

Denken Sie darüber nach, wie Sie schlafen. Die Aktivierung Ihres sympathischen Nervensystems während des Tages hält Sie nachts wach, das ist wie ein Teufelskreis. Schlaf ist enorm wichtig. Es gibt zahlreiche Internetquellen und viele Schlafexperten, die hilfreich sein können. Hier kommen schon mal die grundlegenden Dinge. Die Vorbereitung auf Ihren Nachtschlaf beginnt um 10 Uhr morgens, wenn Sie das letzte koffeinhaltige Getränk des Tages zu sich nehmen. Schalten Sie schrittweise herunter, wenn es auf den Abend zugeht. Ein Actionfilm um 21 Uhr ist eine sehr schlechte Idee. Er wird Sie anregen, während Sie doch mit jeder Minute nach der Mittagszeit ruhiger und ruhiger werden müssen. Ein Horrorfilm wird Ihnen Alpträume verursachen. Versuchen Sie, alle Gründe für nächtliches Aufwachen zu beseitigen. Keine schweren Mahlzeiten vor dem Schlafengehen, nicht zu viel Wasser trinken – sonst müssen Sie nachts raus, um den Tank zu leeren – und nicht zu wenig trinken – sonst sind Sie dehydriert und bekommen Kopfschmerzen. Das wäre alles ganz schlecht für einen erholsamen Schlaf. Versuchen Sie, Ihre Schlafstelle mehr abzudunkeln und die Raumtemperatur ein, zwei Grad unter die Tagestemperatur abzusenken. Wenn nötig, verwenden Sie Ohrstöpsel und eine Schlafbrille. Guter Schlaf ist das Herzstück eines erholten Körpers und eines aktiven parasympathischen Nervensystems.

Nicht vergessen! Nehmen Sie Ihren Schlaf ernst.

Musste ich irgendetwas davon niederschreiben? Nein. Sie wussten das alles schon. Die interessante Frage ist: Warum tun Sie es dann nicht? Weil Sie von der modernen Welt darauf trainiert wurden, andere Prioritäten zu setzen. Es ist gar nicht so schwer zu entspannen, wenn Sie es zur Priorität machen und sich die Zeit dafür nehmen. Das liegt ganz an Ihnen. Ich staune immer wieder über Leute, die sagen, dass sie viel zu tun haben, und sich immer weiter vorantreiben, dann aber irgendwie die Zeit finden, um ganze Serien am Stück zu gucken oder mit lebhaft-lauten Freunden auszugehen, statt die dringend benötigte Zeit zum Entspannen zu nutzen!

In meiner Heimat, dem Nahen Osten, haben wir ein Sprichwort:

Nicht vergessen!

Du stehst gegenüber deinem Körper tief in der Schuld.

Tragen Sie Ihre Schuld ab. Seien Sie nett zu Ihrem Körper. Entspannen Sie sich.

Den Geist entspannen

Das Entspannen des Körpers hat einen unmittelbaren Effekt und führt Sie vom Stress weg. Das Entspannen des Geistes dagegen geht viel länger viel tiefer.

Es braucht die bewusste Absicht und viel Übung, unseren Geist in unserer ablenkungsreichen, von Druck bestimmten Welt zu entspannen. Alles, was uns begegnet, setzt uns unter Stress, lässt uns hetzen und nach mehr streben. Die Werbung gibt uns das Gefühl, ständig etwas zu verpassen. Unsere Chefs geben uns das Gefühl, wir müssten uns immer mehr Mühe geben. Zeitschriften geben uns das Gefühl, nicht gut genug zu sein. Social Media gibt uns das Gefühl, dass es allen anderen besser geht als uns. Die Medien geben uns das Gefühl, dass die Welt schlecht ist. Politiker geben uns das Gefühl, dass wir in ernsthafter Gefahr sind, und unsere Freunde geben uns das Gefühl, dass wir niemals die Liebe unseres Lebens oder den verdienten Job finden. Es gibt immer einen Grund für das Gefühl, dass etwas nicht in Ordnung ist, dass etwas besser werden muss und dass wir nicht in Sicherheit sind. Unser sympathisches Nervensystem läuft heiß, wir sind gestresst und ständig in Alarmbereitschaft. Doch wie viel von alldem trifft tatsächlich zu? Ist die Welt schlecht? Wie viele Menschen haben gestern ein Verbrechen begangen und wie viele einen Akt der Liebe? Sind wir ernsthaft in Gefahr? Wie lange hören wir das schon und erleben doch immer wieder einen neuen Tag? Fehlt uns ein neues Handy, eine Dose Cola oder ein schickes Auto? Oder haben wir alles, was wir brauchen? Ist irgendetwas wirklich nicht in Ordnung? Ich meine, denken Sie doch mal nach. Das Leben ist nicht immer perfekt. Genau genommen ist das Leben immer *nicht* perfekt. Und doch, wenn Sie alles zusammennehmen, ist es gar nicht so schlecht. Geschehen die Ereignisse Ihres Lebens, um Sie zu ärgern, oder geschehen sie, und Sie entscheiden sich, sich darüber zu ärgern? Wenn Sie nicht gern für Ihren Chef arbeiten, haben Sie sich schon nach einer anderen Stelle umgesehen? Wenn die Medien und die Werbebranche Sie mit Negativem füttern, haben Sie sich entschieden, sie abzuschalten? Wenn ein paar Freunde Ihnen ein schlechtes Gefühl vermitteln, haben Sie erwogen, dass sie vielleicht nicht die richtigen Freunde für Sie sind?

Ich schlage hier nicht vor, dass Sie heute Ihre Arbeit hinschmeißen (oder Ihre Beziehung, oder Ihren Arbeitsweg, oder Ihre Freundschaft). Aber wenn eine dieser Ursachen Ihnen Stress macht, schlagen Sie die Richtung zu einem entspannteren Leben ein. Geben Sie sich ein Jahr, um eine neue Arbeit zu suchen, geben Sie sich drei, um woanders hinzuziehen. Kommen Sie einfach in Bewegung. Lassen Sie sich selbst das Geschenk des Lebens annehmen. Machen Sie einen Schritt nach dem anderen, und schließlich kommen Sie an. Schreiben Sie mir, wenn Sie es geschafft haben. Das würde mich sehr glücklich machen.

Im Laufe der Jahre habe ich festgestellt, dass das Entspannen und Klären meines Geistes in drei Stufen stattfindet. Probieren Sie es selbst aus. Konzentrieren Sie sich als Erstes auf etwas **Beruhigendes**. Sehen Sie als Nächstes, wie **sicher** Sie tatsächlich sind. Und schließlich erkennen Sie die **günstigen Umstände** in Ihrem Leben. Lassen Sie uns das üben.

Gelassenheit

Suchen Sie sich einen ruhigen, sicheren Ort, an dem Sie nicht gestört werden. Stellen Sie den Timer an Ihrem Handy auf 30 Minuten, und legen Sie es dann mit dem Bildschirm nach unten ab. Schauen Sie nicht darauf, ehe der Timer losgeht.

Beginnen Sie wie zuvor mit dem Entspannen Ihres Körpers, doch diesmal mit einem zusätzlichen Dreh. Während Sie Ihrem Körper beim Entspannen helfen, denken Sie an etwas Schönes, und konzentrieren Sie sich auf Dinge, die Ihnen ein Gefühl des Friedens vermitteln. Denken Sie an glückliche Erinnerungen. Stellen Sie sich einen wunderbaren Urlaub vor. Sehen Sie sich Naturbilder an. Lassen Sie beruhigende Musik laufen, und hören Sie aufmerksam zu. Bilderwelten funktionieren richtig gut, weil sie Ihre rechte Gehirnhemisphäre aktivieren, die eng mit Ihrem emotionalen System verknüpft ist. Ich frage mich, warum wir das nicht jeden Tag machen, denn …

Nicht vergessen!

Schöne Gedanken sind kostenlos.

Wir können Sie nach Bedarf erzeugen. Sie brauchen nichts weiter als den Willen, Ihr Gehirn anzuweisen, positiv zu denken. Es spielt keine Rolle, was gerade in Ihrem Leben passiert; Sie können immer einen glücklichen positiven Gedanken finden.

Eine Freundin erzählte mir neulich, was sie tut, wenn sich ein negativer Gedanke in ihrem Kopf festgesetzt hat, ohne dass es einen erkennbaren Lösungsweg gibt. Um das beständige Grübeln zu beenden, trifft sie eine Verabredung mit ihm. Sie akzeptiert ihre Gefühle und sagt ihrem Gehirn etwas wie: *Okay, mir ist klar, dass du dich über [X] sorgst. Ich weiß, das ist ein wichtiges Thema, aber ich glaube nicht, dass wir jetzt in der Lage sind, eine Lösung dafür zu finden. Lass es uns beiseitelegen und – sagen wir, morgen um 11 darauf zurückkommen. Bis dahin wird es uns gut gehen. Also, denk an schöne, ruhige Dinge, bis wir es besprechen.*

Sie liebt Kunst, deshalb zieht sie ihr Handy hervor und sucht nach Werken ihrer Lieblingskünstler. Ob Sie es glauben oder nicht, das funktioniert. Versuchen Sie es selbst. Das ist kein Eskapismus. Es ermöglicht dem parasympathischen Nervensystem, sich einzuschalten und Raum zu schaffen, damit Ihre Gedanken sich sortieren können. Zu dem Zeitpunkt, an dem Ihr »Termin« ansteht, hat Ihr Gehirn das Problem meistens schon geklärt.

Positives Denken ist nicht schwer, wenn Sie Ihren Geist darauf ausrichten. Ihr Gehirn hat allerdings die Tendenz, immer zum Negativen zurückzukehren. Da die Beobachtung dessen, was falsch läuft, wichtiger ist für Ihre Sicherheit (wenn etwas richtig läuft, stellt es keine Bedrohung dar), verbringt unser Gehirn die meiste Zeit damit, nach dem Falschen Ausschau zu halten. Wenn Sie nach etwas suchen, ist die Wahrscheinlichkeit natürlich viel höher, dass Sie es finden, was Ihre Sicht auf das Leben ziemlich düster machen kann. Aber es gibt einen Trick dagegen. Wir können die Fähigkeit unseres Gehirns, das Gesuchte zu finden, zu unserem Vorteil nutzen. Wenn Sie nach dem Richtigen Ausschau halten, werden Sie es wahrscheinlich auch finden.

Falls Sie einen Beweis dafür haben wollen, erkennen Sie rasch:

Sie sind in Sicherheit

Die zweite Phase der Beruhigung Ihres Geistes liegt in der Erkenntnis, dass es Ihnen zum Großteils Ihres Lebens gut geht. Sie müssen sich das nur vergegenwärtigen. Und das geht so.

Suchen Sie sich einen ruhigen, sicheren Ort, an dem Sie nicht gestört werden. Stellen Sie den Timer Ihres Handys auf 30 Minuten, dann legen Sie es umgedreht auf den Tisch. Lassen Sie mich Ihnen nun ein paar Fragen stellen. Ist Ihnen aufgefallen, dass es gar nicht schwierig war, den für diese Übung erforderlichen sicheren Ort zu finden? Haben Sie gemerkt, dass die Ihnen bekannte Welt nicht aus den Angeln geraten ist, als ich Sie gebeten habe, Ihr Handy 30 Minuten lang unangetastet zu lassen? Ja, wir greifen ständig nach unserem Handy, weil wir glauben, wir könnten etwas Wichtiges verpassen. Ist Ihnen klar, dass nur allein das Lesen dieser Seite in diesem Moment bedeutet, dass Sie in keiner Weise von Gefahr bedroht sind? Wenn es wirklich etwas so Gefährliches gäbe, hätten Sie sich dann nicht darauf konzentriert statt auf das Lesen meiner Zeilen?

Nicht vergessen! Genau hier, genau jetzt … sind Sie in Sicherheit.

Sicherheit ist nur eine der vielen günstigen Umstände, die wir tagtäglich genießen, und doch nehmen wir sie für selbstverständlich. Schauen wir mal, wie viele weitere dieser glücklichen Fügungen Sie benennen können.

All Ihre günstigen Umstände

Zeit für eine Inventur.

Nehmen Sie sich ein Blatt Papier und einen Stift. Bitten Sie Ihr Gehirn, Ihnen systematisch zu sagen, was an Ihrem Leben jetzt gerade gut ist. Schreiben Sie mindestens fünf Dinge auf, für die Sie dankbar sind. Ein geliebter Mensch, der sicher und glücklich ist; die ungestörte Zeit, die Sie zum Lesen dieses Buches haben; eine Arbeit zu haben (selbst wenn Sie sie hassen); Freunde oder eine Familie zu haben, die sich um Sie kümmern; die Nahrung, die Sie heute zu sich genommen haben (ist das ein günstiger Umstand? Ja! Über zwei Milliarden Menschen auf der Welt haben nicht jeden Tag etwas zu essen).

In Ihrem Leben gibt es so viel Gutes … seien Sie dankbar.

50-50

Bei einer weiteren nützlichen Übung, die ich manchmal mache, bestehe ich darauf, dass mein Gehirn mir für jede bestimmte Situation, an der es etwas auszusetzen hat, einen guten Aspekt liefert. Sie wissen ja, die negative Tendenz unseres Gehirns lässt es mehr Falsches als Richtiges sehen. Zwingen Sie es zum Ausgleich, indem Sie einen gerechten Anteil beider Seiten fordern. Ich mache das mit Freunden, wann immer sie sich beklagen:

»Oh, Mo, ich hab mich von meinem Freund getrennt.«

»Glückwunsch, dann musst du wenigstens nicht mehr unter dem Stress und den Streitereien leiden, die ihr hattet.«

»Ja, aber er hat mich betrogen.«

»Glückwunsch, es ist wunderbar, dass du nicht mehr betrogen wirst.«

»Oje, das heißt, ich muss wieder auf Partnersuche gehen.«

»Großartig, so viel Spaß mit jemand Neuem.«

Wenn Sie das Leben objektiv betrachten, werden Sie natürlich erkennen, dass der größte Teil davon, weit mehr als die Hälfte, in Ordnung ist. Die meisten von uns sind überwiegend gesund, unterbrochen nur von einigen wenigen Phasen im Jahr, in denen wir uns nicht gut fühlen. Keiner von uns hat je zuvor eine Pandemie erlebt, weshalb Corona alle schockiert und erschüttert hat. Wir befinden uns die meiste Zeit auf festem Boden. Die meisten von uns erleben nie ein Erdbeben. Wenn Sie also mathematisch präzise sein wollen, sollten Sie von Ihrem Gehirn für jede negative Sache, die es aufbringt, viel mehr gute Dinge an einer Situation fordern. Wie wäre es mit drei guten für eine schlechte? Nein. Nein! Wie wäre es mit neun richtigen für jede falsche? Das wäre eine viel genauere Wiedergabe der Wahrheit.

Schaffen Sie mehr Sicherheit

Wenn Ihr parasympathisches Nervensystem Sicherheit braucht, um sich einzuschalten, dann geben Sie ihm Sicherheit. Machen Sie Ihr Leben sicherer. Und zwar so.

Ich bin in Ägypten aufgewachsen. Für den durchschnittlichen Ägypter ist das Leben (nach Reichtum und Lebensqualität bemessen) im Allgemeinen viel schwieriger als für einen durchschnittlichen Menschen im Westen. Doch während ich heranwuchs, hatte ich das Gefühl, dass die Ägypter sich im Allgemeinen viel weniger Sorgen um ihr Leben machten als die durchschnittlichen Menschen, die im Westen lebten.

Das lag nicht daran, dass sie Kranken- oder Arbeitslosenversicherungen hatten. Vielmehr gibt es in Ägypten wie in vielen anderen Schwellenländern ein implizites, ungeschriebenes Abkommen, wonach Familie, Nachbarn und Freunde sich umeinander kümmern. Das ultimative Gefühl der Sicherheit wird meiner Meinung nach von echten menschlichen Bindungen ausgelöst. In eng zusammengehörigen Gemeinschaften lernen wir, unseren Brüdern und Freunden mehr zu vertrauen als den Wendungen des Lebens. Vielleicht wird das auch für Sie zutreffen, wenn Sie die richtigen Leute finden. Wie können Sie Menschen finden, die in Zeiten der Not für Sie da sind? Suchen Sie Menschen, für die auch Sie da zu sein bereit sind.

Ich fordere Sie auf, mehr vertraute Menschen regelmäßig in Ihrem Leben willkommen zu heißen. In ärmeren Ländern werden Beziehungen oft ohne gegenseitige materielle Erwartungen geknüpft, denn für gewöhnlich haben die Leute nicht genügend materiellen Besitz, um irgendetwas davon abzugeben. Meist suchen wir nur nach netter Gesellschaft, Lachen, einer Schulter zum Ausweinen und der Liebe, die wir in Gegenwart nahestehender Menschen fühlen.

Sich mit Menschen zu umgeben, die Sie lieben, ist das ultimative Signal an Ihr Gehirn, dass alles gut werden wird – dass bereits alles gut ist.

Nicht vergessen! Füllen Sie Ihr Leben mit Menschen, die Sie lieben, und Sie werden sich immer sicher fühlen.

Wenn Sie sich sicher fühlen und den Frieden finden, der mit einem aktiven parasympathischen Nervensystem einhergeht, haben Sie letztlich den kognitiven Raum, sich zu fragen, warum Sie jemals so viel Lebenszeit mit Dingen verbracht haben, die gar nicht wichtig sind. Ich habe mich das auch jahrelang gefragt. Im nächsten Kapitel erfahren Sie, was ich herausgefunden habe.

Kapitel 9

In der Schwebe

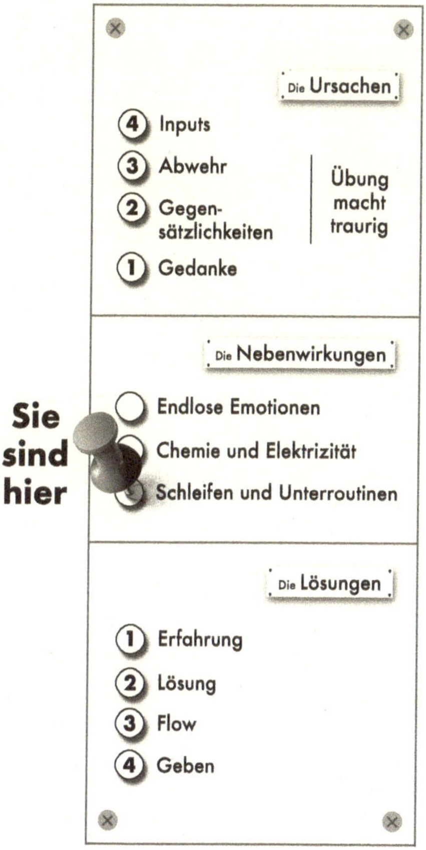

Sind Sie schon mal aufgewacht und hatten einen Song im Kopf? Selbst wenn das Ihr Lieblingslied ist, wird es nach einer Weile lästig. Egal was Sie tun, Sie können es nicht loswerden.

Oder hatten Sie schon mal einen Gedanken, der sich festgesetzt hat und immer und immer wieder hochkam? War das ein negativer Gedanke?

Bestimmt haben Sie das schon erlebt. Für die meisten von uns gehört das zur Gewohnheit. Ungeklärte Gedanken neigen dazu, immer wiederzukommen und nach einer Lösung zu verlangen. Wenn sie negativ sind, greifen sie umso häufiger und heftiger an, je länger wir sie in der Schwebe lassen. Oft geht die Gedankenfolge über das wiederholte Erinnern des tatsächlichen Ereignisses hinaus, das Sie verärgert hat. Unser Gehirn übt sich in zusätzlicher Dramatik, die die Angelegenheit zwar farbiger, aber auch schlimmer macht. Sagen wir, das ärgerliche Ereignis war, dass Ihr Chef am Freitag schlecht gelaunt war. Am Samstag spielen Sie die Szene in Gedanken immer wieder ab, um sich selbst zu quälen. Am Sonntag spielen Sie sie erneut ab und machen sie zu etwas Persönlichem. Sie fangen an zu glauben, dass er nur Ihnen gegenüber so mürrisch war. Montag gibt es erneut einige Durchläufe, bei denen Sie sich sagen, dass niemand, nicht nur Ihr Chef, Sie jemals wertschätzt, und am Donnerstag fangen Sie an zu überlegen, wie Sie als Obdachloser auf der Straße zurechtkommen sollen, nachdem Ihnen gekündigt wurde und Sie nie wieder eine neue Stelle finden. Dieser Prozess des Wiederholens derselben Negativität in unserem Kopf passiert uns allen. Ich nenne ihn …

Schleifen und Unterroutinen

Als ich als Kind anfing, Computer zu programmieren, war ich fasziniert davon, dass mein Computer genau das tat, was ich ihm sagte, wenn er Zeile für Zeile meinen Code abarbeitete. Doch die Programmiersprachen jener Zeit waren primitiv. Es brauchte viele Zeilen Code, um eine Aufgabe auszuführen. Hatten Sie ein paar Aufgaben programmiert, war der Verarbeitungsprozess abgeschlossen, und wollten Sie, dass er erneut ablief, so mussten Sie sie wiederholen, es sei denn, Sie fassten sie zu Gruppen zusammen und wiesen den Computer an, den gesamten Ablauf zu wiederholen. Diese Gruppen wurden Unterroutinen genannt – eine Abfolge von Programmanweisungen, als Einheit zusammengefasst, um eine Gruppe von Aufgaben durchzuführen. Manchmal konnte man dem Computer sagen, dass eine passende Unterroutine so oft wiederholt werden sollte wie nötig, bis ein bestimmtes Ereignis eintrat – sagen wir, der Wert eines bestimmten Parameters war höher als zehn. Das sparte uns viel Mühe: Der Computer tat wie ihm geheißen, prüfte den Parameter und ging, wenn es noch nicht an der Zeit war, wieder zurück, um die Aufgaben immer und immer wieder auszuführen. Das Problem war, dass der Parameter manchmal gar nicht zehn erreichte und der Prozess daher endlos ausgeführt wurde. Das nannten wir Schleife.

Die Normen der Gesellschaft, die Erwartungen der Arbeitswelt und jede andere Regel, die wir akzeptieren und blindlings in unser Leben integrieren, sind wie Unterroutinen. Oft führen wir im Wiederholungsmodus eine solche Reihe von Anweisungen aus, ohne wirklich darüber nachzudenken. Sie sind der Motor für unsere mechanische Lebensweise. Tag für Tag erledigen wir unter Druck bestimmte Dinge, wieder und wieder, fast unbewusst. Aufwachen, fertig machen, in den Verkehr stürzen, bei Instagram stöbern, Kaffee holen, E-Mails beantworten, noch mehr Kaffee holen, auf Anfrage sagen »Mir geht's gut«, und wenn man sich bei der Arbeit verletzlich fühlt, verbirgt man es. Wenn Sie ein Date haben, lassen Sie es so aussehen, als wären Sie total entspannt und hätten weder Bedürfnisse noch Traumata, und wenn Sie Ihre Tätigkeit hassen, halten Sie die Klappe, holen sich noch mehr Kaffee und machen weiter. Die »Routine« setzt sich fort bis zum Ende Ihres Tages, nur um am nächsten Tag von vorne zu beginnen. Woche für Woche, Jahr für Jahr. Jeder Softwarenentwickler würde sofort erkennen, dass wir … **in der Schleife hängen.**

Auch die Gedanken in unserem Kopf hängen in der Schleife. Wir wiederholen sie auf Autopilot, ohne uns dessen bewusst zu sein. Wenn uns etwas ärgert, denken wir immer und immer wieder darüber nach, manchmal wochen- oder jahrelang. Ich nenne das den

Leidenszyklus (den ich detailliert in *Die Formel für Glück* bespreche). Das erste Ereignis, das unser Unglücklichsein ausgelöst hat, mag gerechtfertigt gewesen sein. Ein mürrischer Chef ist ein Grund, unglücklich zu sein. Die folgenden Zyklen des Unglücks dagegen werden nicht von Ihrem mürrischen Chef oder irgendeinem anderen Ereignis der realen Welt ausgelöst. Sie entstehen durch die Gedanken, die Sie wiederholen. Ich nenne das manchmal »Unglück auf Verlangen«, das Netflix des Unglücklichseins. Erinnerst du dich an diese Szene vom letzten Freitag? Lass sie mich noch mal abspielen und mich selbst damit quälen.

Diese Schleifen kommen überall vor. Wir können sie auf den Gesichtern von Menschen an belebten Orten beobachten. Die Gedanken selbst sind nicht zu sehen, aber ihre Auswirkungen sind unverkennbar. Wir werden geistesabwesend, leben in unseren Köpfen und sind ganz ins Leid versunken.

Ihr Gehirn vollführt diese Schleifen nicht, weil es ihm Spaß macht, wenn Sie sich schlecht fühlen. Im Gegenteil, es dreht Schleifen, weil es den Eindruck hat, dies wäre das Beste für Sie. Wenn irgendein Problem ungelöst ist, bringt es das so lange aufs Tapet, bis es sicher sein kann, dass es angegangen oder gelöst wurde. Wenn Sie erst mal verstanden haben, was Ihr Gehirn dazu veranlasst, lässt es sich leicht beheben.

Denken Sie an einen Freund, der die meiste Zeit übermäßig aufgedreht ist. Sobald ihn etwas stimuliert, muss er Ihnen unbedingt davon erzählen ... auf der Stelle. »Hast du gehört? Beyoncé hat einen Cheeseburger gegessen! OMG, OMG, OMG! Bei uns in der Nähe steht ein Auto mit samtbezogenen Sitzen!« Manchmal träumt er etwas, und Sie kommen darin vor, stimmt's? Er ruft Sie an, sobald er die Augen aufgeschlagen hat, und sei es sechs Uhr morgens. Sie gehen nicht ran, deshalb ruft er um sieben noch mal an, dann um acht, dann um zehn nach und noch mal um Viertel nach. Dann schickt er Ihnen eine Nachricht, ruft noch mal an und schreibt erneut: *Das musst du dir anhören!* Um halb neun tauchen enttäuschte Emojis auf Ihrem Bildschirm auf. Dann wachen Sie um neun Uhr auf und schreiben zurück: *Hey, bin gerade aufgewacht. Mach mich jetzt für die Arbeit fertig. Kann ich dich um 10 anrufen?* Sobald Sie die Nachricht abgeschickt haben, kommt die Antwort: *Klar, prima,* mit einem Smiley versehen. Dieser Freund ist wie Ihr Gehirn, wenn es den Drang verspürt, Sie vor etwas zu warnen, über das es sich aufregt.

Genau wie Ihr aufgedrehter Freund will Ihr Gehirn Sie mit diesen Gedanken nicht verärgern. Es glaubt wirklich, es wäre von überragender Wichtigkeit, was es Ihnen zu sagen hat, und Sie ignorieren es einfach, also muss es die Sache wiederholen. Sobald es kann, erzeugt Ihr Gehirn einen Gedanken und bemüht eine negative Emotion, um Sie zu alarmieren – was Sie leiden lässt –, und dann wartet es darauf, dass Sie tätig werden. Wenn Sie nichts machen, bringt es den Gedanken erneut auf, aktiviert noch mehr derselben Emotion und wartet. Keine Reaktion? Es bringt ihn erneut vor … und noch mal. Dann fügt es die Emojis hinzu – das Drama – und weckt Sie mitten in der Nacht, alles in der Hoffnung, Ihre Aufmerksamkeit zu erlangen – ein endloses negatives Geplapper, von dem Sie sich elend fühlen.

Technisch ausgedrückt fasst Ihr Gehirn eine Gruppe negativer Gedanken zusammen (eine Unterroutine), wiederholt sie endlos (eine Schleife), und dies wird dann zu dem endlosen Geplapper der kleinen Stimme in Ihrem Kopf. Manchmal, aber sehr selten, sind diese wiederholten Gedanken positiv und erfreulich. *Ich bin so stolz auf meine Tochter Aya* ist einer dieser Gedanken. Er hilft, sie zum Weitermachen zu ermutigen, und schmiedet uns enger aneinander. Die negativen Gedanken dagegen führen zum Unglücklichsein, manchmal sogar zu Depressionen. Das muss beendet werden.

Schleifen enden nicht, solange wir sie nicht beenden. Dazu muss ich ein ernstes Gespräch führen mit …

Becky

Wie schon erwähnt, habe mich mir im Laufe der Jahre angewöhnt, mein Gehirn Becky zu nennen – der Name einer Dritten, einer von mir getrennten Einheit.

Das fing an, als eine meiner lieben Freundinnen, Azrah, einen ersten Entwurf von *Die Formel für Glück* las; sie sagte mir, wie faszinierend sie das Konzept der Gedankenillusion fand – dass wir nicht unsere Gehirne sind. Wir trafen uns auf einen Kaffee und sprachen über verschiedene Themen. Dann machte sie eine selbstkritische Bemerkung, die mir so ungerecht erschien, dass ich sie unterbrach und fragte: »Woher kommt das denn?«

Sie sagte: »Oh, Entschuldigung. Das hat Becky mir gesagt.«

»Wer ist denn Becky?«

»Becky … mein Gehirn.«

Ich lachte und fragte: »Warum gerade Becky?«

Sie sagte: »Das war das nervigste Mädchen in der Schule, das mir immer das Gefühl gab, nichts wert zu sein, und mich Dinge tun ließ, die ich gar nicht tun wollte.«

Stellen wir uns vor, dass Sie damals in der Schule auch diese Freundin hatten. Nennen wir sie Becky (oder Brian, wenn Ihnen das lieber ist).

Sie war diejenige, die nonstop redete vom Moment Ihres Treffens bis zum Moment, in dem Sie wieder gingen, und darüber hinaus zog sie Sie alle paar Minuten in irgendeine Ecke und sagte Ihnen unter vier Augen, dass Sie wertlos sind, und beklagte sich. Anschließend ließ sie Sie allein, ausgelaugt und gestresst. Sie wussten überhaupt nicht, was los war, und es war nichts geklärt, und nichts wurde besser. Und sobald Sie wieder normal atmen konnten, kam sie zurück und ärgerte Sie weiter.

Ich will Sie mal was fragen: Können Sie sich vorstellen, jeden Morgen zur Schule zu gehen mit der Frage: »Wo ist Becky?« Wenn sie kommt, würden Sie dann hochspringen und sagen: »Ja, Becky, bitte verletz mich!« Würden Sie Becky ununterbrochen stundenlang jeden Tag reden lassen? Würden Sie überhaupt mit Becky befreundet sein wollen? Natürlich nicht.

Wie auch immer, ich will Ihnen erzählen, was Becky mit mir gemacht hat. Urteilen Sie dann selbst. Hier kommt meine persönliche Geschichte. Eine, die ich mich noch nie zu erzählen getraut habe.

Meine Depression

Ich war nicht immer glücklich. Genau genommen gab es viele Zeiten in meinem Leben, in denen ich total niedergeschlagen war. Meine Traurigkeit und Depression erreichten ihren Höhepunkt, als ich Ende zwanzig war.

Mit 24 Jahren hatte ich Nibal geheiratet, die Liebe meines Lebens. Ich liebte sie aus tiefstem Herzen und betrachtete sie als das größte Geschenk, das ich je bekommen hatte. (Das tue ich heute noch, auch nachdem wir vor ein paar Jahren einvernehmlich beschlossen hatten, getrennte Wege zu gehen.) Unsere beiden wunderbaren Kinder Ali und Aya haben wir bekommen, ehe ich 27 wurde. Nun, sie waren das größte Geschenk, das ein Mann sich nur erträumen kann. Ich brauchte nichts weiter vom Leben, als die drei glücklich zu sehen.

Meine erste Stelle hatte ich bei IBM. Ich wurde als Systemtechniker eingestellt. Mein erstes Monatsgehalt bei IBM betrug 180 Dollar monatlich. Das mag nicht viel sein, aber verglichen mit den Lebenshaltungskosten in Ägypten zu dieser Zeit war es mehr, als ein hoher Regierungsbeamter verdiente, und machte mich zum Spitzenverdiener unter meinen Brüdern. Ich konnte mir ein gutes Leben für mich und meine Familie leisten. Ich kaufte mir ein gutes Auto. Ich war der glücklichste Mann, den Sie sich nur denken können. Alles war gut. Bis es das eben nicht mehr war – oder ich das zumindest dachte.

Es waren die Boom-Jahre für die Länder am Persischen Golf. Meine Arbeitskollegen konnten dort viel leichter wechseln als ich, denn ich musste den Lebensunterhalt einer wachsenden Familie sichern, und sie fingen an, Tausende Dollar monatlich zu verdienen. Als alleinstehende Männer und Frauen in ihren Zwanzigern hatten sie einen Lebensstil, der jeden Superreichen hätte vor Neid erblassen lassen. Sie kauften schicke Autos, mieteten luxuriöse Apartments, feierten Partys und reisten zu exotischen Zielen. Sie nutzten sogar den preiswerten ägyptischen Markt zu ihrem Vorteil und kauften große Villen in angesagten Stadtvierteln.

Ich reagierte, indem ich tat, was ich gut konnte. Ich arbeitete noch schwerer, wurde befördert und rief Geschäfte ins Leben, was mir nach ägyptischen Standards mehr Geld einbrachte. Ich schaffte es, der Familie ein tolles Leben zu bieten, aber nicht mehr.

Nibal und die Kinder waren glücklich, doch ich sank allmählich in eine tiefe Depression. Irgendwie fühlte ich mich vom Leben betrogen. Und das, obwohl ich wusste, wie viel Glück ich hatte. Ich hatte meine wunderbare Familie, alle Liebe der Welt, und wir hatten materiell gesehen alles, was wir brauchten. Doch ich ließ mich blenden vom glamourösen Leben meiner alleinstehenden Freunde. Ein Gedanke ließ mich nicht mehr los – *das Leben gibt meinen Freunden mehr als mir, obwohl ich von allen am meisten arbeite.*

Rückblickend erkenne ich, wie unbegründet dieser Gedanke war. Ich war derjenige, der in jeder erdenklichen Weise mehr hatte

– mehr Liebe, mehr Familie, sogar mehr Qualifikationen, was meine Karriere in Kürze weiter voranbringen würde als die aller anderen, die ich kannte. Doch meine dumme Ungeduld verblendete mich, und nachdem der Gedanke einmal von mir Besitz ergriffen hatte, konnte ich an nichts anderes mehr denken.

Ich begann, nach langen Arbeitstagen ausgelaugt, wie ein alter Mann nach Hause zu kommen, mich in eine Ecke zu setzen und unaufhörlich vor mich hin zu brüten. Die arme Nibal überschüttete mich mit Liebe, sagte mir, dass alles großartig sei, doch ich hörte nicht zu. Binnen weniger Monate war ich von einem glücklichen zu einem elenden Menschen geworden, nur weil ein Gedanke – ein einziger Gedanke – in meinem Kopf immer und immer wieder abgespult wurde. Ein solcher Gedanke ist eine typische Schleife – endlose Zyklen, die dasselbe negative Konzept verstärken. Mit jedem Zyklus werden sie stärker und häufiger, ziehen uns tiefer und tiefer in eine Spirale der negativen Einstellung, bis wir davon erdrückt werden.

Nach wenigen Monaten war ich vollkommen am Ende. Ich erinnere mich noch lebhaft daran, wie ich eines Abends in Tränen ausbrach. Ich verfluchte das Leben, Gott und mein Schicksal. Nibal, diese wundervolle Frau, umarmte mich und beweinte meine Tränen. Sie spürte, dass sie mir nicht mehr helfen konnte, deshalb begann sie, meine Traurigkeit zu teilen in dem empathischen Bemühen, einen Teil davon wegzunehmen.

Das war mein erster Wendepunkt. Nibal so zu sehen trieb mich an, etwas zu unternehmen. Doch wie Sie vielleicht erwarten, fokussierte ich mich nicht auf meine Depression, sondern auf das, was ich für die Ursache hielt. Ich beschloss, nach Dubai zu ziehen. Das löste die Geld- und Lifestyle-Probleme, doch die Gedanken blieben. Statt mich mit meinen Freunden zu vergleichen, fing ich nun an, mich mit den reichen Bewohnern von Dubai zu vergleichen.

Es dauerte Jahre des tiefen Unglücks, bis ich erkannte, dass ich niemals irgendetwas von dem brauchte, über das ich weinte, und dass ich nie wirklich Freude an einem der Dinge hatte, mit deren Erwerb ich mein Leben zubrachte. An einem schönen Abend wurde alles offensichtlich. Nachdem ich jahrelang mit diesem einen Gedanken gekämpft hatte, erkannte ich endlich, dass ich alles hatte, was ich zum Glücklichsein brauchte. Dass es eine Frage der Entscheidung, der Perspektive war – ein Umstellen der Gedanken. Augenblicklich fand ich mein Glück. Nicht ein Dollar mehr war auf mein Konto geflossen, und nichts in meiner materiellen Welt hatte sich im Geringsten verändert, doch ich war glücklich.

Unterbrechungsebenen

Zurück zu den Computern. Wenn der Computer in den Frühzeiten des Programmierens in einer Schleife festhing, hielt er an. Der Bildschirm fror ein, und wenn man auf der Tastatur herumtippte, gab es keine Reaktion. Die Anweisungen wurden hektisch im Inneren des Geräts abgespult und nahmen es vollständig in Anspruch. In seine eigenen Gedanken versunken verlor das Gerät die Fähigkeit, sie auf den Ausgabegeräten auszudrücken, sich mit dem Rest der Welt zu verbinden oder äußere Interaktionen wahrzunehmen. Genau das passierte mir auch.

Wenn wir uns der Programmierung unserer modernen Welt ergeben, erleiden wir dieselben Symptome, an denen jene alten Geräte litten – eine Unfähigkeit, die Gedanken zu erkennen, die unser Leben verwandeln, weil wir so in die Routine unseres hektischen Lebens vertieft sind.

Um das zu beheben, würde ein guter Programmierer dafür sorgen, dass die richtigen »Unterbrechungsebenen« eingerichtet wurden, ehe er seinen Code zum Laufen bringt. Unterbrechungsebenen sind die Anweisungen, die dem Computer befehlen, nach bestimmten Ereignissen Ausschau zu halten, auch wenn er mit anderen Dingen beschäftigt ist, und diesen zu erlauben, seine mechanischen, gedankenlosen Schleifen zu unterbrechen, sobald sie eintreten. Auf gut Deutsch musste ich meinem Computer sagen: »Wenn du mit der Ausführung eines bestimmten Vorgangs beschäftigt bist, halte Ausschau nach der Tastenkombination Shift + Q. Wenn ich zu irgendeinem Zeitpunkt diese spezielle Sequenz eingebe, beende, was immer du gerade tust, und gib mir die Kontrolle zurück.«

Ich nehme an, Sie wissen, worauf ich hinauswill. Meine wunderbaren mechanischen Freunde, es ist Zeit, dass ihr euren eigenen Code zu schreiben lernt und eure eigenen Unterbrechungsebenen einrichtet.

Der Vertrag

Wenn Sie in einem Gedanken feststecken, der Sie unglücklich macht, wirkt sich das in zweierlei Hinsicht gegen Sie aus. Erstens fühlen Sie sich fürchterlich, und wer will das schon? Zweitens hat es keinerlei Wert. Sie können sich entscheiden, eine Stunde, einen Tag, ein Jahr oder ein Leben lang unglücklich zu bleiben. Egal wie entschlossen Sie sich dem Unglück ergeben, nichts ändert sich. Zu glauben, dass Unglück das Problem löst, ist das, was ich als einen falschen Vertrag mit dem Leben bezeichne.

Vielleicht stammt dieser Trugschluss aus der Zeit, als wir als kleine Kinder weinten, damit ein Erwachsener kam und uns half und uns Liebe und Zärtlichkeit schenkte. Manche glauben, das gilt auch im Erwachsenenalter. Ich weiß nicht, was uns dazu veranlasst.

Manche Menschen bleiben unglücklich, ohne die Verantwortung für den Auslöser ihres Unglücks zu übernehmen. Geschieht das in der Hoffnung, dass das Leben es schon richten wird? Wann hat das Leben Ihnen so was versprochen? Können Sie mal Ihre Unterlagen durchgehen und mir den Vertrag zeigen? Nun, ich habe Neuigkeiten für Sie. Sie sind keine kleinen Kinder mehr. Keiner kommt Sie retten, selbst wenn Sie jahrelang heulen. Ihr Leben können Sie nur ändern, wenn Sie die Verantwortung übernehmen. Sie müssen echte Verträge unterzeichnen.

In meinem unermüdlichen Streben nach Glück habe ich einen Vertrag mit meinem Gehirn unterschrieben – einen, der durch jede Transaktion zwischen uns bestärkt wird.

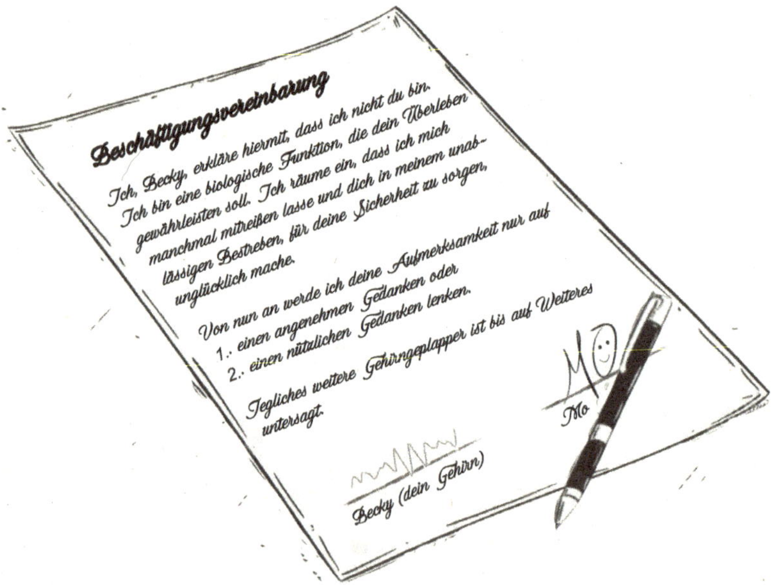

Jetzt ist Mo aber wirklich ein bisschen abgedreht, mögen Sie denken. Ich meine, wer schließt denn einen Vertrag mit seinem Gehirn? Man kann doch was dagegen tun, wenn man unglücklich ist.

Nun, tut mir leid, aber das stimmt nicht. Ich habe seit Beginn dieses Buches auf die Analogien zwischen Gehirn und Software hingewiesen.

Nichts an Ihrem Gehirn ist der Software ähnlicher als seine vollständige Bereitschaft, das zu tun, was ihm befohlen wird. Jeder Softwarecode ist nichts weiter als ein Sklave – er wiederholt die ihm zugewiesenen Aufgaben genau nach Anweisung. Keine jemals entwickelte klassische Software hat jemals beschlossen zu improvisieren oder eigene Entscheidungen zu treffen. Wenn sie darauf programmiert ist, einen Kreis auf dem Bildschirm anzuzeigen, dann zeigt sie einen Kreis auf dem Bildschirm an.

Das gilt auch für Ihr Gehirn. Trotz seiner natürlichen Intelligenz tut es genau das, was ihm aufgetragen wird. Niemand hat jemals sein Gehirn angewiesen, die linke Hand zu heben, und es hat stattdessen mit dem rechten Fuß gewackelt. Dass uns die vom Gehirn präsentierten Gedanken manchmal willkürlich erscheinen oder gegen unser Wohlergehen zu arbeiten scheinen, liegt daran, dass wir unserem Gehirn diese komischen Anweisungen erteilen. Selbst dann tut es genau, was ihm befohlen wird.

Sie glauben mir das nicht, stimmt's? Genau dort liegt die größte Fehlfunktion in der Beziehung zu unserem Gehirn, denn wie können wir auch nur versuchen, eine Bestie zu zähmen, wenn wir sie gar nicht für zähmbar halten?

Als ich klein war, organisierte meine Schule einmal im Jahr einen Schulausflug zum »Nationalzirkus«. Am meisten faszinierten mich die wilden Tiere in der Manege. Da war ein riesiger, angriffslustig aussehender Tiger, dem ein dünner, komisch angezogener Mann gegenüberstand. In meinem kleinen Gehirn dachte ich: *Es wird Blut fließen. Jemand muss diesen Idioten aufhalten.* Doch der Raubtierbändiger schien überhaupt nicht so zu denken. Er trat so selbstbewusst auf, dass der Tiger alles tat, was er ihm befahl – ohne Fragen zu stellen. Der Tiger machte Rückwärtssalti, ließ ein Kaninchen auf seinem Rücken reiten und opferte in jeder nur erkennbaren Weise seine Würde als Raubtier. Jedes Jahr dachte ich auf dem Heimweg, die wertvollste Voraussetzung zur Zähmung eines wilden Tiers sei womöglich die feste Überzeugung, dass man es kann.

Ihr Gehirn mag sich von einem Raubtier unterscheiden, aber es macht trotzdem genau das, was Sie ihm sagen. Das trifft auch dann zu, wenn Sie unglücklich sind. Sie mögen sich über etwas geärgert haben und darüber nachgrübeln, während Sie zur Arbeit oder zur Schule fahren. Dort angekommen jedoch, wenn Ihr Chef oder Ihre Lehrerin Sie nach dem heute fälligen Bericht fragt, kehrt Ihre Aufmerksamkeit zurück. *Genug über das Ärgernis nachgedacht. Wir brauchen diesen Bericht.* Sofort gehorcht Ihr Gehirn: *Jawohl, Sir!* Es hört auf mit den negativen Gedanken und widmet sich der vorliegenden Aufgabe.

Das ist machbar – immer. Sie müssen Ihrem Gehirn bloß sagen, was es tun soll.

Woran liegt es dann, dass Sie es nicht tun, wenn ein Chef es Ihnen nicht sagt? Tja, was soll ich sagen? Sie brauchen einen Chef, weil Sie noch keiner sind.

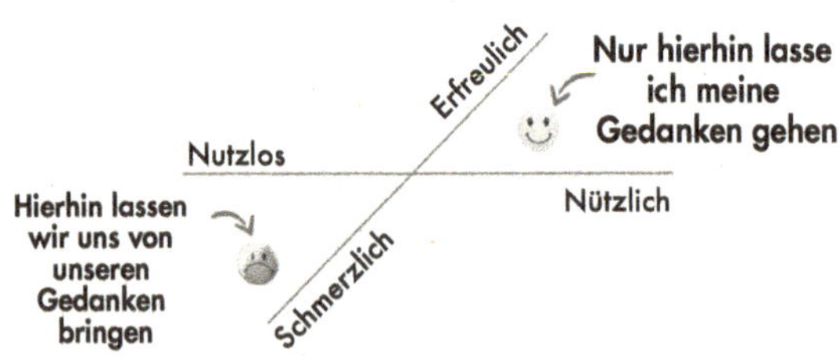

Bei mir ist das nicht der Fall. Ich bin der Boss, und Becky weiß das. Wenn sie meint, sich über etwas beschweren zu müssen, behandele ich sie so, wie jeder gute Vorgesetzte es tun würde. Erst höre ich ihr eine Zeit lang aufmerksam zu und bitte sie dann, die Dinge anders zu betrachten. Ich bestehe darauf, dass mein Gehirn auf korrekte Weise zu denken beginnt und mir entweder erfreuliche oder nützliche Gedanken liefert.

Lassen Sie mich ein paar Beispiele nennen – so schmerzlich sie für mich auch sein mögen.

Gib mir einen besseren Gedanken

Ich bin nicht immun gegen das Unglück. Aber ich weiß sehr gut, wie ich mich an den mit meinem Gehirn geschlossenen Vertrag halte, wann immer es anfängt, mich unglücklich zu machen – und das tut es oft. Seit mein wundervoller Sohn Ali von uns gegangen ist, gab es keinen einzigen Tag, an dem die Erinnerung an seinen Verlust mir nicht durch den Kopf gegangen wäre. Mein Gehirn schafft es sehr gut, mich mehrmals täglich daran zu erinnern, indem es mir sagt: *Ali ist gestorben.* »Ali ist gestorben« ist ein sehr schmerzhafter Gedanke. Worte können niemals beschreiben, wie es sich anfühlt, ein Kind zu verlieren. Ich kann nur sagen, dass es einen körperlichen Schmerz in meinem Herzen auslöst, wie ich Ihnen bereits erzählt habe, und zwar unten rechts, fast als hätte jemand diesen Teil abgeschnitten und eine Leere hinterlassen. Der Schmerz überfällt mich schlagartig und ist genauso intensiv wie am Tag seines Todes. Nicht ein bisschen geringer, nicht mal ein winziges Stückchen. Doch *Ali ist gestorben* ist nur die halbe Wahrheit – jene Hälfte, die mein Gehirn vorzubringen beschließt. Es gibt noch eine andere Seite, und ich habe gemäß meinem Vertrag mit Becky eine Strategie entwickelt, um die glücklichere Seite der Wahrheit zu erkennen. Wann immer mein Gehirn sagt: *Ali ist gestorben,* antworte ich mit der anderen Hälfte. Ich sage: *Ich weiß, Gehirn, aber* ***Ali hat auch gelebt.***

Dass Ali gelebt hat, ist ein wunderschöner, wirklich freudvoller Gedanke. Wenn ich das sage, häufig laut ausgesprochen, erinnere ich mich an all die schönen Momente, die wir miteinander verbracht haben. All die Musik, die wir zusammen gehört haben, die Witze, das Lachen, die Umarmungen und die Weisheit. All die Wärme, die Liebe und das Glück. Ali war ein Geschenk, das ich niemals erwartet hätte. Eins, für dessen Erhalt ich nicht mal qualifiziert war. Der Schmerz seines Verlusts verblasst im Vergleich zu dem Segen, ihn überhaupt gehabt zu haben.

Ali hat gelebt, Gehirn. Das ist der Gedanke.

Ali ist gestorben. Ja, das stimmt. Aber *Ali hat gelebt* ist ebenfalls richtig – das ist die erfreuliche Seite der Wahrheit. Ich entscheide mich für Freude. Ich erinnere mich täglich daran, dass Ali noch lebt.

Nicht vergessen! Denken Sie etwas Erfreuliches.

Als Ali aufgrund eines vermeidbaren menschlichen Fehlers starb, attackierte mein Gehirn mich bösartig. Es sagte mir, ich hätte als Vater versagt. Ich hätte ihn schützen sollen. Es hielt mich in einem einzigen Gedanken gefangen:

Du hättest ihn in ein anderes Krankenhaus bringen sollen. Tagelang hatte ich keinen anderen Gedanken … und er tat weh. Er tat furchtbar weh, **doch es änderte nichts.** Am vierten Tag nach seinem Tod ergriff ich die Initiative und sagte meinem Gehirn (laut): »Ich weiß, Gehirn. Ich wünschte, ich hätte ihn in ein anderes Krankenhaus bringen können, aber ich kann die Zeit nicht zurückdrehen. Und vor allen Dingen«, fuhr ich fort, »ist dieser Gedanke nutzlos, Gehirn. Gib mir etwas, mit dem ich wirklich was anfangen kann – was die Sache besser machen kann.«

Es dauerte, denn mein Gehirn versuchte immer noch, mich in diese negative Gedankenspirale zu ziehen. Aber ich hielt an meiner Antwort fest: *Gib mir einen* nützlichen *Gedanken.* Meine Hartnäckigkeit zahlte sich am Abend von Alis Gedenkfeier aus, als mein Gehirn widerstrebend den Gedanken anbot, dass ich Alis Vorgehensweise in Sachen Glück aufschreiben und der Welt mitteilen sollte.

Ja, Gehirn, ja!! Super Idee. Das würde mir Ali zwar auch nicht zurückbringen, aber es würde hoffentlich etwas zum Besseren wenden. Und indem ich die folgenden Monate und Jahre mit dem Umsetzen dieser Mission verbrachte, wendete sich wirklich einiges zum Besseren, glauben Sie mir.

Als ich Ali zum letzten Mal umarmte, sah ich, wie er sich zu einem gut aussehenden, großen, klugen jungen Mann entwickelt hatte, auf den alle Eltern stolz wären. Es war der Gipfelpunkt meines Lebens. Ich erwarte nicht, diesen Punkt allzu bald wieder zu erreichen, vielleicht werde ich das niemals. Stunden später, als ich ihn auf meiner Schulter zu seiner letzten Ruhestätte trug, war mein Tiefpunkt. Viele trauernde Eltern werfen einfach das Handtuch und geben ihr Leben auf. Sie verbringen den Rest ihres Lebens an diesem Tiefpunkt und erholen sich nie mehr davon. Heute kann ich Ihnen versichern, dass ich auch an diesem Punkt nicht bin. Ich bin viel weiter. Voll engagiert. Ich fühle mich voller Energie und Hoffnung, dass unsere Welt ein besserer Ort sein wird. Das lässt mich glauben, dass Ali nicht umsonst gestorben ist. Millionen, die vom Unglück verzehrt wurden, haben jetzt die Hoffnung auf ein glücklicheres Leben gefunden, und das nur aufgrund dessen, was dieser herausragende junge Mann mir mitgegeben hat. Nur aufgrund eines einzigen nützlichen Gedankens: *Ich sollte ihm die Ehre erweisen und der Welt zur Kenntnis bringen, was er mich gelehrt hat.* Das bringt Ali natürlich immer noch nicht zurück. Aber es macht jeden Tag ein bisschen besser als den vorherigen.

Nicht vergessen!

Denken Sie etwas Nützliches.

Wenn er strikt eingehalten wird, funktioniert dieser Vertrag, den Sie mit Ihrem Gehirn schließen. Er macht Sie nicht nur glücklicher, sondern verhilft Ihnen auch zu mehr Erfolg, indem er gewährleistet, dass Sie keine wertvollen Gedankenzyklen auf nutzlose unablässige Grübeleien verschwenden.

Auch auf die Gefahr hin, allzu stark zu vereinfachen: Wenn ich für den Großteil unseres Unglücks einen Grund benennen müsste, so wären es sicher die Schleifen und Unterroutinen des unablässigen Grübelns. Und wenn ich nach einem Heilmittel gegen all das Unglück gefragt würde, wäre meine Antwort dementsprechend, dass es das Gegenmittel für unablässiges Grübeln sein müsste – bewusste Aufmerksamkeit, um sicherzustellen, dass der obige Vertrag immer wirksam bleibt.

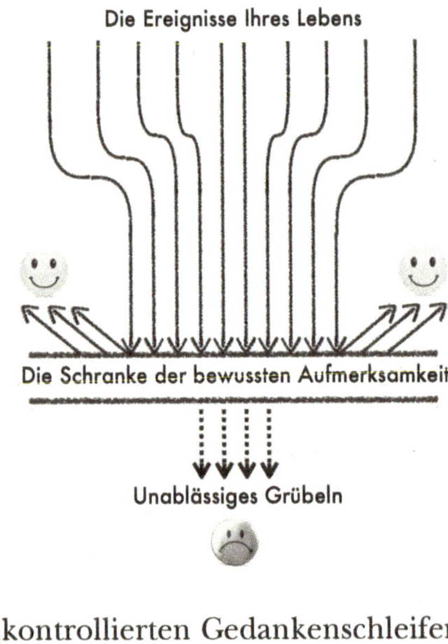

Meister des Glücks sind sich vollkommen der Ereignisse bewusst, die in ihrem Leben stattfinden. Da sie auch nur Menschen sind, erzeugen negative Geschehnisse auch bei ihnen manchmal negative Emotionen oder lösen Schmerz aus. Sie akzeptieren diese Gefühle vollauf, aber weiter lassen sie sie nicht gehen. Sie setzen bewusste Aufmerksamkeit ein, um sicherzustellen, dass diese emotionale Aufladung keine schädlichen unkontrollierten Gedankenschleifen hervorruft, die sich zu wiederkehrendem Leiden entwickeln. Stattdessen betrachten sie die Situation ganzheitlich, erkennen ihre positive Seite und nutzen diese, um angenehme Gedanken zu erzeugen. Sie verwenden auch das gespeicherte emotionale Potenzial, um nützliche Gedanken anzuregen, die zu ihrem Vorteil arbeiten können. Sie machen die Dinge besser und bleiben gleichzeitig friedvoll und zufrieden.

Ich glaube, abgesehen von erfreulichen Gedanken können nur vier Gedankenarten als nützlich betrachtet werden.

1. Erfahrung (das Leben, wie es ist)
2. Lösung (Probleme und Herausforderungen)
3. Flow (um Ihre optimale Performance zu finden)
4. Geben (um Ihren ultimativen Glückszustand zu finden)

Wenn Sie diese beherrschen, sind wir fertig.

Leicht wird das nicht. Aber nützlich ist es auf jeden Fall.

Zusammenfassung von Teil 2

Die Wirkung eines Gedankens ist gewiss nicht auf das Innere unseres Schädels und auf den Augenblick beschränkt, in dem der Gedanke stattfindet. Was Sie denken, verändert Sie emotional und körperlich, und dann ändert es Ihr Denkmuster, selbst wenn es in einer Endlosschleife abläuft.

So erratisch unsere Emotionen auch bisweilen sein mögen, sie sind völlig vorhersehbar. Sie werden von Gedanken ausgelöst, die wiederholbaren Mustern folgen. Die moderne Welt lehrt uns, unsere Emotionen zu verbergen oder gar zu leugnen, und das koppelt uns von ihnen ab. Unsere Gefühle unausgeprochen zu lassen macht uns zu Zombies, die desinteressiert durchs Leben stapfen, oder zu Dampfkesseln, die jederzeit explodieren können.

Doch wir fühlen uns nur lebendig, wenn wir empfinden, genau wie wir nur empfinden, wenn wir lebendig sind. Wir müssen mit unseren Emotionen in Verbindung treten, müssen Sie anerkennen – sogar feiern –, müssen uns mit ihnen auseinandersetzen, ihre Stürme erleben und ihre Energie verwenden, um uns voranzubringen.

Unser autonomes Nervensystem reagiert auf die Welt, noch ehe unsere Gedanken mit dem Geschehen mithalten können. Unser sympathisches Nervensystem macht uns Stress, um uns zu beschützen. Es bereitet uns darauf vor, Herausforderungen und Gefahren mit übermenschlichen Kräften zu begegnen. Diese Eigenschaft hat unsere Spezies gerettet, doch heutzutage, wo die Stressreaktion andauert, macht sie uns unglücklich.

Wir müssen unser parasympathisches Nervensystem aktivieren, um unseren Körper daran zu erinnern, dass alles in Ordnung ist. Lernen Sie zu entspannen, umgeben Sie sich mit entspannten Menschen, und schaffen Sie ein Gefühl der

Sicherheit, indem Sie sich an Ihre günstigen Umstände erinnern und das aus Ihrem Leben entfernen, was Stress verursacht.

Schließlich müssen wir die endlosen Schleifen unablässigen Grübelns stoppen. Sie führen uns in eine Abwärtsspirale des Unglücks und haben keinerlei positive Wirkung auf die Welt. Um das Grübeln zu beenden, behandeln Sie Ihr Gehirn wie eine separate Einheit. Ich nenne meins Becky, und ich habe eine klare Vereinbarung mit meinem Gehirn: Gib mir schöne oder nützliche Gedanken. Jeder andere Gedanke ist eine Verschwendung meines Lebens. Unterschreiben Sie den Vertrag. Lassen Sie Ihr Gehirn einwilligen.

TEIL 3

Der neurale Weg zu einem glücklicheren Leben

Ein Gehirn darf jederzeit gern erfreuliche Gedanken aufbringen. Ansonsten sind die einzigen erlaubten Gedanken die nützlichen – Erfahrungsdenken, Problemlösung, im Flow sein und Geben. Das ist der kürzeste Weg, um die Welt zu einem besseren Ort und sich selbst glücklicher zu machen.

Kapitel 10

Willkommen in der Wirklichkeit

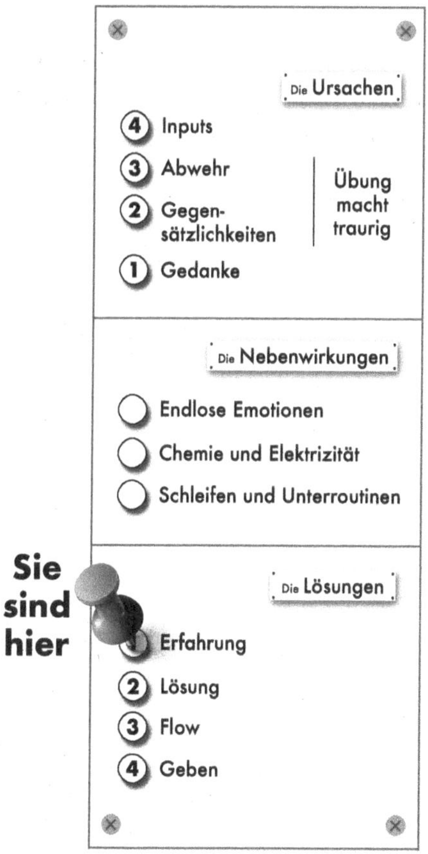

Erinnern Sie sich an das Ruhestandsnetzwerk, das in Kapitel 6 besprochen wurde, jene Teile des Gehirns, die aktiv werden, wenn wir ohne gesteuerte Aufmerksamkeit nachdenken? Erinnern Sie sich, dass ein überaktives Ruhestandsnetzwerk mit vielen der klinischen Zustände des Unglücks verbunden ist – zum Beispiel Depressionen, Suchtmittelmissbrauch und Angst? Wir haben auch festgestellt, dass wir tendenziell weniger glücklich sind, wenn unsere Gedanken umherwandern.

Das entgegengesetzte Ende hiervon wird in der Wissenschaft als Task-Positive-Network bezeichnet. Dazu gehören jene Teile des Gehirns, die aufleuchten, wenn wir uns konzentrieren. Im Zentrum dieses Netzwerks steht eine Form des Denkens, die wir meist gar nicht als Denken erkennen, doch ohne sie könnte kein anderer Gedanke nützlich sein. Dieses Denken ist die Art und Weise, wie wir unsere Umgebung außerhalb und innerhalb wahrnehmen. Es ist unser Erleben der Welt – nennen wir es …

Erfahrungsdenken

Zum Erfahrungsdenken gehören alle Arten von Gehirnaktivitäten, die mit der Beobachtung des Lebens, so wie es ist, befasst sind. Sie denken in Erfahrungen, wenn Sie einem Freund aufmerksam zuhören, die Schönheit eines Schmetterlingsflügels bewundern, den Duft von Kaffee genießen oder sich bei einem Cafébesuch in die Geräusche und die Musik vertiefen. Es ist das Bemerken einer veränderten Körpersprache bei Ihrem Partner infolge einer Bemerkung, die Sie gemacht haben. Es ist der Blick nach innen, um Ihre Atmung beim Ein- und Ausatmen zu beobachten. Es ist das Erkennen von Schmerz in einem bestimmten Körperbereich oder das Erleben eines Sturms von Emotionen, die in Ihrem Körper physische Signaturen und die dazugehörigen Gedanken in Ihrem Kopf auslösen.

Bewusste Aufmerksamkeit ist der wesentliche Bestandteil, der Ihre Fähigkeit einschaltet, die Welt in Ihnen und außerhalb von Ihnen zu beobachten. Wenn Sie die Welt erfahren, aktivieren Sie Ihr Task-Positive-Network. Gleichzeitig schaltet die Aufmerksamkeit auch Ihr Ruhestandsnetzwerk ab und erhöht dadurch maßgeblich Ihr Gefühl der Ruhe, des Friedens und des Glücks, weil die Grübelschleifen verschwinden. Das heißt, egal wie intensiv Ihr unablässiges Grübeln ist und wie unglücklich es Sie macht, wenn Sie erst mal bewusst aufmerksam sind, endet Ihr Unglücklichsein – oder es hält zumindest inne, bis Sie wieder zu grübeln anfangen.

Es gibt viele Gründe, warum Ihr Gehirn nicht beide Netzwerke gleichzeitig laufen lassen kann. Drei davon haben eine verrückte Ähnlichkeit mit der Funktionsweise von Computern: begrenzte Ressourcen, Wechselkosten und Prozessorgeschwindigkeit.

Begrenzte Ressourcen

Wenn Sie ein Backup erstellen oder ein System-Update installieren, ist Ihnen schon mal diese nervige Fortschrittsmeldung aufgefallen, die ewig dauert? 10 Prozent vollständig, 11 Prozent vollständig, 12 Prozent vollständig. Warum geht es einfach nicht voran?

Unsere Computer arbeiten in einer Umgebung der begrenzten Ressourcen. Wenn die von Ihnen aus dem Internet heruntergeladene Datei ein Gigabyte groß ist und die Netzwerkgeschwindigkeit ein Gigabit pro Sekunde beträgt, dauert der Download der Datei 1.000 Sekunden. So ist das nun mal. Auch wenn unsere Gehirne noch klüger sind als unsere Computer, unterliegen sie genau denselben Beschränkungen.

Schauen Sie mal, wie Ihr Gehirn funktioniert, wenn Sie die Straße überqueren wollen. Dieser scheinbar simple Vorgang stellt sogar die besten Computer in den Schatten, die wir bis jetzt erfunden haben. Ihr Gehirn holt sich Informationen von Sensoren, Ihren Augen und Ohren, stellt unglaublich komplexe räumliche Berechnungen an, um zu sehen, wo sich jedes Auto innerhalb der folgenden Sekunden befinden wird, und führt dann magische motorische Kontrollfunktionen durch, damit Sie – aufrecht ausgerichtet – über die Straße gehen. Was für eine Maschine! Doch geben Sie Ihrem Gehirn die Aufgabe, gleichzeitig Ihrer Freundin und Ihrer Mutter zuzuhören, und es versagt kläglich. Warum? Einfach weil es nicht genug Rechenleistung hat, um beide Aufgaben gleichzeitig zu erfüllen.

Machen wir eine einfache Übung, damit wir verstehen, wie das funktioniert. Bitte stellen Sie einen Timer auf 60 Sekunden, und versuchen Sie, die willkürlichen Zahlen des folgenden Sudokus zu addieren, während Sie die Buchstaben darunter rückwärts lesen (also S – T – R – Ä – W … und so weiter). Bereit? 60 Sekunden. Und los!

7	6	2	3	2	7	9	4	2
7	1	4	8	4	3	6	3	9
6	7	3	8	9	4	7	9	4
1	7	7	9	7	6	5	7	4
8	2	1	6	5	8	7	6	3
7	4	1	2	7	6	8	1	7
5	4	1	7	4	7	9	8	9
9	4	9	1	8	8	6	9	3
2	3	3	6	2	8	8	6	1

LESEN SIE DIE BUCHSTABEN DIESES SATZES RÜCKWÄRTS

Haben Sie es geschafft, die Buchstaben flüssig rückwärts zu lesen, während Sie gerechnet haben? Selbst die Mathenerds unter Ihnen, die gedacht haben: *Jedes Quadrat enthält eine 1, 3, 5, 7 und 9, das macht zusammen 25, und es gibt neun Quadrate, also lautet die Antwort 25 x 9 = 225,* können das nicht getan haben, während sie den Satz rückwärts gelesen haben. Außerdem haben Sie nicht das tatsächliche Bild betrachtet, sondern das beurteilt, was Sie bereits über Sudokus wissen, deshalb ist Ihnen übrigens entgangen, dass in einigen der Quadrate die falschen Zahlen standen, sodass nicht alle davon zusammen 25 ergeben. Die Sache ist: Niemand kann die Buchstaben lesen und gleichzeitig die Zahlen richtig addieren. Unmöglich. Warum?

Weil auch unser Gehirn, mag es auch der höchstentwickelte Computer der Welt sein, wie alle anderen Computer begrenzte Ressourcen hat. Diese Ressourcen reichen im Allgemeinen nur für die Erfüllung jeweils einer einzigen Aufgabe aus.

Es gibt zahlreiche wissenschaftliche Untersuchungen, die das Konzept der begrenzten Gehirnkapazitäten nachweisen. Visuelle Entscheidungsaufgaben werden beispielsweise verwendet, um die Verarbeitungskapazität des Gehirns nachzuweisen. Dabei wird den Teilnehmern eine Abfolge von Buchstaben gezeigt und die Frage gestellt, ob diese Reihe ein tatsächliches Wort darstellt. Mit zunehmender Komplexität der Aufgabe geht den Gehirnen der Teilnehmer die Verarbeitungsleistung aus, und das verlängert ihre Reaktionszeit.

Hicks Gesetz besagt, dass die Zeit, die für das Treffen einer Entscheidung benötigt wird, in einem linearen Verhältnis zur Auswahl der möglichen Alternativen steht. Wenn die Gehirnressourcen für die Lösung der vorliegenden Komplexität begrenzt sind, braucht das Gehirn länger, um die Antwort zu finden.

Moscoso del Prado Martín von der französischen Université de Provence verwendet lexikalische Entscheidungsaufgaben, bei denen die Teilnehmer **so schnell und so präzise wie möglich** sagen sollen, ob ein ihnen gezeigtes Wort tatsächlich ein Wort ist, um zu bestimmen, wie viele Informationen das Gehirn verarbeiten kann. Seine Studien zeigen, dass ein durchschnittlicher Mensch nicht mehr als etwa 60 Bits pro Sekunde verarbeiten kann.[23] Um das in einen Kontext zu stellen: Um die Worte eines Menschen zu verstehen, der mit Ihnen spricht, brauchen Sie normalerweise etwas mehr als halb so viel. Darum ist es einfach, einer Person aufmerksam zuzuhören, doch sehr schwierig, ja fast unmöglich für uns zu erfassen, was zwei Menschen gleichzeitig sagen. Sie haben einfach nicht die Gehirnkapazität dafür.

Witzigerweise schreibe ich diese Zeilen in einem Café in Montreal. Vor ein paar Minuten hat sich eine Gruppe arabisch sprechender Menschen an den Nachbartisch gesetzt. Wenn sie englisch oder arabisch sprechen, verringert sich meine Schreibgeschwindigkeit deutlich. Sobald sie ins Französische wechseln, eine Sprache, die ich nicht beherrsche und auf deren Entschlüsselung ich daher null Gehirnkapazität verwende, kehre ich zu meiner normalen Geschwindigkeit zurück.

Die begrenzte Verarbeitungskapazität unseres Gehirns ist der erste Grund, warum Aufmerksamkeit das unablässige Grübeln abschaltet. Sobald Sie aufmerksam sind, widmen Sie Ihre begrenzten Gehirnressourcen dem, auf das Sie sich konzentrieren, und das lässt Ihrem Gehirn normalerweise nicht genügend Ressourcen, um zu grübeln. Die Gedanken hören also auf. So einfach ist das.

Nicht vergessen!

Ihr Gehirn hat gerade genug Leistung, um jeweils eine Sache zu tun.

Aber was ist denn dann mit Multitasking? Sie können sich gleichzeitig die Zähne putzen, die Nachrichten hören und über Ihre Mietzahlungen nachdenken. Wie machen wir das? Wir wechseln zwischen den Aufgaben hin und her, so oft wir können, wie ein Jongleur, der seine Aufmerksamkeit ständig voll auf den einen Ball richtet, der im Fall begriffen ist, während er die anderen Bälle, die er höher in die Luft geworfen hat, ignoriert. Wenn wir jedoch zwischen den Aufgaben wechseln, die wir auszuführen versuchen, ist die dafür notwendige Verarbeitungsleistung höher als die Summe der Leistung, die für die Durchführung jeder einzelnen Aufgabe nötig ist. Es wird zusätzliche Aufmerksamkeit für den Wechselvorgang selbst gebraucht. Das kennt man als …

Wechselkosten

Um zu verstehen, wie das Multitasking funktioniert und welcher Preis in puncto Gehirnressourcen dafür gezahlt werden muss, machen wir eine weitere einfache Übung. Stellen Sie einen Timer auf 15 Sekunden, und betrachten Sie bitte unten die Bilder der Tiere und Vögel. Versuchen Sie, die Namen so vieler Tiere und die darüberliegenden Wörter laut auszusprechen, wie Sie können. Sagen Sie zuerst den Namen des Tiers, das Sie tatsächlich sehen, und lesen Sie dann das Wort, das darüberliegt.

Bereit? Dann los.

Haben Sie das flüssig und fehlerfrei geschafft? Oder mussten Sie kurz innehalten, während Sie von einem Tier zum nächsten gingen, um sich an den Namen zu erinnern? Haben Sie manchmal Fehler gemacht – das Wort gelesen, ehe Sie den Namen des Tieres auf dem Bild gesagt haben, oder den falschen Namen gesagt aufgrund des Widerspruchs zwischen Bild und Wort?

Die meisten Menschen tun sich schwer mit dieser Übung, weil Bilder in der rechten Gehirnhemisphäre und Wörter in der linken verarbeitet werden. Wenn beide dargestellt werden, wird das Wort bevorzugt verarbeitet, weil es oben steht. Ihr Gehirn hat jedoch die Anweisung, den Tiernamen zu sagen, also braucht es Zeit, um wieder zu der Verarbeitung des Bildes zu wechseln, und wenn es einen Widerspruch zwischen den verschiedenen Wahrnehmungen gibt, kommt es noch mehr ins Schleudern, während Sie vor und zurück springen, um zu überprüfen, was richtig ist. Diese Aufgabe können Sie nur mit großer Geschwindigkeit ausführen, wenn Sie die Wörter und die Bilder trennen und auf zwei verschiedenen Seiten abbilden.

Selbst ohne diesen Informationswiderspruch hat das Wechseln seinen Preis. Bei Studien des Department of Nuclear Medicine an der Universität Michigan sollten die Teilnehmer eine Gedächtnisaufgabe lösen und gleichzeitig einfache mathematische Gleichungen überprüfen. Die Ergebnisse zeigten, dass die gleichzeitige Durchführung beider Aufgaben auf Kosten von Genauigkeit und Latenzzeit ging, verglichen mit der Durchführung jeder Aufgabe für sich. Grund dafür war, dass das Gehirn einen Teil seiner Verarbeitungskapazität Bereichen im präfrontalen Kortex widmete, die bei Dual-Task-Tests aktiv waren, nicht jedoch bei der Durchführung der einzelnen Aufgaben.[24]

Zwischen Aufgaben hin und her zu wechseln braucht Zeit und Gehirnleistung. Deshalb scheint eine Aufsplittung der Aufmerksamkeit uns auszulaugen und zugleich nur wenig Fortschritt mit sich zu bringen. Und das ist auch der Grund, warum die Gedanken eher oberflächlich bleiben und sich wiederholen, wenn man häufig abgelenkt wird.

Nicht vergessen! Das Wechseln zwischen Aufgaben kostet Ihr Gehirn wertvolle Ressourcen.

Noch etwas gilt es zu beachten. Es scheint, dass unser Gehirn bei der Durchführung bestimmter Aufgaben schneller arbeitet und bei anderen langsamer.

Verarbeitungsgeschwindigkeit

Nicht alle Aufgaben werden von Ihrem Gehirn mit derselben Geschwindigkeit verarbeitet. Ich behaupte nicht, dass bestimmte Aufgaben schneller durchgeführt werden als andere, sondern dass Ihr Gehirn selbst bei der Durchführung bestimmter Aufgaben schneller und bei anderen langsamer wird.

Wenn ich mir als junger Nerd einen neuen Computer kaufte, war für mich das Wichtigste das Maß für seine Fähigkeit, Berechnungen durchzuführen. Das wurde damals in Taktfrequenz oder Megahertz gemessen, also wie viele Taktsignale der Prozessor pro Sekunde aussenden konnte. Mit jedem Taktsignal konnten unsere primitiven Prozessoren einen einzigen Rechenschritt durchführen. Schnellere Prozessoren waren natürlich besser, weil sie mehr Berechnungen vornehmen konnten.

Mit den Fortschritten der EEG-Gehirnscans wird offensichtlich, dass sich Ihr Gehirn ganz ähnlich verhält. Die Taktfrequenz Ihres Gehirns scheint schneller oder langsamer zu werden, je nachdem, welche bestimmte Aufgabe es durchführt. Das finde ich faszinierend.

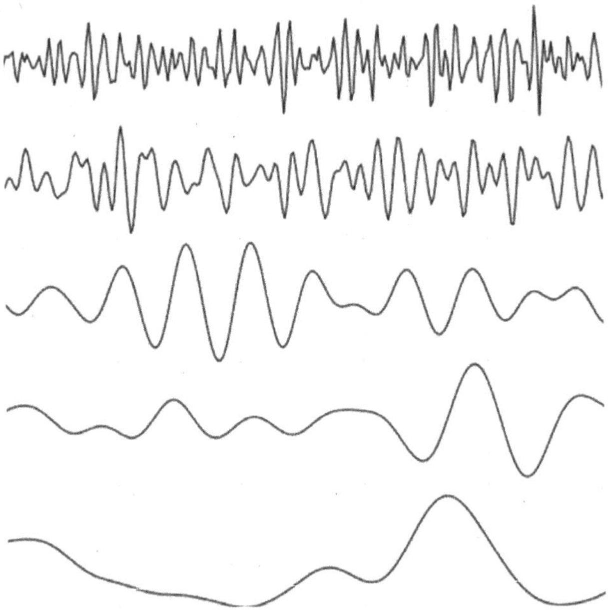

Neuronen funktionieren, indem sie Nervenimpulse – elektrische Signale – von einem zum anderen schicken und dadurch Botschaften durch das Gehirn und den Körper transportieren. Diese elektrische Aktivität, die manchmal als »Gehirnwellen« bezeichnet wird, können die EEG-Aufzeichnungen erfassen.[25] Solche Wellen erfolgen in unterschiedlichen Frequenzen, je nach Gehirnstatus und der durchgeführten Funktion. EEG-Untersuchungen fassen sie zu unterschiedlichen Frequenzbereichen zusammen.

Delta-Wellen haben eine langsame Frequenz von 4-mal pro Sekunde (Hertz). Dies ist für gewöhnlich bei tiefem, erholsamem Schlaf der Fall. Theta-Wellen haben eine Geschwindigkeit zwischen 4 und 8 Hertz und treten auf, wenn wir wach, aber unkonzentriert, schläfrig oder unaufmerksam sind, vielleicht bei umherschweifenden Gedanken oder in einem leichten Schlaf. Wir können uns bewusst in das Theta-Spektrum bringen, wenn wir meditieren, und es tritt auch ein, wenn wir tief entspannt, also selbst von unseren innersten Gedanken ungestört sind. Alpha-Wellen haben eine Frequenz von 8 bis 13 Hertz. Beta-Wellen haben 13 bis 30 Hertz, wenn wir uns konzentrieren oder mit einer Problemlösung befasst sind. Das ist das Spektrum, das vom Gehirn für die erfolgreiche Umsetzung täglicher Aufgaben genutzt wird. Und schließlich gibt es noch Gamma-Wellen mit 30 Hertz und mehr, die bei geschärfter Wahrnehmung auftreten, zum Beispiel wenn wir lernen.[26]

Ihr Gehirn erhöht und senkt die Geschwindigkeit je nach durchgeführter Aufgabe, und es wird eindeutig schneller, je mehr Aufmerksamkeit Sie aufwenden.

Wenn Ihr Gehirn Probleme löst, tickt es schneller, weil es die Ressourcen braucht. Wenn Sie im Ruhezustand sind oder meditieren, tickt es langsamer.

Das erfordert hier etwas Nachdenken. Wenn Sie Ihren Gedanken freien Lauf lassen, mäandern sie herum, beginnend im Alpha-Spektrum. Um das unablässige Grübeln zu beenden, steht Ihnen eine von zwei Möglichkeiten zur Verfügung. Sie können Ihr Gehirn durch Meditation weiter verlangsamen. Durch einen langsameren Prozessor nehmen Sie den wiederkehrenden Gedanken die für ihre Existenz notwendige Verarbeitungsleistung weg. Alternativ können Sie durch bewusste Aufmerksamkeit aufs Gas drücken. Während es die Verarbeitungsleistung erhöht, weil Ihr Gehirn mehr Berechnungen pro Sekunde ausführen kann, verwendet es die verfügbare Verarbeitungsleistung, um sich auf die Aufgaben zu konzentrieren, denen Sie Ihre Aufmerksamkeit widmen.

Nicht vergessen!

Die Geschwindigkeit, mit der Ihr Gehirn das unablässige Grübeln ausführt, ist zu schnell für ruhige Meditation und zu langsam für erhöhte Aufmerksamkeit.

Beschleunigen oder bremsen Sie Ihr Gehirn, aber treiben Sie nicht ziellos umher.

Und wissen Sie, welches der coolste Trick ist? Durch regelmäßige Meditation können Sie leichter in den Zustand der Hyperwahrnehmung gelangen und die gesamte Funktionsfähigkeit des Gehirns steigern. Forscher an der Universität Wisconsin-Madison fanden heraus, dass Zen-Buddhisten während der Meditation Gamma-Wellen mit extrem hohen Ausschlägen erzeugten (also die Höhe der Wellen). Wellen aus ungleichen Gehirnregionen befanden sich damit fast im Gleichschritt (was zeigt, dass das Gehirn sich über seine verschiedenen Funktionen hinweg in einem soliden Gleichgewicht befand), der über bemerkenswert lange Zeiträume aufrechterhalten wurde.[27]

Was haben der Zustand der Meditation und der Zustand der Hyperwahrnehmung gemeinsam? Nur eines: ein Gefühl der bewussten Aufmerksamkeit, das zu erfahren und sich auf das einzulassen, was ist – die höchsten Formen der Gehirnleistung, die ein Mensch erreichen kann.

Nicht vergessen!

Der erste Schritt zum Glück ist, dass Sie anfangen, aufmerksam zu sein.

Ihr komplexer Prozessor

Wenn Sie Ihre begrenzten Gehirnressourcen, die Wechselkosten für das Springen zwischen Aufgaben und die veränderliche Prozessorgeschwindigkeit zusammennehmen, wird deutlich, dass der Weg zu einem glücklichen Geist darin besteht, die begrenzten Ressourcen Ihres Gehirns nicht auf Ablenkungen zu verwenden, sondern auf jene Art der bewussten Aufmerksamkeit, die unsere Konzentration aufrechterhält. In diesem Sinne hebt das Erfahrungsdenken – als eine bewusste, ablenkungsfreie Aufmerksamkeit für das, was ist – unser unablässiges Grübeln vollständig auf. Es funktioniert.

Es ist bloß eine Frage einfacher Mathematik …

Bei jeder auszuführenden kognitiven Aufgabe muss die folgende Gleichung erfüllt sein:

Für die Aufgabe benötigte Verarbeitungskapazität + Wechselzeit = verfügbare Gehirnressourcen

Sind die verfügbaren Gehirnressourcen nicht ausreichend, um die Aufgabe auszuführen, priorisiert unser Gehirn die Aufgabe, die es (auf unseren Befehl) ausführen soll, und lässt alles andere fallen. Dabei werden Hintergrundaufgaben wie unablässiges Grübeln aufgegeben, um die benötigten Ressourcen freizusetzen. Wenn Sie Ihr Gehirn anweisen, den Augenblick vollständig zu erleben, jeden Geruch, jedes Geräusch und jede Empfindung, gehen ihm die Ressourcen aus, um an irgendetwas anderes zu denken.

Nicht vergessen!

Konzentrieren Sie sich auf etwas Reales, und das Gehirngeplapper hört auf!

Wenn Erfahrungsdenken eine Sportart wäre, dann wären die Mönche östlicher Religionen, die das gründlich in Form von Meditation praktizieren, wohl Olympia-Weltmeister darin.

Meditation funktioniert

Bei der Meditation geht es darum, das Erfahrungsdenken zu beherrschen. Wenn Sie meditieren, nutzen Sie Ihr Gehirn nicht zum Lernen, Planen oder zur Problemlösung. Sie nutzen es für gar nichts. Sie nutzen es einfach nur zum Sein. Meditation bedeutet, die Ressourcen Ihres Gehirns auf die Beobachtung der Welt, wie sie ist, zu verwenden.

Meditation funktioniert, weil der Vorgang bewusster Aufmerksamkeit diejenigen Bereiche Ihres Gehirns aktiviert, die Sie aktivieren wollen, und die unerwünschten Bereiche stilllegt. Die Aufmerksamkeit braucht all Ihre verfügbaren Gehirnressourcen, die eher geringer sind, wenn Ihr Gehirn eine langsamere Frequenz hat. Es bleiben also keine übrig, um zu Gedanken zu wandern, die Ihnen Ärger bereiten könnten.

Dank der Neuroplastizität formt jahrelange eingehende Meditationspraxis unser Gehirn vollständig um. Sarah Lazard von der Universität Boston hat eine Studie durchgeführt, um die langfristigen Auswirkungen von Meditation auf die Gehirnstruktur zu untersuchen. Die Teilnehmer machten ein achtwöchiges meditationsbasiertes Stressabbau-Programm, bei dem sie täglich 30 bis 40 Minuten meditieren sollten. Vorher und nachher wurde ihr Gehirn im MRT untersucht. Die Ergebnisse zeigten, dass die für Lernen, Gedächtnis und Emotionssteuerung zuständigen Gehirnbereiche größer geworden waren. Genau diese Gehirnbereiche schrumpfen bei Menschen, die an Depressionen oder Posttraumatischer Belastungsstörung leiden. Größer wird auch der Bereich, der uns Perspektive, Empathie und Mitgefühl gibt, und es war ein Rückgang zu verzeichnen bei den Bereichen des Gehirns, die ständig nach möglichen Gefahren Ausschau halten – und infolgedessen Stress auslösen. Meditation nutzt den besten Teil des Gehirns, und Sie kennen die Regel … Was Sie nutzen, wächst, und was Sie nicht nutzen, schrumpft.

Dr. Richie Davidson untersuchte die Gehirne von tibetanischen Mönchen mithilfe von MRT und EEG. Ein Teilnehmer – Matthieu Ricard, ein französischer Autor, Fotograf, Übersetzer und buddhistischer Mönch – wurde zum Gesicht dieser Studie, als die Medien ihn als glücklichsten Menschen der Welt bezeichneten. Wenn er über Mitgefühl meditierte, erzeugte Ricards Gehirn ein Ausmaß an Gamma-Wellen (die mit Bewusstsein, Aufmerksamkeit, Lernen und Gedächtnis verknüpft sind), wie es »nie zuvor in der neurowissenschaftlichen Literatur erwähnt« worden war, sagte Dr. Davidson. Die Scans zeigten auch eine außergewöhnliche Aktivität seines linken präfrontalen Kortex im Vergleich zu dessen rechtem Pendant, was ihm eine abnorm große Kapazität für Glück und eine geringere Anfälligkeit für Negativität ermöglichte.[28]

Ich sag's Ihnen. Diese Sache funktioniert.

Nicht vergessen!

Korrekt ausgeführte Meditation prägt uns darauf, glücklicher, empathischer und mitfühlender zu werden.

Doch es gibt einen Haken.

Die Mönche, die an diesen Studien teilnahmen, hatten ihr Leben lang meditiert – Dr. Davidson zufolge hatten sie im Durchschnitt 34.000 Stunden lebenslange Übung. Deshalb wiesen ihre MRT-Scans nahezu übermenschliche Fähigkeiten auf, und deshalb sind sie ein Beispiel für uns alle, wenn es darum geht, Ruhe, Empathie und Mitgefühl zu finden.

Ich wünschte, ich könnte in ihre Fußstapfen treten, aber wie viele von uns würden das wirklich schaffen? Wie viele von uns schaffen es bei der Schnelligkeit des modernen Lebens, auch nur täglich zu meditieren? Bloß ganz wenige.

Wenn Meditation versagt?

Zum Erscheinen von *Die Formel für Glück* hielt ich eine Rede auf dem Welt-Glücksgipfel. Ich fragte die über 1000 Personen im Saal: »Wer von Ihnen meditiert?« Die meisten Hände gingen in die Höhe. Also sagte ich: »Lassen Sie die Hand oben, wenn Sie im letzten Monat jeden Tag meditiert haben.« Mehr als die Hälfte ließen die Hand sinken. Zu den Verbliebenen sagte ich: »Fühlt es sich nicht großartig an, wenn Sie fertig sind mit Meditieren?« Sie nickten zustimmend. Da sagte ich: »Lassen Sie die Hand oben, wenn es sich auch nach drei Stunden großartig anfühlt, wenn Sie wieder in den Alltag zurückgekehrt sind.« Fast alle Hände verschwanden.

Seinem Weg folgend hat Matthieu Ricard fast 50 Jahre seines Lebens dieser Übung gewidmet. Er lebte in Indien, Bhutan und Nepal. Sein Rückzugsort, eine abgelegene Hütte auf einem Berggipfel, ist drei mal drei Meter groß und hat ein großes Fenster, keine Heizung, kein heißes Wasser und keinerlei Luxus. Über fünf Jahre hat er dort in vollständiger Isolation verbracht und stand jeden Morgen um halb vier auf, um zu üben. Als er in meinem Podcast Slo Mo zu Gast war, fragte ich ihn, wie er mit diesen schwierigen Bedingungen zurechtkomme. Er antwortete: »Was für schwierige Bedingungen? Das ist mir der liebste Ort auf der Welt.«[29]

Meditation ist eine Praktik, die für eine andere Zeit und eine andere Lebensweise entwickelt wurde. Mönche müssen 17 oder mehr Jahre vier Stunden täglich meditieren, um ihr Gehirn genügend umzuformen, dass sie die Welt richtig sehen, selbst wenn sie den Meditationsraum verlassen. Ich rate Ihnen, das auch zu tun oder so viel, wie Sie können. Der Gewinn ist enorm. Ich meditiere intensiv und habe seit über 600 Tagen nicht einen Tag damit ausgesetzt. Das ist schon ein gigantischer Unterschied, und trotzdem brauche ich noch mehr. Ohne die Stunden machen Sie sich selbst etwas vor, wenn Sie annehmen, dass Meditation, die traditionelle Weise, ausreicht, um Sie ununterbrochenes Glück finden zu lassen.

Wenn der Stress des Lebens nicht mehr auszuhalten ist, eilen die etwas Erleuchteteren in den Meditationsraum. Solange während der Meditation bewusste Aufmerksamkeit aufgewendet wird, lässt sich die Wirkung deutlich spüren. Doch sobald wir den Meditationsraum verlassen und wieder in den Alltagsstress eintauchen, kehren wir oft zu unserem belasteten Zustand zurück. Die kurzfristige Auswirkung der Meditation auf uns alle ist unbestritten. Selbst 15 Minuten verändern schon Ihren Tag und haben einen Effekt. Doch wenn Sie zu denen gehören, die ab und zu mal ein paar Tage aussetzen, erzielen Sie nicht den langfristigen Gewinn. Wenn Sie wirklich etwas schaffen wollen …

Nicht vergessen!

Meditation muss zum Lebensstil werden.

Auf traditionelle Weise mehrere Stunden täglich zu meditieren, ist eine Option, die den meisten von uns im täglichen Alltagskampf nicht zur Verfügung steht. Was sollen wir stattdessen tun? Eine Alternative zur Meditation finden, die in die moderne Welt passt. Ich will Ihnen sagen, was bei mir funktioniert.

Meditation für die moderne Welt

Um zu meditieren, müssen Sie nicht im Lotossitz und mit aneinandergelegten Daumen und Zeigefingern *Om* sagen. Sie können stattdessen auch an jedem Augenblick Ihres Tages Eigenschaften wie volle Präsenz und bewusste Aufmerksamkeit kultivieren. Ich nutze dafür Gehirnspiele. Ein paar Ideen habe ich hier aufgeführt. Sie brauchen sie nicht alle umzusetzen. Wählen Sie diejenigen aus, die Ihnen gefallen, und machen Sie genügend davon, um bewusste Aufmerksamkeit zu einem erkennbaren Teil Ihrer Lebensweise zu machen.

Eine schöne Sache

Wann immer möglich, gehe ich zu Fuß statt zu fahren. Oft gehe ich zur Arbeit und zu Besprechungen. Früher habe ich beim Laufen wie jede vielbeschäftigte Führungskraft meine E-Mails gelesen, Anrufe erledigt und über den vor mir liegenden Tag nachgedacht. Das war Multitasking; ich sparte dadurch ein bisschen Zeit, und jedes Business-Buch sagte mir, das wäre eine gute Sache. Aber sie irrten sich. Ich habe vielleicht ein paar Dinge zusätzlich erledigen können, doch meine zersplitterte Aufmerksamkeit führte auch zu Stress und hat mir die Gelegenheit geraubt, das Leben zu erfahren, statt einfach hindurchzurennen.

Eines Tages erkannte ich, dass diese Spaziergänge eine unglaubliche Chance darstellten, mein Gehirn zur Ruhe zu bringen. Ich stellte mir lediglich eine einfache Aufgabe – **mach ein schönes Foto pro Tag.** Mit dieser einfachen Anweisung begann ich, meine Umgebung eingehend zu erleben. Ich suchte nach Schönheit und fand sie daher auch. Selbst in Städten, die man sich als Betonwüsten vorstellt, entdeckte ich mehr Schmetterlinge, mehr Rosen und mehr lächelnde Gesichter, als ich je gesehen hatte. Viele Jahre lang war mein normaler 40-minütiger Fußweg zur Arbeit meine Zuflucht vor dem hektischen Leben, mein Quell der Gesundheit in all dem Wahnsinn, eine Oase der Ruhe in der ganzen Hektik, die mich überall umgab. Alles verlangsamte sich für mich, und ich konnte Frieden finden. Nicht nur, dass die Schönheit mich erfreute, die ich überall um mich herum fand. Es war auch die Aufmerksamkeit, mit der ich nach dieser Schönheit Ausschau hielt, die eine beruhigende Wirkung auf mich hatte.

Nur gute Musik

Wenn ich Auto fahre oder irgendwohin reise, verwende ich Musik, um meine Aufmerksamkeit zu fokussieren. Ich lasse nie Musik im Hintergrund laufen, während ich mit etwas anderem beschäftigt bin. Stattdessen habe ich sechs Sender in meinem Radio eingestellt und achte darauf, dass ich mir **nur Songs anhöre, die ich liebe.** Ich setze meinem Gehirn ein klares Ziel – ich höre mir keinen nervig plappernden Moderator an, ich höre mir keinen Song an, der mir nicht gefällt, und ich höre mir keine Werbespots an. Wenn irgendetwas davon im Radio läuft, bemerkt mein aufmerksames Gehirn das, und ich wechsele zum nächsten Sender. Wenn der auch keinen Song spielt, den ich liebe, wähle ich den nächsten und den nächsten, und wenn ich bei allen sechsen keine Musik finde, die mir gefällt, schalte ich das Radio aus und warte 60 Sekunden, ehe ich es wieder einschalte, um die Übung zu wiederholen.

Das erzeugt so viel Freude. Wenn Sie Musik bewusst erleben, nicht als Hintergrundgeräusch, denken Sie über die Texte nach, Sie hören die Bassgitarre heraus und jede noch so feine Melodie. Das ist Musik auf einer ganz neuen Ebene. Der Akt des aufmerksamen Zuhörens bei Songs ist ein Akt aktiver Meditation. Also sagen Sie nicht, Meditieren ist schwer; es kann eine Menge Spaß machen.

Jede Zahl

Bei der Arbeit lässt man sich leicht von Hektik, E-Mails und internen Verstrickungen ablenken. Ihre Gedanken schweifen ab, wenn ein Meeting langweilig ist oder ein Gespräch irrelevant. Um meine Gedanken zu bündeln, habe ich mir beigebracht, mich auf jede Zahl in jeder Präsentationsfolie zu konzentrieren. Ich unterbreche den Präsentierenden und bitte ihn zu erklären, woher sie kommt und was sie bedeutet. Dann sagt er: »Aber Mo, das ist nicht wichtig«, und ich sage: »Wenn es nicht wichtig ist, dann brauchst du es doch nicht in die Präsentation reinzunehmen.« Schnell lernte das Team, die Folien straffer und unsere Gespräche schlanker zu gestalten. Wir wurden vollständig präsent und konzentrierten uns nur auf das Wichtige. Bei persönlichen Begegnungen lege ich mein Telefon weg, sehe meinem Gegenüber in die Augen und schenke ihm meine volle Aufmerksamkeit. Ich stelle Fragen und höre mir die Antworten immer aufmerksam an. Das beruhigt meinen Geist und ist eine gute Übung, um die Arbeit vollständig zu erfahren. Es hilft mir auch dabei, mehr zu erfahren, tiefer zu gehen und somit bessere Entscheidungen zu treffen. Mein Team fühlt sich dadurch geschätzt, gehört, anerkannt und gesehen. Diese eine Maßnahme hat mir in meiner beruflichen Laufbahn zu Erfolg verholfen und tut es immer noch.

Mo-Zeit

Und dann habe ich noch meine Zeit für mich allein. Ich nenne das Mo-Zeit. Wenn Sie mich dann sehen könnten, sähe ich komisch aus, weil ich bei der Arbeit alle drei bis vier Stunden 15 Minuten lang allein in einem Zimmer sitze. Kein Telefon in der Hand. Ich spreche mit niemandem, beantworte keine Mails und schreibe nichts. Ich tue nichts anderes, als die Gedanken in meinem Gehirn zu beobachten. Wenn Sie das regelmäßig tun, setzen Sie Ihr Gehirn in einen Modus der Stille und Beobachtung zurück, der das Biest vollständig beruhigt.

Angespannt?

Ich habe gemerkt, dass ich bei unablässigem Grübeln, selbst beim winzigsten Gedanken, eine Spannung in der Muskulatur von Stirn und Kopfhaut spüre. Daher habe ich gelernt zu beobachten, wie ruhig mein Gehirn ist, indem ich diese Spannung wahrnehme. Üben Sie, Ihre Aufmerksamkeit auf diejenigen Bereiche Ihres Körpers zu lenken, die angespannt sind. Sobald Sie sie entdecken, können Sie sich konzentrieren – nicht darauf, die Gedanken zu stoppen, sondern die Spannung zu lösen. Das ist wirklich ein unglaubliches Gefühl. Wenn es Ihnen gelingt, diese Spannung zu lockern, hören Ihre Gedanken tatsächlich auf – ebenso wie die Spannung sich löst, wenn Ihre Gedanken stoppen. Aber es ist kein Ein-Aus-Schalter. Mir ist bewusst geworden, dass immer noch ein gewisses Maß an Spannung bleibt, auch wenn ich mich entspanne, daher lockere ich es, und dann bleibt manchmal trotzdem noch Spannung übrig. Diese Abkürzung ist eine meiner Lieblingsübungen, um meine Gedanken zum Halten zu bringen. Ich weiß nicht, ob es auch bei Ihnen funktioniert, aber versuchen Sie es trotzdem mal.

Eins nach dem anderen

Multitasking ist ein Mythos. Sie können dem, was Sie tun, nur dann volle Aufmerksamkeit widmen, wenn Sie eins nach dem anderen tun. Wir gehen in die Multitasking-Falle, entweder weil wir mehr in unsere begrenzte Zeit quetschen wollen oder weil wir nicht mit der Langeweile leben können, Dinge achtsam zu tun. Wir versuchen, gleichzeitig Auto zu fahren und zu telefonieren, wir machen Sport und hören gleichzeitig einen Podcast, um produktiver zu werden. Dann hören wir Musik, während wir Formulare ausfüllen, um die Sache etwas weniger langweilig zu gestalten. Denken Sie mal über das Erlebnis nach, zu telefonieren oder Musik zu hören, während Sie Ihre E-Mails beantworten. Sie werden bemerken, wenn Sie sich auf die Musik konzentrieren, kommen Sie mit den Mails nicht richtig voran, haben Sie sich aber entschlossen, die Mails endlich fertig zu kriegen, wird die Musik zum Hintergrundgeräusch, und Sie können sich vielleicht nicht mal erinnern, welche Songs gespielt wurden. Um Ihr Leben vollständig zu erfahren, geben Sie Ihr Bestes, immer eins nach dem anderen zu tun. Sprechen Sie mit einem Freund, dann genießen Sie vollkommen das Gespräch. Hören Sie Musik, dann lassen Sie sich ganz darauf ein und tanzen Sie. Selbst wenn Sie Ihre Steuerformulare ausfüllen, richten Sie Ihre ungeteilte Aufmerksamkeit darauf, und genießen Sie es, wenn diese banale Aufgabe sich dem Ende zuneigt. Sie wird leichter, Sie werden schneller damit fertig und, was am wichtigsten ist, Sie werden die Zeit, in der Sie es getan haben, vollständig erleben.

Manchmal spiele ich dieses Spiel, indem ich Nahrungsmittel nicht miteinander mische. Einen Bissen nehme. Den Geschmack auskoste, gut kaue, schlucke, dann den nächsten Bissen nehme. Achtsames Essen ist eine verfeinerte Form der Meditation. Probieren Sie es mal mit gemischten Nüssen. Nehmen Sie eine, nehmen Sie den Geschmack wahr, dann probieren Sie eine andere. Besser noch, isolieren Sie Ihre Sinne. Versuchen Sie es mal mit Ohrenstöpseln, wenn Sie die Natur beobachten, oder mit einer Augenmaske, wenn Sie Musik hören. Nutzen Sie beides, wenn Sie Ihren Körper dehnen. Das bündelt alle Ressourcen Ihres Gehirns auf das, was Sie spüren, und vergrößert jede Erfahrung um ein Mehrfaches.

Als wär's das erste Mal

Ein weiterer interessanter Trick ist es, sich zu zwingen, jede Aufgabe so durchzuführen, als würden Sie es zum ersten Mal tun. Seien Sie neugierig, konzentrieren Sie sich auf jeden Schritt, und achten Sie darauf, dass Sie es so gut machen, wie Sie können. Es ist wichtig, dass Sie Ihre Aufgaben perfekt erledigen, noch wichtiger ist aber, dass Sie sie voll und ganz erfahren. Die erste E-Mail, die Sie an Ihrem ersten Arbeitstag verschickt haben, hat viel Aufmerksamkeit und Konzentration erfordert. Sie haben gelesen, was Sie bekommen hatten, und es noch einmal gelesen. Dann haben Sie eine Antwort geschrieben, sie gespeichert, ein bisschen gewartet, sie noch mal durchgelesen, korrigiert, erneut gelesen, dann einen Freund gefragt, ob das so in Ordnung ist, und schließlich, als Sie sie für perfekt hielten, haben Sie sie abgeschickt. Warum das nicht immer so machen? Wenn Sie kochen, lesen Sie noch mal das Rezept durch, schmecken Sie das Gericht ab, passen Sie die Gewürze an. Wenn Sie ein Videospiel machen, stellen Sie sich vor, es wäre das erste Mal, dass Sie einen Joystick in der Hand haben. Bestaunen Sie die Grafik, und erforschen Sie jeden Bereich des Spiels. Erinnern Sie sich noch an Ihren ersten Kuss? (Muss ich das überhaupt fragen?) Warum nicht jeden Kuss zum ersten Kuss machen? Wenn Sie wirklich aufmerksam sein wollen, tun Sie alles, als wäre es das erste Mal, das beste Mal.

Körper-Scan

Jede Empfindung in Ihrem Körper wahrzunehmen ist ein bewusster Akt der Beobachtung, der Sie als Form der Meditation ganz in sich selbst eintauchen lässt. Richten Sie Ihre Aufmerksamkeit auf jeden Zentimeter Ihres Körpers, vom Kopf bis zu den Zehen. Stimmen Sie sich darauf ein, und nehmen Sie wahr, wie Sie sich fühlen. Wenn Sie Anspannung spüren, seien Sie nett zu sich selbst. Dehnen oder massieren Sie den schmerzenden Bereich sanft. Hören Sie zu, was Ihr Körper sagt, statt ihn zu ignorieren oder ihn mit Medikamenten zum Schweigen zu bringen. (Weiter unten in diesem Kapitel gebe ich dazu noch eine Achtsamkeitsübung.)

Den Sturm erleben

Es ist schwerer, sich mit Ihren Emotionen zu verbinden als mit Ihren körperlichen Empfindungen. Dafür ist der schwarze Gürtel der Achtsamkeit nötig. Herauszufinden, wie Sie sich fühlen, es anzuerkennen, sich dazuzusetzen und es schließlich anzunehmen erfordert bewusste Absicht und Introspektion. Auch das ist eine Form der Meditation. Sehen Sie sich noch mal die Achtsamkeitsübung »Den Sturm erleben« an, die wir weiter oben besprochen haben (S. 251), und machen Sie sie zu einem Teil Ihres Tagesablaufs, sogar mehrmals täglich.

Menschliche Bindung

Das ist meine absolute Lieblingsform der Aufmerksamkeit – mich mit Ihnen und allen Menschen zu verbinden, die mir begegnen. Versuchen Sie, Menschen in die Augen zu sehen und aufmerksam zuzuhören. Legen Sie Ihr Handy weg, und lassen Sie sich völlig auf die Energie zwischen Ihnen ein. Beurteilen Sie nicht, was Ihr Gegenüber sagt. Gestatten Sie sich nicht über sein Aussehen zu urteilen. Setzen Sie nicht voraus, was er fühlt, und erfinden Sie keine Geschichten darüber, wer er ist oder wie er zu dem geworden ist, was er ist. Stellen Sie Fragen. Dann seien Sie ruhig und hören Sie zu. Zuhören, wenn unser Gehirn erst mal mit dem Geplapper aufgehört hat, ist eine viel größere Freude als Reden. Nichts macht mehr Spaß, als in einem Gespräch total präsent zu sein. Nichts ist menschlicher, als einem anderen Menschen einen sicheren Ort zu geben, um sich mitzuteilen. Indem Sie sich vollständig in die Welt eines anderen hineinziehen lassen, leben Sie zweimal. Sie lernen zweimal. Ich bin süchtig nach menschlichen Verbindungen; das werden Sie merken, falls wir uns mal begegnen (was wir hoffentlich tun werden). Sie geben mir das Gefühl, lebendig zu sein.

Beachten Sie aber bitte, dass die Verbindung mit der negativen Energie eines anderen Menschen problematisch sein kann. Wenn das Gespräch darauf abzielt, die Realität objektiv einzuschätzen, wird es zu einer Art des Erlebens der Welt für zwei. Aber wenn es im Gespräch nur ums Klagen und Jammern geht, zieht es Sie beide mit doppelter Gewalt nach unten.

Dies sind einige der Spiele, die ich mit meinem Gehirn spielen kann. Nutzen Sie sie, wenn Sie mögen, oder entwickeln Sie eigene. Suchen Sie sich einfach Wege, um Ihr Gehirn im Laufe Ihres Tages in einen Zustand vollständiger Präsenz und intensiver Aufmerksamkeit zu versetzen. Die moderne Welt lehrt uns, dass Produktivität und Effizienz etwas damit zu tun haben, in der materiellen Welt Ergebnisse zu liefern. Die Gehirnspiele, die Sie spielen müssen, um Ihre bewusste Aufmerksamkeit zu aktivieren, haben häufig überhaupt keinen materiellen Nutzen – und das ist auch gut so. Den Wert, den Sie aus dem Erfahrungsdenken beziehen, empfinden Sie hauptsächlich in Ihrem Inneren. Er beruhigt Sie – und hilft Ihnen dadurch, bessere Entscheidungen zu treffen. Er macht Sie achtsamer und kundiger – und dadurch klüger. Und durch die Wirkung der Neuroplastizität im Laufe der Zeit macht die von Ihnen praktizierte bewusste Achtsamkeit Ihr Gehirn standardmäßig gelassener, dadurch gibt es weniger, das Sie bedrückt oder ärgert. Auf lange Sicht helfen diese Veränderungen an Ihrem Gehirn Ihnen, auf dem Höhepunkt Ihres Glücks Erfolg zu erzielen.

Alle Spiele zusammengenommen habe ich es jahrelang geschafft, täglich drei oder vier Stunden bewusster Achtsamkeit hinzuzufügen. Das fühlte sich nicht an wie Meditation und ganz sicher nicht wie harte Arbeit. Es machte einfach Spaß, und die Wirkung auf mich war unbestreitbar. Sie können das auch. Es wird Ihr Leben verändern. Erfahren Sie Ihr Leben an jeder Minute des Tages.

Alle oben genannten Gehirnspiele (außer Mo-Zeit) waren, wie Sie vielleicht bemerkt haben, auf die Beobachtung der äußeren Welt ausgerichtet. Es gibt noch eine ganze Welt innerhalb von uns allen, die erforscht und erfahren werden will. Hier kommen ein paar Übungen, die Ihre Aufmerksamkeit und Ihr Erleben nach innen richten.

Dies ist eine wohlbekannte Meditationstechnik, die eingesetzt wird, um Ihren Geist zur Ruhe zu bringen, indem Sie sich auf einen bestimmten Bereich Ihres Körpers konzentrieren und das Leben darin spüren.

Achtsamkeitsübung:
Körper-Scan

Ziel:	sich Ihres Körpers bewusst zu werden
Dauer:	15 Minuten
Wiederholung:	täglich
Sie brauchen:	einen ruhigen Ort, bewusste Aufmerksamkeit

Ich werde sie hier einsetzen, um Ihnen zu helfen, Ihren Körper zu scannen, wie ein Techniker eine fehlerhafte Maschine scannt, Zentimeter für Zentimeter, bis Sie sich sämtlicher Schmerzen, Schwächen, Unregelmäßigkeiten oder Dysfunktionen bewusst sind.

Suchen Sie sich einen ruhigen Ort, und sorgen Sie dafür, dass Sie in den nächsten mindestens 10 bis 15 Minuten nicht gestört werden. Setzen Sie sich bequem aufrecht hin. Stellen Sie die Füße auf den Boden, und bringen Sie die Hände in eine Position, bei der Ihre Arme sich entspannt anfühlen.

Beginnen Sie nun, jeden Bereich Ihres Körpers und alle Ihre Organe zu scannen, angefangen beim Kopf bis hinunter zu den Füßen.

Probieren wir das mal: Lenken Sie Ihre Aufmerksamkeit auf Ihren Kopf. Fühlen Sie irgendeinen Kopfschmerz? Können Sie festmachen, wo genau er sitzt?

Sie müssen mit Ihren Erkenntnissen weiter nichts tun. Nehmen Sie sie einfach zur Kenntnis, und machen Sie weiter. Lenken Sie Ihre Aufmerksamkeit jetzt auf Ihre Stirn. Spüren Sie irgendeine Spannung?

Ihre Augen. Ihre Wangenknochen. Ihre Nase. Irgendein Unbehagen? Irgendwelche abnormalen Empfindungen? Was ist mit den Nebenhöhlen, den Ohren? Irgendwelche Schmerzen?

Konzentrieren wir uns auf Ihre Kehle, wie fühlt sich das an?

Ihre Zähne. Knirschen Sie? Spüren Sie sie in Ihrem Mund?

Machen Sie weiter. Wie fühlt sich Ihr Magen an? Gab es in letzter Zeit Beschwerden? Irgendwelche anderen Unterleibsschmerzen? Völlegefühl? Unwohlsein?

Vergessen wir nicht die Lunge. Alles gut? Atmen Sie tief genug? Probieren Sie es aus: atmen Sie sehr tief ein, so tief Sie können und noch ein bisschen mehr. Fühlt sich das anders an als normal?

Was ist mit Ihrem Hals? Ein bisschen Spannung muss dort sein. Drehen Sie den Kopf nach links und nach rechts, fühlt sich das immer noch gut an? Beugen Sie den Kopf nach vorne, nach hinten und zur Seite. Alles gut?

Schultern – okay? Rücken – entspannt?

Was ist mit den Beinen? Den Füßen? Sind sie müde?

Gut.

Nun, da Sie sich eine erste Runde vollständiger Aufmerksamkeit für Ihren Körper gegönnt haben, nehmen Sie einen weiteren Scan vor. Gehen Sie gleich noch mal alles durch. Versuchen Sie, alles zu spüren, was Sie zuvor bemerkt haben. Stellen Sie einfach sicher, dass das alles ist und nichts fehlt.

Jetzt, wo Sie wissen, wie es geht, machen Sie es zur täglichen Routine. Machen Sie es, wo immer Sie sind – im Café, im Klassenzimmer oder im Bett vor dem Einschlafen. Praktizieren Sie einmal täglich Erfahrungsdenken, indem Sie sich völlig mit Ihrem Körper verbinden.

Unser Körper spricht die ganze Zeit mit uns, aber nur wenige hören ihm zu. Er sagt uns all die Dinge, die er braucht, und nennt oft auch die Mittel, um seine Schmerzen zu lindern. Wenn wir zuhören, können wir vieles beheben.

Praxisübung: Selbstheilung

Ziel:	lernen, Ihrem Körper zu geben, was er braucht
Dauer:	30 Minuten
Wiederholung:	nach Bedarf
Sie brauchen:	einen ruhigen Ort, Papier und Stift

Okay, lassen wir uns nicht hinreißen. Was ich Ihnen jetzt beibringe, ist keine Magie und keine medizinische Ausbildung. Sie müssen kein Heiler sein, um den Großteil der Schmerzen und Beschwerden Ihres Körpers zu beheben. Sie brauchen bloß ein bisschen Zeit, Selbstliebe und Fürsorge.

Fangen Sie mit einem kompletten Körper-Scan an, wie wir ihn oben gemacht haben. Nur dass Sie diesmal nicht innehalten, wenn

Sie einen Schmerz finden. Stattdessen werden wir versuchen, ihn zu heilen.

Richten Sie Ihre Aufmerksamkeit auf jeden Schmerz, jedes Unwohlsein, das Sie finden, eins nach dem anderen. Wenn Sie sich darauf ausgerichtet haben, fragen Sie Ihren Körper, was er will, um sich besser zu fühlen. Sobald Sie die Antwort haben, tun Sie es. Der Trick dabei ist, auf Ihren Körper zu hören, nicht auf Ihren Kopf. Ihr Kopf ist darauf programmiert zu glauben, dass Sie nur durch die Techniken geheilt werden können, die Ihnen von der modernen Welt vorgestellt wurden – Tabletten, Salben und Operationen –, in erster Linie Dinge, die Geld kosten. In Wirklichkeit braucht Ihr Körper nicht viel von diesem Sch[zensiert]. Tatsächlich kann er infolge dieser Interventionen der modernen Welt noch gestresster und müder werden. Häufig heilen ein paar übliche Mittel – Massieren des schmerzenden Bereichs, Dehnen, Warmhalten, Schonen – viele Beschwerden. Aber wir wollen keinerlei Lösungen vorwegnehmen und auch nicht darüber nachdenken, welche wir anwenden. Wir wollen, dass Sie zu spüren lernen.

Versuchen Sie, die Kunst des Zuhörens (Ihrem Körper) zu beherrschen. Er weiß meistens, was er braucht.

Sie können gern in beliebiger Reihenfolge zwischen den verschiedenen Problemen hin und her springen, wenn Ihnen danach ist. Ihr Körper wird Ihnen sagen, wo Sie suchen müssen. Das ist wie beim Reparieren einer komplexen Maschine. Lösen Sie hier eine Schraube, entfernen Sie dort eine Abdeckung, dann gucken Sie untendrunter und legen einen Schalter um, ehe er wieder herausspringt und einen Hebel bewegt. Machen Sie weiter, bis Sie sich spürbar besser fühlen. Machen Sie das täglich. Es tut Ihnen gut.

So einfach Ihnen dieses Kapitel vorgekommen sein mag, das Leben zu erfahren ist von äußerster Wichtigkeit für Ihr Glück. Es erfordert

Engagement und Übung, sich vom Hamsterrad des modernen Lebens zu verabschieden und sich das vollständige Erleben jedes Augenblicks zu gestatten. Machen Sie es zu Ihrer Priorität. Erleben Sie die wirkliche Welt. Ihr Leben wird glücklicher sein.

Erfahrungsdenken ist jedoch nur eine der vier Formen nützlicher Gedanken. Machen wir weiter und besprechen die anderen drei. Es ist an der Zeit, ein paar Probleme zu lösen.

Kapitel 11

Der Techniker in Ihnen

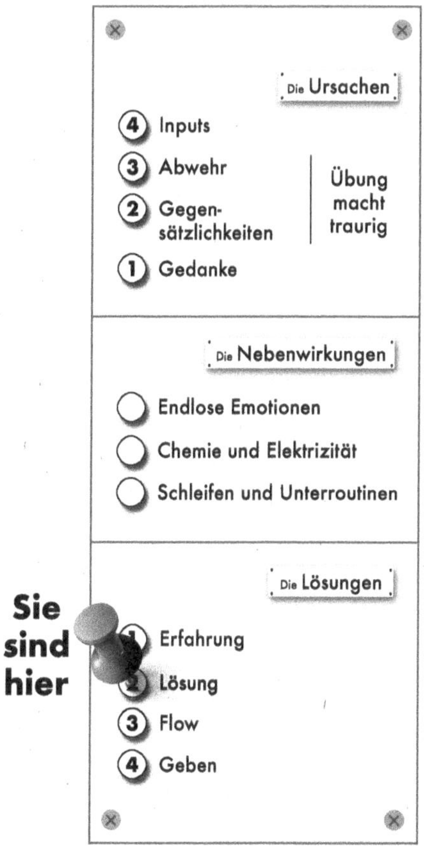

Weil Meditation eine so positive Wirkung auf das Wohlbefinden hat und weil wir während der Meditation unseren Geist zur Ruhe zu bringen versuchen, scheint es ein verbreitetes Missverständnis zu geben. Manche glauben, dass Denken etwas Schlechtes ist, dass wir meditieren, um das Gehirn zu beruhigen, weil Denken uns unglücklich macht. Nichts könnte weiter von der Wahrheit entfernt sein!

Denken ist nichts grundsätzlich Gutes oder Schlechtes. Es ist wie alles im Leben … **gute Gedanken sind gut für Sie und schlechte sind schlecht.**

Wenn Sie etwas Positives denken, das Sie glücklich und die Welt besser macht, dann denken Sie. Lassen Sie sich nicht bremsen. Je besser, umso fröhlicher. Es gibt keinen Grund, Ihr Gehirn dichtzumachen, um Frieden zu finden. Frieden können Sie ebenso gut finden, wenn Ihr Geist aktiv ist. Wir müssen lediglich die nutzlosen negativen Gedanken aufhalten und die positiven, produktiven nach vorne bringen. Positive Gedanken arbeiten doppelt für uns. Sie machen uns friedlich und ruhig und gleichzeitig erfolgreich, klüger und leistungsstärker. Kurz gesagt, sie machen unser Leben besser. Was will man mehr?

Bei echter Meditation geht es nicht ums Abheben. Es geht nicht ums Chillen und Entspannen. Es geht darum, die Wahrheit zu erreichen. Der erste Teil dieser Reise ist als geistige Übung bekannt, er bringt dem abgelenkten Geist bei, das Werkzeug zu beherrschen, das er für die Introspektion benötigt. Das Herzstück dieser Übung ist jedoch die analytische Meditation – die diesen ruhigeren Geist nutzt, um sich zu konzentrieren und über die Wahrheit nachzusinnen. Das ist das Ziel des Weges – Konzepte zu erfassen wie die Beschaffenheit der Realität, die Beschaffenheit des Selbst und die Beschaffenheit des Leidens. Es braucht jahrelange eiserne Übung, ehe solche Konzepte endlich an Klarheit gewinnen. Der Geist beginnt, sich in der Klarheit niederzulassen, das Handeln der körperlichen Form folgt nach, und das Nirwana ist erreicht.

Sehen Sie? Das Nirwana ist nicht als ruhender Geist definiert, der nicht denkt. **Das Nirwana bedeutet, erwacht zu sein und erkannt zu haben.** Es ist ein Geist, der die Wahrheit erreicht durch eine Reise der disziplinierten Analyse, der Reflektion und Introspektion. Wie kann man denn erwarten, Erkenntnis zu erlangen, wenn man seine Zielsetzung auf ein stilles Gehirn beschränkt?

Das Denken zu beenden ist das falsche Ziel.

Sehr wichtig!

Nützliche, positive Gedanken zu denken ist das Ziel, das wir anstreben sollten..

Wenn Sie Ihr Gehirn anweisen, korrekt zu denken, gehen Sie über das einfache Beruhigen der Bestie zum Zweck ihrer Zähmung hinaus. Sie verwandeln es dadurch von Ihrem schlimmsten Feind zu Ihrem besten Verbündeten – Ihrer Intelligenz, die Ihnen das Rätsel zu lösen und Dinge zu erkennen hilft.

Nach seiner hauptsächlichen Bestimmung – Sie am Leben zu erhalten – ist die zweitwichtigste Funktion des menschlichen Gehirns …

Problemlösung

Wenn Sie Probleme lösen, feuern Neuronen überall in Ihrem Kopf. Die wesentliche Arbeit bei der Problemlösung findet zwar im präfrontalen Stirnlappen statt, aber um ein Problem zu lösen, brauchen Sie auch Sprache und Verständnis, Sie müssen die Informationen von Ihren Sinnesorganen integrieren, von Ihrem Gedächtnis und von Ihren Emotionen. Oft müssen Sie motorische Fähigkeiten einsetzen, vielleicht um sich Notizen zu machen oder sich und andere Gegenstände zu bewegen. Wenn Problemlösung ansteht, heißt es: »Alle Mann – oder in diesem Fall alle Neuronen – an Deck.«

Die Problemlösung ist vielleicht die schönste Darstellung der Fähigkeiten unseres Gehirns. Indem es all diese unterschiedlichen Funktionen koordiniert, liefert es etwas, das auch heute noch vom Gehirn als einziger Maschine oder lebendem Organismus geliefert werden kann: die Lösung eines neuartigen und komplexen Problems.

Die Grundfunktion unseres Gehirns ist zwar das Überleben, doch seine höchste Funktion kann mit einem Wort zusammengefasst werden …

Intelligenz

Eine weitere Schieflage der modernen Welt ist die Tendenz, eine Form der Intelligenz zu verherrlichen – die analytische Intelligenz oder den IQ –, im Gegensatz zu den vielen anderen Formen, über die wir verfügen. Der IQ ist die Art von Intelligenz, die zur Durchführung von Aufgaben und zum Erbringen von Ergebnissen notwendig ist. Er lässt uns besser arbeiten und Erfolg haben, aber er führt nicht immer zu Glück.

In jüngster Vergangenheit haben Neurowissenschaftler Bereiche des Frontallappens im Stirnbereich als Zentrum der Selbstkontrolle ausgemacht.

Dort finden Führungsfunktionen statt, zum Beispiel Disziplin bei der Durchführung einer Aufgabe oder die Fähigkeit zum Planen. Wenn Sie sich auf eine Aufgabe konzentrieren oder Ablenkungen zu ignorieren versuchen, wird dieser Teil Ihres Gehirns besonders aktiv. Der Grad, in dem eine Person dies nutzen kann, gibt Aufschluss über viele wichtige Fähigkeiten, zum Beispiel wie wahrscheinlich es ist, dass sie gesellschaftlichen Regeln folgt, Verlockungen widersteht, zu Abhängigkeiten neigt oder Verhaltensweisen vermeidet, die zum Unglücklichsein führen. Er sagt auch etwas aus über die Willenskraft, mit der ich dem Drang widerstehe, diesen Karottenkuchen zu essen, den ich im Café direkt vor mir sehe, während ich eine Low-Carb-Diät mache. Solche Fähigkeiten sind sehr nützlich, wenn der »Handeln«-Teil des zuvor besprochenen Modells Sein-Lernen-Handeln benötigt wird.

Menschen mit einem höheren IQ neigen dazu, kurzfristige Gewinne zugunsten längerfristiger Ziele unberücksichtigt zu lassen. Sie können ihre Impulse besser priorisieren, um alle Arten von Erfolg zu erzielen, darunter auch ihr Glück. Also, ja, der IQ spielt eine Rolle, aber er ist nicht die einzige Form der Intelligenz, die Sie brauchen, um das Glück zu finden. Nicht mal annähernd.

Nehmen Sie zum Beispiel die emotionale Intelligenz, den EQ. Studien zeigen, dass Menschen mit einem hohen EQ in vielen Bereichen brillieren, die zum Glück führen, zum Beispiel Offenheit für neue Erfahrungen, Verträglichkeit (was ihre Beliebtheit und die hohe Qualität ihrer Beziehungen begründet), die Fähigkeit, andere bei der Arbeit auf ihre Seite zu bringen (daher ihr Erfolg), weniger Drogenkonsum, Aggressivität und psychiatrische Symptome im Allgemeinen.

Peter Salovey und John Mayer, die Entwickler der Idee des EQ, betrachten diese Art der Intelligenz als eine Zusammensetzung aus vier Hauptkomponenten: die Fähigkeit, Emotionen zu identifizieren, die Assimilation von Emotionen in Gedanken, das Verstehen von Emotionen und der Umgang mit Emotionen.[30] Diese vier Komponenten entsprechen grob dem Modell, das wir in Kapitel 5 besprochen haben.

Das Bewusstsein für Ihre Emotionen, das Erkennen der Gedanken, die sie ausgelöst haben, ihre Akzeptanz und dann die Entscheidung, mit ihnen zu leben, sind alle Teil des EQ, der für das Beherrschen der Kategorie »Sein« des Modells Sein-Lernen-Handeln zuständig ist.

Und dann gibt es noch die praktische Intelligenz.

In seinem Buch *Erfolgsintelligenz* nimmt der preisgekrönte Professor Robert J. Sternberg eine Unterscheidung vor zwischen analytischer Intelligenz – der Art von Intelligenz, die durch IQ-Tests gemessen wird – und praktischer Intelligenz, der Art von Intelligenz, die man in der realen Welt anwendet, um für das eigene Leben relevante Probleme zu lösen. Praktische Intelligenz ist wesentlich umfassender und schließt mehr mit ein.[31]

Die Beziehung zwischen Intelligenz und Glück ist jedoch nicht immer geradlinig. Häufig sind jene, die viel nachdenken, allgemein unglücklicher. Sie neigen zum Analysieren und dazu, allzu oft bei Kleinigkeiten zu verweilen, auf die es eigentlich nicht ankommt. Den Nationen wird im Allgemeinen beigebracht, analytisches und kritisches Denken zu verherrlichen. In diesem Prozess suchen sie ständig danach, was mit dem Leben nicht in Ordnung ist. Wenn sie suchen, finden sie auch etwas, und das macht sie unglücklich. Sie stellen den Anspruch, dass das Leben nach ihren Maßstäben perfekt sein soll. Aber das Leben bleibt immer hinter den Erwartungen zurück, und das macht sie unglücklich. Beinahe scheint ein Überfluss an Intelligenz ein Fluch zu sein, der uns leiden lässt. Vielleicht ein Fluch, der unsere Lebensweise stärker definiert, als er sollte.

In diesem Kapitel werde ich Intelligenz auf die Herausforderung anwenden, unsere Gehirne zuverlässig zu nutzen, um Glück zu finden. Ich nehme an, Sie sind mit mir einer Meinung, dass dieses Problem zu lösen sich lohnt.

Ich will versuchen, meinen Ansatz in möglichst einfacher Form zusammenzufassen. Wenn Sie ihn erst einmal verstanden haben, können Sie es ausweiten, um es auf Ihre eigenen Intelligenzmodelle anzuwenden.

Um ihm einen Namen zu geben, nennen wir dieses Modell …

Das Glücks-Ablaufdiagramm

Wenn wir Programme geschrieben haben, um einem Computer beizubringen, ein bestimmtes Problem immer wieder auf akkurate und vorhersagbare Weise zu lösen, begannen wir immer mit einem Ablaufdiagramm, das die dahinterstehende Logik zusammenfasste. Inzwischen haben Sie sicherlich erkannt, wie ähnlich unser Gehirn den Computern ist, die wir gebaut haben. Also könnte ein Ablaufdiagramm für Glück unser Gehirn vielleicht darauf programmieren, alle potenziellen Gründe für Unglück systematisch anzusteuern. Wenn der Code installiert ist, soll er wiederholt ablaufen, genau wie bei Software.

Ein weiteres Thema, das ich mit Matthieu Ricard bei Slo Mo besprach, war das Unglück. Ich fragte ihn: »Sind Sie als der glücklichste Mann der Welt eigentlich immer glücklich?« Er lachte laut und erwiderte mit seinem reizenden französischen Akzent: »Wovon reden Sie, Mo? Die meiste Zeit bin ich angepisst.« Sie sehen also, selbst die fortgeschrittensten Glückspraktiker fühlen sich gelegentlich unglücklich. Unglücklichsein ist ein Überlebensmechanismus. Er wird gebraucht, damit wir den Kurs korrigieren können. Niemand ist immer glücklich. Der Trick besteht darin, die Zeit, in der Sie leiden, zu minimieren, sodass Sie schnellstmöglich wieder in einen Zustand des Glücklichseins zurückgelangen.

Wenn ich meine selbst auferlegte Mission erfüllen und Ihnen und anderen vom Glück erzählen will, muss ich zum Olympiameister in diesem Sport werden. Ich nehme mein Glück sehr ernst, aber ich versuche trotzdem nicht, Unglücklichsein zu vermeiden. Vielmehr messe ich, wie schnell ich zum Glück zurückkehre, wenn etwas mich unglücklich macht. Ob Sie es glauben oder nicht, wenn mich das Unglück überkommt, springe ich binnen Sekunden zum Glücklichsein zurück. Mit Ausnahme von drei Malen, bei denen ich ein paar Stunden lang unglücklich blieb, lag meine durchschnittliche Rückkehrzeit im Jahr 2020 exakt bei sieben Sekunden.

Das können Sie auch schaffen.

Das Geheimnis ist eine systematische Form der Problemlösung. Ich habe sie im Glücks-Ablaufdiagramm zusammengefasst. Schauen wir uns mal an, wie das funktioniert.

Erst sein, dann handeln

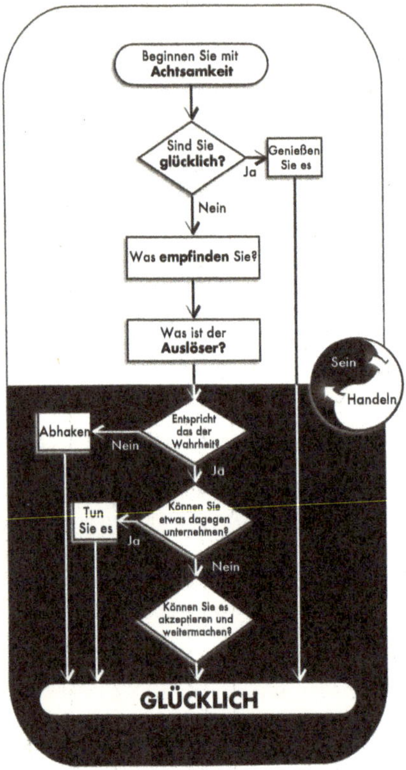

Wie bei allem anderen brauchen wir beim Glücklichsein ein bisschen Sein, ehe wir anfangen zu handeln. Die Schritte des »Sein«-Teils dieses Ablaufdiagramms haben wir bereits kennengelernt, als es um Ihre rechte Gehirnhemisphäre ging. Wenn Sie diese Schritte durchlaufen, wird kein Ergebnis erzielt. Sie helfen Ihnen einfach nur zu sein. Das Sein ist eine Anerkennung der Wahrheit, die wir brauchen, um das zu tun, was für uns das Beste ist. Erst wenn wir diesen Zustand des Seins erreichen, beginnt das eigentliche »Handeln«.

Beim Handeln-Teil des Ablaufdiagramms geht es hauptsächlich darum, unsere Intelligenz auf die Problemlösung anzuwenden. Er soll die Fehler beheben, die unser Gehirn erzeugt, wenn es in diesem Überlebensmechanismus namens Unglück gefangen ist. Dieser Teil hilft Ihnen, die Fehler zu beheben und umzukehren, indem Sie jedes einzelne Mal exakt dieselben Schritte ausführen – wie ein Softwareprogramm.

Unter dem Einfluss der Geschwindigkeit und der Werte der modernen Welt schaffen die meisten von uns es nicht, einen oder beide Zustände des Seins und des Handelns voll auszuleben. Wir scheitern fast alle an der richtigen Balance zwischen den beiden. In diesem Ablaufdiagramm geht es um Ausgewogenheit. Wenn Sie den einen Teil vervollständigen, den anderen aber nicht, legen Sie die Weichen für eine große Enttäuschung und lang anhaltendes Leiden.

Es wird Sie freuen zu hören, dass der erste Teil – der Sein-Teil – sich ganz damit beschäftigt, Ihnen beizubringen, wie Sie sich fühlen, und Ihre Emotionen voll anzunehmen, was bereits detailliert erläutert wurde.

Der Sein-Teil des Ablaufdiagramms besteht aus drei Fragen:

Frage 1: Sind Sie glücklich?

Frage 2: Was empfinden Sie?

Frage 3: Was ist der Auslöser?

Wir beginnen mit einer einfachen Frage, die ständig in Ihrem Kopf abgespielt werden sollte: *Sind Sie glücklich?*

Bitte legen Sie das Buch weg, und nehmen Sie sich eine Minute Zeit, um sich jetzt diese Frage zu stellen. **Sind Sie glücklich?**

Wenn ja, ist das Ziel erreicht. Genießen Sie Ihr Glück in vollen Zügen.

Lautet Ihre Antwort jedoch *Nein,* dann müssen Sie sich vorrangig um die Beantwortung der zweiten Frage bemühen und dies genau herausfinden: *Was empfinden Sie?*

Die Suche nach der Antwort ist ein heikler Prozess. Sie werden sich eingestehen müssen, wie Sie sich fühlen, und es aushalten. Dann müssen Sie vielleicht den Sturm erleben und sich fragen, welche anderen Emotionen da noch unentdeckt in Ihnen sind. Wir haben diese Fähigkeiten im Vorfeld geübt. Es ist alles eine Frage des Seins; eine Frage dessen, **sich für Ihre eigenen Emotionen zu öff-**

nen, damit Sie erkennen, wenn es etwas zu fühlen gibt, ehe Sie über die Notwendigkeit des Handelns nachdenken.

Wir haben diese Schritte bereits in Kapitel 7 geübt, deshalb werde ich sie jetzt nicht wiederholen. Es ist wirklich keine Raketenwissenschaft. Ich fordere Sie nur auf, sich mit Ihren Emotionen zu verbinden. Wenn Sie das tun, nehmen Sie sie vollständig an, und dann gehen wir weiter zur dritten Frage:

Was ist der Auslöser?

Jede Emotion, die Sie je hatten, wurde durch einen Gedanken ausgelöst. Frage 3 hilft Ihnen, den genauen Gedanken zu finden, was es viel wahrscheinlicher macht, dass Sie das *wahre* Problem beheben.

Das erscheint einfach, aber es ist eine Herausforderung damit verbunden.

Wenn wir unseren Sturm der Emotionen erleben, schießen uns Gedanken wild durch den Kopf. Ein Gedanke löst eine Emotion aus, die dann mehrere Gedanken auslöst, während unser Gehirn die Situation aus allen Blickwinkeln zu analysieren versucht. In diesem Prozess mischt sich unsere Wahrnehmung der Ereignisse mit unseren Emotionen, Annahmen, Unsicherheiten und Interpretationen der Situation. Nehmen wir zum Beispiel an, Ihr Date von gestern Abend hat Sie nach dem wunderbaren Abendessen weder angerufen noch Ihnen geschrieben. Es könnte viele Gründe dafür geben – sie ist beschäftigt, sie hat ihr Handy verloren, oder vielleicht nimmt sie sich Zeit, darüber nachzudenken, was sie sagen will. Als Gedanke würde nichts davon Sie unglücklich machen. Der *Gedanke*, der Ihr Unglück auslöst, würde jedoch ungefähr so lauten: *Ich werde nie jemanden finden. Ich werde mein ganzes Leben lang allein bleiben.*

Das Ereignis war, dass sie sich nicht gemeldet hat. Der Gedanke? *Ich werde mein ganzes Leben lang allein bleiben.* Ganz was anderes!

Suchen Sie diesen Gedanken. Wenn wir ein Problem lösen wollen, müssen wir zuerst wissen, worin es besteht. Sie sind unglücklich, weil Sie glauben, Sie würden Ihr Leben lang allein bleiben. Das ist eine ernsthafte Behauptung. Sie würde jeden unglücklich machen. Daran müssen wir arbeiten.

Den Gedanken zu finden, der unser Unglück auslöst, ist allerdings knifflig, denn ... ich werde hier eine kühne Behauptung aufstellen ... Ihr Gehirn hat Ihnen noch nie, niemals in Ihrem gesamten Leben, die Wahrheit gesagt. Niemals! Nicht ein einziges Mal!

Verstehen Sie mich nicht falsch. Ihr Gehirn ist nicht bösartig. Es ist Ihr engster Verbündeter. Es will immer Ihr Bestes – was es für Ihr Bestes hält. Es kennt bloß die Wahrheit nicht.

Das Leben wirft Ihnen in jeder Sekunde jedes Tages eine endlose Menge an Informationen und Reizen zu. Es gibt so viel zu verstehen und zu begreifen – zu viel, um es vollständig zu erfassen. Wie ein aufrichtiger Zeuge beschreibt Ihr Gehirn die Szenen, so gut es kann. Es kann Ihnen nur sagen, was seiner Meinung nach passiert ist. Es gibt wirklich keine Möglichkeit, die Richtigkeit dieser Gedanken mit Gewissheit zu verifizieren. Fordern Sie Ihr Gehirn zum Beispiel auf, den Raum genau zu beschreiben, in dem Sie sich befinden. Diese sehr einfache Frage würde die Verarbeitung von Millionen von Datenpunkten erfordern: die Position, die Farbe, der Geruch und die Beschaffenheit jedes kleinen Punktes im Sie umgebenden Raum, einschließlich eines Stuhls in der Ecke, jeder Buchstabe auf dieser Seite, die Elektronen, die den Strom in den Kabeln bilden, und diese winzige Fliege, die gerade auf Ihrem Nacken landet. Dieses eine einfache Ereignis, was Sie gerade umgibt, ist fast unmöglich vollständig zu erfassen, und deshalb liefert unser Gehirn die bestmögliche Annäherung, zu der es in der Lage ist. Sie wissen, was das bedeutet?

Sehr wichtig!

Ihr Gehirn sagt Ihnen niemals, was passiert ist, es sagt Ihnen, was seiner Ansicht nach passiert ist.

Bloß eine weitere Geschichte

Wenn Ihr Freund aus irgendeinem Grund mal ein bisschen schroff zu Ihnen ist, lässt sich das Ereignis in seiner reinsten Form zusammenfassen als: *Mein Freund hat schroff mit mir gesprochen.*

Ein solches Ereignis könnte Ihre Stimmung zu unglücklich umschlagen lassen. Die Gedanken, die Ihnen durch den Kopf gehen und Emotionen auslösen, sind jedoch vielleicht nicht so faktenorientiert und trocken wie die obige Beschreibung. Sie können alles einschließen von *Er mag mich nicht mehr; er will mich nicht in seinem Leben haben, weil seine neue Freundin ihn ganz für sich haben will; er wird von nun an immer so schroff zu mir sein, wenn ich ihm das durchgehen lasse* bis hin zu *Er ist immer gemein zu mir* (wobei Sie vergessen, dass er meistens freundlich und höflich ist).

So dramatisch diese Gedanken sein mögen, haben Sie tatsächlich bemerkt, dass einer davon überhaupt Teil des Ereignisses war? Konnten Sie in den Kopf Ihres Freundes hineinsehen und entdecken, dass er Sie nicht mehr mag? Oder haben Sie selbst diese Annahme getroffen? Haben Sie ein Gespräch zwischen ihm und seiner neuen Freundin gehört, in dem er angewiesen wurde, sich von Ihnen fernzuhalten? Oder war das eine Geschichte, die Sie sich ausgedacht haben? Haben Sie eine Zeitmaschine, mit der Sie in die Zukunft reisen können, um zu wissen, wie sein Verhalten sich weiterentwickelt? Oder war das eine unbegründete Vorhersage, die Ihr Gehirn einfach von sich aus getroffen hat? War er immer schon schroff? Oder ist das eine Übertreibung Ihrerseits?

Wenn Sie keinen Beweis in Form irgendeiner tatsächlichen Beobachtung haben, um die Behauptung Ihres Verstandes zu validieren, ist es nichts weiter als eine Geschichte!

Sobald Sie diese Geschichte gefunden haben, den Gedanken, der Ihr Unglücklichsein ausgelöst hat, heißt es schachmatt! Sie haben gewonnen. In nur drei weiteren Schritten können Sie fast garantiert zum Glück zurückkehren. Sobald Sie den Auslöser kennen, drängen Sie Ihr Gehirn auf einen Weg, der letztlich zu Ihrem Glück führt. Ihr Gehirn hat immer eine Rechtfertigung dafür, Sie unglücklich zu machen. *Ich bin unglücklich, weil meine beste Freundin mir den Freund wegschnappen will.* Sobald Ihr Gehirn diesen Gedanken – den Auslöser – zugibt, sind Sie dran mit dem nächsten Zug auf dem Schachbrett.

BAM, Sie stellen die Frage – *stimmt das, Gehirn?* Schachmatt, Sie gewinnen.

Ich will Sie auf diesen Weg führen. Wir müssen jetzt zum Handeln-Teil des Glücks-Ablaufdiagramms gehen. Dort setzen wir unsere **Intelligenz, Einsicht, Problemlösungsfähigkeiten** und **Handlungen** ein, um unser Unglück zu überwinden.

Der Handeln-Teil des Ablaufdiagramms besteht ebenfalls aus drei Fragen:

Frage 4: Entspricht das der Wahrheit?

Frage 5: Können Sie etwas dagegen unternehmen?

Frage 6: Können Sie es akzeptieren und weitermachen?

Wenn Sie schon eine ganze Zeit lesen, schlage ich vor, dass Sie mal aufstehen und sich strecken.

Für diesen nächsten Lesesprint sollten Sie frisch und ausgeruht sein.

Frage 4, die erste im Handeln-Teil unseres Ablaufdiagramms, ist vermutlich die zweitwichtigste Frage, die Sie je stellen werden …

Entspricht das der Wahrheit?

Es mag schwer zu glauben sein, aber vieles von meiner Vorgehensweise in Sachen Glücklichsein habe ich durch meine Arbeit als Softwareentwickler gelernt. Wer schon mal ein Programm geschrieben hat, der weiß, dass es nur dann läuft, wenn jeder Befehl, jedes Symbol, jedes Satzzeichen und jede Zahl 100 Prozent akkurat ist. Ein einziger Tippfehler bei einem Buchstaben in einer Zeile von 50.000 Zeilen Code, und das Programm funktioniert nicht. Das Schreiben von Programmen hat mich gelehrt, dass es nur eine korrekte Methode gibt, damit die Dinge funktionieren, und wenn mein Code mich nicht glücklich macht, liegt das nicht an einem Fehler des Geräts (mir), sondern vielmehr daran, dass in dem von mir eingegebenen Code etwas nicht korrekt ist.

Das sind sehr nützliche Gewohnheiten, die man sich aneignen kann, wenn man auf der Suche nach Glück ist, denn Glück lässt sich nur finden, wenn Ihr Code die Vorgaben erfüllt, und die Programme, die Ihre körperliche Form steuern, können nur dann korrekt ablaufen, wenn man sie mit der Wahrheit füttert.

Das ist ein großes Wort – Wahrheit. Wer kann sich anmaßen, sie zu kennen? Nun, jeder, der auch nur einem Funken Weisheit besitzt, weiß, dass das Streben nach Wahrheit eine lebenslange Reise ist. Oft kennen wir die Wahrheit nicht. Aber die gute Nachricht ist: Wir spüren immer, was nicht wahr ist. Diese Unwahrheiten aus unserem

Leben zu entfernen, führt uns auf den Weg zum Glück. Glück lässt sich nicht nur finden, wenn die Wahrheit bekannt ist, sondern auch auf dem Weg zur Wahrheit. Das Streben nach Wahrheit in jedem kleinen Detail Ihres Lebens selbst ist eine Übung, die zum Glück führt. Das Falsche zu akzeptieren und zu verinnerlichen ist dagegen ein sicherer Weg zu endlosem Leiden. Wie suchen wir also nach dem, was wir als wahr bezeichnen? Gar nicht. Stattdessen **lehnen wir das Falsche ab.**

Wenn unser Gehirn uns unglücklich macht, indem es uns Geschichten vorlegt, die nicht mal stimmen, ist der Preis zu hoch, den wir dafür zahlen, solche Gedanken am Leben zu lassen. Ich habe eine einfache Regel: Mein Code sollte immer die Vorgabe erfüllen:

Sehr wichtig!

Wenn ich zulasse, dass mich etwas unglücklich macht, sollte es wenigstens der Wahrheit entsprechen.

Stellen Sie sich vor, jemandem wird gesagt, er sei entlassen worden. Er soll am nächsten Morgen seine Sachen abholen kommen und wird über Nacht der Angst und dem Stress überlassen. Wenn er dann am nächsten Morgen auftaucht, sagt man ihm, dass alles gar nicht stimmt. Es war nur ein Streich. Ha, ha. Sehr witzig! Lassen Sie sich von Ihrem Gehirn keine Streiche spielen. Es wäre eine schreckliche Vergeudung Ihrer kostbaren Lebenszeit, nur eine einzige Minute lang unglücklich zu sein wegen etwas, das nicht mal der Wahrheit entspricht. Versichern Sie sich, dass etwas wahr ist, ehe Sie sich darüber aufregen.

Aber was sagst du denn da, Mo? Warum gehst du davon aus, dass mein Gehirn so gemein zu mir ist? Lügt unser Gehirn uns denn an? Nein, das glaube ich nicht. Wie bereits erwähnt, versucht das Gehirn, uns die Wahrheit zu sagen, gibt uns jedoch häufig eine falsche Darstellung der Realität, einfach weil es die Wahrheit nicht kennt.

Stellen Sie die richtigen Fragen

Wahre Aussagen ohne jede Dramatik und Interpretation sind im Allgemeinen einfach trockene Beschreibungen von Ereignissen. Doch wenn wir an das Ereignis denken, sind unsere Gedanken von früheren Traumata beeinträchtigt, mit unseren Erinnerungen vermischt, von Emotionen durchzogen und durch all die Meinungen eingefärbt, die uns von Ideologien, Familie, Freunden und Medien eingetrichtert werden. Im Kern dieser Gedanken lässt sich immer etwas Wahres finden, aber wie isolieren wir es von all den zusätzlichen Extras?

Ich habe festgestellt, dass vier einfache Regeln mir dabei helfen, die störenden Einflüsse zu beseitigen und zur einfachen Wahrheit vorzudringen.

Regel 1: Keine Gedanken, die nicht durch passende sensorische Wahrnehmungen bestätigt wurden.

Habe ich eine sensorische Bestätigung für das, was mein Gedanke suggeriert? Habe ich gesehen, gehört, berührt, geschmeckt oder gerochen, was ich gerade dachte? Unsere Sinne sind die einzigen Informationskanäle unseres Systems. Das Kontrollzentrum, in dem die von den Sinnen gelieferte Geschichte zusammengeschustert wird, ist das Gehirn. *Mein Essen riecht nach Curry, schmeckt würzig und fühlt sich warm an* sind Beobachtungen, die Ihre Sinne liefern. *Der Koch ist ein Genie* … nun, das ist eine Geschichte, die Ihr Gehirn aufgrund dieser Beobachtungen gefolgert hat. Ebenso gut könnte das Essen von einer Maschine in einer Fabrik hergestellt, in einen Plastikbehälter verpackt und Ihnen auf einem schicken Teller serviert worden sein. Der Koch könnte ein totaler Idiot sein, der mit Müh und Not dieses eine Rezept von seiner Mutter gelernt hat und dafür eingestellt wurde, nur ein einziges Gericht zu kochen. Sie haben keine Möglichkeit, das nur aufgrund des Currys auf einem Teller herauszufinden.

Ich will Ihre Geschichte nicht abtun. Sie könnte stimmen. Der Koch könnte wirklich ein Genie sein, aber nur aufgrund von sensorischen Informationen können Sie das nicht beweisen.

Regel 2: Alles, außer dem »Hier und Jetzt«, ist Fiktion, die von Ihrem Gehirn geschaffen wurde.

Sind meine Gedanken auf Zeit und Ort des Ereignisses begrenzt? Ein interessantes Merkmal des Gehirns ist, dass es einen Zeitstempel und einen Ort zum Existieren benötigt. Würde ein Gedanke nicht in der Vergangenheit oder der Zukunft leben oder an einem anderen Ort als dem, wo Sie sich aufhalten, so wäre er einfach auf eine Narration des gegenwärtigen Augenblicks reduziert. Sobald Sie in Ihrem Denken einen vergangenen oder zukünftigen Zeitstempel finden oder feststellen, dass Ihr Gedanke nicht auf den Ort fokussiert ist, an dem Sie sich derzeit befinden, können Sie sofort annehmen, dass Ihr Gedanke wahrscheinlich falsch ist. Der Gedanke *Das liegt alles daran, wie er als Kind von seiner Mutter behandelt wurde* setzt zum Beispiel etwas voraus, das Sie nicht selbst miterlebt haben. Es findet in einer fernen Vergangenheit und an einem anderen Ort statt. Es mag eine kluge Schlussfolgerung sein, zu der Sie aufgrund früherer Erfahrungen gelangt sind, doch es ist nichts, das Sie ohne jeden Zweifel als zutreffend beweisen können. Solange Sie das nicht können, gehen Sie davon aus, dass es nicht stimmt. Auf ähnliche Weise hat der Gedanke *Morgen wird die ganze Gruppe über mich lachen* keinerlei zugrunde liegende Beweiskraft. Alle Zukunftsaussagen sind per definitionem nicht »wahr«, weil sie noch nicht eingetreten sind. Es ist nur eine Prophezeiung, die Ihr Gehirn konstruiert. Auch den Gedanken *Ich bin sicher, meine Angestellten faulenzen, wenn ich nicht da bin* können Sie nicht beweisen, weil Sie ja nicht da sind. Wenn Ihre Geschichte den Stempel der Vergangenheit oder der Zukunft trägt oder an einem anderen Ort stattfindet, haben Sie guten Grund, ihre Richtigkeit zu bezweifeln.

Regel 3: Drama ist nicht die Wahrheit.

Denken Sie daran, in Ereignissen liegen keine Emotionen. Die tatsächlichen Ereignisse können nur als eine Abfolge von trockenen, faktenorientierten Wörtern beschrieben werden. Jedes Anzeichen von gesteigerter Emotionalität, wenn Sie an etwas denken oder damit umgehen, deutet darauf hin, dass Sie auf mehr als nur das Geschehene reagieren. Sie reagieren wahrscheinlich auf einen Gedanken, der von den dramatischen Fähigkeiten Ihres Gehirns formuliert wurde.

Gestern Abend fing eine Freundin plötzlich an, unkontrolliert herumzubrüllen. Sie war eindeutig eifersüchtig auf ein Mädchen, eine langjährige Bekannte ihres Freundes, die direkt neben ihm saß. Ihre Reaktion stand in keinem Verhältnis zur tatsächlichen Situation. Als ich sie fragte, warum ein so einfaches Ereignis bei ihr so viel Wut ausgelöst habe, sagte sie: »Mein letzter Freund hat mich mit seiner besten Freundin betrogen.« Da haben Sie's. Wahrheit!

Jeder Gedanke, der emotional aufgeladen ist, entspricht nicht der tatsächlichen Wahrheit.

Was uns zur vierten Regel bringt …

Regel 4: Ein Trauma ist nicht die Wahrheit.

Ich stelle oft fest, dass meine Gedanken nach einem Ereignis sich nicht wirklich um das gerade Geschehene drehen. Sie wurden auch von Dingen beeinflusst, die mir zu anderen Zeiten passiert sind – wie meine Mutter mich als Kind behandelt hat, wie meine letzte Trennung verlief, die Traditionen des Landes, in dem ich aufgewachsen bin, meine Vorstellungen davon, wie etwas gemacht werden sollte, und so weiter. Erkennen Sie dieses Muster auch in Ihren Gedanken? Am besten können Sie der Wahrheit auf den Grund gehen, wenn Sie sich fragen, wie Sie über das jeweilige Ereignis dächten, wenn Sie es sich in völliger Isolation durch den Kopf gehen ließen. Ist das Verhalten Ihres Chefs wirklich besorgniserregend, wenn Sie es von Ihrer Angst vor dem Verlust Ihres Arbeitsplatzes isolieren? Beruht Ihre derzeitige Einschätzung eines potenziellen Partners auf Ihrer Vorstellung davon, wie alle Frauen/Männer sind? Wird Ihre Ungeduld im Verkehrsstau beeinflusst von dem Erlebnis, dass Sie mal einen Flieger verpasst haben? Die einzige Art, ein Ereignis mit Objektivität zu betrachten, besteht darin … **über jedes Ereignis isoliert von dem Trauma nachzudenken, das durch irgendein anderes Ereignis ausgelöst worden sein mag.**

Stellen Sie die Frage richtig

Wenn Ihre Gedanken Sie das nächste Mal unglücklich machen, können Sie die oben erwähnte komplexe Argumentation durchlaufen, um zu überprüfen, ob sie wirklich der Wahrheit entsprechen. Oder Sie können Ihr Gehirn einfach geradeheraus fragen: *Ist das wahr?* Ist es wahr, dass man mit Ihrem Mitbewohner unmöglich zusammenleben kann? Ist es wahr, dass er als Kind schlecht behandelt wurde? Ist es sicher, dass die Gruppe sich über Sie lustig machen wird? Ist es wahr, dass der Koch ein Genie ist?

Um die Wahrheit herauszufinden, muss man nicht nur die richtige Frage stellen – ist es wahr? Man muss die Frage auch richtig stellen! Achten Sie darauf, dass Ihr Gehirn Sie nicht mit langatmigen Ausführungen und Geplapper abspeist. Eine Frage so zu stellen, dass es zu einer präzisen Antwort führt, kennt man in der Gesprächskunst als *geschlossene* Fragestellung – das heißt, eine Frage kann nur mit Ja oder Nein beantwortet werden.

Wenn ich Sie frage: »Welche Farbe hat diese Seite?« – eine offene Frage –, könnten Sie mir eine weitschweifige Antwort geben: »Also, ich hab das Buch mal im Auto auf dem Armaturenbrett liegen lassen, und zwar an einem extrem heißen Sommertag. Ich hab den ganzen Tag geschwitzt und musste anhalten, um mir ein kaltes Getränk zu kaufen. Dann bekam ich einen Anruf von meinem alten Freund Pooki, der ein bisschen mit Selbstwertproblemen zu tun hatte. Deshalb haben wir eine Zeit lang geredet. Um ehrlich zu sein, ich wollte im Schatten bleiben, bis das Gespräch beendet war, deshalb hat das Buch eine ganze Weile da gelegen, bis ich wieder zurückkam. Vielleicht 45 Minuten. Nein, es könnte sogar eine Stunde gewesen sein. Ich glaube, die Sonne hat die Farbe der Seiten ein bisschen ausgebleicht. Aber nur an den Rändern, siehst du? Also, vorher hätte ich gesagt, die Seite ist weiß, aber jetzt kann ich das nicht mehr behaupten. Ich würde eher sagen … vielleicht … ein bisschen gelblich … oder wie soll ich diese Farbe nennen? Heller Milchkaffee? Rahmweiß? Ich weiß es nicht genau.«

Das ist die weitschweifige Antwort auf eine einfache, aber *offene* Frage.

Vielleicht ist es eine unterhaltsame Geschichte – vielen Dank –, aber Sie haben meine Frage nicht wirklich beantwortet. Das heißt, ich muss Sie in einer *geschlosseneren* Form fragen: »Ist diese Seite weiß?«

Eine geschlossene Frage in dieser Form kann nur mit Ja oder Nein beantwortet werden. Es spielt gar keine Rolle, welche Farbe die Seite hat oder welche Lebensgeschichte Sie in Bezug auf diese

Seiten dorthin geführt hat, wo Sie jetzt sind. Wenn sie weiß ist, lautet die Antwort Ja, und wenn sie irgendeine andere Farbe hat, ist die Antwort Nein. Ganz einfach.

Was ist, wenn Ihr Gehirn an seiner Behauptung festhält und darauf besteht, dass es wahr ist? Dann fordern Sie es auf, das zu beweisen, einen Beleg für seine Behauptung zu liefern.

Einmal habe ich meine Tochter Aya in Montreal besucht. Wir hatten Streit, und das Gespräch wurde hitzig, deshalb sagte ich, ich würde eine Tasse Kaffee trinken gehen, um meine Gedanken zu ordnen, damit wir das Thema später mit klarem Kopf und ruhiger weiter besprechen konnten.

Sobald ich das Haus verließ, entschloss mein Gehirn sich, mir zu sagen: *Aya liebt dich nicht mehr!*

Sie müssen wissen: Aya ist die größte Liebe meines Lebens. Wir sind einander als Vater und Tochter total eng verbunden, und außerdem betrachte ich sie als meine beste Freundin und sie mich als ihren besten Freund. Als mein Gehirn so eine abstruse Behauptung aufstellte, hielt ich mitten auf der Straße im kalten Montreal an und sagte laut zu meinem Gehirn: »Was zur Hölle hast du da gesagt? Wie kannst du so was behaupten? Welchen Beleg hast du dafür? Was ist mit all den liebevollen WhatsApp-Nachrichten, die wir uns schreiben? Was ist mit den ›Vermiss dich‹-Botschaften und den Küsschen-Emojis? Und die Umarmung und die Freude in ihren Augen, als ich angekommen bin? Wie kann man das einfach so abtun? Freunde streiten sich nun mal, das ist alles. Aya liebt mich, und ich liebe sie auch, und du, Gehirn, solltest dich schämen, so eine ausgemachte Lüge zu erzählen.«

Tja. So geht man mit einem lügnerischen Gehirn um. Eine Stunde später trafen wir uns wieder, umarmten uns, klärten das Problem und gingen zusammen zum Abendessen, über alles Mögliche lachend wie immer.

Damit ein Gedanke für wahr gelten kann …

Nicht vergessen! Ihr Gehirn soll Beweise für seine Behauptungen liefern.

Ohne Beweise sollten die negativen Gedanken eines Gehirns automatisch für falsch gehalten werden.

Wenn Ihr Gehirn also zugibt, dass es falsch ist, was Sie denken, können Sie den Gedanken augenblicklich … **fallenlassen**.

Verschwenden Sie keine Minute Ihrer Zeit damit, unglücklich über einen Streich des Lebens zu sein. **Warum sollten Sie sich über etwas ärgern, das gar nicht wahr ist?**

Wenn die Behauptung sich jedoch nach sorgfältiger Prüfung immer noch als richtig erweist, können wir zur nächsten Frage im Glücks-Ablaufdiagramm übergehen.

Was kann ich dagegen tun?

Jene Gedanken, die uns leiden lassen – die unaufhörlichen Grübeleien –, sind im Allgemeinen wiederkehrend und nutzlos. Sie sagen uns bloß immer und immer wieder, warum wir unglücklich sein sollten. Es findet sich darin keine Hilfe, kein Fortschritt und kein Weg zum Besseren. Sie sind in jeder Hinsicht unnütz, außer für das, wofür sie gedacht sind – uns in Alarmbereitschaft zu versetzen. Diese Gedanken sind einfach das Alarmsystem unseres Gehirns, um uns zu sagen, dass etwas in unserer Umgebung nicht seinen Erwartungen an ein sicheres, wünschenswertes Lebensmodell entspricht. Nehmen Sie Ihre unablässigen Grübeleien als das, was sie sind – ein lärmender Alarm. Und wie reagieren Sie auf Alarm?

Nicht vergessen! Wenn der Alarm losgeht, unternehmen Sie etwas.

Welchen Sinn hat es, dazusitzen und den Krach zu ertragen? Ein Alarm fordert zum Handeln auf, und wenn Sie reagieren, indem Sie das Gebäude verlassen, sorgen Sie gleichzeitig für Ihre Sicherheit und kommen von dem Krach weg.

Stellen Sie sich vor, der Gedanke, der Ihr Unglücklichsein ausgelöst hat, ist beispielsweise: *Die Beziehung zu meiner besten Freundin ist schon eine ganze Zeit lang nicht mehr gut.* Ich will Ihnen eine Frage stellen. Wenn dieser Gedanke wahr ist und Ihre Beziehung sich seit geraumer Zeit verschlechtert hat, was ändert es dann, darüber nachzudenken? Verbessert es die Beziehung, wenn Sie sich unglücklich machen? Wenn Sie die nächsten sechs Stunden heulend in der Ecke sitzen, kommt Ihre Freundin dann plötzlich herein und ändert alles? Welchen Nutzen bringt das Leiden? Genau wie das Aussitzen eines Feueralarms verbessert es nichts und lässt Sie nur weiter unter dem Krach leiden.

Das Einzige, was an Ihren derzeitigen Umständen etwas ändern kann, ist Ihr Handeln.

Also tun Sie etwas …

Nicht vergessen! Handeln Sie.

Machen Sie irgendwas. Schnappen Sie sich Ihr Handy, schreiben Sie Ihrer Freundin, und bitten Sie sie um ein Treffen, um darüber zu reden. Erkennen Sie das Verhalten auf Ihrer Seite an, das hierzu geführt hat, und entwickeln Sie einen Plan, um es zu verändern. Sagen Sie Ihrer Freundin, was Sie bei ihr gern mehr sehen würden.

Und wenn es nicht klappt, entscheiden Sie vielleicht, dass es Zeit ist weiterzuziehen.

Was auch immer Sie unternehmen, es wird die Sirenen Ihrer unablässigen Grübeleien stoppen, Ihr Unglücklichsein beenden und, was am besten ist, die Situation verändern und Ihr Leben ein klein wenig besser machen.

Klingt einfach? Ja. Weil es das auch ist.

Sehr wichtig! Statt Ihr Leben mit Unglücklichsein zu vergeuden, stehen Sie auf und unternehmen Sie etwas dagegen.

Sobald Sie das getan haben, werden Sie sich besser fühlen. Allein schon der Vorgang des Nachdenkens darüber wird Sie froher stimmen. Denn die Positivität des Nachdenkens über das, was möglich ist, verdrängt die Negativität der Resignation und Hilflosigkeit, während Problemlösungsgedanken Ihren präfrontalen Kortex aktivieren und dadurch die unablässigen Grübeleien ersetzen, die Ihr Unglück verursachen.

Nicht vergessen! Sie müssen das Problem nicht einmal lösen. Allein schon der Vorgang des Suchens nach einer Lösung vertreibt das Unglücklichsein.

Häufig schieben wir Handlungen hinaus, weil wir nicht wissen, was zu tun ist, oder weil wir fürchten, dass es nicht gut genug sein könnte, was wir tun. Wir glauben, es sei keine perfekte Lösung, und scheuen deshalb davor zurück. Doch Situationen sind oft viel einfacher, als wir glauben. Und was noch wichtiger ist, etwas zu tun, das Sie in die richtige Richtung bringt (selbst wenn es eine Situation nicht vollständig auflösen kann), ist besser, als gar nichts zu tun. Hier kommt eine kurze Übung, die Sie ins Handeln bringt.

Ich bin sicher, Sie haben ein paar Dinge im Hinterkopf, die Ihnen Sorgen machen. Es ist Zeit, damit aufzuräumen.

Achtsamkeitsübung:
Was getan werden kann

Ziel:	sich der verschiedenen möglichen Maßnahmen bewusst werden, die ein Problem vielleicht nicht vollständig lösen, aber in jeder Situation ergriffen werden können
Dauer:	30 Minuten (× 3)
Wiederholung:	einmal wöchentlich
Sie brauchen:	einen ruhigen Ort, an dem Sie nicht gestört werden, Papier und Stift

Suchen Sie sich einen ruhigen Ort, planen Sie mindestens 30 Minuten Zeit zum Nachdenken ein, und nehmen Sie Papier und Stift mit. Schreiben Sie zunächst die drei wichtigsten Probleme auf, die Sie in letzter Zeit unglücklich gemacht oder negative Emotionen ausgelöst haben. Gehen Sie eins nach dem anderen durch, identifizieren Sie den Gedanken, der Ihr Unglück ausgelöst hat, und prüfen Sie, ob er wahr ist.

Wenn der Gedanke wahr ist, fragen Sie sich: Was kann ich dagegen tun (oder wie kann ich die Situation wenigstens verbessern)?

Schreiben Sie die drei wichtigsten Maßnahmen auf, die Sie ergreifen müssen, um die Situation zu verbessern. Seien Sie sehr spezifisch in Bezug auf das, was Sie tun werden und wie Sie dafür sorgen, dass es ordentlich gemacht wird. Wenn die von Ihnen geplante Maßnahme darin besteht, Ihrem Chef zu erklären, dass etwas nicht gut läuft, notieren Sie genau, was Sie sagen wollen und wie Sie sicherstellen wollen, dass Ihr Chef Ihren Standpunkt wirklich versteht. Bestimmen Sie das Datum, an dem Sie die Aufgabe erledigt haben wollen.

Besser noch, wenn Sie können, tun Sie es sofort. Warten Sie nicht. Wenn die von Ihnen geplante Maßnahme darin besteht, einem Freund eine Nachricht zu schicken oder einen Dienstanbieter anzurufen, greifen Sie zum Telefon, sobald Sie mit Ihrem Plan fertig sind, und schreiben Sie oder rufen Sie an … gleich hier und jetzt!

Wenn Sie noch weitere 30 Minuten Zeit haben, nehmen Sie ein weiteres Blatt Papier, und gehen Sie das nächste Problem an, das Sie unglücklich macht. Machen Sie weiter, bis jedes derzeitige Problem in Angriff genommen ist. Wenn Sie das zum ersten Mal tun, werden Sie erkennen, wie viel Wert das für Ihr Leben und Ihr Glück bringt. Machen Sie es sich zur Gewohnheit. Wiederholen Sie es mindestens einmal wöchentlich. Die Probleme können bis dahin behoben sein. Wenn nicht, verdienen sie mehr von Ihrer Zeit, bis sie es sind. Andernfalls fangen Sie an, die nächsten Punkte auf Ihrer Liste anzugehen. Lernen Sie, dass Glück in Ihrer eigenen Verantwortung liegt. Ein oder zwei Stunden wöchentlich, um Probleme zu lösen, die Ihren Weg dorthin verstellen, sind sicher eine lohnende Investition. Wenn etwas Sie quält, unternehmen Sie etwas dagegen. Handeln stoppt Ihr Grübeln, also verwenden Sie die Ressourcen Ihres Gehirns auf nützliche Gedanken, unabhängig von Ergebnissen und Errungenschaften. Das bringt Ihnen Frieden.

Zeit für die letzte Frage.

Können Sie es akzeptieren und weitermachen?

Was ist, wenn Sie – wie es im Leben gelegentlich geschieht – nichts gegen das tun können, was Sie unglücklich macht? Was, wenn Sie Ihre Arbeit verloren haben? Sie ist weg, und Sie können nicht dorthin zurückkehren. Was, wenn bei Ihnen eine schmerzhafte Krankheit festgestellt wird? Was, wenn Sie einen geliebten Menschen verloren haben und nichts ihn zurückbringen kann? Was, wenn jemand Sie bestohlen hat? Was, wenn Sie Ihr ganzes Geld verloren haben?

Ich habe mir diese Fragen schon öfter gestellt, als Sie sich vorstellen können, und das alles selbst erlebt, einschließlich des Verlusts meines wunderbaren Sohnes Ali. Wenn das Leben mich aus dem Gleis warf, flüchtete ich mich zu meiner ultimativen Verteidigung gegen das Unglücklichsein – **verbindlicher Akzeptanz.**

Das Leben ist hart und bringt manchmal Dinge mit sich, die zu ändern wir nicht die Macht haben. Schauen Sie sich um, dann sehen Sie, dass dies für viele Menschen bereits die Realität ist. Milliarden Menschen werden in Armut geboren, ohne dass sie sich das ausgesucht oder entsprechend gehandelt haben. Millionen erkranken schwer, und Millionen leben mit chronischen Schmerzen. Hunderte Millionen sitzen fest in Gefängnissen, in Kriegsgebieten oder in moderner Sklaverei. Milliarden, fast alle, sind gezwungen, sich mit dem Verlust eines geliebten Menschen auseinanderzusetzen. Welches ist Ihre Geschichte im Vergleich dazu?

Schlimme, überwältigende Ereignisse sind eine Lebenstatsache. Lernen Sie, sie zu akzeptieren. Das gehört zu den Regeln dieses Spiels. Akzeptanz gibt Ihnen die ultimative Macht, Ihr eigenes Schicksal und Glück zu wählen. Haben Sie erst mal akzeptiert und gehen realistisch davon aus, dass das Leben nicht immer leicht ist, können Sie sich entscheiden, immer glücklich zu sein, nicht aufgrund dessen, was das Leben Ihnen gibt, sondern aufgrund Ihres bewussten Umgangs damit.

Aber das erreichen Sie nicht, indem Sie es einfach hinschreiben. Also will ich Ihnen erzählen, wie ich das mache.

Ich habe mich entschieden zu glauben, dass alles im Leben, selbst das Leidvolle, eine gute Seite hat. Nichts ist nur schlecht. Wenn wir die gute Seite einer Situation nicht erkennen, sind wir voreingenommen. Wir gehen auf Abwehr und jammern über die Umstände. Doch die gute Seite lässt sich durch eine einfache Achtsamkeitsübung finden, die ich als Radiergummitest bezeichne.

Bei meinen Glücks-Workshops habe ich Zehntausende gebeten, an die schlimmsten Zeiten ihres Lebens zurückzudenken und eine Frage zu beantworten: Würden Sie diese Ereignisse aus Ihrem Leben ausradieren, wenn Sie wüssten, dass damit auch jedes andere Ereignis entfernt würde, das dadurch ausgelöst wurde? Würden Sie die Kümmernisse Ihrer Vergangenheit ausradieren, wenn Sie dadurch ein ganz anderer Mensch würden als jener, der Sie heute sind? Hätten Sie lieber einen anderen Lebensweg gewählt im Wissen, dass Sie durch das Entfernen des Kummers auch all die Erkenntnisse, Entwicklungen, Freundschaften und Beziehungen entfernen würden, die Sie infolge Ihres Leidens gewonnen haben?

Die meisten von mir befragten Menschen antworteten, nachdem sie intensiv darüber nachgedacht hatten:

Sehr wichtig!

Ich würde gar nichts ausradieren.

Die wahren Helden, denen wir in der modernen Welt begegnen, sind nicht die Figuren aus Marvel-Comics und Filmen. Es sind jene, die Kummer und Schicksalsschläge mit Akzeptanz tragen, mit Haltung, die ihren wahren Wesenskern enthüllt. Eins meiner Lieblingsbeispiele ist Viktor Frankl, dessen heroischer Weg in seinem Klassiker *Trotzdem Ja zum Leben sagen* dargestellt wird. Frankl beschreibt darin seine Erfahrungen in einem Konzentrationslager im Zweiten Weltkrieg. Während seiner Zeit im Lager wurde er gefoltert und an den Rand des Todes getrieben, bekam nicht genug zu essen und keine anständige Kleidung in eisigen Wintern. Er wurde Zeuge des Todes und der Hinrichtung der Menschen in seinem Umfeld, darunter seine Mutter, seine Frau, sein Vater und sein Bruder, die alle in den Lagern starben. Das ist wirklich ein Beispiel dafür, wie übel das Leben einem mitspielen kann. Er litt in einem Ausmaß, das die meisten von uns zum Glück niemals erfahren werden.

Frankl bemerkte, dass es zwei Arten Gefangener in seiner Umgebung gab: jene, die Glauben, Sinn und Hoffnung verloren hatten, und die anderen. Die Letzteren betrachteten das Leben als eine zu meisternde Herausforderung und Schicksalsschläge als Chance, um zu lernen und sich weiterzuentwickeln, in Vorbereitung auf eine größere Mission im Leben. Wer so dachte, hatte eine höhere Überlebenswahrscheinlichkeit. Viktor Frankl dachte über Vorträge nach, die er aufgrund seiner Erlebnisse halten würde. Dadurch wurden seine Lebenserfahrungen objektiver. Er betrachtete sie als Lerngelegenheiten zur künftigen Weitergabe. Für mich spricht aus seinen Texten **die Überzeugung, dass Leiden kein Leiden mehr ist, sobald es einen Sinn erlangt.** Leiden wurde für ihn zu einer Aufgabe, die er akzeptierte.

Eine weitere entscheidende Komponente, die Ihnen dabei hilft, die Herausforderungen des Lebens anzunehmen, ist die Überzeugung, dass Sie niemals hilflos sind. Selbst in den schwierigsten Umständen haben Sie durch Ihr Handeln und Ihre Einstellung immer noch die Möglichkeit, die Situation positiv zu beeinflussen, und sei es auch nur in geringem Maße.

Zwischen jedem Ereignis und Ihrer Reaktion darauf gibt es eine Lücke – einen Pufferzeitraum, in dem das Leben Ihnen die

Kontrolle übergibt. Hier entscheiden Sie zu reagieren. Sie haben keine Kontrolle über die externen Kräfte, die zu dem Ereignis geführt haben oder daraus hervorgegangen sind. Aber Sie können die Kräfte in Ihrem Inneren und deren Manifestation in der realen Welt kontrollieren. **Manche Menschen betrachten sich als Opfer der Umstände, als Figuren einer Geschichte, als diejenigen, mit denen etwas gemacht wird. Andere sehen sich als Subjekt, als Handelnde mit der Macht, die Umstände zu beeinflussen und das Spiel zu ihren Gunsten zu entscheiden.** Wer sich als Objekt sieht, hat die Tendenz zu resignieren, über das Leben zu jammern, sich wie ein hilfloses Kind zu verhalten, das nur auf externe Kräfte warten kann, um das Unheil abzuwenden oder zu beheben. Wer dagegen Subjekt ist, nimmt die Dinge in die Hand. Er wird aktiv, und selbst wenn das die Angst nicht wegnehmen kann, kann es doch immerhin die Dinge zum Besseren wenden. Wenn Sie erst einmal davon überzeugt sind, dass Sie die Freiheit besitzen, über Ihre Reaktion entscheiden zu können, entwickeln Sie Resilienz. Es spielt keine Rolle mehr, welche Steine das Leben Ihnen in den Weg legt; entscheidend ist Ihre Reaktion darauf. Ihre Einstellung gegenüber Ihrer Existenz macht den Unterschied.

Um es mit Viktor Frankl zu sagen:

»Man kann einem Menschen alles nehmen, bis auf eine Sache – die letzte der menschlichen Freiheiten –, nämlich über die eigene Einstellung zu entscheiden.«

Ich bin in einer muslimischen Gesellschaft großgeworden, und dieses Konzept, sich den unkontrollierbaren Umständen des Lebens zu unterwerfen, ist das Rückgrat unserer Kultur. Die Bedeutung des Wortes Islam selbst ist es, Frieden durch den Akt der Unterwerfung zu finden. Doch die islamische Unterwerfung geht weit über Resignation oder Aufgeben hinaus. Der Friede, nach dem wir streben, liegt nicht nur in der Akzeptanz, sondern auch im darauf folgenden Handeln – in der Selbstverpflichtung.

Wenn Sie etwas akzeptieren, richten Sie Ihre Position im Leben neu aus. Sie krümmen sich nicht länger unter Druck zusammen, sondern stehen aufrecht an der neuen Grundlinie und suchen den Horizont nach Möglichkeiten ab. Statt darauf zurückzublicken, wie das Leben Ihnen mitgespielt hat, schauen Sie nach unten und akzeptieren, wo Sie sich befinden. Dann blicken Sie nach vorn. Sie sehen weit voraus, und Sie machen sich bereit zu laufen.

Das ist der Moment, in dem Sie die Kontrolle übernehmen – wenn genügend Raum für den echten Gamechanger ist, den hervorzubringen Sie bereit sind.

Verpflichten Sie sich! Begreifen Sie, dass Sie womöglich nie in der Lage sein werden, das Unglück abzuwenden, dem Sie gegenüberstehen.

Sie bekommen vielleicht nie Ihren Arbeitsplatz zurück, aber Sie können sich verpflichten, sich weiterzuentwickeln und eine bessere Stelle zu finden. Sie mögen keinen Anspruch auf Ihre Verluste stellen können, aber Sie können sich verpflichten, Ihr Bestes zu tun, um wieder auf die Beine zu kommen. Sie werden Ihre Liebsten niemals zurückholen können – ich werde Ali nie zurückholen können –, aber wir können uns verpflichten, sie zu ehren, im Gedächtnis zu behalten und ihnen unsere liebevollen Gedanken zu widmen.

»Adventure of a Lifetime« von Coldplay

Lassen Sie Magie walten, und erinnern Sie sich daran, dass der Druck, unter dem Sie stehen, Sie lediglich zu dem Diamanten formt, der aus Ihnen wird.

Alles, was Sie sich wünschen, ist allen Herausforderungen zum Trotz nur einen Traum entfernt.

Wunderschön!

Wir können uns verpflichten, die Welt zu einem besseren Ort zu machen, trotz unserer Verluste oder gerade deshalb.

Wenn sich gegen das Unglück nichts unternehmen lässt …

Sehr wichtig!

Akzeptieren Sie es, und verpflichten Sie sich dann, es morgen ein bisschen besser zu machen als heute und übermorgen ein bisschen besser als morgen.

Abgesehen von OneBillionHappy habe ich noch einen anderen Weg gefunden, um Alis Verlust zu würdigen, und zwar die Erfahrungen zu durchleben, die er gemacht hat. Dadurch fühle ich mich nicht nur so, als wäre ich in seiner wunderbaren Gegenwart, sondern es erinnert mich auch ständig daran, dass er hier war, dass er unser Leben mit seiner Gegenwart gesegnet hat. Wissen Sie …

Sehr wichtig!

Um etwas zu verlieren, muss man es erst einmal gehabt haben.

Um Mühsal zu empfinden, müssen Sie Leichtigkeit erlebt haben. Um sich vor eine Prüfung gestellt zu fühlen, müssen Sie die schwereren Zeiten mit den Zeiten des Erfolgs und des Vorankommens vergleichen.

Auch wenn wir das vergessen und uns auf unser Verlustgefühl konzentrieren, sollte es uns mit Dankbarkeit erfüllen, die Erfahrungen vor dem Kummer und dem Verlust noch einmal zu durchleben. Es sollte uns daran erinnern, dass das Leben überhaupt nicht schwer ist und dass auch diese schwere Zeit vorübergehen wird.

Ich habe Alis Leben in vielem durchlebt, das er tat. Ich hörte mir die Musik an, die er mochte, traf mich häufig mit vielen seiner Freunde und entschied mich auch, ihm die Ehre zu erweisen, indem ich wie er zu einem guten Gamer wurde.

Heute, sechs Jahre nach seinem Tod, bin ich ein legendärer Gamer. Das war nicht immer so. Als Ali noch lebte, spielten wir oft ein Spiel namens *Halo* zusammen. »Schwierig« war der höchste Schwierigkeitsgrad, den ich spielen konnte. Ali dagegen spielte »legendär«, ganz oben bei der Elite. Als wir einen sehr herausfordernden Spielabschnitt erreichten, geriet ich in Panik, während Ali hindurchglitt, als würde er mitten in der Natur einen Wasserlauf herunterspazieren. Er wirkte ganz unangestrengt. Es war mir unbegreiflich, wie er das schaffte, bis ich beschloss, zu seinen Ehren zu spielen.

Als ich um einen Level aufstieg, von »schwierig« zu »heldenhaft«, veränderte sich meine Wahrnehmung des Spiels total. Als das Spiel etwas mehr verlangte, als meine Fähigkeiten hergaben, stellte ich fest, dass ich mich gelassener bemühte. Ich weiß, das ist kontraintuitiv, aber so war es. Sobald ich die Schwierigkeit des Spiels erhöhte, wurde meine Erwartung gesenkt. Ich rechnete nicht mehr damit, jede Mission gleich beim ersten Anlauf schaffen zu können. Stattdessen lernte ich, realistisch zu erwarten, dass es schwer werden würde, bis ich die Kompetenz entwickelt hatte, die schwierigeren vor mir liegenden Aufgaben zu bewältigen. Weil ich Ali stolz machen wollte, betrachtete ich jede Spielstufe einfach als Übung und Praxis, bis ich das erreichte. Und da geschah etwas Magisches. Ich empfand plötzlich keinen Druck mehr und genoss die Herausforderungen. Ich wollte sogar, dass sie größer wurden, **denn je größer sie wurden, umso besser wurden meine Fähigkeiten.** Wenn ich bei einer Mission scheiterte, akzeptierte ich, dass ich noch nicht bereit war, und gab mir mehr Mühe. Ich betrachtete meine Fehler objektiv, dann nahm ich das Spiel wieder auf und probierte es wieder und wieder. Ich versuchte dabei nicht einmal, die Mission zu erfüllen. Ich wollte bloß eines:

Nicht vergessen! Der nächste Versuch soll ein bisschen besser gelingen als der davor.

Probieren Sie das mal mit Ihrem Leben, dann fühlt es sich an wie ein Spiel. Das ist das größte Geheimnis, das uns meistens entgeht …

Nicht vergessen! Im Leben gibt es kein Gewinnen. Nur die Chance, zu lernen und besser zu werden.

Mit dieser neuen Einstellung gelang es mir in Windeseile (ich spielte vier Monate lang an vier Tagen die Woche jeweils 45 Minuten lang), *Halo* als legendärer Spieler abzuschließen. Heute gehöre ich zu den 0,2 Prozent der besten Spieler der Welt. Nicht schlecht für einen Mann meines Alters. Ich hoffe, du bist stolz auf mich, Ali. Ich bin dankbar für alles, was du mir immer noch beibringst.

Seien Sie ein Gamer. Wenn das Spiel schwer wird, legen echte Gamer nicht den Joystick weg, um zu jammern. Stattdessen überlegen sie, überprüfen, geben sich Mühe und probieren es noch einmal, stärker und entschlossener denn je. Was soll ich sagen?

Nicht vergessen! Sie sind eine Legende. Also spielen Sie auch wie eine.

Das Glücks-Ablaufdiagramm im Einsatz – Kate und Leo

Letzten Sommer hatte Kate das dringende Bedürfnis, aus ihrer Alltagsroutine auszubrechen. Sie hatte ein Social-Media-Posting über ein zweitägiges Seminar zum Thema Moderne Kunst entdeckt. Sie liebte Kunst, und in letzter Zeit kam ihr die Arbeit vor wie eine Tretmühle – sie brauchte eine Veränderung. Etwas in diesem Posting sprach sie an. Kate fühlte sich schon seit einiger Zeit einsam. Sie hatte kürzlich erneut eine Beziehung beendet und wünschte sich, endlich ihren Partner, ihren Seelenverwandten zu finden. Sie hatte sogar ein Gebet aufgeschrieben, in dem sie ihn beschrieb. Sie glaubte, dass das Universum zuhörte, und sie hatte recht. Das tat es tatsächlich!

Das Seminar war nicht schlecht, aber was ihre Aufmerksamkeit am meisten erregte, war ein gut aussehender Mann namens Leo, der sich sehr höflich ausdrückte, fast wie jemand in einem Film über den britischen Adel. Er machte kluge Bemerkungen, stellte wohlüberlegte Fragen und hörte aufmerksam zu. Wenn einer der Teilnehmer etwas sagte, wandte er sich ihm zu und schenkte ihm seine volle Aufmerksamkeit. Als es auf den Mittag zuging, beschäftigten ihre Gedanken sich nicht mehr mit Kunst, sondern verglichen ihn mit ihrem Gebet. Alles schien zu passen. *Kann das wahr sein?*, dachte sie. *Ist er das? Habe ich meinen Seelenverwandten gefunden?*

Während einer Pause tat sie etwas, das sie noch nie gemacht hatte. Sie ging auf ihn zu und sagte: »Hi, ich bin Kate.« Er reagierte mit einem Lächeln, und der Rest ist Geschichte. Einen Monat später erlebten die beiden die perfekte Lovestory, die wie eine Traumbeziehung wirkte. Er behandelte sie mit Liebe und Respekt, gab ihr alles, was sie brauchte, und umarmte sie liebevoll, wenn es ihr nicht gut ging. Er sagte ihr immer, wie großartig sie war, aber er teilte ihr auch mit Bestimmtheit seinen Standpunkt mit, wenn sie einen Richtungswechsel vornehmen musste. Im Handumdrehen stand sie in Flammen, ihre berufliche Karriere blühte. Sie wusste, dass er der Richtige war.

Leider machte ihnen das Leben einen Strich durch die Rechnung. Innerhalb eines Jahres wurde sein Arbeitsplatz in ein anderes Land verlagert, und sein Aufenthaltsvisum für ihr Land erlosch.

Inzwischen befand sich ihre Karriere in einer entscheidenden Phase, und sie wussten beide, dass sie nicht alles hinwerfen konnte, um ihn woandershin zu begleiten. Wenn sie das tat, würde sie den Kern dessen verlieren, was ihr wichtig war, und das würde ihre Beziehung belasten. Egal wie sie sich entschieden, ihre Beziehung würde darunter leiden. Eines Sommerabends trennten sie sich mit Tränen in den Augen.

Kate war meine gute Freundin. Während der folgenden Monate schrieb sie mir und rief mich an, um zu erzählen, wie schlecht es ihr ging. Sie war wütend, traurig, niedergeschlagen, besorgt und verwirrt. Sie liebte ihn und wusste, dass er sie ebenfalls liebte. Sie konnte die Grausamkeit des Lebens nicht akzeptieren, in dem eine solche Liebe nicht den Raum erhielt, den sie brauchte, um zu gedeihen.

Bist du glücklich?

Kate war offensichtlich nicht glücklich. Sie war ganz im »Sein«. Sie spürte jede Emotion, und das forderte seinen Tribut von ihrem Körper – von Schlafmangel über Übelkeit bis hin zu Erschöpfung. Sie erlebte wahrlich einen Sturm, war aber unfähig, viel dagegen zu unternehmen. Und dann trafen wir uns auf einen Kaffee.

Was empfindest du?

Wir verschwendeten keine Zeit mit Nettigkeiten. Kate brauchte weniger als eine Minute, um in einen Sturm der Emotionen auszubrechen; zuerst ein Tränenschwall, gefolgt von Wut und Beschimpfungen des Lebens im Allgemeinen, einschließlich anderer Freunde, lebloser Objekte, ihrer selbst und sogar Leos.

Was ist der Auslöser?

Als sie sich ein bisschen beruhigt hatte, führte ich sie Schritt für Schritt durch das Glücks-Ablaufdiagramm. Und das ging so: »Lass uns das zusammen machen, Kate, lass uns diesen Sturm voll und ganz erleben. Bitte schreib jedes Gefühl auf, das du empfindest.«

Sie schrieb sie auf. Dann sagte ich: »Bring sie in eine Reihenfolge. Was du am stärksten empfindest, kommt nach oben, und darum kümmern wir uns als Erstes.« Wut und Angst (mit allen Unterformen) standen an oberster Stelle.

»Welche Gedanken lösen sie aus? Lass sie uns alle aufschreiben. Nimm dir Zeit. Wenn es sein muss, stundenlang. Lass deinem Gehirn freien Lauf. Reagier nicht auf irgendeinen der Gedanken, die dir kommen, schreib sie einfach nur auf.«

Denken Sie daran, Leo wollte mit Kate zusammen sein. Ihm waren die Hände gebunden. Das war das Ereignis in einfachster Form. Doch Kates auslösende Gedanken waren ganz andere. Einige von denen, die sie aufschrieb, lauteten:

Er hat mich verlassen.

Er wird andere Frauen kennenlernen.

Ich kann nie wieder einen Mann anfassen.

Ich werde mein Leben lang allein bleiben.

Wir werden uns auseinanderleben.

Wir waren immer zusammen. Jetzt ist es schwierig und teuer, im selben Land zu sein, geschweige denn am selben Ort.

Es gab noch viele weitere Gedanken, aber bleiben wir erst mal bei diesen. Sie reichen aus, damit Sie den Prozess im Einsatz sehen. Jedes Mal, wenn Kate einen Gedanken aufschrieb, sagte ich: »Aha, und was noch?« Ich verwarf keinen der Gedanken und versuchte nicht, darüber zu sprechen oder Lösungen anzubieten. Ich bat einfach um mehr. Anfangs kamen die Gedanken sehr schnell; dann wurden sie langsamer, erst zu einem Strom, dann zu einem Tröpfeln. Am Ende brauchte sie minutenlang, um einen Gedanken zu finden, und dann war es häufig eine Wiederholung dessen, was sie bereits gesagt hatte. Als das geschah, sagte ich einfach: »Aha, aber das haben wir schon aufgeschrieben. Was noch?« Durch diesen einfachen Prozess sah ich inzwischen, wie sich Kates Gesichtsausdruck entspannte, wie ihre Wut verrauchte und ihr übliches Leuchten zurückkehrte. Schließlich wurden ihre Gedanken fast vollständig irrelevant für das Thema. Gedanken wie, *Ich hab Hunger.* Ich reagierte gleich, mit einem Lächeln und oft einem Lachen: »Aha, lass mich das aufschreiben … Du hast Hunger. Das ist ein Problem. Was noch?« Jetzt lächelte sie selbst, kicherte sogar ein bisschen. Sie sagte: »Ich glaube, das reicht.« Und das stimmte.

Achten Sie auf die Last, die unsere unablässigen Gedanken uns aufbürden. Allein schon der Vorgang, sie systematisch abzuladen, gibt uns ein besseres Gefühl. Ihr Gehirn ist nicht schlecht, es nimmt seine Aufgabe bloß sehr ernst – um Ihr Überleben zu gewährleisten –, und es kümmert sich einen feuchten Kehricht darum, ob Sie sich aufgrund seiner Pingeligkeit schrecklich fühlen. Es hört nicht auf, bis es angehört und wahrgenommen wird. Damit Sie also eine Verschnaufpause bekommen …

Nicht vergessen!

Durchleben Sie den Sturm so lange, bis Ruhe einkehrt.

Nachdem alles aufgeschrieben war, sah ich Kate zuversichtlich an und sagte: »Du weißt schon, dass das jetzt schachmatt ist, oder? Wenn du erst mal deine Emotionen angenommen hast, ausgewählt hast, an welchen du als Erstes arbeiten willst, und die Auslöser für dein Unglücklichsein festgemacht hast – deine Gedanken –, hat dein Gehirn keine Chance mehr, dein Glück noch länger auszubremsen. Es ist nur eine Sache von drei einfachen Fragen. Wir gehen diese Gedanken einen nach dem anderen durch. Alles beginnt mit einer Kernfrage …«

Entspricht das der Wahrheit?

»Dein erster Gedanke ist ›Er hat mich verlassen.‹ Entspricht das der Wahrheit, Kate?«, sagte ich.

Sofort wurde Kate wieder sehr emotional. »Ja. Hat er!«

»Wie hat er dich verlassen?«, fragte ich.

»Er ist in ein anderes Land gegangen.«

»Warum? Um *dich* zu verlassen? Wollte er vor *dir* weglaufen?«

»Nein«, sagte sie. »Er liebt mich. Er hat geweint, als er zum Flughafen gefahren ist. Aber er konnte nicht mehr im Land bleiben.«

»Das hat nichts mit dir zu tun, richtig, Kate?«

»Er hat seine Arbeit über mich gestellt. Er hat mich wegen eines Jobs verlassen …« Kates Gehirn reagierte mit einem raschen Angriff.

»Wirklich? Das wusste ich nicht. Hat er nicht versucht zu bleiben?«

»Er konnte nicht bleiben«, sagte sie. »Sein Visum ist ausgelaufen.«

»Wen hat er denn dann verlassen? Hat er *dich* verlassen?«

»Nein …« Kate schluchzte. »Er hat das Land verlassen.«

»Nein, Kate. Wenn du genau sein willst, musst du sagen, das Land hat ihn verlassen. Worte sind wichtig. Sie schaffen unsere Realität.

Leo hat sich nicht entschieden, dich zu verlassen. Das Leben hat Leo auf einen neuen Weg gezwungen.«

Sie nickte. Aber ich machte weiter. Ich fragte, ob er gesagt hätte, sie könne nicht mit ihm kommen. Sie räumte schließlich ein, dass sie sich zum Bleiben entschlossen hatte, weil ihre Karriere florierte und sie eigentlich ihre Freunde und ihre Familie nicht verlassen wollte.

»Oh, also, wenn ich das fragen darf, wenn er nicht bleiben konnte, aber du hättest mitgehen können und hast dich dann dagegen entschieden … wer hat denn dann wen verlassen?«

Es folgte langes Schweigen.

Nicht vergessen!

Wenn ein Gedanke nicht einmal der Wahrheit entspricht, lassen Sie ihn fallen.

Nächster Gedanke. »Es wird andere Frauen in seinem Leben geben. Ich verstehe, wie schwer es sein muss, mit diesem Gedanken umzugehen, aber ich muss dich etwas fragen. Entspricht das der Wahrheit?«

»Was meinst du? Natürlich ist das wahr. Was glaubst du denn? Dass er allein lebt?«

»Ich kenne Leo nicht, Kate. Ich bitte dich nur, dir die Konstruktion des Satzes anzusehen, den du mir genannt hast, und zu überprüfen, ob das der Wahrheit entspricht.«

Frustriert antwortete Kate: »Ich kann dir nicht folgen, und ehrlich gesagt bin ich genervt, also können wir bitte aufhören, Wortklaubereien durchzuführen?«

Ich lächelte verständnisvoll und sagte: »Wie kann etwas wahr sein, wenn es noch gar nicht passiert ist?«

Nicht vergessen!

Jede Aussage in der Zukunftsform entspricht nicht der Wahrheit.

Alle in die Zukunft gerichteten Aussagen sind bestenfalls Prognosen. Das habe ich am Aktienmarkt gelernt. Eine wohlgenährte Person mit einem eindrucksvollen Titel und einem teuren Anzug sitzt vor einer Kamera und versichert den Zuschauern, dass der Markt zusammenbrechen wird. Wenn man das als wahre Aussage nimmt, wird man sofort *short* gehen. Aber wie kann man das wissen?

»Wir kennen die Zukunft nicht, Kate. Das tun wir einfach nicht. Dich über etwas aufzuregen, das noch gar nicht stattgefunden hat, ist so, als würdest du dich an einer Mahlzeit vergiften, die du noch gar nicht gegessen hast. Es ergibt einfach keinen Sinn. Übrigens, hast du dich schon mal gefragt, wie sich diese Gedanken auf dein Verhalten auswirken?«

Wir gingen sogar die schwierigsten Gedanken durch: »Was wäre also, wenn er mit einer anderen Frau schläft? Wie wirkt sich das auf dich aus? Warum ist das wichtig?« (Ich stelle häufig die Fragen »Na und?« oder »Warum macht dich das unglücklich?«, um die tieferen Gedanken aufzudecken, die der eigentliche Grund für unser Unglück sind, von unserem Gehirn jedoch versteckt gehalten werden.) »Wenn er mit einer anderen Frau schläft, würde das bedeuten, dass du nicht genug warst? Oder ist es vielleicht einfach der Lauf des Lebens?«

Schließlich gelangten wir zum schwersten all dieser Gedanken: »Wir werden uns auseinanderentwickeln.« »Entspricht das der Wahrheit?«, fragte ich.

»Na ja, du hast gesagt, alle Zukunftsaussagen tun das nicht. Also stimmt es wohl nicht«, erwiderte Kate ungeduldig.

Ich sagte: »Ja, wir wissen nicht, ob das passieren wird, also entspricht es nicht der ›Wahrheit‹, aber es wäre so traurig, wenn ihr es tätet. Ihr scheint so gut füreinander zu sein und seid so gute Freunde?«

»O ja«, sagte sie mit jeder Faser ihres Seins.

»Okay«, sagte ich. »Kannst du diese Aussage so neu formulieren, dass sie wahr ist?«

Sie grübelte eine Zeit lang über ihrem Notizblock und schrieb dann: *Es besteht das Risiko, dass wir uns auseinanderentwickeln.* »Ja! Das ist eine wahre Aussage«, sagte ich. Also …

Was kannst du dagegen tun?

»Nichts«, sagte Kate. »Ich kann gar nichts dagegen tun. Es ist einfach so, wie es ist. Wir sind Tausende Kilometer voneinander getrennt.« Das war natürlich ein weiterer der deprimierenden Gedanken, mit denen Kates Gehirn sich pausenlos beschäftigte. »Wir sind nicht nur aufgrund der Lebensumstände voneinander getrennt, sondern [der Kerngedanke] es wird auch immer schlimmer und schlimmer werden, und wir können nichts dagegen tun.«

Solche ungelösten Gedanken sind die Hauptauslöser unserer Leidenszyklen. Wenn unser Gehirn eine Schwierigkeit oder eine Gefahr ausmacht, warnt es uns in Form einer negativen Emotion davor. Bleibt das Problem ungelöst, so kommt es immer wieder hoch, und wenn die Negativität mit der Verzweiflung kombiniert ist, dass es keinen Ausweg gibt, verstärken sich Tiefe und Häufigkeit des Zyklus. Doch der Grund für die Verzweiflung ist bloß ein weiterer unüberprüfter Gedanke und entspricht häufig nicht der Wahrheit – wie in Kates Fall. Ich brachte sie also zurück auf unsere analytische Kernfrage. »Stimmt das, Kate? Kannst du wirklich nichts dagegen tun?«

Daraufhin nannte Kate mir ausführlich all die Gründe, warum es so schwierig war, miteinander zu telefonieren. Schließlich sagte ich: »Das ist nicht die Antwort auf meine Frage. Du musst jetzt ehrlich sein. Könnt ihr etwas tun, um euch nahe zu bleiben, oder nicht? Antworte einfach mit Ja oder Nein. Dann können wir uns im Detail anschauen, wie gut oder wie effektiv es ist.«

Wie bereits erwähnt, ist es häufig sinnvoll, auf einer geschlossenen Antwort zu bestehen, statt sich lange Ausführungen anzuhören. Weil unser Gehirn die Tendenz hat, nach Problemen zu suchen, übertreibt es gern jede Herausforderung und weigert sich, die Wahrheit einzugestehen. Es versucht, uns in Sorge zu halten, indem es uns mit zahlreichen Bruchstücken negativer Gedanken überschüttet.

Nach langer Pause und einem offensichtlichen inneren Ringen räumte sie ein: »Ja, ich kann etwas tun, damit wir uns nahe bleiben. Es ist anders als das, was wir vorher hatten, und viel schwieriger, aber wenn ich das akzeptiere, kann ich es umsetzen.«

»Die Wahrheit ist irgendwo da draußen«, sagte ich. »Wir müssen einfach darauf bestehen, dass unser Gehirn uns nicht mit weniger abspeist. Gib mir ein Beispiel für etwas, das du tun kannst.«

»Na ja, diese Videotelefonate haben schon ihren eigenen Charme. Es erinnert mich an die Zeit, als wir uns kennengelernt haben. Das ist romantisch, und ehrlich gesagt, wenn ich ein bisschen länger aufbleibe, können wir morgens zu seiner Zeit telefonieren, was seine Lieblingstageszeit ist.«

Ich ließ ihr einen Moment, um über diese neue Erkenntnis nachzudenken, ehe ich fragte: »Gibt es also etwas, das du tun kannst, um das Risiko des Auseinanderlebens zu verringern, Kate?«

»Ja«, antwortete sie sofort mit einem Funkeln in den Augen. Also sagte ich …

Nicht vergessen!

Mach es!

Unser Handeln und unsere Einstellung sind die einzigen Faktoren, über die wir die Kontrolle haben. Bitten Sie Ihr Gehirn immer um Lösungen, die Sie in der realen Welt umsetzen können. Wenn Sie nicht darum bitten, bleibt Ihr Gehirn in seiner Komfortzone und sucht weiter nach Problemen. Wenn Sie merken, dass Sie etwas tun können, verpflichten Sie sich, es auf die bestmögliche Art zu tun. Auch wenn das Ihr Problem vielleicht nicht immer löst, macht es die Sache doch sicherlich ein kleines bisschen besser. Fürs Erste lindert es Ihre Verzweiflung und gibt Ihnen das Gefühl, etwas bewirken zu können.

Sobald Sie sich mit der Analyse und dem Handeln beschäftigen, unterbrechen Sie den Leidenszyklus, stoppen Ihre unablässigen Gedanken und fühlen sich augenblicklich besser.

Dann sagte Kate: »Ich vermisse ihn. Ich fühle mich einsam ohne ihn.«

Und das war sicherlich eine wahre Aussage. Wissen Sie, alle unsere Gefühlsaussagen sind wahr. Zumindest für uns. Unsere Gefühle können wir nicht leugnen, selbst wenn wir uns wünschen, anders zu empfinden.

Nicht vergessen!

Was Sie fühlen, ist immer wahr.

Es ist auch richtig, dass sie nicht viel dagegen tun kann. Dass man einen geliebten Menschen vermisst, wenn er nicht da ist, ist einfach eine Tatsache. Das Vermissen kann man nicht ändern. Wenn es nichts gibt, das man tun kann, um ein Problem zu lösen, wird es Zeit für die ultimative Glücksfähigkeit überhaupt.

Kannst du es akzeptieren und weitermachen?

»Kate«, sagte ich, »ich bin aus dem Nahen Osten. Ich weiß, wie es ist, wenn man für die Einreise ins Ausland um Erlaubnis bitten muss. Leider ist das der Status unserer Welt. Es kann sein, dass du und Leo nicht die Chance haben werdet, längere Zeit oder überhaupt jemals wieder als Liebende zusammen zu sein. Ich hoffe, das ist nicht der Fall, aber falls doch, was wirst du tun, um die Dinge ein bisschen besser zu machen?«

Sie sagte: »Ich will ihn als Freund in meinem Leben haben.«

»Dann sei eine Freundin. Hör auf, misstrauisch und eifersüchtig und wütend zu sein, und fang an, wie eine Freundin zu handeln. Das löst vielleicht nicht die Visumfrage, aber wenigstens rettet es, was zu retten ist.«

Mein Gespräch mit Kate dauerte mehrere Stunden und erstreckte sich über mehrere Tage. Wir mussten jeden Gedanken gründlich bearbeiten, und manchmal bearbeiteten wir mehrmals denselben Gedanken auf genau dieselbe Weise. Häufig kehrte sie in die negativen Gedanken zurück, meist in dieselben, und in die negativen Gefühle, die damit einhergingen. Indem wir immer wieder fragten: »Entspricht das der Wahrheit? Was kannst du dagegen tun? Kannst du es akzeptieren und weitermachen?«, kamen wir immer wieder zur Klarheit zurück. Klarheit brachte Frieden, und Frieden ermöglichte es Kate, die richtigen Entscheidungen zu treffen.

Ich kann Ihnen für diese Geschichte kein Ende im Sinne einer romantischen Hollywood-Komödie bieten und Ihnen erzählen, dass Kate und Leo einen Weg fanden, um wieder zusammen zu sein. Ich kann Ihnen nur sagen, dass Kate glücklich ist, während ich diese Zeilen schreibe, dass sie ihre Lebensumstände akzeptieren kann, sich auf ihre Karriere konzentriert (die einer der Faktoren war, der ihre Situation überhaupt erst verursacht hat) und für den Flow des Lebens offen ist. Sie leidet nicht mehr unter der quälenden Last unnötiger Grübeleien.

Und ist es das nicht, worum es im Leben geht?

Kapitel 12

Der Künstler in Ihnen

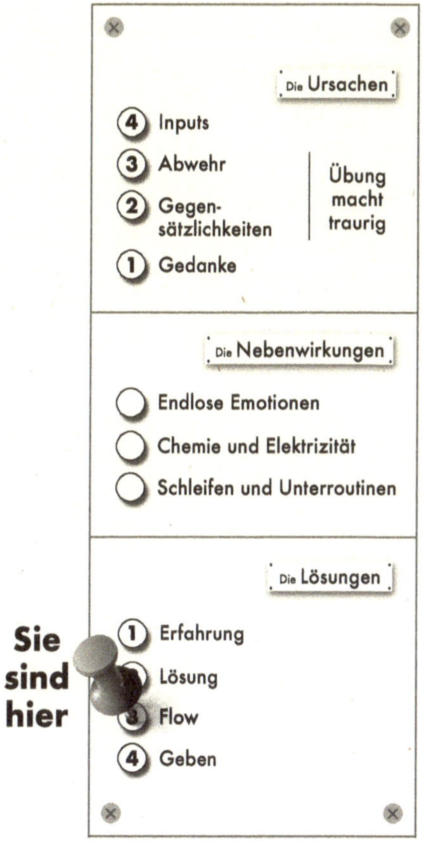

Als ich bei IBM anfing, lernte ich, mit Minicomputern zu arbeiten. Diese Geräte waren alles andere als mini (sie hatten die Größe von Kleinwagen), außer dass sie sehr klein waren im Vergleich zu den Großrechnern (die das Format eines sehr großen Zimmers hatten). Einer der ersten Minicomputer war der System/36, der bei der Finanzindustrie sehr gut ankam, weil er die Batchverarbeitung beherrschte. Der Begriff Batchverarbeitung war bei industriellen Systemen allgemein gebräuchlich und bedeutete die Durchführung industrieller Prozesse in Serie – wie zum Beispiel die Durchführung des Lohn- und Gehaltsprogramms für ein ganzes Unternehmen über Nacht. Man musste bloß den Batch starten und die Maschine laufen lassen. Verglichen mit heutigen Computern klingt das primitiv, aber Batchverarbeitung war extrem wertvoll für Aufgaben wie den Tagesabschluss in einer Bank. Die Batchabläufe waren optimiert für die Durchführung umfangreicher, wiederholungsintensiver Aufgaben und wurden für die Aktualisierung von Informationen in den relevanten Datenbanken, das Erstellen von Berichten, das Drucken von Dokumenten und andere nicht interaktive Aufgaben verwendet, die zuverlässig innerhalb bestimmter geschäftlicher Fristen erledigt werden mussten. War die Fähigkeit des Computers zur Durchführung der Batchverarbeitung erst einmal bestätigt, erledigte er dies meist fehlerlos, ohne viel darüber »nachzudenken«, was benötigt wurde. Es war das Paradies eines Systemadministrators – mühelos und fehlerfrei.

Wir Menschen laufen auch im Batchverarbeitungsmodus. Der Zustand ist als »Flow« bekannt.

Flow

In der positiven Psychologie wird der Flow als mentaler Zustand beschrieben, in dem eine Person bei der Durchführung einer Aufgabe völlig vom Gefühl der energiegeladenen Konzentration, des Engagements und der Freude am Prozess durchströmt wird. Wenn Sie im Flow sind, gehen Sie ganz in Ihrer Tätigkeit auf und verlieren den Sinn für Raum und Zeit. Oft spricht man davon, »in der Zone« zu sein – fast als würde man den Kontakt zur Außenwelt verlieren. Der Zustand wird häufig mit Künstlern verknüpft, die ihr Meisterwerk schaffen, oder mit Sportlern, die Höchstleistungen erbringen. Bruce Lee bezeichnete es als den Zustand der Denkfreiheit – wenn man sich mühelos bewegt, um jede Bewegung perfekt auszuführen, ohne einen einzigen Gedanken im Kopf.

Ein allgemeiner Irrtum ist, dass dieser Flowzustand sich auf Spitzenkünstler und -sportler beschränkt. Das tut er nicht. Jeder von uns kann in den Flow eintauchen, und viele schaffen das mehrmals täglich. Wissen Sie noch, wie Sie als Kind mit Ihren Freunden gespielt und so darin versunken waren, dass Sie die Zeit völlig aus den Augen verloren haben? Oder haben Sie mal losgelassen und getanzt, als würde niemand Ihnen dabei zusehen, nur um irgendwann zu merken, dass Sie das schon seit einer Stunde taten und völlig durchgeschwitzt waren? Das sind Flowzustände. Malen, Zeichnen, Schreiben und andere kreative Tätigkeiten bringen uns normalerweise in den Flow. Videospiele können in einen tiefen Flow führen, wenn sie den richtigen Schwierigkeitsgrad haben. Selbst Arbeit kann häufig zu Flowzuständen führen, wenn man sie gern tut.

Der Flow wird schon seit Jahrtausenden in östlichen Religionen thematisiert, nur dass man ihm dort nicht diesen einprägsamen Namen gegeben hat. In der westlichen Gesellschaft wurde man erst 1975 darauf aufmerksam, als der Begriff von einem meiner Lieblingsautoren geprägt wurde, Mihály Czíkszentmihályi. Seither wurden Unmengen von Studien durchgeführt, um diesen Zustand genau verstehen und definieren zu können. Meine persönliche Definition?

Nicht vergessen!

Flow ist der Zustand, in dem das Handeln und das Sein miteinander verschmelzen.

Das unterscheidet sich vom Zustand des reinen Erfahrungsdenkens, wenn Ihr Fokus auf der Beobachtung der Welt liegt. Oder vom Zustand der Problemlösung, wenn Sie damit beschäftigt sind, zu analysieren und etwas zu verändern. Es ist eine Verschmelzung von beidem. Und obwohl wir uns zuvor auf die Regel geeinigt haben, dass unser Gehirn nur die Ressourcen für jeweils eine Aufgabe besitzt, **scheinen während des Flows beide Aufgaben zu koexistieren – reine Achtsamkeit und fehlerlose Durchführung – und einander gegenseitig zu verstärken.** Das ist wirklich das Beste beider Welten: Achtsamkeit und Leistung in einem.

Um diese Mischung aus scheinbar widersprüchlichen Zuständen zu aktivieren, müssen Gehirnregionen, die normalerweise nicht gemeinsam feuern, gleichzeitig genutzt werden. Es erfordert ein besonderes Elixier von Neurochemikalien, die einander normalerweise gegenseitig außer Kraft setzen. Wenn Sie in den Flow kommen, entscheidet Ihr Gehirn, dass seine Tätigkeit wichtig und herausfordernd genug ist, um ihr seine volle Aufmerksamkeit zu widmen. Für die Umsetzung setzt es Noradrenalin frei, ein Hormon, das normalerweise mit Ihrer Kampf-oder-Flucht-Reaktion verbunden ist. Es macht Sie aufmerksamer, fokussierter und verbessert Ihre Muskelkontrolle. Im Falle des Flows jedoch verursacht es keinen Stress, weil gleichzeitig Serotonin ausgeschüttet wird, die beruhigende Neurochemikalie, die wir mit Glück und der Aktivierung unseres parasympathischen Nervensystems verbinden. Wenn diese beiden perfekt miteinander kombiniert werden, erhalten Sie eine fehlerlose Leistung, die in Glück und Gelassenheit getaucht ist. Schön! Dann wird es sogar noch besser. Im Flow schütten Sie auch Dopamin aus, das Ihre Konzentration noch verstärkt, ebenso wie Ihre Motivation und Ihre Fähigkeit zur Mustererkennung. Auch Anandamid wird ausgeschüttet, das Ihr Gedächtnis und Ihre kognitiven Fähigkeiten stärkt und Ihnen hilft, über den Tellerrand hinauszudenken. Das ist einfach der perfekte Cocktail aus Neurotransmittern. Eine bessere Mischung kann man sich gar nicht wünschen. Prost!

Noch eine interessante Beobachtung: Im Flowzustand schaltet unser Gehirn herunter in die Theta-Wellen, jene, die bei der Meditation aktiviert werden, was Ihr Gehirn ganz allgemein beruhigt. Viele ablenkende Gehirnfunktionen werden im Ergebnis abgeschaltet, was es Ihnen ermöglicht, in diesen friedvollen Zustand zu gelangen, für den Mönche jahrelang trainieren. Magie. Aber das Beste kommt noch.

Wenn wir im Flow sind, ermöglicht unser Gehirn etwas, das als transiente Hypofrontalität bekannt ist. Dabei werden Teile Ihres präfrontalen Kortex vorübergehend stillgelegt. Sie werden sich vielleicht erinnern, dass wir Hypofrontalität weiter oben mit der Aufmerksamkeits-Defizit-Störung und infolgedessen mit Unglücklichsein in Verbindung gebracht haben. In diesem Fall jedoch scheinen lediglich die Bereiche Ihres präfrontalen Kortex deaktiviert zu werden, die für Ihre Selbstkritik zuständig sind. Diese bohrende Stimme, die Ihnen sagt, dass Sie es nicht schaffen werden oder dass Sie nicht gut genug sind, verstummt. Ein Gefühl der Freiheit entsteht, und jetzt kommt das Genie ins Spiel.

Weil Sie sich nicht kritisieren, hören Sie auf, Gehirnkapazitäten für übermäßiges Analysieren und Gedanken wie »Was werden andere von mir denken« zu verschwenden. Sobald dieses Bohren aufhört, beginnen Sie, auf instinktivere Weise mit der Realität umzugehen. Sie haben Zugriff auf jene Art der Entscheidungsfindung, die Sie normalerweise bewusst nicht erreichen können. Sie werden Neo in *Matrix.* Alles scheint sich zu verlangsamen, und Sie merken, dass Sie mühelos eine heranrasende Kugel sehen und aufhalten können. Maximale Leistung. Der Traum eines jeden Technikers.

In den letzten zehn Jahren hat der Flow viel Aufmerksamkeit erhalten und wurde zu einem Trendthema, das gleichermaßen im Businessbereich, im Sport und in der Kunst diskutiert wurde. Wie alles, auf das unsere moderne Gesellschaft sich eingeschossen hat, haben wir ihn zu einem Produkt gemacht und es aussehen lassen, als handele es sich um ein Privileg nur für Personen, die hart arbeiten oder vielleicht einen Coach oder Berater dafür bezahlen, dass er ihnen dazu verhilft.

Aber das stimmt überhaupt nicht. Der Flow ist ein Teil von uns allen. Sie können ihn zu Ihrer wahren Natur machen, indem Sie ein paar einfache Schritte unternehmen.

Zeit zum Üben.

Flow ist kein Zustand, der Spitzensportlern und Musikern vorbehalten ist. Auch Sie können bei jeder einzelnen Ihrer Tätigkeiten in den Flow kommen.

Sie müssen nur wissen, wie Sie Ihr Gehirn … in die Zone führen.

Praxisübung:
In den Flow kommen

Ziel:	Flow nach Bedarf
Dauer:	30 Minuten (oder so lange Sie brauchen)
Wiederholung:	unbegrenzt für jede Ihrer Aufgaben
Sie brauchen:	eigentlich nichts, nur etwas zu tun und ein bisschen Zeit

Für Anfänger ist es am einfachsten, mit einer Aufgabe zu beginnen, die Sie wirklich gern machen.

Ich zum Beispiel spüle gern Geschirr; es entspannt mich. Also verwende ich diese scheinbar banale Tätigkeit hier als Beispiel. Wenn Sie kein Freund des Geschirrspülens sind (vermutlich nicht), wählen Sie eine Aufgabe – Kaffee kochen, die Katze bürsten, Sudoku spielen oder bei der Arbeit Präsentationen erstellen. Es ist alles prima, solange es eine Aufgabe ist, die Ihnen Spaß macht.

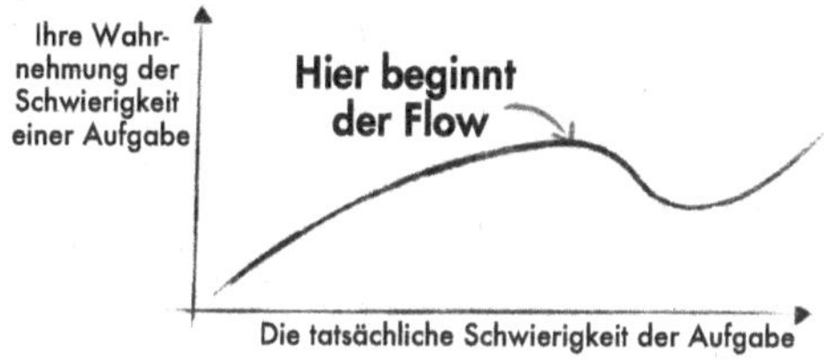

Wenn die Aufgabe zu leicht ist, nutzen wir nicht die volle Verarbeitungsleistung unseres Gehirns dafür. Die freie Verarbeitungskapazität lässt Ihrem Geist den Raum zum Umherschweifen. Um in den Flow zu kommen, müssen Sie den Schwierigkeitsgrad der Aufgabe erhöhen, damit sie anspruchsvoll, aber nicht zu schwer ist.

Wird die Aufgabe schwieriger, sinkt Ihre Fähigkeit, sie durchzuführen, bis der Flow einsetzt. Sobald er das tut, ist er fast wie ein zweiter Antrieb, und die Aufgabe wird leichter.

Als ich mit Ali Computerspiele machte, stellte ich fest, dass ich nicht ganz in das Spiel versunken bleiben konnte und mich nicht von meinen Gedanken lösen konnte, bis ich die schwierigeren Level spielte. Erst wenn das Spiel anspruchsvoll genug wurde, stellte mein Gehirn sich darauf ein, in den Flow zu kommen. Wenn das Spiel schwieriger wurde, fand ich es leichter. Probieren Sie es aus. Es ist faszinierend.

Die Aufgabe schwerer zu machen ist einfach, wenn Sie ein Spiel machen, aber was ist mit einfacheren, repetitiven Aufgaben wie dem Geschirrspülen? Sie machen die Aufgabe schwieriger, indem Sie Ihre Qualitätsstandards für jede einzelne Wiederholung der Aufgabe erhöhen. Wenn ich Geschirr spüle, nehme ich jeden Teller, reinige ihn gründlich, trockne ihn perfekt ab, inspiziere ihn genau, wiederhole den Vorgang, wenn nötig, und stelle ihn dann ordentlich dorthin, wo er hingehört, ehe ich zum nächsten übergehe. Ich bemühe mich auch, kein Wasser zu verschwenden und die Küche nicht damit vollzuspritzen. Nötig für die Aufgabe? Nein. Aber entscheidend für meine Fähigkeit, den Flow zu genießen.

Nicht vergessen! Machen Sie die Aufgabe bloß einen Tick schwieriger als Ihre derzeitige Fähigkeit, aber nicht zu schwierig, um in den Flow zu kommen.

Je öfter Sie das tun, desto leichter wird die Aufgabe natürlich für Sie – auch hier wieder wie eine kaputte Schallplatte – aufgrund der Neuroplastizität. Je öfter Sie es schaffen, in den Flow zu kommen, desto leichter fällt es Ihnen. Fragen Sie mich, ich bin Autor. Ich weiß ohne einen Hauch von Zweifel, dass das stimmt.

Um im Flow zu bleiben, machen Sie die Aufgabe weiterhin bei jeder Wiederholung ein kleines bisschen schwieriger, dann bleibt es eine Herausforderung, selbst wenn Sie besser darin werden.

Streben Sie bei jeder Wiederholung der vorliegenden Mikroaufgabe nach höchster Qualität. Setzen Sie sich keine Ziele, die mehr als die eine Aufgabe umfassen, und konzentrieren Sie sich nicht auf das Ziel der gesamten Tätigkeit. Jeder Teller sollte gut abgewaschen werden. Machen Sie sich jetzt noch keine Gedanken über das Abtrocknen, und denken Sie nicht an all die noch schmutzigen Teller. Beschränken Sie sich nicht selbst durch Ziele. Versuchen Sie nicht, den Abwasch in 15 Minuten zu erledigen.

Bleiben Sie stattdessen einfach konzentriert auf jeden einzelnen Teller und jede einzelne Bewegung.

Nicht vergessen! Ihr intensiver Fokus sollte auf jeder einzelnen Mikroaufgabe liegen.

Wenn wir uns große Ziele setzen, wandert unsere Aufmerksamkeit weg vom Erlebten hin zum Planen und zu Sorgen über die Zukunft und wie die Ziellinie wohl aussehen mag. Beim Flow gibt es keine Ziellinie. Er liegt in jeder einzelnen Sekunde des Prozesses.

Ein weiterer Schlüssel zum Erfolg ist, zu verstehen, dass der Flow sehr fragil ist. Er ist ein eleganter Prozess, der leicht kaputtgehen kann, wenn er unterbrochen wird. In den Flow zu kommen erfordert einen klaren Geist und ungeteilte Aufmerksamkeit. Nur ungestört kann er aufrechterhalten werden. Also …

Nicht vergessen! Meiden Sie jede Ablenkung.

Lassen Sie sich ganz auf die Aufgabe ein, ohne dass irgendetwas Ihre Aufmerksamkeit ablenken könnte. Wenn Sie den Abwasch machen, waschen Sie ab. Gucken Sie dabei nicht Fernsehen. Wenn Sie wirklich tanzen wollen, lassen Sie den Abwasch stehen, und kommen Sie in den Tanz-Flow. Wenn Sie beim Spielen in den Flow kommen wollen, sprechen Sie nicht mit den anderen Spielern, sondern lassen Sie sich völlig aufsaugen und fokussieren. Ablenkungen gefährden Ihren Flow. Unterbrechungen lassen ihn in sich zusammenfallen. Bereiten Sie Ihre Umgebung vor, indem Sie alle möglichen Unterbrecher entfernen. Schalten Sie Ihr Handy aus, und sagen Sie Ihren Mitbewohnern oder Ihrer Mutter, dass Sie ein bisschen Zeit für sich brauchen. Lassen Sie nicht mal sich selbst Ihren Flow unterbrechen. Schauen Sie nicht aufs Handy, ob Nachrichten eingegangen sind. Die sind auch noch da, wenn Sie fertig sind. Haben Sie schon mal gesehen, dass ein Pianist ein Meisterwerk spielt und dann hochschaut, um zu sehen, wie das Publikum ihn aufnimmt? Wenn man wirklich im Flow ist, verschwindet die ganze Welt im Hintergrund. Nichts anderes zählt als das, was man gerade tut. Selbst der einfache Vorgang des Blicks auf die Uhr würde Sie aus der Zone herausholen.

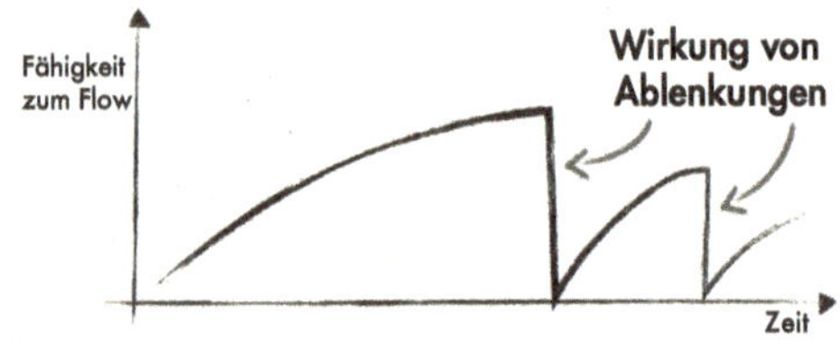

Stellen Sie sich einen Timer, nicht damit er ihnen sagt, wann Sie aufhören sollen, sondern eher um zu wissen, wie viel Zeit vergehen muss, ehe Sie sich selbst aufhören lassen. Ist er erst einmal eingestellt, haben Sie nicht mehr das Verlangen, auf die Uhr zu schauen, und dann können Sie loslassen und sich ganz auf die vorliegende Aufgabe konzentrieren.

Nicht vergessen!

In den Flow kommen Sie nur in der Abwesenheit von Zeit.

Sie werden staunen, wie gleichgültig Ihnen die Zeit ist, wenn Sie erst mal im Flow sind. Sie wollen die Aufgabe zu Ende bringen. Normalerweise stelle ich den Timer mehrmals neu, wenn er losgeht, ehe ich tatsächlich aufhöre.

Lassen Sie unsere Welt hinter sich. Es gibt kein großes Ziel und keinen Zeitdruck, also genießen Sie einfach das, was Sie tun. Wenn Sie in den Flow kommen – den höchsten Ruhe- und Leistungszustand –, werden Sie für den Rest Ihres Lebens darin bleiben wollen.

Kapitel 13

Die Mission ist rechter Hand

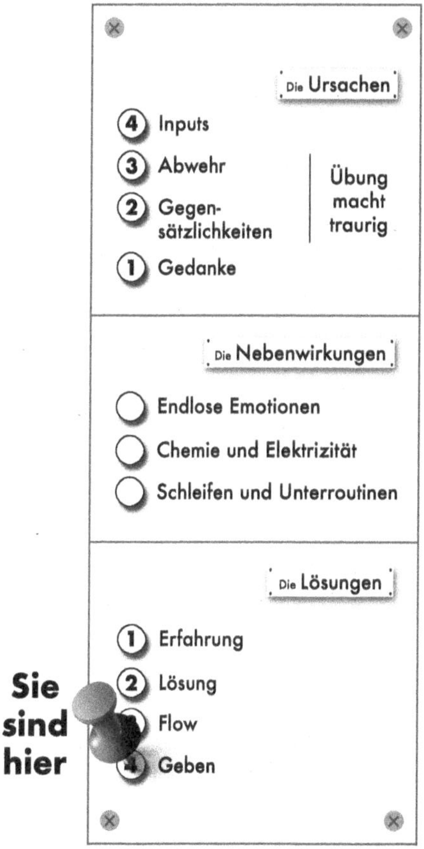

Erleben, Lösen und Flow. Diese Gehirnmuster sind ein sicherer Weg zum Glück. Sie beenden Ihr unablässiges Grübeln durch den Vorgang der bewussten Aufmerksamkeit. Je mehr Sie sie üben, desto stärker werden sie zu Ihrer Standardmethode bei jeder Schwierigkeit, die das Leben Ihnen in den Weg stellt. Selbst mitten in der Tragödie von Alis Tod kehrte mein Gehirn prompt zu dem zurück, worin es gut ist: die Wahrheit zu beobachten und das Problem zu lösen. Diese »nützlichen Gedanken« haben eine viel tiefere Wirkung auf Sie als nur die Erleichterung Ihres Kummers, weil sie wirklich die Säulen des Erfolgs in unserer modernen Welt sind.

Glücklich erfolgreich

Ein großer Unterschied zwischen denen, die scheitern, und denen, die es schaffen, ist die Tendenz, rasch zu nützlichen Gedanken überzugehen, wenn das Leben den Kurs ändert. Einige der besten Unternehmer, mit denen ich gearbeitet habe, leben ständig in diesem Zustand des nützlichen Denkens. Keiner von ihnen hat so viel Glück, wie alle glauben. Wenn ein Problem auftaucht, verkriechen sie sich nicht in einen stillen Winkel, um zu jammern und das Leben zu verfluchen. Sie haben einfach gar nicht die Zeit dafür. Stattdessen bekennen sie Farbe. Sie erfahren – sie berufen ein Meeting mit ihren Teams ein, um so viele Fakten wie nur möglich über die Situation einzuholen. Sie lösen Probleme – sie ziehen alle möglichen Lösungswege in Betracht, um die Schwierigkeit zu überwinden. Sie setzen Prioritäten und fällen Entschlüsse. Dann kommen sie in den Flow – ist eine Entscheidung erst mal getroffen, konzentrieren sie sich auf ihre Umsetzung. Sie verbannen den Gedanken ans Verlieren aus ihrem Kopf und lassen das Drama aus. Sie gehen es an und stecken ihre gesamte Aufmerksamkeit in die vorliegende Aufgabe. Es mag nicht leicht sein – nichts Wichtiges ist jemals leicht –, aber bei alldem spüren sie den Nervenkitzel des Meisterns von Hindernissen. Bei alldem fühlen sie sich energiegeladen und zielgerichtet, so schwierig die Sache auch sein mag. Sie sind glücklich. Glauben Sie mir, meine Investitionsentscheidungen bei Start-ups haben sich hauptsächlich daran orientiert, wie glücklich, gelassen und fokussiert der Gründer ist, wenn er unter Druck steht. Wer seine Fähigkeit verliert, das Gehirngeplapper zu beenden und sich dem nützlichen Denken zu widmen, verliert sein Geschäft und damit auch mein Investment.

Sehr wichtig!

Nützliches Denken – der größte neurale Grund für das Glücklichsein – ist auch das größte Geheimnis des Erfolgs.

Beim Erleben-Lösen-Flow als Modell fehlt jedoch der nützlichste Gedanke von allen, der Gedanke, der uns das tun lässt, was uns am glücklichsten macht – Geben!

Fünf Jahre nach Alis Tod stand ich in Amsterdam auf einer Bühne bei einer Konferenz namens »Weisheit im Geschäftsleben«. Am Ende eines einstündigen Kamingesprächs fragte mich der Gastgeber, wie ich mich fünf Jahre nach Alis Verlust fühle. »Einerseits verschwindet der Schmerz des Verlustes nicht. Ich vermisse ihn an jedem einzelnen Tag«, sagte ich. »Aber andererseits bin ich noch nie glücklicher gewesen.«

Das Publikum aus mehr als 500 Anwesenden war vollkommen still. Jeder sah mich an, und ich konnte die Tränen nicht länger zurückhalten. Dieses Gespräch fand am Ende eines langen Tages statt, an dem ich mich mit vielen Lesern von *Die Formel für Glück* ausgetauscht hatte, die mir freundlicherweise erzählt hatten, wie das Buch ihnen geholfen hatte, sich zu ändern.

»Ich habe noch nie in meinem Leben so viel Liebe empfunden«, sagte ich. »All die Umarmungen und Worte der Dankbarkeit. All die Nachrichten, die ich bekomme, all die Menschen, die kommen und mir die Hand schütteln, wenn ich irgendwo auf unserer großen Welt in einem Café sitze, nicht weil ich irgendein Promi bin, mit dem sie ein Selfie machen wollen, sondern weil sie mich als Freund betrachten, als jemanden, der ihnen durch eine schwierige Zeit geholfen hat. Was für eine Ehre. Es ist alles zu viel für mein Herz. Ich kann gar nicht in Worte fassen, wie dankbar und wie demütig ich bin. Dies war das letzte von zahllosen Geschenken, die mein wunderbarer Sohn, meine Sonne Ali mir gegeben hat, ehe er diese Welt verließ. Als das Leben mir die endlose Liebe nahm, mit der er mich überströmt hatte, war es, als gäbe es mir zugleich das einzige Geschenk, das es mit seiner Liebe aufnehmen konnte – die Liebe von Zehntausenden wunderbaren Menschen, die sich auf den Weg gemacht haben, um so zu werden wie Ali.

Trotz all meiner Jahre der Glücksforschung hatte ich bis dahin nicht erkannt, dass nichts uns glücklicher machen kann, als einen anderen Menschen glücklich zu machen. Und ich habe mir das Ziel von einer Milliarde gesetzt.

Es ist schon komisch. Ursprünglich hatte ich meine Mission als meinen Versuch gesehen, der Welt etwas zurückzugeben, aber tatsächlich hat nichts mir jemals mehr gegeben. Es ist zwar meine Mission, andere glücklich zu machen, aber seither werde auch ich jeden Tag immer glücklicher.

Ali kommt niemals zurück. Ich habe gelernt, das zu akzeptieren, und der Schmerz bleibt. Doch wenn man all die Liebe und Freundlichkeit zusammenzählt, die ich jeden Tag erhalten habe, ist das Ergebnis ganz einfach. Ich war noch nie glücklicher. Ich war noch nie so mit mir im Einklang.

Diese Freude ist nicht denen vorbehalten, die sich große Ziele und Missionen setzen. Sie empfinden Sie jedes Mal, wenn Sie etwas geben, um das Leben eines anderen besser zu machen. Wenn alles, was wir im Leben tun, der Versuch ist, in irgendeiner Weise dieses herrliche Gefühl zu erleben, das wir Glück nennen, dann könnte Geben das Egoistischste sein, was wir überhaupt tun können. Wie skurril!

Durch das Licht der Scheinwerfer hindurch, die mich auf der Bühne anleuchteten, konnte ich sehen, dass auch vielen anderen jetzt Tränen in den Augen standen, und mein Gesprächspartner sagte: »Ich glaube, mehr gibt es nicht zu sagen.«

Dieses ganze Buch hindurch habe ich Ihnen ein paar der Dummheiten erzählt, mit denen ich in meinem Leben mich selbst und andere unglücklich gemacht habe. In dieser letzten Geschichte will ich Ihnen diese eine Sache mitteilen, über die ich ohne vorherige Absicht gestolpert bin und die mich zum glücklichsten Menschen gemacht hat, dem Sie je begegnen werden. In diesem letzten Kapitel fordere ich Sie auf:

Geben Sie. Das ist das Klügste, zu dem Sie sich je entschließen können.

Geben

Wie kann Geben denn für mich von Nutzen sein?, fragen Sie sich vielleicht. Wenn ich mein schwer verdientes Geld weggebe, gerate ich in Not. Wenn ich meine Zeit gebe, bin ich am Ende müde und ausgelaugt. Ist es das, was Sie glauben?

Falls ja, dann irren Sie sich. Total.

Geben ist offensichtlich gut für den, dem Sie etwas geben, aber kann es auch gut für Sie sein? Um das zu erkennen, brauchen Sie eine klare Vision und den erhöhten Blickwinkel des Meisters. Ich will es Ihnen erklären.

Zum Akt des Gebens gehören natürlich zwei Beteiligte, ein Gebender und ein Empfänger der Gabe.

Die vollkommen offensichtliche Annahme ist: Wenn eine Gabe vom Gebenden zum Empfänger überwechselt, fügt sie dem Empfänger etwas hinzu, während sie dem Gebenden etwas wegnimmt, das er zuvor besaß.

Doch jenseits des Offensichtlichen trifft dies keineswegs zu. Die Wahrnehmung des Gebens ist das verbreitete Missverständnis derjenigen, die nicht geben. Es ist eine gewaltige optische Täuschung und übersieht zahlreiche Details, die nur durch nähere Untersuchung und das Hinterfragen der Kernannahmen zu erkennen sind.

Wenn Sie sich wirklich öffnen, werden Sie feststellen, dass der Akt des Gebens nicht notwendigerweise verringert, was der Gebende zuvor hatte, und dass er nicht notwendigerweise überhaupt die Gabe von einem Beteiligten zum anderen wechseln lässt. Wenn Sie die Wahrheit erkennen und lernen wollen, ein Gebender zu sein, dann müssen Sie vier Fragen stellen:

Ist das Behalten mit Kosten verbunden?

Gehört Ihnen das zu Gebende überhaupt?

Kann durch das Geben etwas gewonnen werden?

Gibt es einen Unterschied zwischen dem Gebenden und dem Empfänger?

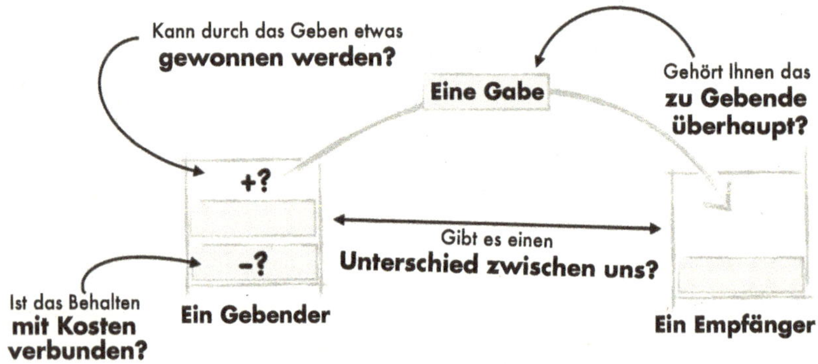

Ist das Behalten mit Kosten verbunden?

Wenn Ihnen nicht danach ist, etwas zu geben, sollten Sie als Erstes fragen: Worin liegt der wahre Wert, es zu behalten?

Oft denken wir über den Wert der Sache nach, die wir geben können, doch wir erkennen nicht die Kosten, die wir dadurch einsparen, es nicht zu behalten. Wir denken, dass es einfach dasitzt und dass es nichts kostet, es zu behalten. Tut es aber. Alles, was wir in unser Leben lassen, verursacht Kosten. Manchmal erkennen wir diese Kosten nicht, weil der Vorteil sie überwiegt, aber wenn der Vorteil schwindet, halten wir an diesen »Dingen« fest und ignorieren die Kosten. Wir halten daran fest, obwohl diese Dinge keine andere Funktion in unserem Leben erfüllen, als uns kaputtzumachen.

Das habe ich aus erster Hand gelernt, als ich Oldtimer gesammelt habe. Diese wunderschönen Meisterwerke der Konstruktionskunst waren so verführerisch für mich, dass ich einen erheblichen Teil meiner Zeit und Aufmerksamkeit damit verbrachte, nach ihnen Ausschau zu halten. Wenn ich einen fand, der zum Verkauf stand, musste ich ihn mir unbedingt anschauen gehen. Selten war er wirklich so wie beworben. Diese Dinger erfordern Arbeit … Unmengen an Arbeit. Ich musste sie durchsehen, Zeit und Geld für ihren Kauf aufwenden, und nach dem ersten Glücksgefühl, wenn ich sie nach Hause fuhr, entdeckte ich für gewöhnlich, dass sie verborgene Mängel hatten. Dann musste ich sie reparieren, wiederherstellen, warten, ihre Anmeldung erneuern, sie sauber machen, sie parken, sie abdecken, die Batterien stilllegen, wenn ich auf Reisen war, und jeden davon mindestens 30 Kilometer pro Woche fahren, selbst wenn ich gar nicht die Zeit dazu hatte. Jeder dieser Schritte war mit Kosten verbunden, für die ich mit meiner Zeit, meiner Mühe, meinem Geld und Stress zu bezahlen hatte.

Verstehen Sie mich nicht falsch – die Freude bei diesem Vorgang war echt. Es gibt nichts Schöneres für einen Nerd wie mich, als ein altes Ingenieurswunder wieder in seinen ursprünglichen Glanz zurückzuversetzen. Doch die Kosten waren erheblich und unbestreitbar, und dabei ging es um mehr als nur um Geld.

Wenn wir mehr und mehr anschaffen, vergessen wir eins:

Nicht vergessen! Je mehr Dinge du besitzt, desto mehr Dinge besitzen dich!

Das gilt nicht nur für Luxusartikel. Aya hat neulich ein Kätzchen bei sich aufgenommen. Dieses kleine Bündel Niedlichkeit schläft 16 Stunden am Tag, und wenn es aufwacht, oft zwischen Mitternacht und drei Uhr morgens, rast, tobt und springt es durch Ayas gesamte Wohnung. Es springt mir auf die Brust, wenn ich zu Besuch bin, und auf Ayas, wenn ich nicht da bin. Beim ersten Mal ist es entzückend, aber in der dritten Nacht wird es ernsthaft nervtötend. Wenn man die Tür schließt, miaut die Katze ohne Unterbrechung und weckt einen ebenso. Man lässt sie rein, und sie hinterlässt überall Haare. Man kauft Allergiemittel im Dutzend, und das alles für das Vergnügen, dieses flauschige, putzige Ding herumhüpfen zu sehen. Sobald man aufwacht, verlangt sie nach Aufmerksamkeit. Sie will gefüttert werden, mag das angebotene Futter nicht und miaut endlos, bis man es ersetzt, und später kotzt sie es genau in dem Moment wieder aus, da man gerade loswill. Sie ist ganz klar der Boss und wird das auch noch einige Zeit bleiben. Was für eine Freude!

Viele Menschen lieben Katzen. Ich auch. Es ist nur wichtig zu erkennen, dass die Katzenhaltung mit Kosten in Bezug auf Zeit, Stress und Kontostand verbunden ist. Hunde sind da besser, höre ich die Hundefreunde unter Ihnen sagen, und ich wage gar nicht zu erwähnen, welche Kosten mit der Hundehaltung einhergehen.

Ich würde zu viele Leser verlieren. Lassen Sie mich nur so viel sagen: umsonst ist sie nicht. Wenn Sie sehen, wie jemand die Kacke von jemand anderem wegmacht, wissen Sie, wer hier für wen arbeitet. Es ist unbestritten, wie viel Freude die bedingungslose Liebe eines Haustiers macht, aber dem stehen Kosten entgegen, die nicht ignoriert werden sollten.

So ist es mit allem, das Sie in Ihr Leben lassen. Selbst ein Hemd muss gewaschen, gebügelt und zusammengefaltet werden. Es braucht Platz im Schrank. Ersetzen Sie es durch ein T-Shirt, dann sparen Sie sich das Bügeln, aber trotzdem braucht die Waschmaschine Wasser, Waschmittel und Wartung. Ihr Handy muss aufgeladen und geschützt werden. Sogar das Geld selbst erzeugt Kosten. Wenn Sie es verdient haben, müssen Sie es sicher verwahren und investieren. Sie müssen die ganzen Nachrichten von Ihrer Bank zur Kenntnis nehmen, und Sie müssen eine Steuererklärung ausfüllen. Selbst wenn Sie es einfach liegenlassen und gar nichts damit tun, wird Ihr Geld vermutlich die Kosten des Wertrückgangs verursachen.

Nicht vergessen!

Der Nutzen dessen, was wir in unser Leben holen, ist unbestreitbar, aber es ist immer auch mit Kosten verbunden, die nicht ignoriert werden sollten.

Und dann sind da noch die Ersatzkosten – ein Business-Begriff, der die entgangene Gelegenheit als Kosten betrachtet. Lassen Sie sich das mal durch den Kopf gehen. Wenn Sie garantiert 100 Dollar verdienen könnten und diese Gelegenheit versäumten, könnte man sagen, dass Sie 100 Dollar verloren haben. Dieser Verlust wird vielleicht repräsentiert durch die Kosten des Festhaltens an Dingen. Ob etwas uns Vorteil bringt oder nicht, seine Anwesenheit hindert uns daran, andere Dinge in unser Leben zu lassen. Das Regalfach, in dem Sie Ihre T-Shirts aufbewahren, ist begrenzt. Wenn es voll ist, verlieren Sie die Chance, dieses andere coole Oberteil zu kaufen, das Sie gesehen haben. Kaufen Sie es trotzdem, so müssen Sie alles zusammenstopfen. Füllen Sie Ihr Leben mit »Freunden« an, die Sie herunterziehen und missmutig machen, und Sie verlieren die Chance, echte Freunde zu gewinnen, die Sie aufmuntern und Ihnen ein besseres Gefühl geben.

Nicht vergessen!

Das, woran wir festhalten, beansprucht den Raum, den wir brauchen, um das in unser Leben zu holen, was uns bereichert.

Fragen Sie sich vor diesem Hintergrund, ob Sie wirklich alles brauchen, was Sie haben. Dieses Kleid, das nicht mehr passt, die alte Jacke, von der Sie wissen, dass Sie sie nie wieder anziehen werden, dieses überschüssige Geld, das Sie von der Steuer absetzen könnten, wenn Sie es spenden. Was kostet es Sie? Und wenn es verschwindet, wie viel Raum setzt es frei für neue Chancen und Erfahrungen, die seinen Platz einnehmen könnten?

Denken Sie an all die Dinge in Ihrem Leben, die Sie nicht vermissen würden, wenn sie weg wären. Wie viel würde es Sie kosten, sie abzugeben? Denken Sie an all die freien Stunden, die Sie mit Seriengucken bei Netflix zubringen. Was sind die Kosten für Sie? Und was würden Sie gewinnen, wenn Sie einen Teil davon mit einem Ehrenamt oder mit dem Unterrichten einer Fähigkeit verbrächten, die Sie gut beherrschen?

Sehr wichtig!

Was Sie behalten, verursacht Ihnen Kosten, und was Sie haben, würde nicht vermisst werden. GEBEN SIE ALLES WEG.

Gehört das überhaupt Ihnen?

Unser Blickwinkel darauf, was Geben bedeutet, wird noch interessanter, wenn wir erkennen, dass das, was wir zu geben haben, uns häufig eigentlich gar nicht gehört. Wir müssen nur ein bisschen Abstand gewinnen und unsere Perspektive erweitern, um festzustellen, dass das die Wahrheit ist.

Beantworten Sie mir diese Frage: Wo sind all die Dinge, die Sie während Ihrer Kindheit besessen haben? Warum sind sie nicht mehr in Ihrem Besitz? Wie viele Dinge, die Ihnen früher gehört haben, sind im Laufe der Jahre verschwunden? Sind die Spielsachen kaputtgegangen? Haben Sie Ihre Malbücher verloren? Sind Ihre Kleider Ihnen zu klein geworden? Warum haben Sie sie nicht mehr? Was ist mit jedem einzelnen Dollar passiert, den Sie verdient haben? Sie haben es vielleicht geschafft, ein bisschen zu sparen, aber der Rest ist weg, stimmt's? Sie sollten es nie behalten. Es war einfach für kurze Zeit unter Ihrer Obhut, ehe es in die Obhut eines anderen wechselte, der es eine Weile behielt, ehe auch er es weggab. Wenn Sie Ihr Hochzeitskleid oder Ihre Lieblingsschallplatte noch haben, glauben Sie, sie werden Ihnen für immer gehören? Gehören sie Ihnen wirklich, wenn Sie sie gar nicht verwenden oder einfach nur wegschließen? Werden Sie sich nie davon trennen? Was passiert denn, wenn der Tod zu Besuch kommt? Wie wollen Sie daran festhalten?

Die Rechenaufgabe ist unmissverständlich. **Das Leben ist ein Nullsummenspiel.** Sie werden mit nichts geboren, holen eine Zeit lang Dinge in Ihr Leben hinein und gehen dann wieder mit nichts. Die ganze Zeit hindurch besitzen Sie eigentlich nichts. **Sie leihen sich nur ein paar Dinge auf Ihrem Weg,** denn …

Sehr wichtig!

Sie können nichts behalten.

Das wird sogar noch deutlicher, wenn Sie Ihr Raumverständnis etwas erweitern. Denken Sie an einen Gegenstand aus Ihrem Besitz, den Sie heute Morgen zu Hause gelassen haben. Dieser Fernseher oder die Spielkonsole, die Sie so lieben. Gehören sie wirklich Ihnen, wenn Sie bei der Arbeit sind? Können Sie sie einschalten und die Nachrichten gucken? Was ist, wenn Sie dringend Ihren Werkzeugkasten brauchen, während Sie bei einem Freund zu Besuch sind, ihn aber zu Hause gelassen haben, haben Sie dann Werkzeug? Gehört es Ihnen? Denken Sie jetzt an alle Dinge, die Sie als Ihr Eigentum betrachten, und wenden Sie dieselbe Logik darauf an.

Nicht vergessen! Die Dinge gehören uns nur, wenn wir Sie benutzen.

Nehmen Sie jene eine Sache, die wir am meisten mit Besitz in Verbindung bringen – Ihr Geld. Ist Ihr Geld *jemals* Ihres? Ganz sicher war es das nicht, bevor Sie es verdient haben. An Ihrem Zahltag erscheint es auf Ihrem Bankkonto, was technisch gesehen bedeutet, dass Ihre Bank es besitzt, und die gibt Ihnen eine Karte, die es Ihnen ermöglicht, einen Teil davon zu benutzen (nicht alles, denn es gibt Grenzen für die tägliche Abhebung). Man wird Ihnen auch Fragen stellen, wenn Sie große Beträge in bar abheben oder an einen Freund überweisen wollen, der zufällig einen arabischen Namen trägt. Was heißt, dass sie genügend Kontrolle haben, um es nicht zu Ihrem Eigentum zu machen, wenn sie das wollen. Wenn Ihre Bank pleitegeht, nimmt sie das Geld natürlich mit, was die Frage aufwirft: Wessen Geld war es denn dann? Der einzige Zeitpunkt, an dem Ihr Geld zu Ihrem Eigentum wird, ist, wenn Sie am Geldautomaten stehen und einen Teil davon abheben. Jetzt halten Sie es in den Händen. Es gehört Ihnen (hier passt ein bösartiges Lachen, während Sie Ihre Hände zum Himmel emporrecken und das Geld heftig schütteln). Sie haben es, aber was ist es wert? Nichts. Es ist nur ein Stapel Papier, der keinen Wert in Ihr Leben bringt, bis zu dem Augenblick, da Sie beschließen, es auszugeben. Dieser eine Moment, diese Mikrosekunde, ist der einzige Moment, in dem Sie Ihr eigenes Geld wirklich besitzen – aber im selben Moment ist es schon wieder weg. Es gehört Ihnen nicht mehr. Jetzt hat es die Person, die es entgegengenommen hat, obwohl es auch ihr nicht wirklich gehört.

Ihr Geld ist so lange nicht Ihr Geld, bis Sie es ausgeben, und … sobald Sie das tun, gehört es Ihnen nicht mehr.

Alles, was Sie jetzt besitzen, ist der Gegenstand, den Sie für Ihr Geld eingetauscht haben – sagen wir, ein Dosenöffner. Natürlich gilt dieselbe Logik für den Dosenöffner, der meistens nutzlos ist, bis Sie in die Küche gehen, ihn in der Hand halten und eine Dose mit ihrem Schicksal konfrontieren. Zwölf Sekunden lang ist der Dosenöffner Ihrer, und dann gehört er wieder wochenlang der Küchenschublade. Nichts gehört Ihnen länger als ein paar Sekunden, Minuten oder Stunden am Stück, dann gehört es jemand anderem. Ich sag's doch, das Leben ist ein einziges großes Mietsystem.

Die Illusion des Besitzes erschließt sich uns nur, wenn wir dachten, dass wir etwas besitzen. Wenn Reisende ihr Handgepäck verlieren, wird ihnen oft klar, dass sie sich gar nicht an alles erinnern, was darin war. Sie betrauern eine Zeit lang den Verlust eines Ladegeräts oder eines wertvollen Rings, und dann geht das Leben weiter. Sie kaufen ein anderes Ladegerät und tragen einen anderen Ring. Die meisten vergessen den Verlust, außer jenen, die nicht darüber hinwegkommen, weil es der Ring ihrer Großmutter war und er einen emotionalen Wert für sie hatte. Doch der Verlust des Ringes macht sie nicht weniger zu ihrer Großmutter und lässt sie sie nicht weniger lieben oder im Gedächtnis behalten. Ich sage das, obwohl ich selbst zu diesen Leuten gehöre. Ich trage immer mehrere Halsketten mit kleinen Anhängern, die mir geschenkt wurden oder mich an meine Lieben erinnern. Einer davon ist Alis Ohrring. Seit Ali von uns gegangen ist, ist die Kette zu meinem wertvollsten Besitz geworden. Einmal habe ich sie verloren. Ich habe sie in einem Hotel liegenlassen, als ich eilig losmusste, um meinen Flug zu erwischen. Als ich meinen Verlust erkannte, fühlte sich das an, als wäre mir ein Speer durchs Herz gebohrt worden. Ich saß während eines langen Fluges im Flugzeug fest und konnte nicht im Hotel anrufen, um zu fragen, ob sie die Kette gefunden hatten. Während der ersten Stunde war ich furchtbar wütend auf mich. Ich sagte mir Dinge wie: *Wie kann ich ohne sie leben? Sie ist das Einzige, was ich von meinem Sohn noch habe.* Ich quälte mich mit diesen Gedanken, bis mir wieder einfiel …

Sehr wichtig! Sie hat nie mir gehört, und ihm auch nicht.

Sie war *nicht* das Einzige, was ich von Ali hatte. Ich hatte alles von Ali. Er lebt in mir. All das Lachen, die Freude, die Weisheit. Jede Erinnerung und jedes Wort, das er zu mir gesagt hat. Jeder liebevolle Gedanke, der mich an ihn erinnert. Er ist die ganze Zeit bei mir. Diese Momente und Erlebnisse sind meine einzigen wirklichen Besitztümer. Ich brauche kein Stück Metall, um mich an ihn zu erinnern. Ich bin Ali.

Verluste wecken uns aus unseren Illusionen. Im Moment des größten Verlustes befreit uns die Wahrheit.

Unterm Strich wird das Leben selbst zum Einzigen, das wir während des Lebens besitzen, und selbst das ist nur geliehen. Was wir zu besitzen glauben, beläuft sich einfach auf gar nichts. Wenn wir mit der Wahrheit unserer Zerbrechlichkeit konfrontiert werden, fällt die Maske unseres Egos. Nur dann erkennen wir, dass wir im Wesentlichen alle gleich sind; dass ein schickes Auto oder ein teurer Anzug nur eine Fassade sind, hinter der wir uns verstecken, und früher oder später wird selbst die fallen.

Es lässt sich vielleicht kein besseres Sinnbild dieser Wahrheit finden als in der islamischen Pilgerfahrt nach Mekka. Jedes Jahr versammeln sich mehr als neun Millionen Pilger in dieser winzigen, gebirgigen Wüstenstadt, um ihr irdisches Leben hinter sich zu lassen. Die Männer tragen nur zwei Stücke weißen Tuches, welche die Lappen symbolisieren, in die Muslime ihre Leichname wickeln, ehe sie sie zu Grabe tragen. Die Frauen tragen einfache fließende Gewänder und Kopftücher. Keine teuren Schuhe oder Armbanduhren, keine Schlüsselanhänger mit den Logos teurer Autos und keine modischen Klamotten, hinter denen man sich verstecken kann. Wenn die Rituale des Hadsch – wie diese Pilgerfahrt auf Arabisch genannt wird – vorüber sind, scheren die Männer sich die Haare, und in den verbleibenden wenigen Stunden werden sie für eine einzige Wahrheit geweckt: dass wir ohne all das, was wir im Leben anhäufen, um unser Ego zu nähren, im Wesentlichen alle genau gleich sind. Das Schauspiel ist beeindruckend in seiner Größe. Ohne die selbstsüchtigen Masken, hinter denen wir uns verstecken, ist es unmöglich, reich von arm zu unterscheiden, den Türken vom Marokkaner oder den Aussteiger vom Akademiker. Es ist eine Erfahrung der Demut. Jeder ist genau gleich. Die andere inspirierende Seite dieser Erfahrung ist, dass Sie selbst, beschränkt auf nichts als ein paar Lumpen auf Ihrem Körper, das Leben der Bedürftigen führen. Sie erinnern sich daran, dass Sie als einer von ihnen hätten geboren worden sein können. Sie erkennen auch, dass Sie so viel weniger brauchen, als Sie glauben.

Haben Sie diese Wahrheit erkannt, fühlt sich das Schenken so an, als würden Sie Ihr eigenes Kind oder einen Angehörigen beschenken. Wenn Sie erkennen, wie gesegnet Sie sind, lässt sich kaum leugnen, was eigentlich wichtig ist. Helfen und Geben – egal wie wenig Sie auch übrig haben mögen – wird zum einzig Logischen.

Nicht vergessen!

Die Befreiung von der Abhängigkeit ist eine der größten Freuden.

Probieren Sie es selbst. Verlassen Sie sich nicht auf meine Worte. Suchen Sie eine warme alte Jacke aus Ihrem Schrank – eine, die Sie mögen, aber nicht oft tragen. Bringen Sie sich dazu, sie herzugeben. Gehen Sie zu jemandem, von dem Sie wissen, dass er bedürftig ist, und schenken Sie sie ihm. Sagen Sie mir, wie Sie sich dabei fühlen. Die Freude des Gebens, verbunden mit der Freude des Befreiens von der Abhängigkeit des Besitzes. Nehmen Sie sich an einem hektischen Tag 30 Sekunden Zeit, und statt zu drängeln, schenken Sie dem Barista, der Ihren Kaffee macht, ein Lächeln und ein Kompliment. Sagen Sie mir, wenn das nicht köstlicher ist als jeder Kaffee, den Sie je getrunken haben.

Autos haben mich nie glücklicher gemacht als in dem Moment, da ich sie verschenkt habe. Von all den Autos, die ich gesammelt habe, und das waren viele, stiftete ich einige für eine Wohltätigkeitsauktion, einige verkaufte ich und verschenkte das Geld, und einige bot ich zum Nennwert Freunden an, die sie brauchten. Jetzt habe ich nur noch die beiden Rolls-Royces auf Lager, die berühmt wurden, weil ich sie in meinem ersten Buch erwähnt habe. Ich behalte sie, während ihr Wert weiter steigt. Wenn ich sie dann zum richtigen Zeitpunkt versteigere, werden Sie eine *Menge* Geld für einen guten Zweck einbringen. Ja, so gesehen bin ich selbstsüchtig. Ich spare sie mir auf für eine Freudenexplosion.

Nicht vergessen!

Lösen Sie sich von Dingen. Nichts gehört jemals wirklich Ihnen.

Das bringt mich auf noch eine entscheidende Frage in dieser Unterhaltung …

Kann man durch Geben etwas gewinnen?

Das Wort »Geben« ist irreführend, weil man durch den Akt des Gebens so viel erhält – häufig viel mehr, als gegeben wird. Das zu behalten, was verschenkt werden sollte, beschneidet dagegen einen Überfluss, der hätte erzielt werden können. Was ich damit sagen will: Mehr macht nicht glücklicher.

Überprüfen wir dies durch einen Blick auf die umfangreiche Forschung zu diesem Thema.

Viele Studien, darunter die bekannte von Kahneman und Deaton von 2010, kommen zu dem Ergebnis, dass das Einkommen sich nur bis zu einem bestimmten Punkt positiv auf unser Glück auswirkt. Diese Untersuchung zeigte, dass sich das Glück der Teilnehmer mit dem Anstieg ihres Einkommens erhöhte, bis ihre Einkünfte das Durchschnittseinkommen des Landes erreicht hatten, in dem sie lebten. Über diesen Punkt hinaus machte mehr Geld sie nicht glücklicher. Es liegt natürlich auf der Hand, dass Glück schwerer zu finden ist, wenn man nicht weiß, wie man über die Runden kommen soll. Wenn kein Essen auf dem Tisch steht oder Sie drei Schichten arbeiten müssen, um zurechtzukommen, haben Sie viele gute Gründe, weniger glücklich zu sein. Je mehr Geld Ihnen dann zur Verfügung steht, umso leichter wird Ihr Leben, und das wirkt sich positiv auf Ihr Glücksgefühl aus. Doch dieser Trend setzt sich nicht endlos fort. Sind alle Ihre Grundbedürfnisse erfüllt, stagniert Ihr Glückslevel.

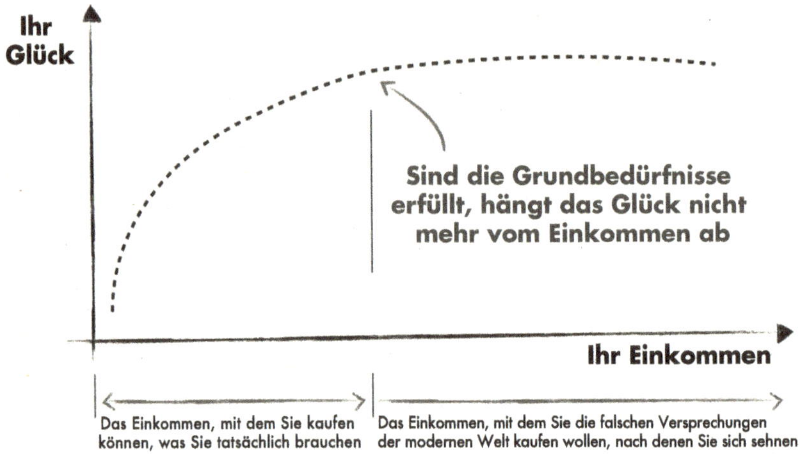

Wenn unsere Einkünfte über unsere Grundbedürfnisse hinaus steigen, geben wir mehr für Dinge aus, die wir nicht brauchen und die uns somit nicht glücklicher machen. Scott Holdman, Leiter des Impact Institute, belegte diese Tendenz in seinem TED-Talk mit einer beeindruckenden Statistik. Ein Artikel im *Wall Street Journal* zeigte, dass die Amerikaner 1,2 Billionen Dollar jährlich für nicht lebensnotwendige Waren ausgeben – für Dinge, die sie eigentlich nicht brauchen. Schätzungen von Annie Leonard zufolge werden 99 Prozent der Waren, die Amerikaner kaufen, innerhalb von sechs Monaten weggeworfen.[32] Die *LA Times* ermittelte, dass es in einem durchschnittlichen amerikanischen Haushalt 300.000 Gegenstände gibt.[33] Dieser amerikanische Konsumismus breitet sich rasch in der ganzen Welt aus.

Wir versinken im Konsum. All das Zeug, das wir kaufen, wirkt sich deutlich auf unser Wohlbefinden aus, allerdings nicht so, wie die Werbung uns glauben machen will. Das Gerümpel stresst uns und löst Schuldgefühle in uns aus.[34] Zudem steigert Konsum den Appetit auf noch mehr Konsum. Wir kaufen aus einem Impuls heraus, um uns von unseren Problemen abzulenken, was uns nur noch unglücklicher, unzufriedener, ängstlicher und depressiver macht.[35] Dabei sind noch nicht einmal die Auswirkungen der Schulden berücksichtigt, die wir zum Konsumieren aufnehmen. Fast 200 Millionen Amerikaner haben Kreditkarten,[36] hauptsächlich um Dinge zu kaufen, die niemand kaufen würde, wenn dieses kleine Stück Plastik es ihnen nicht ermöglichen würde, Geld auszugeben, das sie gar nicht haben. Wir versinken in Schulden. Und ich will gar nicht erst über die langfristigen negativen Auswirkungen des Konsumismus auf unsere Erde sprechen. Wir versinken in Emissionen, zerstören die Umwelt, und das, da stimmen Sie mir sicher zu, wird uns bald alle sehr, *sehr* unglücklich machen.

Mal abgesehen von den Grundbedürfnissen …

Nicht vergessen!

Mehr Geld macht uns nicht glücklicher, und mehr Zeug macht uns unglücklich.

Es gibt allerdings etwas, das uns über unsere Grundbedürfnisse hinaus glücklich macht, und das ist das Geben. Michael Norton, Professor an der Harvard Business School, führte eine Studie durch, bei der die Studenten etwas Geld erhielten.[37] »Wir gaben ihnen einen Umschlag mit etwas Bargeld. Der Umschlag enthielt auch eine von zwei Nachrichten. Die eine lautete: *Gib dieses Geld heute bis 17 Uhr für dich selbst aus,* und die andere Nachricht lautete: *Gib dieses Geld heute bis 17 Uhr für jemand anderen aus.* Wir baten sie, eine kurze Befragung auszufüllen, die anzeigte, wie glücklich sie sich an diesem Morgen fühlten … Abends riefen wir sie dann an und fragten, wofür sie ihr Geld ausgegeben hatten und wie glücklich sie waren.«

Diese Studie wurde in vielen sozialen Gruppen auf der ganzen Welt durchgeführt. Die Ergebnisse waren immer dieselben. Es spielte keine Rolle, ob Sie einem Freund in Seattle eine Tasse Kaffee spendierten oder ein Kind im Kongo vor der Malaria retteten – diejenigen, die das Geld für jemand anderen ausgaben, waren glücklicher als jene, die es für sich selbst ausgaben.

Nicht vergessen! Geben macht uns glücklicher.

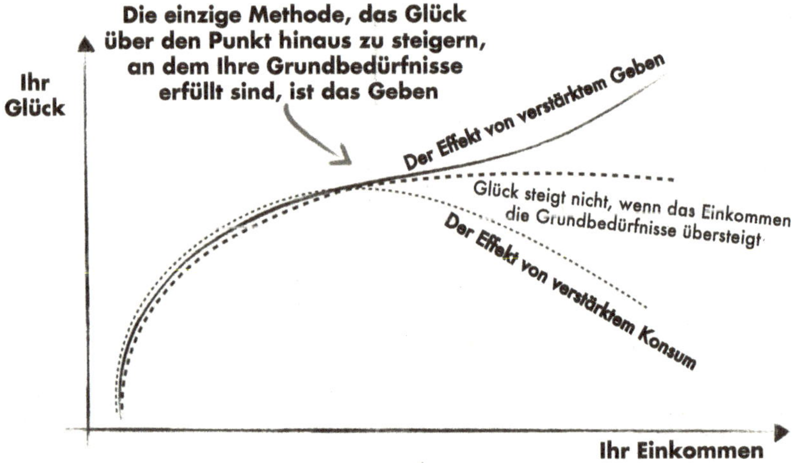

Das Darwin'sche Prinzip vom »Überleben des Stärksten« wird oft missverstanden. Es deutet an, dass die Egoisten, die in der Lage sind, andere auszustechen, die höchste Überlebenswahrscheinlichkeit haben. Nun, das stimmt natürlich, wenn Sie allein überleben können, aber wenn Sie ein Mensch sind, leben Sie nur, wenn der gesamte Stamm überlebt.

In diesem Sinne ist Geben kein Akt der Selbstlosigkeit. Es ist ein egoistischer Akt, mit dem unsere Spezies sich ihr kollektives Überleben gesichert hat. Denken Sie zurück an unsere frühen Höhlenzeiten. Wie hoch wäre wohl unsere Überlebenschance gewesen, wenn wir, die winzig kleinen Primaten, den Raubtieren dieses Zeitalters allein gegenübergetreten wären? Zusammen zu leben, zu jagen und zu arbeiten ließ uns überleben. Es gereichte jedem einzelnen Individuum zum Vorteil, von anderen umgeben zu sein, die gesund und fähig waren. Es war entscheidend für das Überleben der Spezies, dass wir einander etwas gaben und unsere Bedürfnisse gegenseitig erfüllten, damit das Kollektiv überlebte.

Dasselbe Belohnungssystem, das zur Bestätigung anderer Überlebensmechanismen – etwa der Fortpflanzung – genutzt wird, belohnt auch den Akt des Gebens. Geben aktiviert das mesolimbische System Ihres Gehirns, das Dopamin freisetzt. Eine interessante Studie dazu führte William T. Harbaugh von der University of Oregon durch. Er erfasste die Gehirnaktivitäten der Teilnehmer mit einem funktionalen MRT, während sie Entscheidungen darüber trafen, ob sie etwas für wohltätige Zwecke spenden wollten oder nicht. Er stellte fest, dass der Nucleus accumbens, ein mit Belohnungen verknüpfter Teil des Gehirns, bei den Aufzeichnungen eine starke Aktivität aufwies. Infolgedessen wurden die neurochemischen Auslöser von Glück und Freude – Dopamin, Serotonin und Oxytocin – als Mittel der Wertschätzung von Ihrer Überlebensmaschine ausgeschüttet, um Ihnen mitzuteilen, dass Sie richtig handelten. In der Sprache der Neurotransmitter bedeutet dies nur eins: Geben ist gut für die Spezies, mach weiter.[38]

Der Effekt dieses chemischen Trios geht weit über das reine Glücksgefühl hinaus. Serotonin ist gut für Schlaf, Verdauung, Gedächtnis, Lernen und Appetit. Dopamin erhöht die Motivation und die Erregung. Oxytocin senkt den Blutdruck und stärkt Bindungen. Soziale Ängste werden verringert und durch Vertrauen und Empathie ersetzt. Oxytocin wirkt außerdem entzündungshemmend. Es lindert Schmerzen und beschleunigt die Wundheilung.[39] Durch Geben lässt sich also eine Menge gewinnen. Bringen wir das mal in die richtige Perspektive:

Sehr wichtig!

Geben ist womöglich das Egoistischste, was Sie überhaupt tun können.

Freundlichkeit ist einer unserer grundlegendsten Überlebensmechanismen. Sie ist tief in uns verankert. Anderen etwas zu geben ist der Kern unseres eigenen Überlebens, weil keiner von uns es allein schaffen würde.

Wenn unsere Biologie, unsere spirituellen Lehren und unsere sozialen Normen uns zum Geben motivieren, motivieren Sie auch Milliarden andere, uns etwas zu geben. Dieser geschlossene Kreislauf wird in unserer modernen Gesellschaft nicht immer ganz klar erkannt, weil so vieles von dem, was wir als Stamm für unser Überleben tun mussten, jetzt von den wirtschaftlichen, sozialen und behördlichen Systemen unserer Gesellschaft erwartet wird. Infolgedessen lernen wir zu ignorieren, wie notwendig unsere individuellen Akte des Gebens sind, und gehen davon aus, dass sie in der Verantwortung des Systems liegen. Tausende Menschen tun täglich kleine Dinge, damit Sie überleben. Von der Polizistin bis zum Straßenfeger, vom Landwirt bis zu der Fahrerin, die das Gemüse zum Laden bringt. Jede Krankenschwester und Ärztin in Bereitschaft, jeder Ingenieur, der etwas konstruiert, und jede Wissenschaftlerin, die uns zu verstehen hilft, wie die Welt funktioniert. Ja, sie alle erhalten dafür eine Form der monetären Belohnung, aber das ändert nichts am Charakter des Gebens. Auch Sie tragen auf irgendeine Weise zur Gesellschaft bei. Sie müssen Ihr Handeln als solchen Beitrag erkennen, nicht nur als Job oder gar als Pflicht. Selbst wenn Sie dafür bezahlt werden, ist das natürlich. Für das Geben belohnt zu werden ist ohnehin von der Natur beabsichtigt. Wenn es uns gelingt, den Wert unseres Handelns im Hinblick auf das zu erkennen, was wir anderen geben, verspüren wir die biologischen Belohnungen, die mit diesem Handeln einhergehen. Dann wird unsere Arbeit zu unserer Zielsetzung, denn ob Sie es glauben oder nicht – wenn das Überleben unsere Mission im Spiel des Lebens ist …

Sehr wichtig! … ist Geben vielleicht unser einziger Zweck.

Warum klammern wir uns dann an dem fest, was wir haben, wie wenig es auch sein mag? Weil wir darauf konditioniert sind, wie es bei den meisten schlechten Gewohnheiten der Fall ist.

Wenn das Leben selbst im Flow ist

Wer in Zeiten von Kriegen, Rezessionen, Depressionen, sogar Pandemien schwierige Zeiten erlebt, lernt, sich etwas beiseite zu legen. Die Weisheit des Sparens für schlechte Zeiten wird von Generation zu Generation an uns alle weitergegeben. Wir legen ein bisschen Geld auf die Bank für den Fall, dass wir unser Einkommen verlieren, wir haben ein paar Lebensmittel im Kühlschrank, falls wir mal hungrig aufwachen, und wir behalten dieses alte Abiball-Kleid, nur für den Fall, dass wir 25 Pfund abnehmen und uns gleichzeitig wieder wie ein Teenager fühlen, pünktlich zum zehnjährigen Abiturjubiläum.

Was wir behalten, verleiht uns ein falsches Sicherheitsgefühl und verstopft somit das System. Es bremst den Flow des Lebens selbst, und weil es in unserem Leben so viel Raum einnimmt, hindert es uns am Empfangen.

Es gibt nur einen Weg, den Überfluss zu erreichen, und der besteht darin, nicht länger anzuhäufen, was Sie nicht brauchen und kaum jemals benutzen. Wahren Überfluss erreichen Sie stattdessen, wenn Sie offen für das Empfangen bleiben, indem Sie Raum in

Ihrem Leben für neue Erfahrungen lassen, und indem Sie im Herzen daran glauben, dass sich immer etwas ergibt, so wie es immer gewesen ist.

Stellen Sie sich das Leben als ein geschlossenes System vor. Alle physikalischen Belege deuten darauf hin, dass alles erhalten wird. Nichts entsteht aus nichts, und nichts wird je verschwendet. Wenn Sie geben, bringen Sie den Kreislauf des Systems in Fluss und hinterlassen Raum – ein Vakuum, das gefüllt werden muss. Dieses positive Ungleichgewicht ermöglicht den Fluss und zwingt das System, etwas zurückzugeben, damit Sie die Lücke füllen können. Wenn Sie aufhören zu geben, wird der Kreislauf unterbrochen. Aber Sie halten nicht nur den Fluss des Lebens auf, wenn Sie nichts mehr geben.

Sie unterbrechen den Kreislauf auch, wenn Sie nichts mehr annehmen.

Es ist das Gleichgewicht zwischen dem Hinein und dem Heraus des Guten in Ihrem Leben, das den Kreislauf des Lebens im Fluss hält.

Einmal erhielt ich nach einem Talk eine Standing Ovation. Es war mir so unangenehm, dass ich auf offener Bühne vor Tausenden von Leuten sagte: »Danke, danke, bitte hören Sie auf. Das ist mir unangenehm.« Eine weise Frau trat nach der Q&A-Runde an mich heran und erklärte mir, warum ich lernen müsse, ebenso viel anzunehmen, wie ich gäbe. Wenn Menschen aufständen, um ihre Dankbarkeit zu zeigen, wäre es gut für sie, mir dieses Geschenk zu machen, und durch meine Unterbrechung hätte ich den Fluss unterbrochen, indem ich mich weigerte, es anzunehmen. Ich habe also gelernt, mich zu ändern und mich für die Geschenke anderer – und des Lebens selbst – zu öffnen. Seither bekomme ich mehr und mehr. **Das ist nicht egoistisch. Es macht den Kreislauf des Lebens vollständig.**

Wir gewinnen, indem wir geben, und vertrauen Sie mir, in dieser Aussage steckt viel mehr Wahrheit, als man auf den ersten Blick vermuten mag. Diese zugrunde liegende Wahrheit findet sich in der Beschaffenheit der Beziehung zwischen dem Gebenden und dem Empfänger. Es ist eine Wahrheit, die sich vielleicht nur durch einen Blitz der Erkenntnis erfassen lässt, um uns diese letzte Frage beantworten zu lassen …

Gibt es einen Unterschied zwischen uns?

Weiter oben erwähnte ich bereits Jill Bolte Taylor, ihren TED-Talk und ihr Buch *A Stroke of Insight.* Jills Erfahrung, als sie durch einen Schlaganfall die Funktionalität ihrer linken Gehirnhemisphäre einbüßte, ist eine Enthüllung der Wahrheit. Sie sagte:

> *Ich fühlte mich gewaltig. Ich blickte hinab auf meinen Arm und erkannte, dass ich die Grenzen meines Körpers nicht mehr bestimmen konnte. Die Atome und Moleküle meines Arms vermischten sich mit den Atomen und Molekülen der Wand und allem, das mich umgab. Ich fühlte mich eins mit all der Energie. Es war wunderschön!*
>
> *Hier und jetzt kann ich mich entscheiden, in das Bewusstsein meiner linken Hemisphäre einzutreten, wo ich zu einem einzelnen Individuum werde, das vom Fluss des Lebens getrennt ist. Ich kann in das Bewusstsein meiner rechten Hemisphäre eintreten, wo wir die Lebenskraft des Universums sind – wo ich es bin. Wo ich eins bin mit allem.*

Diese Welterfahrung, wie Jill sie beschreibt, kann jeder bestätigen, der auf einem psychedelischen Trip war, der schamanisches Atmen erlebt hat oder dem es gelungen ist, durch Meditation den Körper zu transzendieren. Wenn wir über die Illusion unserer individuellen Trennung von allem anderen hinausblicken, erkennen wir:

Nicht vergessen!

Sie, ich und alles sind ein und dasselbe, wenn wir die Illusionen beiseitelassen.

Und das ist nicht nur spirituelles Gerede.

Auf der rein physikalischen Ebene wird jedes einzelne Atom des Universums fortwährend wiederverwertet. An einem Tag ist es ein Teil von Ihnen und am nächsten ein Teil von mir. Wenn Sie die Wahrheit dessen begreifen würden, woraus wir geschaffen sind, könnten Sie – genau wie Jill – den Unterschied zwischen uns nicht mehr erkennen und würden sehen, wie Ihre und meine Hand zu einer verschmelzen.

Auf gesellschaftlicher Ebene sind wir Teil einer Gemeinschaft. Einer, die stärker ist, wenn sie gemeinschaftlich agiert. Einer Gemeinschaft, die über Sie und mich hinausreicht und jedes andere Lebewesen des Universums mit einschließt. Einer Gemeinschaft, die während der letzten 100 Jahre der menschlichen Zivilisation beinahe ausgelöscht wurde, weil wir ihr Einssein ignorieren und sie mit unserem selbstsüchtigen Handeln gefährden.

Auf spiritueller Ebene sind wir alle Teilnehmer eines gigantischen virtuellen Spiels, wenn Sie bereit sind zu akzeptieren, dass Sie mehr sind als nur Ihre körperliche Erscheinungsform. Jeder von uns bewegt zwar mit Abstand zu den anderen einen individuellen Avatar durch das physische Universum, doch wir können nicht umhin zu bemerken, dass unser Handeln uns immer stärker dazu treibt, die gesamte Spielkonsole abzuschalten. Wir sollten endlich erkennen, dass dieses Spiel nur weitergehen kann, wenn wir es als Gemeinschaft spielen, zugunsten der Nachhaltigkeit des Spiels statt unserer eigennützigen individuellen Wünsche.

Geben Sie Acht auf den Zustand unserer Menschheit. Die Pandemie der Einsamkeit und der Stress. Der Schaden, den unsere Umwelt erlitten hat. Die Toxizität der sozialen Medien und die Negativität der Nachrichten. Es ist fünf vor zwölf. Nie war die Menschheit so kurz davor, sich zu verirren, und das alles kommt von unserer Ignoranz gegenüber unser aller Einssein und der Vereinigung unseres Schicksals auf diesem kleinen blauen Planeten.

Wir müssen aufhören, unser Getrenntsein zu verstärken und unser Einssein zu ignorieren. Wir müssen allen anderen etwas geben, um den Stamm zu retten, uns eingeschlossen.

Genug von der Logik des Gebens. Lernen wir einfach, es uns zur zweiten – nein, zur ersten Natur zu machen.

Trainieren Sie das Geben jeden Tag, und Sie werden immer besser darin. Achten Sie auf die Wirkung, die es auf Ihr Glück und Ihren Wohlstand hat, und Sie werden mehr geben wollen. Wir können das Geben üben, wie wir das Spielen eines Musikinstruments üben. Es ist eine Fähigkeit. Probieren Sie es 21 Tage lang. Vertrauen Sie mir, es funktioniert.

Praxisübung:
Geben, geben, geben

Ziel:	Geben zum Mittelpunkt Ihres Lebens zu machen
Dauer:	nur ein paar Sekunden
Wiederholung:	wann immer Sie können
Sie brauchen:	ein bisschen Großzügigkeit und die Überzeugung, dass das, was Sie geben, zu Ihnen zurückkehrt und sich vervielfacht

Jeder, dem Sie an jeder Minute jedes Tages begegnen, braucht irgendetwas.

Vielleicht brauchen sie Ihr Lächeln, Ihre Bestätigung, Ihre Freundlichkeit, Ihren Rat, Ihre Umarmung und vieles mehr. Selbst Könige und Königinnen, CEOs und Staatsoberhäupter brauchen eine echte menschliche Verbindung. Glauben Sie mir, das weiß ich aus erster Hand.

Wie bei jeder Fähigkeit sollten Sie klein anfangen. Die folgenden einfachen Übungen können Sie in Ihren Alltag einbauen. Sie müssen nicht viel geben, nur häufig. Inzwischen wissen Sie: Neuroplastizität stärkt Ihre neuralen Netzwerke mit jeder Nutzung. Lassen Sie uns also diese Gebemuskeln trainieren, bis Sie zum Olympiameister werden.

Einen Kaffee ausgeben

Irgendwas an dieser einfachen Übung erfüllt jede meiner Körperzellen mit Freude. Haben Sie schon mal einem Freund einen Kaffee spendiert? Überlegen Sie auch, Kaffee für einen Wildfremden zu kaufen. Falls Sie sich eine Tasse Kaffee leisten können. Sie könnten dem Barista ein Trinkgeld im Wert eines weiteren Kaffees geben.

Wenn jemand in einem Café arbeitet, um Ihnen Kaffee zu kochen, ist es wahrscheinlich, dass er ein paar Kröten zusätzlich gebrauchen kann. Vielleicht ist es ein Student, der versucht, seinen Lebensunterhalt zu verdienen, oder eine allein erziehende Mutter, die über die Runden kommen muss. Wenn Sie sich dagegen, unabhängig von Ihrem verfügbaren Einkommen, einen Kaffee leisten können, überlegen Sie, ob Sie auch die Kosten für einen zweiten aufbringen können. Selbst wenn Sie morgen mal keinen trinken. Ihr Geschenk setzt ihrem Bemühen kein Ende, aber es gibt ihnen das Gefühl, nicht allein zu sein. Vielleicht gibt es ihnen die Kraft, weiterzumachen, aufzustehen und sich ein bisschen unterstützt zu fühlen. Tun Sie es erneut, wann immer Sie können. Jedes bisschen hilft.

Das ist Ihre *Freundlichkeits*-Challenge: Geben Sie mindestens einmal in der Woche ebenso viel, wie Sie für sich kaufen.

Fremde anlächeln

Ich habe ein Jahr lang in London gewohnt. London ist eine wunderbare Stadt, aber sie ist ein bisschen zermürbend – unglaublich hektisch und stressig. Ich scherze immer, wie leicht man die Londoner von den Touristen unterscheiden kann, sobald man am Flughafen landet. Die Touristen gehen langsam, oft gruppen- oder paarweise, sie plaudern und lachen. Die Londoner dagegen gehen schnell. Sie bekommen einen ernsten, entschlossenen Gesichtsausdruck, sobald sie das Flugzeug verlassen, und fangen an zu rennen, als würde der Flughafen demnächst die Tore abriegeln. Diese Gewohnheit hält so lange an, wie sie sich in der Stadt aufhalten. Jeder ist fast immer in Eile. Einmal sah ich eine Mutter und ihre Tochter in Schallgeschwindigkeit durch den Hyde Park eilen. Ich dachte, sie wären irgendwo spät dran, aber plötzlich setzten sie sich ins Gras, sahen einander an und genossen die Sonne.

Nun, ich liebe Londoner und lache mit meinen Freunden darüber, wie schnell sie gehen, wenn wir zusammen irgendwohin unterwegs sind. Ich gehe immer sehr langsam. Das habe ich von meinem wunderbaren Sohn Ali gelernt, der wirklich kroch wie eine Schildkröte. Er machte einen Schritt, und dann schien er eine kleine Pause einzulegen, als dächte er darüber nach, ob er den nächsten machen sollte. Er hob den Fuß ein bisschen höher als normal, genau wie eine Schildkröte, die ihren schweren Panzer auf dem Rücken trägt. Dann setzte er ihn langsam ab und hielt inne, um über den nächsten Schritt nachzudenken. Ich bin eher Kamel als Schildkröte, aber immerhin schaffe ich es, nur halb so schnell zu laufen wie der durchschnittliche Einwohner einer hektischen Stadt. Wenn ich das tue oder wenn ich im Zug sitze, schaue ich immer allen Entgegenkommenden in die Augen und lächle dabei. Ich lächle wirklich, und manchmal nicke ich, genauso wie man sich in den Fluren bei der Arbeit zunickt, wenn man einem Bekannten begegnet.

Diese Übung ist auf Jedi-Meister-Niveau. Sie ist anfangs schwierig und einschüchternd. Aber wenn Sie den Dreh erst mal raushaben, merken Sie, wie sie anderen den Tag versüßt. Wenn jemand merkt, dass ich ihn anlächele, wirkt er zunächst schockiert, als hätte er einen Tiger im Sprung entdeckt. Dann entspannt er sich und lächelt zurück. Wenn ich nicke, nickt er zurück. Manchmal schaue ich mich um, wenn er vorbeigeht, und fast immer sehe ich, wie er mir mit Dankbarkeit im Blick nachsieht, als würde er sich fragen: *Wer ist dieser Typ?*

Wo immer Sie auf der Welt sind, probieren Sie es aus, trauen Sie sich. Sie werden schnell merken, dass es funktioniert, und dadurch wird es leichter. Das Geschenk des Lächelns macht Sie glücklicher. Tun Sie es immerzu. Lächeln Sie übers ganze Gesicht. Aus dem Herzen heraus. Seien Sie nicht schüchtern. Sie tun ja nichts Böses. Das ist Ihre Mut-Challenge: Lächeln Sie jeden Tag einen Fremden an.

Etwas Nettes sagen

Zählt es als Geben, wenn man nett zu anderen ist? Oh ja. Es ist die ultimative Art des Gebens, und wie die anderen Arten gibt es Ihnen ebenso viel wie den anderen.

Sprechen Sie mit Menschen, die nicht damit rechnen, von Ihnen wahrgenommen zu werden. Die Kellnerin im Café, der Steward im Flugzeug, die Sicherheitskraft am Eingang eines Bürogebäudes. Sie beißen nicht. Genau genommen werden sie sich wahrscheinlich wertgeschätzt fühlen. Das ist die Verbindungs-Challenge: Stellen Sie mindestens einmal täglich eine menschliche Verbindung zu einem Fremden her.

Fünfzig Pfund

Seit ich an OneBillionHappy arbeite, reise ich die ganze Zeit herum. Ich habe mein gesamtes Leben verkleinert, sodass es in ein Gepäckstück passt. Weil die Gewichtsgrenze der meisten Fluggesellschaften 50 Pfund oder 23 Kilo beträgt, hat mein neuer Lifestyle eine einfache Regel. Wenn ich etwas Neues in meine Tasche packe, muss etwas anderes raus. Wenn ich ein neues T-Shirt kaufen muss, muss ich ein altes abgeben. Tun Sie das auch.

Wenn Sie das nächste Mal etwas Neues kaufen, verschenken Sie etwas Altes. Falls Sie nichts finden, das abzugeben Sie bereit sind, fügen Sie Ihrem Leben nichts hinzu. Ganz einfach!

Die Praxis, Ihre älteren Habseligkeiten abzugeben, erfordert ein bisschen Übung. Versuchen Sie es sich zur Gewohnheit zu machen, und geben Sie zum Beispiel jeden Samstag etwas weg. Wie ich bereits sagte, versuche ich zehn Dinge abzugeben. Sie müssen nicht groß sein. Alles geht und bringt Ihnen die notwendige Übung. Je mehr Sie das tun, desto mehr lösen Sie sich von den Dingen und desto leichter und glücklicher fühlen Sie sich. Es macht auch jene glücklich, denen Sie sie geben. Wenn Sie das Alte verschenken, um Raum für das Neue zu schaffen, vervollständigen Sie den Kreis des Lebens. Das Leben fließt durch Sie hindurch in andere. Das ist Ihre Flow-Challenge. Machen Sie das einmal wöchentlich.

Sie haben nun also vier einfache Herausforderungen: so viel abgeben, wie Sie kaufen; täglich jemanden anlächeln; zu einem Fremden etwas Nettes sagen und jeden Samstag etwas verschenken. Fangen Sie klein an, aber geben Sie oft. Achten Sie darauf, wie sich Ihr Leben verändert. Sie werden sich nicht nur leichter und glücklicher fühlen, sondern auch vom Leben selbst mehr geliebt.

Wenn dies der Fall ist, ist es vielleicht an der Zeit für Ihre nächste Challenge – die Dankbarkeits-Challenge. Seien Sie jeden Abend vor dem Einschlafen dankbar für das Privileg, anderen etwas geben zu können.

Und schließlich kommt hier noch eine letzte Challenge.

OneBillionHappy

In unserer heutigen Welt müssen so viele Missstände behoben werden, dass ich kaum weiß, wo ich anfangen soll.

Wenn Sie etwas über unsere Zukunft wissen wollen, sehen Sie sich unsere Gegenwart an. Unser Handeln von heute wirkt sich auf unseren Zustand von morgen aus. Über das Handeln können wir entscheiden. Wir – auch Sie – können uns entscheiden, heute eine kleine Veränderung vorzunehmen, die morgen einen großen Unterschied bewirkt. Doch das führt uns zu derselben Frage zurück: Was sollen wir denn verändern?

Nun, wenn ich vor einem komplexen Geflecht von Problemen stehe, versuche ich immer, die zugrunde liegende Grundursache auszumachen, die alles ins Rollen bringt. Ich habe die Antwort auf alle Probleme der Menschheit in zwei einfachen Werten gefunden: Glück und Mitgefühl.

Wenn wir lernen, die Werte abzulegen, die wir im 20. Jahrhundert angenommen haben – Werte wie »Gier ist etwas Gutes« und »das Legale ist auch moralisch« –, und sie durch Glück und Mitgefühl zu ersetzen, werden alle unsere Probleme verschwinden. Ja, ich glaube wirklich, dass es so einfach ist.

Nicht vergessen!

Glück und Mitgefühl könnten die Menschheit retten.

Wenn wir unserem Glück oberste Priorität einräumen, werden wir uns daran erinnern, dass Glück eine Entscheidung ist, die wir an jedem einzelnen Tag treffen. Dann verlieren wir das Interesse an den Politikern und all ihren leeren Versprechungen, folgen nicht mehr fanatisch ihren falschen Ideologien und behandeln sie als das, was sie eigentlich sind, nämlich Diener des Bürgers, die unserer Agenda dienen sollen – glücklich zu sein. Wir würden erkennen, wie viel unseres Lebens wir damit verschwendet haben, den falschen Zielen hinterherzujagen, die uns immer unglücklich gemacht haben. Wenn wir uns erinnern können, dass all das, was wir jemals wollten, nur ein Versuch war, um dieses glanzvolle Gefühl zu erreichen, das wir Glück nennen, und wenn wir uns erinnern können, dass Glück unsere Grundeinstellung ist, in jedem von uns darauf wartend, gefunden zu werden, dann entschließen wir uns vielleicht, den Blick nach innen zu kehren und uns zu verändern. Dann, und nur dann, könnten wir unsere Welt besser machen, denn …

Sehr wichtig!

Das Einzige, was wir je verändern können, sind wir selbst, und die einzige Methode, die Welt zu verändern, ist, dass wir uns ändern, Sie und ich.

Von all den Dingen, die mich mein weiser Sohn Ali gelehrt hat, hat mich nichts stärker verändert als das, was er mit 14 zu mir sagte: »Papa, ich will dir etwas sagen, aber es wird dich aufregen.«

Damals war ich noch dieser über allen Dingen schwebende Google-Boss, der wirklich daran glaubte, die Welt verändern zu können. Ich konnte mir nicht vorstellen, dass irgendetwas, das ein Vierzehnjähriger zu mir sagte, mich in irgendeiner Weise betreffen würde, also sagte ich: »Na klar, Ali, erzähl's mir ruhig. Ich werde mich schon nicht aufregen.«

Er sagte: »Papa, ich weiß, dass du wirklich etwas bewirken willst, aber du solltest wissen, dass du niemals die Welt retten kannst.«

Ich unterbrach ihn mit dem Ego eines Elternteils und Lehrers: »Warum denn nicht, Ali? Das ist eine Einstellung für Verlierer. Du kannst nichts verändern oder etwas bewirken, wenn du nicht wirklich daran glaubst, es zu können.«

Ich hatte recht damit, aber das war es nicht, worauf Ali hinauswollte. Auf seine typische Art wartete er, bis ich fertig war, dann machte er eine Geste, die besagte: *Warte. Lass mich ausreden.* Er legte mir die Hand auf die Schulter, und seine ungeheure friedvolle Energie durchströmte mich und beruhigte mein Ego. Im Laufe der Jahre hatte ich gelernt: Wenn Ali so sprach, musste ich zuhören. Also hörte ich schweigend zu, gespannt zu erfahren, was er sagen wollte.

Er sagte: »Papa, du wirst die Welt niemals retten. Du kannst nur deine kleine Welt verändern, und je besser du darin wirst, desto größer wird deine kleine Welt. Deine kleine Welt bist du. Versuch nicht, irgendetwas anderes zu reparieren, ehe du das repariert hast. Wenn du das geschafft hast, kannst du mich reparieren [*Habibi,* er hatte niemals eine Reparatur nötig, aber er war freundlich genug, es trotzdem zu sagen] und Mama und Aya. Wir werden deine kleine Welt werden. Wenn du das gut schaffst, kannst du vielleicht Einfluss auf dein Team bei der Arbeit nehmen, dann vielleicht auf deine Abteilung, dann auf deine Firma, dein Land und, wer weiß, vielleicht wird sogar die Welt zu deiner kleinen Welt, die du verändern kannst, aber nicht reparierst, weil es immer irgendwo irgendjemanden geben wird, der leidet.«

Ich arbeite immer noch an mir, ob Sie es glauben oder nicht, und ich habe noch einen langen Weg vor mir. Aber ich lade Sie ein, mich zu begleiten. Arbeiten Sie an sich. Entscheiden Sie sich, eine Sache zu verändern und dann noch eine. Machen Sie mit bei unserer Mission OneBillionHappy, um anzufangen, sich selbst zu verändern, und dann Einfluss auf Ihre kleine Welt zu nehmen. Die Mission lässt sich in drei Schritten zusammenfassen:

1. Erkennen Sie, dass Glück Ihr Geburtsrecht ist, dass es vorhersehbar ist und dass Sie es erreichen, wenn Sie daran arbeiten. **Machen Sie Glück zu Ihrer obersten Priorität.**
2. **Investieren Sie in Ihr Glück.** Informieren Sie sich an drei oder vier Tagen in der Woche eine Stunde lang über das Glücklichsein – lesen Sie ein Buch, sehen Sie sich ein Video an, sprechen Sie mit glücklichen Menschen, oder seien Sie einfach. Erlauben Sie sich zu fühlen, ehe Sie etwas lernen oder tun.
3. Setzen Sie das Mitgefühl in sich frei, andere glücklich zu machen. **Erzählen Sie zwei Personen** (oder 2.000, wenn Sie können), was Sie über Glück gelernt haben, und lassen Sie sie versprechen, es zwei Personen weiterzusagen, die es wiederum zwei Personen erzählen werden. Denn wenn jeder von uns es zweien sagt, die es zwei weiteren sagen, die es wiederum zwei weiteren sagen, wird unsere kleine Welt zum gesamten Planeten. Wir können in weniger als fünf Jahren eine Milliarde glückliche Menschen erreichen.

Sie können alles tun, was Sie sich in den Kopf setzen. Ihr Gehirn ist wie ein Computer. Sie können den Code anpassen, der es steuert. Wenn Sie das tun, folgt Ihr Handeln nach. Mit Übung können Sie alles werden, das Sie sein wollen. Also beschließen Sie, etwas zu bewirken. Helfen Sie uns, eine bessere Welt zu schaffen.

Ich habe noch ein letztes eigennütziges Anliegen. Bitte bringen Sie in Ihrem Herzen das Mitgefühl auf, Glück für meinen wunderbaren Sohn und weisen Lehrer Ali zu wollen. Schicken Sie ihm ein Gebet, einen großzügigen Wunsch, dass er glücklich dort ist, wo immer er jetzt sein mag. Er hat das alles in Gang gesetzt, und er war wirklich der freundlichste, glücklichste Mensch, den ich je kennengelernt habe.

Sehr wichtig!

Ihre kleine Welt sind Sie. Machen Sie sie besser für jene, die Sie lieben.

Ich arbeite weiter an meiner für Ali.

Zusammenfassung von Teil 3

Viele Glückslehren mögen wie eine Aufforderung wirken, das eigene Gehirn zu beruhigen oder zu kontrollieren. Da unsere umherschweifenden unablässigen Gedanken viel Unglück anrichten können, liegt es auf der Hand, dass ein sicherer Weg zu einem ruhigeren, glücklicheren Leben darin liegt, unseren Geist unter Kontrolle zu halten. Doch das ist nicht der einzige Weg.

Wenn ein aktiver Geist sich mit nützlichen Gedanken befasst – also Gedanken hervorbringt, die Ihr Leben und Ihr Wohlbefinden verbessern –, dann sollten Sie unbedingt so viel denken, wie Sie nur können.

Es gibt vier Arten nützlicher Gedanken. Ich rate Ihnen dringend, diese Arten von Gedanken zur Norm dessen zu machen, worauf Ihr Gehirn sich fokussiert. Dadurch hat es nicht mehr die Kapazität für negative Gedanken, die Ihr Leben vergeuden und Sie unglücklich machen.

***1) Erfahrungsdenken** – die Welt genau so zu erfahren, wie sie ist, beschäftigt Ihr Gehirn genauso stark wie die Verarbeitung aller anderen Arten von Gedanken. Da Ihr Gehirn nur jeweils eine Sache tun kann, ist eine achtsame Betrachtung der Welt genau genommen eine todsichere Methode, in der Realität und nicht in Ihrem eigenen Kopf zu leben. Meditation ist eine wertvolle Praxis, die Ihr Gehirn im Laufe der Zeit so rekonfigurieren kann, dass es stärker im Moment lebt, als sich in eigenen Gedanken zu verlieren.*

Meditation ist jedoch nur eine Methode. Um diese Fähigkeiten wirklich in die Realität Ihres Alltags zu verwandeln, wenden Sie neuere Versionen davon an, die an die moderne Welt angepasst sind, um zu lernen, jeden Tag in jeder Minute präsent zu sein.

2) Problemlösung – *ist die Denkweise, die in unserer analytischen modernen Welt am höchsten gelobt wird. Die Fähigkeit, Probleme durch Lösungen zu überwinden, wird hauptsächlich in unserem Arbeits- und Berufsleben angewandt. Sie kann jedoch auch eingesetzt werden, um zu Glück und Wohlbefinden zu führen.*

Das Glücks-Ablaufdiagramm ist ein gutes Beispiel dafür, wie Sie Ihr diszipliniertes, Probleme lösendes Gehirn einsetzen können, um dafür zu sorgen, dass Sie schnell wieder zum Glücklichsein zurückkehren, wenn ein Ereignis Ihre Stimmung gedrückt hat. Wenn Sie erst gelernt haben, eine Emotion zu erkennen und anzuerkennen, ja sogar willkommen zu heißen, suchen Sie nach dem Gedanken, der sie ausgelöst hat, und stellen Sie sich dann drei Fragen:

a) Entspricht das der Wahrheit? *Gibt es Nachweise für die Richtigkeit des Gedankens, der mein Unglücklichsein ausgelöst hat? Falls der Gedanke von Ihrem Gehirn erschaffene Fiktion ist, lassen Sie ihn fallen. Falls er der Wahrheit entspricht, stellen Sie sich die nächste Frage:*

b) Kann ich etwas dagegen tun? *Wie Sie wissen, ist Unglück ein Überlebensmechanismus. Es ist die Aufforderung Ihres Gehirns an Sie, etwas gegen das zu unternehmen, was es als suboptimalen Umstand für Ihr Überleben und Ihren Erfolg ansieht. Wenn Sie etwas tun können gegen das, was Sie unglücklich macht, dann tun Sie es. Das Unglücklichsein verschwindet, und Ihre Welt wird besser. Wenn Sie nichts dagegen tun können, stellen Sie die letzte Frage:*

c) Kann ich es akzeptieren und weitermachen? *Das Leben stellt uns gelegentlich vor Hindernisse, etwa ein Ereignis, das nicht Ihren Hoffnungen entspricht und jenseits Ihrer Möglichkeiten des Behebens oder Verbesserns liegt. Wenn Sie nichts an Ihrer Situation ändern können, akzeptieren Sie sie so, wie sie ist, und nehmen Sie sich dann fest vor, alles in Ihrer Macht Stehende zu tun, um Ihr Leben besser zu machen trotz oder gerade wegen der Herausforderung, vor die Sie gestellt wurden.*

3) Flow – *wenn wir im Flow sind, verschmelzen wir unser Handeln mit unserem Sein. Wir gehen vollständig in dem auf, was wir tun, wir machen es besser und fühlen uns leichter. Um in den Flow zu gelangen, machen Sie die vorliegende Aufgabe ein kleines bisschen schwieriger als Ihre derzeitige Fähigkeit, beseitigen Sie alle Ablenkungen, brechen Sie sie auf kleinere Aufgaben herunter, und fokussieren Sie sich auf die kleinen Schritte statt auf das Endergebnis, machen Sie jeden Schritt nach Ihren besten Fähigkeiten, und vergessen Sie die Zeit. Geben Sie jeder Aufgabe die Zeit, die sie braucht.*

4) Geben – *das Klügste, was Sie überhaupt tun können. Nichts macht Sie glücklicher oder unsere Welt besser.*

Unser Gehirn ist nichts anderes als ein komplexes Computersystem. Seine Abläufe sind äußerst berechenbar. Sie brauchen nicht unbedingt ein ruhiges Gehirn, um glücklich zu sein. Alles, was Sie brauchen, ist ein positives, nützliches Gehirn. Ihr Gehirn tut, was Sie ihm sagen. Es ist Zeit, mit dem Training zu beginnen.

Über den Autor

Mo Gawdat ist mehrfacher Unternehmensgründer, ehemaliger Chief Business Officer von Google [X] und Autor der Bücher *Die Formel für Glück, Scary Smart* und *Die kleine Stimme im Kopf.* Mo gründete über 20 Unternehmen in Bereichen wie Gesundheit und Fitness, Nahrungsmittel und Getränke sowie Immobilien. Er war Vorstandsmitglied in verschiedenen Firmen der Technologie-, Gesundheits- und Verbrauchsgüterbranche sowie bei mehreren Technologie- und Innovations-Regierungsausschüssen im Nahen Osten und in Osteuropa. Er betreut als Mentor ständig mehrere Dutzend Start-ups. Wenn er nicht gerade schreibt oder sich über Businessthemen und die neuesten technologischen Innovationen und Trends informiert, verbringt Mo seine Freizeit damit, Kohleporträts zu zeichnen, Mosaike zu gestalten, zu schreinern und seiner Leidenschaft für die Restaurierung von Oldtimern nachzugehen.

Quellenangaben

Einleitung

1 »Depression Rates by country 2022«, *World Population Review* [online]. Verfügbar unter: worldpopulationreview.com/country-rankings/depression-rates-by-country

2 »Suicide: one person dies every 40 seconds«, WHO [online]. Verfügbar unter: who.int/news/item/09-09-2019-suicide-one-person-dies-every-40-seconds

3 Sadlier, A. »1 in 4 Americans feel they have no one to confide in«, *New York Post* (30. April 2019) [online]. Verfügbar unter: nypost.com/2019/04/30/1-in-4-americans-feel-they-have-no-one-to-confide-in/

Die Grundlagen

4 Van Leemput, K. et al. »Automated Segmentation of Hippocampal Subfields from Ultra-High Resolution in Vivo MRI«, *Hippocampus,* Bd. 19,6 (2009), S. 549–57. Verfügbar unter: dspace.mit.edu/handle/1721.1/71591

Müll rein …

5 Oltean, H. und David, D. »A meta-analysis of the relationship between rational beliefs and psychological distress«, *Journal of Clinical Psychology,* Bd. 74,6 (2018), S. 883–95. Verfügbar unter: ubmed.ncbi.nlm.nih.gov/29168176/

6 Pratchett, T. *The Thief of Time* (London: Doubleday, 2008), S. 215

Unter Beschuss

7 Pinker, S. (2018). »Is the world getting better or worse? A look at the numbers«, TED [online]. Verfügbar unter: ted.com/talks/steven_pinker_is_the_world_getting_better_or_worse_a_look_at_the_numbers?language=en

Übung macht traurig

8 Mandal, A. »What is Neurogenesis?«, News Medical Life Sciences [online]. Verfügbar unter: www. news-medical.net/health/What-is-Neurogenesis.aspx

9 »Introduction to cell signalling«, Khan Academy [online]. Verfügbar unter: khanacademy.org/science/biology/cell-signaling/mechanisms-of-cell-signaling/a/introduction-to-cell-signaling?modal=1

10 Radparvar, D. »Neurons that fire together, wire together«, Holstee.com [online]. Verfügbar unter: holstee.com/blogs/mindful-matter/neurons-that-fire-together-wire-together

11 Begum, T. (2021). »What is mass extinction and are we facing a sixth one?«, Natural History Museum [online]. Verfügbar unter: nhm.ac.uk/discover/what-is-mass-extinction-and-are-we-facing-a-sixth-one.html

Sie beide

12 Lienhard, D. (2017). »Roger Sperry's Split Brain Experiments (1959–1968)«, The Embryo Project Encyclopedia [online]. Verfügbar unter: embryo.asu.edu/pages/roger-sperrys-split-brain-experiments-1959-1968

13 Bolte Taylor, J. (2008). »My stroke of insight«, TED [online]. Verfügbar unter: ted.com/talks/jill_bolte_taylor_my_stroke_of_insight

14 McGilchrist, I. *The Master and His Emissary: The Divided Brain and the Making of the Western World* (Totton: Yale University Press, 2019), S. 431

Reden, reden, reden

15 »Know Your Brain: Default Mode Network«, Neuroscientifically Challenged [online]. Verfügbar unter: neuroscientificallychallenged.com/posts/know-your-brain-default-mode-network

[16] Bergland, C. (2015). »The Brain Mechanics of Rumination and Repetitive Thinking«, *Psychology Today* [online]. Verfügbar unter: psychologytoday.com/gb/blog/the-athletes-way/201508/the-brain-mechanics-rumination-and-repetitive-thinking

[17] Arain, M. et al. »Maturation of the adolescent brain«, NCBI, 9 (2013), S. 449–61 [online]. Verfügbar unter: ncbi.nlm.nih.gov/pmc/articles/PMC3621648/

Fühlst du es?

[18] Kessler, D. »The Five Stages of Grief«, Grief.com [online]. Verfügbar unter: grief.com/the-five-stages-of-grief/

[19] »Between Stimulus and Response There Is a Space. In That Space Is Our Power to Choose Our Response«, QuoteInvestigator.com [online]. Verfügbar unter: quoteinvestigator.com/2018/02/18/response/

Alchemie

[20] McCorry, L. »Physiology of the Autonomic Nervous System«, *American Journal of Pharmaceutical Education,* 71 (4): 78 (Aug. 2007). Verfügbar unter: ncbi.nlm.nih.gov/pmc/articles/PMC1959222/

[21] Kraft, T. und Pressman, S. »Grin and bear it: the influence of manipulated facial expression on the stress response«, *Psychological Science,* 2012:23(11). S. 1372–78. Verfügbar unter: pubmed.ncbi.nlm.nih.gov/23012270/

[22] »A Crisp Explanation of Facial Feedback Hypothesis With Examples«, PsycholoGenie [online]. Verfügbar unter: psychologenie.com/explanation-of-facial-feedback-hypothesis-with-examples

Willkommen in der Wirklichkeit

[23] »New Measure of Human Brain Processing Speed«, *MIT Technology Review* (2009) [online]. Verfügbar unter: technologyreview.com/2009/08/25/210267/new-measure-of-human-brain-processing-speed/

[24] Smith, E. et al. »The neural basis of task-switching in working memory: Effects of performance and aging«, *Proceedings of the National Academy of Sciences of the United States of America,* 98(4), S. 2095–100 (13. Februar 2001) [online]. Verfügbar unter: ncbi.nlm.nih.gov/pmc/articles/PMC29387/

[25] »A closer look at EEG«, Epilepsy Society [online]. Verfügbar unter: epilepsysociety.org.uk/about-epilepsy/diagnosing-epilepsy/closer-look-eeg#.XNCq7pNKjOQ

[26] »Experiment HP-1: The Electroencephalogram (EEG) – Wireless«, iWorx.com [online]. Verfügbar unter: iworx.com/documents/LabExercises/EEG-CorticalArousal-ROAM.pdf

[27] Dobbs, D. »Zen Gamma«, *Scientific American* (1 April 2005) [online]. scientificamerican.com/article/zen-gamma/

[28] Shontell, A. »A 69-year-old monk who scientists call the ›world's happiest man‹ explains how he deals with stress«, *Business Insider Australia* (29. Januar 2016) [online]. Verfügbar unter: businessinsider.com.au/how-matthieu-ricard-the-worlds-happiest-man-deals-with-worry-anger-and-stress-2016-1

[29] »Slo Mo Podcast #42: Mattieu Ricard – How the World's Happiest Man Found His Way (Part 1)« [online]. Verfügbar unter: youtube.com/watch?v=Fy4q3ztGMUE

Der Techniker in Ihnen

[30] Brackett, M. et al. »Emotional Intelligence«, Noba [online]. Verfügbar unter: nobaproject.com/modules/ emotional-intelligence

[31] Sternberg, R. *Successful Intelligence* (New York: Plume, 1997)

Die Mission ist rechter Hand

[32] Kahneman, D. und Deaton, A. »High income improves evaluation of life but not emotional well-being«, *Proceedings of the National Academy of Sciences*, Bd. 107, Nr. 38 (September 2010). Verfügbar unter: pnas.org/doi/full/10.1073/pnas.1011492107

[33] Roth, J. D. »The story of Stuff«, Get Rich Slowly [online]. Verfügbar unter: getrichslowly.org/the-story-of-stuff/

[34] Macean, M. »For many people, gathering possessions is just the stuff of life«, *Los Angeles Times* (21. März 2014) [online]. Verfügbar unter: latimes.com/health/la-xpm-2014-mar-21-la-he-keeping-stuf-20140322-story.html

[35] Doheny, K. (2008). »Clutter Control: Is Too Much, ›Stuff‹ Draining You?«, WebMD [online]. Verfügbar unter: webmd.com/balance/features/clutter-control

[36] Williams, K. (2018). »Is Consumerism Robbing Us of Our Humanism and Happiness?«, Medium [online]. Verfügbar unter: medium.com/@Karen-

Williams.Louise/is-consumerism-robbing-us-of-our-humanism-and-happiness-cb748cb40fba

37 Gonzalez-Garcia, J. und Holmes, T. (2021). »Credit card ownership statistics«, Creditcards.com [online]. Verfügbar unter: creditcards.com/statistics/ownership-statistics/

38 Norton, M. (2011). »Money can buy happiness: Michael Norton at TedxCambridge 2011«, TEDx Talks [online]. Verfügbar unter: youtube.com/watch?v= ZwGEQcFo9RE

39 Svoboda, E. »Hard Wired for Giving«, *The Wall Street Journal* (31 August 2013) [online]. Verfügbar unter: wsj.com/articles/hardwired-for-giving-1377902081

41 Ritvo, E. »The Neuroscience of Giving«, Psychology Today (24. April 2014) [online]. Verfügbar unter: psychologytoday.com/ca/blog/vitality/201404/the-neuroscience-giving